W0045595

ZNV 2

www.zeilenniveau.de

Dr. Holger Stöhr

Zur Prüfung vorbereiten in

Handlungsspezifische Qualifikationen
für Wirtschaftsfachwirte

Teil 1: Zusammenfassung des Stoffs
Teil 2: Prüfungssimulationen/-statistik

DIHK-Rahmenplan: Fach Nr. 5 bis 9

1. Auflage

www.zeilenniveau.de   Zeilenniveau Verlag GmbH

Zum Autor:

Dr. Holger Stöhr, Diplom-Volkswirt (Univ.)

Zahlreiche weitere Fachbücher dieses Autors finden Sie im Verlagsprogramm des Fachbuchverlag Holger Stöhr (www.fhs-verlag.de).

Bibliografische Informationen der Deutschen Bibliothek

Die Deutsche Bibliothek verzeichnet diese Publikation in der Deutschen National-bibliografie; detaillierte bibliografische Daten sind dem Internet über http://dnb.ddb.de abrufbar.

ISBN 978-3-948605-02-5

1. Auflage

© 2020 ZeilenniveauVerlag GmbH, Oberstdorf

Dieses Werk ist, einschließlich aller seiner Teile, urheberrechtlich geschützt. Jede Verwertung außerhalb der engen Grenzen des Urheberrechtsgesetzes in seiner neuesten Fassung ist ohne ausdrückliche Zustimmung des Verlages unzulässig und strafbar. Das gilt insbesondere für Vervielfältigungen, Mikroverfilmungen und die Einspeicherung und Verarbeitung in elektronische Systeme.

Druck: Satzart OHG, Plauen

Zeilenniveau Verlag GmbH
Internet: www.zeilenniveau.de

© Umschlaggestaltung und Fotografien im Fachbuch: Holger Stöhr, 2020

Bildnachweis für die beiden Bilder auf dem vorderen/hinteren Bezug:
©psychoshadow - stock.adobe.com

Inhaltsverzeichnis

© 2020, Zeilenniveau Verlag GmbH

Zeilenniveau
Verlag

© 2020, Zeilenniveau Verlag GmbH

Zeilenniveau Verlag Z

Neuerungen in diesem Buch

In diesem Fachbuch finden Sie erstmalig die gesamte Prüfungsvorbereitung für die IHK-Prüfung **"Handlungsspezifische Qualifikationen"** für **Wirtschaftsfachwirte** in einem Band. Dies beinhaltet somit die vormaligen Einzelbände:

- Zusammenfassung des Stoffs: HSQ-Teil für WFW (1. Teil)

- Prüfungssimulationen/-statistik (2. Teil)

Beide Bände werden im Fachbuchverlag Holger Stöhr weiterhin vertrieben (www.fhs-verlag.de). Alternativ finden Sie dort auch für alle 5 Einzelfächer ein jeweiliges Fachbuch der F.I.T.-Reihe.

Das Ihnen vorliegende Fachbuch wird im neuen **Zeilenniveau Verlag** veröffentlicht, und bietet Ihnen folgende Vorteile:

- durchgängiger Farbdruck (4-**Farbdruck** CMYK)

- Hardcover mit hochwertiger Fadenbindung

- Es wurde das bewährte Prinzip aus den bisherigen Bänden beibehalten.

© 2020, Zeilenniveau Verlag GmbH

Zeilenniveau Verlag

Vorwort

Für wen ist dieses Fachbuch geeignet?

Dieses Fachbuch ist am aktuellen Rahmenstoffplan der Prüfung »**Handlungsspezifische Qualifikationen**« für den IHK-Lehrgang »**Wirtschaftsfachwirt/-in**« ausgerichtet.

Wer in eine Prüfung geht, ist oft nicht angemessen vorbereitet, und dies, obwohl er oder sie regelmäßig an Lehrgängen teilgenommen hat und die dazugehörigen Bücher oder Skripte gelernt hat.

Ziel und Inhalt dieses Fachbuchs

Ziel dieses Fachbuchs ist, Ihnen den letzten Schliff zur Prüfungsvorbereitung mittels der folgenden **Inhalte** zu geben:

- **Zusammenfassung** des relevanten Stoffs als Hauptteil inkl. **Verweisen auf alte Prüfungen** (siehe folgende Seite)
- **Anhang A: Tipps** zur Prüfungsvorbereitung
- **Anhang B: Prüfungssimulationen** zur Übung
- **Anhang C: Lösungen** zu diesen Übungen
- **Anhang D: Prüfungsstatistik** der bisherigen Themen

Natürlich können auf so knappem Raum nicht alle Themen ausführlich behandelt werden. Dann hätte das Buch einen Umfang von 1.500 Seiten oder mehr. Stattdessen werden hier Zusammenfassungen geboten, die Ihnen ein schnelles Lernen und eine Einschätzung der Prüfungsrelevanz der Themen gewähren. Dabei wurden alle bisherigen IHK-Prüfungen bis Herbst 2019 berücksichtigt.

Verweise auf alte Prüfungen

a) Zu jedem Kapitel, Unterkapitel etc. wird die Prüfungsrelevanz in 3 Stufen gemäß IHK-Rahmenstoffplan am rechten Rand mit einem Marker angegeben (jede Stufe beinhaltet ggf. die vorherige Stufe):

1. Die erste Stufe bezieht sich auf einfachen Lernstoff. Hier werden nur **Kenntnisse** in Form von Definitionen, Auflistungen usw. erwartet. Als Symbol dient die Diskette.

2. Die zweite Stufe bezieht sich *zusätzlich* auf das **Verständnis** von Zusammenhängen und komplexeren Sachverhalten und deren Erläuterung. Als Symbol dient der kreisende Pfeil.

3. Die dritte Stufe steht für gelerntes u. verstandenes Wissen, das *auch* in Form von Übungen und Rechnungen Anwendung findet. Als Symbol dient der Taschenrechner.

b) Zu jedem Kapitel bzw. Unterabschnitt wird in einer kleinen Tabelle am rechten Rand (etwas nach unten versetzt) detailliert dargestellt, in welchen vergangenen Prüfungen dieser Stoff in welcher Aufgabe und mit welcher Punktezahl abgefragt wurde.

| F 2010 II | A2a | 6 Pt. | |
| F 2017 II | A5a | 8 Pt. | |

c) Zusätzlich wird bei jedem Prüfungsverweis nochmals ein kleiner Marker ( ) beigefügt. Er zeigt die tatsächliche Einordnung der Prüfungsaufgabe auf. Das muss nicht immer unbedingt den Vorgaben des IHK-Rahmenstoffplans entsprechen. Sie sollten aber bedenken, dass eine Einordnung nicht immer ganz zweifelsfrei ist.

Ich wünsche Ihnen viel Spaß mit diesem Fachbuch im CMYK-Farbdruck und viel Erfolg beim Bestehen Ihrer Prüfung.

Dr. Holger Stöhr
Oberstdorf im Januar 2020

Leitfaden zur Orientierung

Nr. und Name des jeweiligen Kapitels — Der Marker und der Hinweis auf alte Prüfungen beziehen sich auf die Kapitelüberschrift »6.2.3.1 Definition der Liquidität«.

IHK-Logik:

1. Wissen:

2. Verständnis:

3. Anwendung:

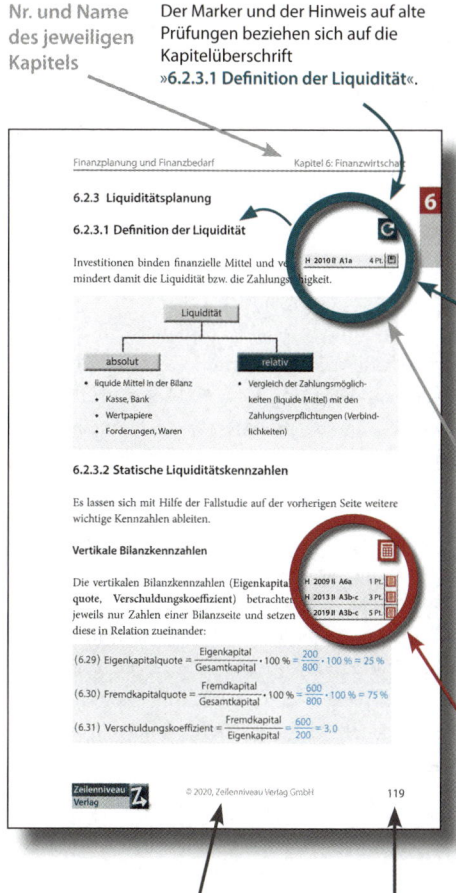

Finanzplanung und Finanzbedarf — Kapitel 6: Finanzwirtschaft

6.2.3 Liquiditätsplanung

6.2.3.1 Definition der Liquidität

Investitionen binden finanzielle Mittel und vermindert damit die Liquidität bzw. die Zahlungsfähigkeit.

H 2010 II A1a — 4 Pt.

Liquidität
- absolut
  - liquide Mittel in der Bilanz
  - Kasse, Bank
  - Wertpapiere
  - Forderungen, Waren
- relativ
  - Vergleich der Zahlungsmöglichkeiten (liquide Mittel) mit den Zahlungsverpflichtungen (Verbindlichkeiten)

6.2.3.2 Statische Liquiditätskennzahlen

Es lassen sich mit Hilfe der Fallstudie auf der vorherigen Seite weitere wichtige Kennzahlen ableiten.

Vertikale Bilanzkennzahlen

Die vertikalen Bilanzkennzahlen (Eigenkapitalquote, Verschuldungskoeffizient) betrachten jeweils nur Zahlen einer Bilanzseite und setzen diese in Relation zueinander:

H 2009 II A6a — 1 Pt.
H 2013 II A3b-c — 3 Pt.
F 2019 II A3b-c — 5 Pt.

$$(6.29)\ \text{Eigenkapitalquote} = \frac{\text{Eigenkapital}}{\text{Gesamtkapital}} \cdot 100\% = \frac{200}{800} \cdot 100\% = 25\%$$

$$(6.30)\ \text{Fremdkapitalquote} = \frac{\text{Fremdkapital}}{\text{Gesamtkapital}} \cdot 100\% = \frac{600}{800} \cdot 100\% = 75\%$$

$$(6.31)\ \text{Verschuldungskoeffizient} = \frac{\text{Fremdkapital}}{\text{Eigenkapital}} = \frac{600}{200} = 3{,}0$$

Zeilenniveau Verlag — © 2020, Zeilenniveau Verlag GmbH — 119

Das **große Symbol** bezieht sich auf die Einordnung im IHK-Rahmenstoffplan, das **kleine Symbol** auf die konkrete Prüfungsaufgabe.

- **F** steht für Frühjahrsprüfung
- **H** steht für Herbstprüfung
- **H 2010 II A1a** steht für Aufgabe 1a der 2. Situationsaufgabe der Herbstprüfung 2010.
- Hierfür gab es **4 Pt.**
- Die Prüfung basierte auf Wissen.

Der nächste Marker und die Statistik der Tabelle beziehen sich schon auf die Zwischenüberschrift »**Vertikale Bilanzkennzahlen**«.

Urheberrecht beachten!   **Seitenzahl**

5

Zur Prüfung in Betriebliches Management

Bei diesem Fach stehen die Masse des zu lernenden Wissens und dessen situationsbezogene Anwendung im Vordergrund:

- **IHK-Prüfung**: Wirtschaftsfachwirte, »Handlungsspezifische Qualifikationen«, Situationsaufgabe I – davon ca. 40 Prozent.

- **Zeit**: ca. 40 % von 240 Minuten ≈ 100 Minuten.

- **Hilfsmittel**: Taschenrechner.

- **Probleme**: 1. Der Zeitfaktor könnte ein großes Problem werden. Zumal viele Prüflinge bei einzelnen Fragen zu viel bzw. zu wenig schreiben. Bei »Nennen ...« wird zu viel, bei »Erläutern ...« zu wenig geschrieben. 2. Die Masse des Stoffs und die oftmals ähnlich klingenden Begriffe laden zur Verwirrung ein. 3. Vielen Prüflingen fällt es schwer, gelerntes Wissen den gestellten Fragen zuzuordnen. 4. Die Anwendung von Wissen in Situationsaufgaben dürfte häufig schwieriger sein, als reine Wissensabfragen zu beantworten.

- **Lösungsstrategien**: 1. Konzentrieren Sie sich auf die Aufgaben und Ihr vorhandenes Wissen. Lesen Sie die Aufgaben ganz genau. Dazu sollte natürlich entsprechendes Wissen vorhanden sein. Das erforderliche Wissen können Sie in diesem Fachbuch aneignen bzw. wiederholen. 2. Üben Sie anhand von alten Prüfungen und den Prüfungssimulationen in Anhang B die Lösung von wissensorientierten und situationsbezogenen Aufgaben und bekommen Sie ein Gespür dafür, was erwartet wird.

5   Betriebliches Management

5.1 Betriebliche Planungsprozesse

5.1.1 Betriebliches Zielsystem

Zielsystem

- Zuoberst stehen die **Visionen**, die für eine langfristige Ausrichtung an einem idealen Zustand der Zukunft stehen (»Leitstern«, bspw. Marktführerschaft).

- Die (Unternehmens-) **Mission** beschreibt den Auftrag und die Aufgaben des Unternehmens (bspw. Veröffentlichung von Fachbüchern).

- Als **Unternehmensphilosophie** werden die **Normen** und **Werte** (positive, erstrebenswerte Eigenschaften) bezeichnet, die dem Verhalten der Führungskräfte und Mitarbeiter zugrunde liegen **sollten** (bspw. Kundenorientierung, freundlicher Umgang und angenehme Atmosphäre, soziale und ökologische Verantwortung).

Unternehmensleitbild

- Aus der Vision, der Mission und der Unternehmensphilosophie (bzw. den Normen und Werten) wird das **Unternehmensleitbild** abgeleitet, das Verhaltensgrundsätze nach innen und außen für das Management und die Mitarbeiter beinhaltet (**Soll-Zustand**).

| H 2009 I | A5 | 12 Pt. |
| H 2014 I | A1a-c | 12 Pt. |

- **Vorteile**: Identifikation, Image, Abgrenzung von Konkurrenten.

- **Nachteile**: wenn Mission, Vision und Werte nicht übereinstimmen, ggf. unrealistisch, überambitioniert, unglaubwürdig und dann demotivierend.

- Zu den **Funktionen/Aufgaben** von Leitbildern zählen: Orientierung, Integration, Koordinierung, Motivation, Entscheidung, Signal nach außen setzen und Transparenz.

5

- **Leitsätze/Grundsätze eines Unternehmensleitbilds:**

  - ◆ Kunden- und Mitarbeiterorientierung

  - ◆ Respekt, offene Kommunikation und Meinungsvielfalt

  - ◆ Betriebsklima optimieren, Integration von Mitarbeitern

  - ◆ aus Fehlern soll für die Zukunft gelernt werden

  - ◆ konsequent klare Ziele und Strategien formulieren

  - ◆ Führungskräfte müssen Potenzial der Mitarbeiter entwickeln

- Schließlich lassen sich aus dem Unternehmensleitbild **konkrete operative, taktische und strategische Ziele** ableiten, die für einzelne Bereiche kurz-, mittel- und langfristig formuliert werden können.

- Das Unternehmensleitbild sollte von der Unternehmensführung in Zusammenarbeit mit den Mitarbeitern und Außenstehenden erarbeitet werden und eben nicht nur »von oben« verordnet werden.

Zielpyramide und konkrete Ziele

Aus Zielen lassen sich Unterziele ableiten. Zu den Zielen und deren konkreten **Unterzielen** zählen in einem Unternehmen bspw. (das hängt von der Fallbeschreibung ab):

F 2010I	A1a	5 Pt.
H 2010I	A1a	3 Pt.
F 2012I	A1a	4 Pt.
F 2019I	A1a-b	5 Pt.

- Kostenziele: günstigerer Materialeinkauf

- Umsatzziele: Ausbau der Marktanteile bei bestimmten Produkten

- Gewinnziele: Kosten- und Umsatzziele

- Imageziele: Erhöhung des Images bei jungen Käufern

- Qualitätsziele: Fehlerminimierung in der Fertigung

© 2020, Zeilenniveau Verlag GmbH

Zeilenniveau Verlag

Zielmessbarkeit

- **qualitative Ziele** sind grundsätzlich nicht-messbare Ziele, wie bspw. Imagesteigerung oder Verbesserung des Betriebsklimas. Die Zielerreichung kann nur schwer kontrolliert werden.

- **quantitative Ziele** sind grundsätzlich messbare Ziele, wie Umsatzsteigerung oder Gewinnmaximierung. Zwar mag es hier auch Probleme bei der Erfassung geben, aber grundsätzlich sind solche Ziele quantifizierbar, d. h. in Zahlengrößen darstellbar.

- **monetäre Ziele** lassen sich in Geldeinheiten ausdrücken (bspw. Umsatzsteigerung in EUR oder USD)

- **nicht-monetäre Ziele** können nicht in Geldeinheiten benannt werden (bspw. Imagesteigerung). Nicht-monetäre Ziele können aber durchaus quantitativ sein – bspw. Erhöhung der Produktionsmenge.

Zielbeziehungen

Sofern es mehr als ein Ziel gibt, bestehen Beziehungen zwischen diesen Zielen. Es lassen sich die folgenden **Zielbeziehungen** unterscheiden:

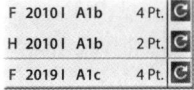

- **Zielkomplementarität** (Zielharmonie bzw. komplementäre Ziele): Ziele ergänzen sich gegenseitig und können gleichzeitig erreicht werden (bspw. Umsatz- und Gewinnsteigerung).

- **Zielkonkurrenz** (Zielkonflikt): Ziele können nicht zugleich erreicht werden (bspw. Maximierung von Rendite und Liquidität). Gerade dieser Fall der Zielkonflikte bedarf besonderer Aufmerksamkeit.

- **Zielneutralität** (Zielindifferenz): Die Ziele sind unabhängig voneinander (bspw. Mitarbeiterzufriedenheit und Umweltschutz). Dieser Fall ist eher unrealistisch, da indirekt zumeist alle Ziele voneinander abhängen – vor allem aufgrund der Kosten.

- **Zielidentität**: Die Ziele sind identisch, nur anders formuliert (bspw. Umsatzsteigerung und Erhöhung der Erlöse).

5

Zielbildungsprozess

Zwar gibt die Geschäftsleitung die obersten (stra-   H 2013 I A2   8 Pt.

tegischen) Ziele vor, jedoch müssen die daraus

abzuleitenden konkreten Ziele in unteren Hierarchieebenen erarbeitet werden. Hierfür ist ein strukturierter Zielbildungsprozess zu empfehlen, der die folgenden Schritte enthalten könnte:

- **Zielsuche**: mittels Brainstorming, Mind-Mapping etc. (vgl. Kap. 5.4.2.2)

- **Zielsammlung**: mittels Moderation Ziele bewerten und zusammenfassen

- **Zielauswahl**: mittels Diskussion und Abstimmung Ziele auswählen

- **Zieldurchsetzung**: mittels Diskussionen die Betroffenen (auch Betriebsrat bedenken) von der Zielwahl überzeugen

- **Zielkontrolle**: mittels Diskussion oder Workshops Kennzahlen zur Kontrolle der Ziele erarbeiten

SMART-Formel

Ziele sollten allgemein folgenden Anforderungen genügen:

- **S** (spezifisch) ➞ konkrete, präzise und eindeutige Ziele

- **M** (messbar) ➞ Ziele müssen messbar und kontrollierbar sein

- **A** (akzeptiert/anspruchsvoll) ➞ attraktives und akzeptiertes Ziel, das anspruchsvoll und motivierend sein sollte

- **R** (realistisch) ➞ die Ziele sollten mit gegebenen Ressourcen realisierbar sein

- **T** (terminiert) ➞ die Ziele sollten zeitlich klar definiert sein

Zeilenniveau
Verlag

Ziele und Interessen

Verschiedene Gruppen (**Stakeholder**) haben ein   F 2014 I A3a-c   12 Pt. Interesse am Unternehmen und dessen Zielen. Dabei kollidieren die Ziele der verschiedenen Gruppen:

- Zu den **internen Stakeholdern** zählen die Mitarbeiter und das Management, deren Ziele bspw. in der Entlohnung/Macht liegen.

- Zu den **externen Stakeholdern** zählen:

  - **Kunden** (Ziele: bspw. günstige Preise, guter Service)

  - **Lieferanten** (Ziele: bspw. sichere Absatzbasis und Zahlungen)

  - **Aktionäre** (= **Shareholder**) und **Gläubiger** (Ziele: bspw. sichere Geldanlage, hohe Verzinsung)

  - **Konkurrenz** (Ziele: bspw. fairer Wettbewerb, Kooperationen)

  - **Öffentlichkeit/Staat** (Ziele: bspw. Steuerleistung, Arbeitsplätze)

- **Stakeholder-Ansatz** steht für eine Unternehmensführung, die zwischen den verschiedenen Interessen zu vermitteln sucht.

- **Shareholder-Value-Ansatz** steht für eine wertorientierte Unternehmensführung, bei der der Gewinn und der Aktienkurs im Vordergrund stehen, um den Wert aus Sicht der Aktionäre zu steigern.

- Diese beiden Ansätze wirken auch auf die **Ziele der Unternehmensführung**: Nach dem Shareholder-Value-Ansatz steht der Aktionär im Mittelpunkt. Zur Kurssteigerung der Aktie könnten Kosten durch bspw. Personalabbau gesenkt werden. Hingegen würde der Stakeholder-Ansatz auch die Interessen der Mitarbeiter berücksichtigen und diese daher eher nicht entlassen.

Tipp:
Shareholder = Aktionäre; **Stakeholder** = alle direkt oder indirekt vom Unternehmen betroffene Gruppen (Mitarbeiter, Lieferanten etc.).

5

Zusammenhang zwischen Zielen, Lage und Umsetzung

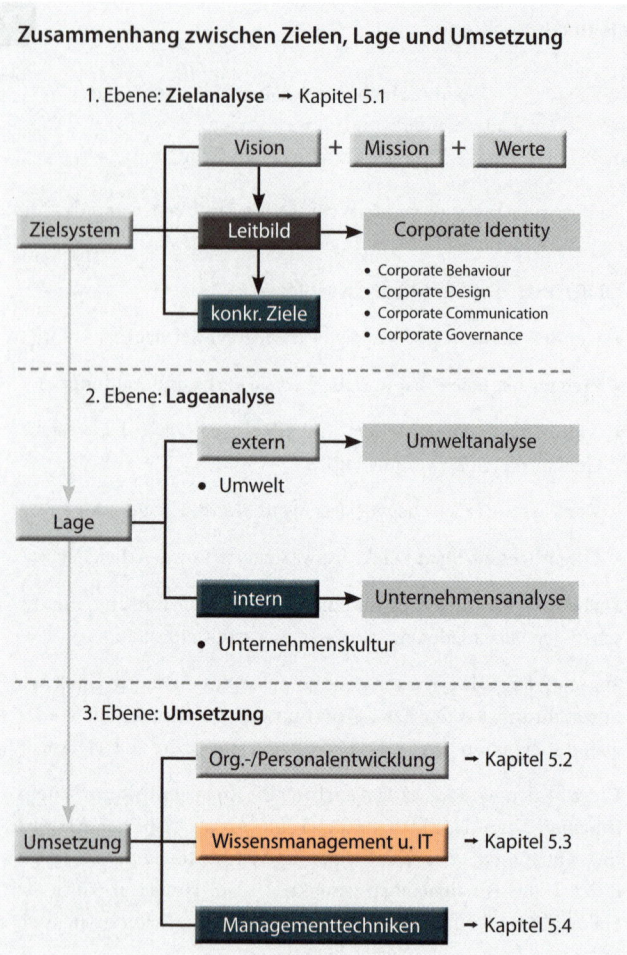

1. Ebene: **Zielanalyse** → Kapitel 5.1

2. Ebene: **Lageanalyse**

3. Ebene: **Umsetzung**

Tipp:

Das *Unternehmensleitbild* steht für den **Soll-Zustand** der Normen und Werte, die *Unternehmenskultur* hingegen für den **Ist-Zustand**.

Zeilenniveau
Verlag

Lageanalyse

- Die externe Analyse der Umwelt (**Umweltanalyse**) analysiert die Rahmenbedingungen, die durch Märkte, Kunden, Lieferanten, Konkurrenten, Banken und Staat vorgegeben werden.

- Die interne Analyse des Unternehmens (**Unternehmensanalyse**) untersucht die Gegebenheiten des Unternehmens. Bei einer Stärken/Schwächen-Analyse vergleicht man sich anhand verschiedener Kriterien mit dem stärksten Konkurrenten.

- Die interne **Unternehmenskultur** bezeichnet die Summe der Normen und Werte, die das Verhalten der Mitarbeiter nach innen und außen tatsächlich prägen (**Ist-Zustand**).

Corporate Identity

Zur Umsetzung und einheitlichen Erscheinung des Unternehmensleitbildes nach außen und innen wird die Unternehmensidentität durch die einzelnen Aspekte der **Corporate Identity** (**CI**) geprägt:

- **Corporate Behaviour**: Das Verhalten der Mitarbeiter untereinander und gegenüber Außenstehenden (Kunden, Lieferanten etc.) sollte einheitlich und klar sein (bspw. Umgangston, Werte).

- **Corporate Design**: Nach außen und innen wird ein einheitliches Erscheinungsbild gewählt, das sich auf Farben, Formen, Schriftarten, usw. im Bereich der schriftlichen Kommunikation, in der Werbung, Bekleidung, Filialgestaltung, Logo usw. zeigt.

- **Corporate Communication**: Hier geht es um die Formen der Kommunikation nach außen und innen (bspw. Werbesprüche, Erkennungsmelodien, Telefonbegrüßungsformeln, Medienauftritt).

- **Corporate Governance**: Von zunehmender Bedeutung sind Verhaltenskodizes bzw. moralische Standards in der Unternehmensverfassung, an denen sich die Mitarbeiter orientieren sollen.

- Zudem: **Corporate Vision, Corporate Mission, Corporate Image**.

5

5.1.2 Zielsystem und Planungsprozess

Zielsystem und Strategien

Zunächst werden die **Ziele** auf unterschiedlichen Ebenen bestimmt. Anschließend gilt es die Ziele umzusetzen. Hierzu müssen entsprechende Strategien entwickelt werden. **Strategien** stehen dabei für den Weg bzw. die Art der Umsetzung der Ziele. Konkretisiert werden die Strategien in der **Planung**.

Strategischer Planungsprozess

Zur Entwicklung einer geeigneten Strategie F 2015 I A3　　8 Pt. könnten folgende Schritte gewählt werden:

- **Zieldefinition**: Zunächst sollten strategische Ziele formuliert werden.

- **externe Analyse**: Analyse der Umwelt des Unternehmens (bspw. Markt, Konkurrenten, Lieferanten, Kunden und Staat).

- **interne Analyse**: Analyse der Stärken und Schwächen des Unternehmens (bspw. Finanzkraft, Organisation). Zur Analyse könnten das Benchmarking oder die Stärken-/Schwächen-Analyse eingesetzt werden.

- **Strategieentwicklung**: Aus den vorherigen Erkenntnissen heraus wird eine Strategie entwickelt, die zur Umsetzung der Ziele im Rahmen der äußeren und inneren Gegebenheiten dient.

© 2020, Zeilenniveau Verlag GmbH

Zeilenniveau
Verlag

5.1.3 Strategische und operative Planung

Die in Kapitel 5.1.1 gewählte dreistufige Vorgehensweise (Ziele, Lage, Umsetzung) kann auch als Teil des Managementkreislaufs betrachtet werden.

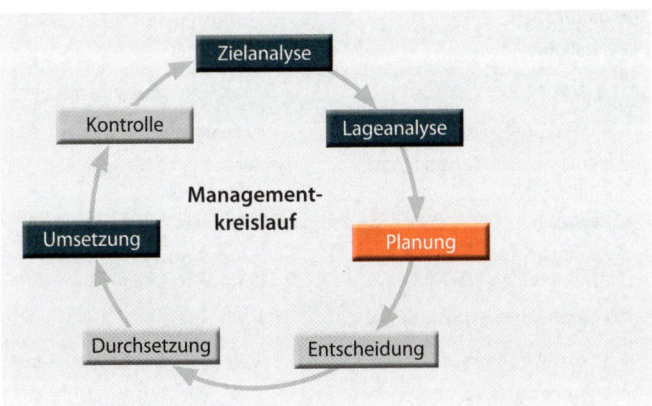

Ein wesentlicher Teil des Managementkreislaufs bzw. der Unternehmensführung ist die **Planung**. Diese kann bspw. als Teil des **Controllings** an Mitarbeiter delegiert werden, die hierfür spezialisiert sind. Pläne stellen sowohl zukünftige Handlungen als auch zukünftige Entwicklungen dar und erfordern entsprechendes Reagieren. Pläne müssen kontrolliert und ggf. korrigiert werden.

Richtungen der Planung in der Hierarchie

- Bei der **Top-down-Planung** erfolgt die Planung von oben nach unten. Diese Vorgehensweise ist für die Mitarbeiter *demotivierend*.

H 2010	A3c	2 Pt.
F 2016	A8b	2 Pt.
H 2016	A1b	8 Pt.

- Die **Bottom-up-Planung** bezieht die Mitarbeiter in den Planungsprozess mit ein. Die Planung erfolgt von unten nach oben.

- Beim **Gegenstromverfahren** laufen die Planungsprozesse parallel von oben nach unten und von unten nach oben.

5

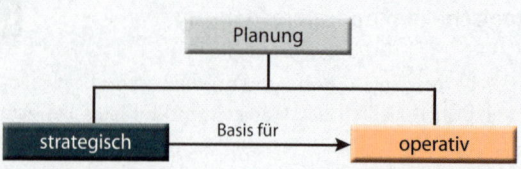

- langfristig
  - zielorientiert
  - vage/ungenau/grob
- dem höheren Management zugeordnet
- zentral
- zu den Instrumenten bzw. **Analysetechniken** zählen:
  - Produktlebenszyklusanalyse
  - Portfolio-Analyse
  - SWOT-Analyse
  - Benchmarking
  - Balanced Scorecard
  - Erfahrungskurvenanalyse

- kurzfristig
  - quantitativ
    - an Kennzahlen orientiert
    - detailliert
- dem unteren Management zugeordnet
- dezentral
- zu den Instrumenten bzw. **Kontrollsystemen** zählen:
  - Kennzahlen
  - Budgets, Soll-Ist-Analysen
  - Plankostenrechnung
  - Gewinnschwellenanalyse
  - Rentabilitätsrechnungen

Planungshorizonte und -inhalte

F 2012 I A1b   6 Pt.

- Die **strategische Planung** ist langfristig ausgerichtet (> 4 oder 5 Jahre) und ist eher qualitativ (bspw. Image, Sortiment, Marktanteil, Finanzstrategie, Entwicklung »Strategischer Geschäftsfelder«) ausgerichtet.

- Die **taktische Planung** stellt eine mittelfristige Konkretisierung der strategischen Planung dar.

- Die **operative Planung** ist kurzfristig ausgerichtet (< 1 oder 2 Jahren; bspw. mit der Budgetierung, Personaleinsatzplanung, Urlaubsplanung, Werbemaßnahmen).

Zu den Instrumenten des strategischen Controllings

Nun werden 6 Instrumente der strategischen Planung bzw. des **strategischen Controllings** ausführlich und stellvertretend auch für die Kapitel 6.5.4.1 und 8.1.3.2 erläutert. Dazugehörige Prüfungsverweise finden Sie jedoch in den entsprechenden Kapiteln.

1. Produktlebenszyklusanalyse

Mittels des **Produktlebenszyklus** lassen sich mögliche Zukunftsaussichten unserer vorhandenen Produkte/Sortimentsbereiche analysieren, um daraus eine optimale Strategie ableiten zu können. Es werden fünf Phasen unterschieden: ❶ Einführungsphase, ❷ Wachstumsphase, ❸ Reifephase, ❹ Sättigungsphase und ❺ Degenerationsphase. Aufgrund hoher Einführungskosten (Forschung und Entwicklung, Werbung) entstehen zu Beginn Verluste. In der Wachstums-/Reifephase kommen für gewöhnlich Konkurrenten auf den Markt und mindern die Gewinne – trotz noch steigender Umsätze. Es können grundsätzlich Gewinn, Umsatz, Marktanteil, Deckungsbeitrag usw. betrachtet werden.

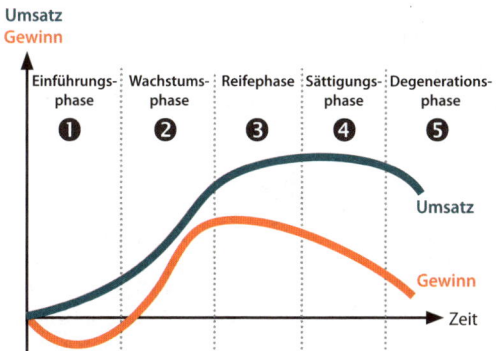

Tipp:
Häufig wird in Abbildungen der Verlust in der Einführungsphase nicht eingezeichnet/berücksichtigt.

5

2. Portfolio-Analyse (BCG)

Die **Portfolio-Analyse** (BCG = Boston Consulting Group) betrachtet weitere Faktoren, die Auskunft über die Lage und zukünftige Entwicklungen unserer Produkte geben könnten. Ziel ist jeweils eine angepasste optimale Strategie (**Normstrategie**) für die einzelnen Produkte in den 4 Feldern:

❶ **Fragezeichen** (Question marks): Diese Märkte mit Chancen sind nicht eindeutig. Sofern die Chancen gut stehen, vom Marktwachstum zu profitieren, sollte kräftig investiert werden (**Offensivstrategie**). Andernfalls sollte ein Rückzug vom Markt erwogen werden.

❷ **Sterne** (Stars) müssen am Himmel bleiben. Daher muss investiert werden, um die Marktstellung halten zu können (**Wachstumsstrategie**).
❸ Bei **Melkkühen** (Cash cows) sollten nur die notwendigen Investitionen durchgeführt werden. Die Überschüsse sollten zur Förderung zukünftiger Stars in aktuelle, Erfolg versprechende Fragezeichen investiert werden (**Gewinnabschöpfungsstrategie**).

❹ Die **armen Hunde** (Poor dogs) sollten vom Markt eliminiert werden (**Desinvestitionsstrategie**). Nur aus Gründen der Produktion, des Sortiments oder des Images könnte ein Weiterbetrieb gerechtfertigt sein.

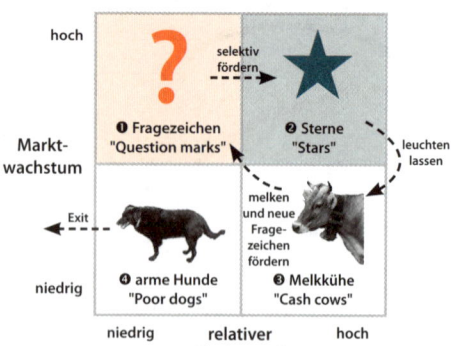

Tipp:
Die Bedeutung der Produkte, Produktgruppen oder Sparten kann durch die Größe von Kreisen dargestellt werden.

Zeilenniveau Verlag Z

Zur **Berechnung des relativen Marktanteils** wird folgende Formel verwendet (bspw. unser Marktanteil = 15 %, stärkster Konkurrent = 25 %):

$$(5.1)\ \text{relativer Marktanteil} = \frac{\text{eigener Marktanteil}}{\text{Marktanteil d. stärksten Konkurrenten}} \cdot 100\ \%$$

$$= \frac{15\ \%}{25\ \%} \cdot 100\ \% = 60\ \%$$

Neben dem Marktwachstum und dem relativen Marktanteil kann eine **dritte Dimension** eingebaut werden: Der **Umsatz** der betreffenden Produkte wird durch die **Größe von Kreisen** dargestellt.

Zu den **Stärken und Schwächen der BCG-Portfolio-Analyse** zählen:

- **Stärken/Vorteile**: schneller Überblick, leichte Ableitung von Normstrategien und deren Handlungsempfehlungen.

- **Schwächen/Nachteile**: da nur max. drei Dimensionen betrachtet werden, können niemals alle Unterschiede dargestellt werden, etwas schematisch, kann zu kurzsichtigem Handeln verleiten.

3. SWOT-Analyse

Eine einfache Variante, die **Stärken-/Schwächen-Analyse**, ermittelt die spezifischen Stärken und Schwächen eines Unternehmens in Relation

F 2011 I	A1a-b	10 Pt.	
F 2016 I	A1a-b	10 Pt.	
F 2017 I	A1	8 Pt.	

zu den wichtigsten Konkurrenten. Die **SWOT-Analyse** geht weiter und ermittelt die internen Stärken (Strengths) und Schwächen (Weaknesses) des Unternehmens, um daraus zusätzlich eine Strategie hinsichtlich möglicher externer Chancen (Opportunities) und Risiken/Gefahren (Threats) zu entwickeln.

- Zu den **internen Faktoren** zählen: Qualifikation der Mitarbeiter, Kosten allgemein (bspw. Lohnniveau), Finanzkraft, Image, Innovationsstärke, Sortimentsbreite und -tiefe.

5

- Zu den **externen Faktoren** zählen: demografische Trends (bspw. Alterung in Industrienationen), Technologien, kultureller Wandel, Gesetzgebung, politische Lage, Konkurrenten, Lieferanten.

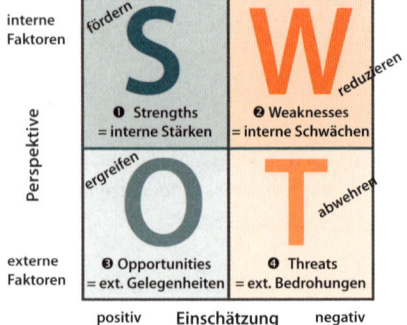

Im Rahmen der SWOT-Analyse lässt sich eine **TOWS-Matrix** (von rechts oben nach links unten lesen: T-O-W-S) erstellen. Daraus lassen sich dann vier Normstrategien ableiten.

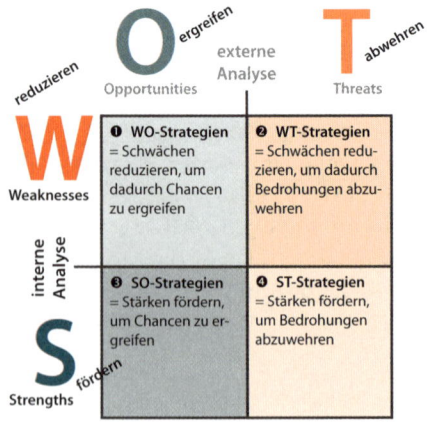

Zeilenniveau Verlag

4. Benchmarking

Das **Benchmarking** ist ein System zur Messung bzw. Einordnung a) unseres Unternehmens im externen Vergleich mit dem stärksten Mitbewerber oder b) im internen Vergleich zwischen Abteilungen/Produkten u. zur Beurteilung von

F 2011 I	A5a-b	5 Pt.	
H 2012 I	A3a	6 Pt.	
H 2013 I	A4a-b	9 Pt.	
F 2014 I	A4a-b	7 Pt.	
H 2018 I	A2a-c	16 Pt.	

Mitarbeitern. Vorteil: Offenlegung von Schwachstellen. Nachteile/Probleme: Beschaffung entsprechender Vergleichsdaten, nur Reaktion statt Aktion.

Typischer Ablauf eines **Benchmarking-Prozess** (oder alternativ wie der Managementkreislauf):

1. Festlegung des zu untersuchenden Aspekts (bspw. Finanzkraft)

2. Auswahl von geeigneten Messgrößen (bspw. Rating, Eigenkapitalquote)

3. Unternehmen zum Vergleich auswählen (bspw. die drei größten Konkurrenten)

4. Datenquellen bestimmen (bspw. Ratingagenturen, Geschäftsbericht)

5. Analyse der Daten

6. Ermittlung von Abweichungen (bspw. schlechteres Rating und niedrigere Eigenkapitalquote) und Ursachenanalyse (bspw. keine Einbettung in eine größere Unternehmensgruppe wie die drei Konkurrenten mit jeweils einer finanzstarken Konzernmutter)

Zu den relevanten **Kennzahlen** zählen bspw.:

- **interne Kennzahlen**:
  - Zahlungsfähigkeit/Bonität: Liquiditätsgrade I bis III
  - Kundenstruktur: Forderungsausfälle
  - Betriebsklima: Fluktuations-/Krankheitsquote
  - Umsatzstärke der Mitarbeiter: Umsatz je Mitarbeiter

- **externe Kennzahlen**:

  - Marktanalyse: Marktanteile

  - Konkurrenzanalyse: Anzahl der Konkurrenten

Zu den **Problemen der Datenerhebung** müssen gerechnet werden:

- Daten der Konkurrenten/Mitbewerber nicht ermittelbar

- ungeeignete/unzuverlässige Quellen, Aktualität der Daten

- Datenschutzaspekte

5. Balanced Scorecard

Das Controlling basiert auf Informationen und einem darauf aufbauenden Berichtswesen. Es stellt sich jedoch die Frage, welche Kennzahlen bzw. Informationen hier berücksichtigt werden sollen. Dabei besteht die grundsätzliche Gefahr, zu wenige, zu viele, die falschen oder einseitig ausgerichtete Informationen zu verwerten. Hier setzt die Methode der **Balanced Scorecard** (ausgewogener Berichtsbogen) an.

Ziel der Balanced Scorecard ist eine ausgewogene Mischung von Informationen aus unterschiedlichen Bereichen bzw. Perspektiven zusammenzutragen. Hierfür werden vor allem die folgenden 4 Bereiche bzw. Perspektiven verwendet:

- **Finanzperspektive**: Kennzahlen in Bezug auf die Erreichung finanzwirtschaftlicher Ziele.

- **Kundenperspektive**: Analyse der Markt-, Branchen- und Konkurrenzsituation sowie der Beurteilung durch Kunden.

- **Prozessperspektive**: Ziel ist die Optimierung von Prozessen (Ablauforganisation) und damit zusammenhängenden Informationen.

- **Wachstums-/Entwicklungsperspektive**: Identifizierung der Aspekte, die einen langfristigen Erfolg ermöglichen.

© 2020, Zeilenniveau Verlag GmbH   Zeilenniveau Verlag

6. Erfahrungskurvenanalyse

Je länger ein Artikel produziert wird, umso mehr   H 2010 I A1c   4 Pt. nimmt die Erfahrung mit der Herstellung dieses Artikels zu. Die Mitarbeiter machen weniger Fehler, werden schneller, es werden kontinuierlich Verbesserungsprozesse eingeführt. Dies führt zu sinkenden Kosten pro Stück. **Das darf nicht mit der Fixkostendegression verwechselt werden**, die ähnlich wirkt. Diese besagt, dass in einer Periode die Stückkosten sinken, wenn die Anlagen ausgelastet werden und somit die Fixkosten pro Stück sinken. Der Erfahrungskurveneffekt geht hingegen davon aus, dass mit zunehmender Anzahl der Perioden die Kosten zusätzlich sinken.

Analyse von Erfolgspotenzialen

Zu den weiteren Instrumenten der strategischen   F 2017 I A2a-b   8 Pt. Analyse (insbesondere im Marketing) zählen bspw.:

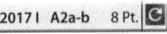

- Trendanalyse, Marktanalyse, Konkurrenzanalyse

- Analyse des Gewinn- und Umsatzpotenzials, Analyse der Kosten

Zweck der operativen Planung

- Zur **Umsetzung der strategischen Pläne** dienen operative Pläne.

- Die operative Planung gibt den **Handlungsspielraum** der Abteilungen und der Mitarbeiter vor (bspw. in Form von Budgets).

- Die konkreten Vorgaben der operativen Planung können am Ende der Planungsperiode besser **kontrolliert** werden (u. a. wichtig für erfolgsabhängige Entlohnung).

- Aus einer **Analyse der Abweichungen** lassen sich Rückschlüsse auf Fehlentscheidungen etc. ableiten und ermöglichen damit eine bessere Planung für die Zukunft.

5

5.1.4 Betriebsstatistik und Planungsrechnung

Die reinen Zahlen des Jahresabschlusses eines bestimmten Jahres sind nicht sonderlich aussagekräftig. Sie bedürfen eines Vergleichswertes:

- Bei einem **Zeitvergleich** werden bspw. die Informationen der Bilanz des Jahres 2019 mit denen vorangegangener Bilanzen verglichen.

- Ein **Branchenvergleich** würde die Zahlen des betrachteten Unternehmens mit anderen Unternehmen der Branche vergleichen.

- Ein **interner Vergleich** kann ein Sparten- oder Filialvergleich sein.

- Bei einem **Soll-/Ist-Vergleich** werden die tatsächlich erzielten mit den vorgegebenen/geplanten Zahlen verglichen.

Es werden folgende Formen von Kennzahlen unterschieden:

1. Zunächst die **absoluten Kennzahlen**. Hierbei handelt es sich um die ursprünglichen Zahlen, die ohne Vergleichswert relativ wenig aussagen. Hat ein Unternehmen bspw. 100 Mitarbeiter, so ist das wenig aussagekräftig. Wenn diese Zahl mit dem Vorjahr oder Mitbewerbern verglichen wird, erhält sie Bedeutung.

2. Sofern die absoluten Kennzahlen in Beziehung zu anderen Zahlen gebracht werden, spricht man von **Verhältniszahlen** (= relative Kennzahlen). Dabei werden die folgenden Formen unterschieden (Hinweis: Sowohl Messzahlen als auch Indexzahlen sind dimensionslos – d. h. ohne Euro, Prozent, kg oder dergleichen am Ende.):

- **Messzahlen** sind *Quotienten aus zwei gleichartigen Zahlen.* So könnten bspw. die Anzahl der Mitarbeiter der Fertigung durch die Anzahl der Mitarbeiter in der Verwaltung geteilt werden. Würde hier 1,25 herauskommen, würden in der Fertigung 25 Prozent mehr Mitarbeiter als in der Verwaltung tätig sein.

- Eine Sonderform der Messzahlen sind **Indexzahlen**, bei denen sich der Zähler und der Nenner nur durch die *zeitliche Dimension* unterscheiden. In der VWL wird damit bspw. der Verbraucherpreisindex

© 2020, Zeilenniveau Verlag GmbH

Zeilenniveau Verlag

5

berechnet, der das Preisniveau eines Monats (Juni 2020) durch das Preisniveau des Vorjahresmonats (Juni 2019) teilt. Ein Ergebnis von 1,021 entspricht dabei einer Inflationsrate von 2,1 %.

- Bei **Gliederungszahlen** wird eine *Teilmenge durch die Gesamtmenge geteilt*. Teilt man bspw. das Eigenkapital durch das Gesamtkapital (× 100 %), erhält man die Gliederungszahl Eigenkapitalquote.

- Wird der Quotient zweier verschiedenartiger Zahlen gebildet, die aber in sinnvoller Beziehung zueinander bestehen, erhält man **Beziehungszahlen**. Teilt man bspw. den Gewinn durch das Eigenkapital und multipliziert mit 100 % erhält man die Beziehungszahl Eigenkapitalrentabilität.

Zahlenentwicklung/Vergleichsrechnungen

In Prüfungsaufgaben könnten für verschiedene Jahre (Zeitvergleich) Soll- und Istwerte an Zahlen vorliegen, die es dann auszuwerten gilt. Dabei geht es um die Interpretation der Zahlenentwicklung und weniger um die Berechnung: `F 2016 | A6      9 Pt.`

- bspw. Entwicklung von Absatzmengen, Umsatzerlösen und durchschnittlichen Verkaufspreisen

- Ursachen können unterschiedlicher Natur sein, bspw. mehr/weniger Wettbewerb, wachsende/schrumpfende Märkte, neue/veraltete Produkte usw.

Instrumente bzgl. der Kostenrechnung

- Die **Gewinnschwellenanalyse** (Break-even-Analyse) ermittelt die notwendige Verkaufsmenge, um einen Gewinn zu erzielen.

- Die **Plankostenrechnung** analysiert die Abweichungen zwischen Plankosten und Istkosten für einzelne Abteilungen.

5

Früherkennungssysteme

Mit Hilfe von geeigneten Indikatoren bzw. Kenn- H 2013 I A1   9 Pt.
zahlen sollen zukünftige Probleme/Risiken früh-
zeitig erkannt bzw. identifiziert werden, um rechtzeitig gegensteuern zu
können. Zu den möglichen **Frühindikatoren** zählen:

- Verlust von Marktmacht: Marktanteile, Absatzzahlen

- unzureichende Ablauforganisation: Zunahme an Verbesserungs-
vorschlägen im Rahmen des KVP

- verschlechterndes Betriebsklima: Krankheits-/Fluktuationsquote

- zunehmender Fachkräftemangel: zunehmende Stellenanzeigen

Operations Research

Dieser noch relativ junge Forschungszweig der BWL beschäftigt sich
mit dem Einsatz mathematischer Methoden und Modelle zur Bestimmung optimaler Ergebnisse. Insbesondere die lineare Algebra (viele
Gleichungen!) wird verwendet, um optimale Ergebnisse bspw. bei logistischen Prozessen zu bestimmen. Sofern Sie BWL an einer Hochschule
studieren, dürfen Sie hier auch rechnen. Für uns sind die Rechnungen
nicht von Bedeutung.

5.1.5 Entscheidungsprozesse bei der Planung

Die Entscheidung ist im Rahmen des Managementkreislaufs grundsätzlich der Planung nachgelagert.

In der Praxis überschneiden sich beide Teilbereiche. Jede Entscheidung
benötigt Alternativen, die durch die Planung vorgestellt werden (vgl.
hierzu auch Kapitel 5.4.2.3).

© 2020, Zeilenniveau Verlag GmbH

Zeilenniveau
Verlag

5.2 Organisations- u. Personalentwicklung

5.2.1 Notwendigkeit der Entwicklung

Zweck der Organisationsentwicklung ist die einmalige oder stetige Anpassung der Organisation an die Erfordernisse. Zahlreiche **externe Gründe** können eine Anpassung der Organisation und des Personals an neue Entwicklungen erfordern:

| F 2016 I | A2a | 6 Pt. |
| H 2016 I | A1a | 4 Pt. |

- neue Konkurrenten, Produkte und Technologien

- Gesetzesänderungen bzw. neue Gesetze

- veränderte Kundenwünsche

- Fusionen und Kooperationsformen

- Probleme der Finanzierung (bspw. Rating, Großaktionäre)

Zudem können auch interne Gründe das Management ohne konkreten äußeren Anpassungsgrund zur Entwicklung der Organisation anregen. Denn nicht nur eine rein **passive Reaktion**, sondern auch eine **aktive Gestaltung** kann sinnvoll sein.

Zu den **internen Gründen** zählen:

- ineffiziente Aufbauorganisation mit zahlreichen Doppelarbeiten, ungeklärten Zuständigkeiten und geringer Übersichtlichkeit

- ineffiziente Ablauforganisation mit schlechter Prozessabstimmung, unnötigen, teuren und langsamen Prozessen

- zu schnell gewachsene Organisationen

- zu viele Vertriebskanäle, zu großes, vielfältiges Sortiment

- Mangel an Fachkräften

5

In allen Fällen gilt es nun zu hinterfragen, inwiefern die gegebene Organisation und das vorhandene Personal mit seinem Entwicklungsstand in der Lage sind, dies zu bewältigen. Dazu bedarf es für gewöhnlich einer Veränderung der Organisation (Organisationsentwicklung, Kap. 5.2.2) und des Personals (Personalentwicklung, Kap. 5.2.3), die nun näher betrachtet werden.

5.2.2 Organisationsentwicklung (OE)

5.2.2.1 Ziele der Organisationsentwicklung

Zu den vielfältigen **Zielen** der Organisationsentwicklung zählen u. a.:

- Steigerung bzw. Wiederherstellung der Wettbewerbsfähigkeit

- Erhöhung der Flexibilität durch anpassungsfähige Hierarchien

- Senkung der Kosten durch Prozessoptimierungen

- Senkung der Kosten durch schlankere Hierarchien

- Reduzierung von Ineffizienzen und Doppelarbeiten

- Steigerung der Mitarbeitermotivation

- Verbesserung des Betriebsklimas

Zwei grundlegende Formen des Wandels sind zu unterschieden:

- **Evolution** steht für eine Anpassung/Veränderung in kleinen Schritten. Ein hierfür geeignetes Instrument ist der »kontinuierliche Verbesserungsprozess« (KVP).

- **Revolution** steht für einen starken Anpassungsschritt bzw. eine grundlegende Veränderung. Das Business-Process-Reengineering ist hierfür ein geeignetes Instrument.

© 2020, Zeilenniveau Verlag GmbH

5.2.2.2 Konzept der Organisationsentwicklung

Gründe für Organisationsveränderungen

Zu den Gründen für Organisationsveränderungen vgl. Kap. 5.2.1. Im Rahmenstoffplan wird explizit erwähnt, dass hierzu auch die Optimierung von Arbeitsabläufen, die Humanisierung der Arbeitswelten und die Erhöhung der Flexibilität zählen. Es ist auffällig, dass sich die Ziele u. Gründe der Organisationsentwicklung ergänzen und überschneiden.

Phasen des OE-Prozesses

Sofern eine Entwicklung der Organisation erwünscht wird (bspw. bei starkem Wachstum oder Unternehmensübernahmen) können folgende 3 **Phasen des Organisationsentwicklungsprozesses** (nach *Kurt Lewin*) unterschieden werden:

H 2011 I	A2	9 Pt.	
F 2012 I	A3b	6 Pt.	
F 2016 I	A2b	6 Pt.	
H 2016 I	A2a	6 Pt.	

1. **Auftauen** bzw. **Unfreezing**: Die Organisation wird aus ihrem Schlafzustand erweckt, um für die neuen Herausforderungen fit zu werden. Zu diesem Zweck werden neue Richtlinien erarbeitet und ausprobiert. Das wird Widerstände derer bedeuten, die darauf hinweisen, dass etwas schon immer so gemacht wurde und daher gut sei. Das kann zu nachlassender Motivation und Leistungseinbußen dieser Mitarbeiter führen. Dies kann durch ein System von Anreizen und Sanktionen korrigiert werden.

2. **Bewegung** bzw. **Moving**: Die Mitarbeiter gewöhnen sich an die neuen Richtlinien und Vorgaben und setzen diese um. Zudem bilden sich neue Systeme der Zusammenarbeit und der Unternehmenskultur heraus. Intensive Mitarbeitergespräche können bei der Übernahme der neuen Perspektive helfen.

3. **Einfrieren** bzw. **Refreezing**: Sobald sich ein neues, leistungsfähigeres System etabliert hat, sollte dieser Zustand eingefroren und bewahrt werden. Hierfür sind geeignete Überwachungsmechanismen (Kennzahlen etc.) erforderlich.

5

Es können bspw. folgende **Widerstände** erwartet werden:

- personelle Widerstände der Mitarbeiter, der Manager und des Betriebsrates

- rechtliche Widerstände durch mögliche Rechtsverstöße

- wirtschaftliche Widerstände bei möglichen unvorhersehbaren Kostenbelastungen oder unsicheren Erfolgsaussichten

Erfolgs-/Misserfolgsfaktoren der OE

Zu den **Erfolgsfaktoren** der OE zählen: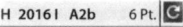

H 2016 I A2b   6 Pt.

- offene, klare Informationspolitik

- Notwendigkeit der Veränderung muss von Führungskräften und Mitarbeitern erkannt werden

- Ziele müssen durch Geschäftsleitung klar dargelegt werden

- Führungskräfte »leben« die Veränderung vor (Vorbildfunktion)

Zu den **Misserfolgsfaktoren** der OE zählen:

- alle Entscheidungen werden von oben ohne Diskussionen (»top down«) vorgegeben

- die Probleme werden nicht erkannt bzw. akzeptiert

- Bereitschaft zur Veränderung fehlt

- unrealistische Vorgaben durch die Führung

Zentralisation vs. Dezentralisation

- **Zentralisation** steht für Entscheidungen, die in der Zentrale einer Organisation getroffen werden. **Dezentralisation** bzw. **Eigenverantwortlichkeit** steht demgegenüber für Entscheidungen, die vor Ort getroffen werden.

F 2012 I A3a   5 Pt.
F 2018 I A6   6 Pt.

© 2020, Zeilenniveau Verlag GmbH

- **Vorteile** der Zentralisation sind: (1) einheitliches Vorgehen fördert das Image, (2) Doppelarbeiten werden vermieden, (3) Wissen und Kompetenzen lassen sich besser/kostengünstiger zentral ansiedeln.

- **Nachteile** der Zentralisation sind: (1) Wissen vor Ort wird nicht genutzt, (2) geringere Motivation der MA in den Filialen, (3) geringere Leistungsbereitschaft durch geringere Motivation, (4) langsamere Entscheidungen durch längeren Instanzenweg, (5) geringere Anpassung an Kundenwünsche durch Ferne zu diesen.

- Für die **Dezentralisation** gilt jeweils genau das Gegenteil.

- In diesem Zusammenhang ist auch der Begriff **Synergieeffekt** wichtig. Darunter versteht man eine positive Wirkung, die sich aus der Zusammenarbeit von Unternehmen oder Organisationseinheiten ergibt. Wenn bspw. zwei Pharmaunternehmen fusionieren, können sie ihre Forschung & Entwicklung zusammenlegen und somit Kosten sparen. *Dies spricht für die Zentralisation von Aktivitäten.*

Change Management

Der Veränderungsprozess in Organisationen sollte geplant erfolgen. Hiermit beschäftigt sich das Change Management. Zumindest die folgenden vier wesentlichen **Veränderungsmodelle** sollten bekannt sein:

- **Kaizen** bzw. **KVP** (kontinuierlicher Verbesserungsprozess): Das Konzept der kontinuierlichen Anpassung/Verbesserung in kleinen Schritten stammt ursprünglich aus Japan. Es entspricht der Idee der **Evolution**.

- **Business Process Reengineering**: Dieses aus den USA stammende Konzept steht für einen radikalen Wandel (= **Revolution**).

- **TQM** bzw. »**Total Quality Management**« steht für eine umfassende Qualitätsorientierung aller Teilbereiche des Unternehmens, also auch der Prozesse und nicht nur der Enderzeugnisse.

- **Lernende Organisation** siehe folgender Abschnitt.

5

5.2.2.3 Lernende Organisation

Zwar gibt es auch hier unterschiedliche Definitionsansätze, aber für gewöhnlich basiert das Konzept auf der Idee, dass nicht nur das einzelne Individuum von sich aus lernen muss, sich an neue Situationen anzupassen (= zu lernen). Sondern sollten die organisatorischen Regelungen so gestaltet sein, dass sich die Organisation entwickelt und an notwendige Entwicklungen anpasst. Zu diesem Zweck wird das Wissen aller Organisationsmitglieder genutzt und verteilt. Kurz: Im Rahmen der Organisationsentwicklung bezeichnet eine lernende Organisation eine anpassungsfähige Organisation.

Ziele der lernenden Organisation

- Lernkompetenz der Mitarbeiter erhöhen

  F 2012 I A3c   4 Pt.

- Einführung eines Wissensmanagements

- Kommunikation im Unternehmen verbessern

- Mitarbeiter aktiv an der Gestaltung der Abläufe (Prozesse) beteiligen – bspw. durch ein betriebliches Vorschlagswesen

- Verbesserungen auch in kleinen Schritten vornehmen (KVP bzw. Kaizen)

© 2020, Zeilenniveau Verlag GmbH

Zeilenniveau Verlag

5.2.3 Personalentwicklung (PE)

5.2.3.1 Ziele der Personalentwicklung

Ziele für das Unternehmen sind u. a.:

F 2009 I	A5a	4 Pt.
F 2011 I	A2a	2 Pt.
H 2012 I	A1a	6 Pt.
H 2019 I	A1a-c	14 Pt.

- Die Ausrichtung der Qualifizierung der Mitarbeiter an den aktuellen und prognostizierten betrieblichen Erfordernissen.

- Insgesamt soll ein höheres Qualifizierungsniveau für flexiblere und kreativere Mitarbeiter erzielt werden.

- Die Fluktuationsrate senken bzw. niedrig halten und die Bindung der Mitarbeiter an das Unternehmen steigern.

- Nutzung von qualifiziertem internen Personal für interne höherwertige Stellenbesetzungen erhöht die Motivation der Mitarbeiter.

- Senkung der Personalbeschaffungskosten.

Ziele für die Mitarbeiter sind u. a.:

- bessere Karrierechancen

- bessere Chancen am Arbeitsmarkt

- zunehmende Zufriedenheit mit der Arbeit

- Nutzung des eigenen Potenzials

- neue, interessantere Tätigkeiten

5.2.3.2 Verantwortlichkeit der Personalentwicklung

Die Personalentwicklung ist ein Zusammenspiel verschiedener Gruppen, die auch eine entsprechende Verantwortung übernehmen:

- Das **Personalwesen** ist für die Konzipierung, die Durchführung und Kontrolle von PE-Maßnahmen verantwortlich.

- **Führungskräfte** müssen den Entwicklungsbedarf der Mitarbeiter erkennen und diesen in Zusammenarbeit mit der Personalabteilung mit möglichen Bildungsinhalten vergleichen und den Mitarbeiter

5

für mögliche Instrumente der Personalentwicklung einplanen und ggf. freistellen. Zur Evaluierung des Entwicklungsbedarfs werden Mitarbeitergespräche geführt.

5.2.3.3 Instrumente der Personalentwicklung

Zur **Feststellung des Qualifizierungsbedarfs** H 2019 | A1d   3 Pt. der Mitarbeiter werden verschiedene **Methoden/Instrumente** verwendet: Stellenbeschreibungen, Assessment-Center, Leistungsbeurteilung, Potenzialanalyse, Persönlichkeits-, Intelligenztests und Gespräche zur Personalentwicklung.

Stellenbeschreibung

Zur Kennzeichnung der verschiedenen Stellen eines Unternehmens dienen schriftliche **Stellenbeschreibungen**. Zu deren **Inhalten** gehören:

H 2009	A1	8 Pt.
H 2010	A2a	4 Pt.
F 2013	A7a-b	10 Pt.
F 2016	A3a	6 Pt.
H 2017	A2a	6 Pt.

- Stellenbezeichnung

- Einordnung der Stelle in die Organisation und dazugehörige Über- und Unterstellungsverhältnisse

- Stellvertretung/Prokura

- Aufgaben und Ziele der Stelle

- Anforderungen u. Kompetenzen, Befugnisse u. Vollmachten

- tarifliche Einordnung bzw. Lohngruppen (kein Gehalt!)

Zu den **Aufgaben** der Stellenbeschreibung zählen: (1) Orientierung für (neue) Mitarbeiter, (2) Grundlage für Stellenbewertung und Leistungsbeurteilung, (3) Basis für die Personalbeschaffung (bspw. Stellenanzeigen), (4) Entlohnungsgrundlage, (5) Hilfe bei der Formulierung von Arbeitszeugnissen, (6) klare Abgrenzung der Aufgabengebiete und damit Vermeidung von Doppelarbeiten. (7) Grundlage der PE.

© 2020, Zeilenniveau Verlag GmbH

Zeilenniveau Verlag

Potenzialanalyse

Die Potenzialanalyse analysiert systematisch die
Qualifizierung der Mitarbeiter. Dabei wird geprüft, inwiefern sie den gegenwärtigen oder zukünftigen unternehmerischen Erfordernissen

H 2012 I	A2	9 Pt.	
F 2013 I	A8a-b	9 Pt.	
F 2016 I	A3b	8 Pt.	
H 2017 I	A2b	12 Pt.	

entspricht. Andernfalls sind Maßnahmen der PE erforderlich.

Zu den **Kompetenzbereichen** bei einer Potenzialanalyse zählen:

- **Fachkompetenz**: Fachwissen im jeweiligen Tätigkeitsbereich,
  Fremdsprachenkenntnisse, Allgemeinwissen

- **Methodenkompetenz**: Anwendung der richtigen Methoden der
  Organisation, der Führung und der Umsetzung des Wissens

- **Sozialkompetenz**: Kommunikations-, Team-, Kritik- und Kontaktfähigkeit, Einfühlungsvermögen

- **Persönlichkeitskompetenz**: Lernbereitschaft, Leistungsfähigkeit,
  Belastbarkeit, Selbstorganisation, analytisches Vermögen

Phasen der Qualifizierung bzw. Personalentwicklung

- **Planungsphase**: a) Ziele der PE-Maßnahmen
  formulieren, b) Abgleich mit vorhandenen
  Qualifikationen um Qualifizierungsbedarf zu bestimmen, c) Entscheidung hinsichtlich externer/interner Bildungsträger, d) Wahl
  der Maßnahmen, e) Ort u. Durchführung, f) Methoden

H 2016 I	A3a	5 Pt.	
F 2017 I	A7	6 Pt.	

- **Durchführungsphase**: a) Erwartungshaltung der Teilnehmer erfragen, b) Durchführung nach Planung, c) Kontrolle während und am
  Ende durch Übungen, d) Beurteilungsbögen austeilen u. auswerten

- **Transferphase**: a) Teilnehmer zur Reflexion anregen: Wie kann das
  erlernte Wissen genutzt werden? b) Planung zur praktischen Umsetzung des Wissens. c) Kontrolle, inwiefern das Wissen tatsächlich
  genutzt wurde.

5.2.3.4 Einsatzfelder der Personalentwicklung

Die Einsatzfelder der PE werden im folgenden Abschnitt bei der Umsetzung der PE besprochen. Es muss dabei geklärt werden, ob es sich um eine Neuqualifizierung oder um den Ausbau von Wissen geht.

5.2.3.5 Umsetzung der Personalentwicklung

Ziel der innerbetrieblichen Förderung ist die Anpassung der Mitarbeiter an die betrieblichen Erfordernisse. Zu den konkreten Formen der **Personalentwicklungsmaßnahmen** zählen:

F	2009 I	A5b	6 Pt.	
H	2009 I	A2	8 Pt.	
F	2012 I	A4b	6 Pt.	
H	2012 I	A1c	6 Pt.	
H	2016 I	A3b	4 Pt.	
H	2017 I	A3a-b	10 Pt.	
F	2018 I	A5b	6 Pt.	
H	2019 I	A1e	6 Pt.	

- **Job-Enlargement**: Der Mitarbeiter erhält ein erweitertes Arbeitsspektrum auf gleichem Niveau. Damit wird die übertriebene Arbeitsteilung (*Taylorismus*) reduziert. *Vorteile*: Motivation und Leistungsbereitschaft, besserer Überblick. *Nachteile*: ggf. Mehrarbeit mit steigender Belastung und Überforderung, geringere Produktivität.

- **Job-Enrichement**: Die Arbeit des Mitarbeiters wird durch ein höheres Anspruchsniveau bereichert. Dies erfordert für gewöhnlich Weiterbildungsmaßnahmen. *Vorteil*: Motivation, Entfaltung, Leistungsbereitschaft. *Nachteile*: ggf. Überforderung und Fehlentscheidungen.

- **Job-Rotation**: Die Mitarbeiter tauschen die Arbeitsplätze um andere Bereiche des Unternehmens bzw. der Abteilung kennenzulernen. Dabei wird keine Beförderung innerhalb der Hierarchie vorgenommen. Als *Vorteil* gilt die höhere Motivation und Leistungsbereitschaft sowie die steigende Flexibilität und Übersicht der Mitarbeiter. *Nachteilig* sind die Einarbeitungszeit und deren Kosten sowie die entstehende Unruhe im Unternehmen.

- **Coaching**: Fach- und Führungskräfte werden von externen und internen Beratern betreut. Damit soll ebenfalls eine Erweiterung und Bereicherung des Arbeitsbereichs ermöglicht werden. *Vorteil*: Die

Zeilenniveau Verlag

5

Mitarbeiter sind nicht auf sich gestellt, sondern werden unterstützt. *Nachteil*: Kosten.

• Zu den **Trainingsmaßnahmen** zählen:

♦ **Training-on-the-Job**: Unterweisung am Arbeitsplatz, bspw. Schulungen an neuen Maschinen sowie Einrichtung dieser. *Vorteile*: (1) keine Unterbrechung der täglichen Arbeit, (2) direkte Schulung am Arbeitsplatz, (3) direkter Transfer des Erlernten, (4) an individuellen Problemen ausrichtbar, (5) ggf. Schulung durch eigene Mitarbeiter mit geringeren Kosten.

♦ **Training-near-the-Job**: nicht direkt am Arbeitsplatz, aber im Unternehmen – bspw. Duales Studium oder Trainee-Programm bei denen Mitarbeiter noch nicht (ausschließlich) am endgültigen Arbeitsplatz eingesetzt werden.

♦ **Training-off-the-Job**: Unterweisung außerhalb des Arbeitsplatzes (bspw. Fortbildungslehrgänge in Schulungsräumen).

♦ **Training-along-the-Job**: berufsbegleitendes Lernen.

♦ **Training-into-the-Job**: Ausbildung, Einarbeitung.

• **Mentoring:** Dabei soll das Wissen erfahrener/älterer Mitarbeiter an die nachfolgende jüngere Generation (meist einer nachgelagerten Führungsebene) weitergereicht werden. Dies kann durch eine intensive Begleitung/Betreuung über einen bestimmten Zeitraum erfolgen.

Trainee-Programm

Eine besondere Form des Training-near-the-Jobs stellen Trainee-Programme für zumeist Akademiker dar. Hier werden hochqualifizierte Mitarbeiter (für gewöhnlich Hochschulabsolventen) in verschiedenen Abteilungen oder bestimmten Projekten für ihren zukünftigen Einsatz geschult. Dies wird durch vielfältige Seminare begleitet.   F 2012 | A4a   7 Pt.

5

Bei der Planung bzw. Konzipierung eines Trainee-Programms sollten die folgenden Aspekte berücksichtigt werden:

- Zeitraum und Dauer des gesamten Trainee-Programms.

- Festlegung der zu durchlaufenden Abteilungen bzw. Projekte und deren jeweiliger Zeitbedarf.

- Bestimmung des organisatorischen Ablaufs und der Kosten.

- Festlegung der Verantwortlichen bzw. Mentoren der jeweiligen Programmteilnehmer.

- Klarstellung, inwiefern das Programm abgeschlossen wird und eine Übernahme fest geplant wird.

Formen der außerbetrieblichen Fortbildung

- **Lehrgänge**: Formen der Aufstiegsfortbildung (bspw. Meisterlehrgänge der IHK oder HWK)

- **Seminare**: bestimmte Lernziele (Fach-, Methoden- und Sozialkompetenz) erreichen, interaktives Lernen (bspw. Präsentationen und Rollenspiele), geringe Teilnehmerzahl

- **Tagungen**: Basiswissen sollte vorhanden sein, viele Informationen, geringe Nachhaltigkeit, wenig Zeit für Fragen und Diskussionen

- **Konferenzen**: themenspezifische Sitzungen zumeist in einem Raum, keine Vorträge, sondern Kommunikation

- **Kongresse**: mehrtägige Treffen mit verschiedenen Einzelveranstaltungen oft in verschiedenen Räumen, vielfältige Themen und Vorträge von Spezialisten, zusätzlich kleine Diskussionsgruppen abseits der Vorträge

Stufen der Aus- und Fortbildung

- **Ausbildung**: Grundstufe zur Erlangung beruflicher Praxis und theoretischen Wissens

© 2020, Zeilenniveau Verlag GmbH

Zeilenniveau Verlag

- **Fortbildung**: Erhaltung, Erweiterung und Anpassung der beruflichen Qualifikationen

  - ◆ **Aufstiegsfortbildung**: Lehrgänge zur Erlangung höherer Qualifikationen mit anerkannten Abschlüssen: Fachkaufleute, Fachwirte, Meister und Betriebswirte.

  - ◆ **Anpassungsfortbildung**: Anpassung der Qualifikation an neuere Entwicklungen (bspw. neue Arbeitsschutzvorschriften)

  - ◆ **Erweiterungsfortbildung**: Erweiterung des Wissens ohne beruflichen Aufstieg (technische Grundkenntnisse für Kaufleute in einem Industriebetrieb)

  - ◆ **Erhaltungsfortbildung**: Das vorhandene Wissen soll erhalten bzw. aufgefrischt werden.

Planungsinhalte bei der Vorbereitung von Seminaren

- Zielgruppe bestimmen
- Schulungsort festlegen
- Budget festlegen
- Termin und Dauer mit Zielgruppe absprechen und festlegen
- Inhalte abstimmen und festlegen

H 2014 I A3a   5 Pt.

Interne vs. externe Bildungseinrichtungen

Vorteile der *internen* Bildungseinrichtungen: F 2011 I A2c   4 Pt.
(1) Unabhängigkeit von externen Anbietern, (2) keine Weitergabe evtl. problematischer Informationen, (3) genaue Abstimmung auf betriebsinterne Anforderungen, (4) direkte Verwertung der Bildungsinhalte am Arbeitsplatz. **Vorteile der *externen* Bildungseinrichtungen**: (1) größere Kompetenz im Schulungsbereich, (2) größere Auswahl an spezialisierten Fachdozenten, (3) gegen Betriebsblindheit: Erfahrungsaustausch und (4) größere Auswahl an Bildungsmaßnahmen. Nachteile sind jeweils umgekehrt.

5

Kriterien bei der Wahl externer Bildungseinrichtungen

- Referenzen des Anbieters, Ort/Erreichbarkeit
- Kosten und sonstige Vertragsbestimmungen

F 20111 A2b   3 Pt.
H 20121 A1b   5 Pt.

- Seminarangebote, Flexibilität bei der Gestaltung firmenspezifischer Lehrgänge, Aufbau und Inhalt der Lehrangebote

- fachliche, didaktische und praktische Qualifikation der Dozenten, Ausstattung der Schulungsräume, Kantine etc.

- Zertifizierung der Bildungseinrichtung usw.

Erfolgskontrolle von Seminaren

Nach Abschluss eines Seminars sollte der Erfolg kontrolliert werden:

H 20141 A3b   6 Pt.

- **Beurteilungsbogen** austeilen: Es ist nicht gewährleistet, dass er von allen Seminarteilnehmern ausgefüllt wird und ist dann aussagelos.

- **Interview** der Seminarteilnehmer direkt im Anschluss an das Seminar.

- **Beobachtung** im Seminar oder danach bei der Umsetzung des gelernten Inhalts.

- **Kennzahlen** (bspw. Umsatz, Fluktuation etc.) sind allenfalls als indirekte Indikatoren von Seminaren anzusehen.

Zu den **Inhalten der Erfolgskontrolle** (Evaluierung) zählen:

- Wurde das Wissen auf-/angenommen? Kann das Wissen im beruflichen Alltag angewandt werden? Erweitert das Seminar den Horizont und führt zu größerer Flexibilität?

- Steigert es die Zufriedenheit der Mitarbeiter und fördert es damit das Betriebsklima und die Leistungsbereitschaft?

- Nimmt die Leistung der geschulten Mitarbeiter zu?

 © 2020, Zeilenniveau Verlag GmbH

5.3 Wissensmanagement und IT

5

5.3.1 Wissensmanagement

Die wirtschaftliche Bedeutung des Wissens zeigt F 2014 I A2a 3 Pt. sich schon in der VWL. Dort werden die drei **Produktionsfaktoren** Arbeit, Boden und Kapital unterschieden. Der aus deutscher Sicht wesentliche Faktor ist dabei das **Kapital**, zu dem das **Humankapital** zählt. Zu diesem zählt wiederum das **Wissen**. Was für die VWL gilt, stimmt natürlich auch für die einzelnen Unternehmen in der BWL:

Wissen ist ein wesentlicher **Wettbewerbsfaktor** und muss daher entsprechend professionell behandelt werden. Hiermit setzt sich das **Wissensmanagement** eines Unternehmens auseinander.

Ziel des Wissensmanagements ist das gesamte im Betrieb vorhandene Wissen zu erfassen, zu selektieren, zu verarbeiten, aufzubereiten, zu analysieren und im Unternehmen zu verbreiten, d. h. allen Stellen, die es benötigen, zukommen zu lassen.

Das Wissensmanagement kann zur Organisationsentwicklung (vgl. Kap. 5.2.2) beitragen, wenn ...

- Mitarbeiter ihr individuelles Wissen dem Unternehmen zur Verfügung stellen.

- eine Personalentwicklungsmaßnahme nicht nur zur Entwicklung des betreffenden Mitarbeiters führt, sondern dieser sein erworbenes Wissen mit anderen Mitarbeitern im Unternehmen teilt.

- entsprechende organisatorische und technische Regelungen geschaffen werden, um das individuelle Wissen zu speichern und zu verbreiten (bspw. Archive, Dokumentationen, Intranet).

5

Informationsvorbehalt durch Vorgesetzte

Es sollte natürlich bedacht werden, dass nicht ｜F 2009 I A2a-b 12 Pt.｜ alles im Unternehmen vorhandene Wissen allen Mitarbeitern zugänglich gemacht werden kann (bspw. Entwürfe von neuen Technologien). Dies rechtfertigt jedoch keinen Informationsvorbehalt von relevantem Wissen.

Zu den weitgehend ungerechtfertigten **Gründen für einen Informationsvorbehalt** von Vorgesetzten gegenüber ihren Mitarbeitern zählen:

- Der Informationsbedarf der Mitarbeiter wird nicht erkannt oder falsch eingeschätzt.

- Es wird davon ausgegangen, dass die Mitarbeiter nicht genügend Fachkompetenz zur Verwertung der Informationen besitzen.

- Die Fülle an wichtigen und unwichtigen Informationen überfordert die Mitarbeiter und kostet viel Zeit und Geld bei der Auswahl der wichtigen Informationen.

- Sofern die Vorgesetzten Wissen nicht weitergeben, haben sie einen Wissensvorsprung und besitzen damit »Herrschaftswissen«.

Zu den **Nachteilen des zu geringen Wissenstransfers** zählen:

- höhere Kosten der Informationsbeschaffung an anderer Stelle bzw. Doppelarbeit der Informationsbeschaffung

- möglicherweise entgehende Umsätze, Kosteneinsparpotenziale und damit ein geringerer Gewinn

- für die nicht ausreichend informierten Mitarbeiter ist es demotivierend und damit leistungsmindernd

- Fehlentscheidungen an den Stellen des unzureichenden Wissens

© 2020, Zeilenniveau Verlag GmbH

Zeilenniveau
Verlag

Formen des Wissens

5

- **Daten** bestehen aus gesprochenen oder geschriebenen Buchstaben, Zahlen oder Sonderzeichen. Eine Ansammlung von Daten kann einen Sinn ergeben oder auch nicht. Die sinnvolle Ansammlung von Daten wird als **Information** bezeichnet. Sofern die Information für jemanden relevant ist, spricht man von **Wissen**. In diesem dreistufigen System ist aus betriebswirtschaftlicher Sicht das Wissen entscheidend. Aus technischer Sicht beschäftigt man sich mit Daten bzw. Informationen (vgl. Kap. 5.3.2).

- Das **individuelle Wissen** ist das Wissen des einzelnen Menschen.

- Sofern individuelles Wissen im Unternehmen auch anderen Mitarbeitern zur Verfügung gestellt und somit in der Organisation gespeichert wird, spricht man von **strukturellem Wissen**.

- Das in mündlicher oder schriftlicher Form formulierbare und reproduzierbare Wissen wird als **explizites Wissen** bezeichnet. Der Wissende kann sein Wissen mündlich oder schriftlich weitergeben oder in eine Wissensdatenbank eingeben. Der Wissenstransfer ist bei explizitem Wissen relativ einfach.

- Beim **impliziten Wissen** handelt es sich um die Erfahrungen, Erkenntnisse und intuitiven Verhaltensweisen von Menschen, die sich nicht so einfach mündlich oder schriftlich ausdrücken lassen. Damit ist auch der Wissenstransfer sehr schwierig. Trotzdem ist es möglich, aber halt sehr aufwendig. Dies zeigt sich bspw. bei einem Handwerker, der seinem Lehrling Handgriffe/Arbeitsschritte zeigt, ohne sie beschreiben zu können oder beim Buchhalter, der seinem Schützling die Eingabe von komplizierten Buchungssätzen zeigt.

- Manchmal werden auch das **undokumentierte Wissen** als implizites Wissen (der Mitarbeiter im Gehirn) und das **dokumentierte Wissen** als explizites Wissen bezeichnet.

5

Instrumente des Wissensmanagements

Für ein erfolgreiches Wissensmanagement können die folgenden Instrumente genutzt werden, die anschließend näher erläutert werden:

- **Wissensdatenbank** bzw. **Data Warehouse**

- **Lastenheft** und **Pflichtenheft**

- **Dokumentenmanagementsystem** und papierloses Büro

- **Sonstige Instrumente**: Bildung von Netzwerken (Internet, Intranet, Extranet), Workshops und Mentorensysteme

Wissensdatenbank

Das Wissen in Unternehmen sollte gespeichert werden. Hierfür werden Wissensdatenbanken verwendet. Im Bereich der Informationstechnologie wird gerne der Begriff **Data Warehouse** benutzt. In diesen soll das Wissen so wie in einem Kaufhaus gespeichert sein, so dass der Mitarbeiter bei Bedarf auf die für ihn wichtigen Daten zugreifen kann.

H 2010	A3a	3 Pt.	
F 2013	A2a	3 Pt.	
F 2014	A2b	3 Pt.	
F 2015	A6a	4 Pt.	

Zu den **Vorteilen der Einführung von Wissensdatenbanken** zählen:

- schneller Zugriff auf relevante Informationen

- Wissen geht bei ausscheidenden Mitarbeitern (Rente, Tod, Kündigung usw.) nicht verloren – »das Wissen wird nicht in Rente geschickt«

- einfachere Einarbeitung von neuen Mitarbeitern

- einheitliche Entscheidungen und Arbeitsweisen, dadurch steigt die Prozessqualität

- zielgerichtete Nutzung von Wissen anderer Mitarbeiter

- Vernetzung des Wissens

Zeilenniveau Verlag

Lastenheft und Pflichtenheft

5

Sofern ein Leistungserbringer (bspw. ein Lieferant) einem Unternehmer eine Leistung erbrin-
gen soll, werden die folgenden beiden Begriffe unterschieden:

H 20101 A3b	4 Pt.	
F 20131 A2b	4 Pt.	

- In einem **Lastenheft** werden die Anforderungen an die zu erbrin-
  gende Leistung aus Sicht des Unternehmers definiert.

- Im **Pflichtenheft** steht, wie der Leistungserbringer die Leistungen
  gemäß Lastenheft umsetzen will.

Zu den **Inhalten eines Lastenheftes** (und damit indirekt auch eines
Pflichtenheftes zählen):

- zwingend einzuhaltende Anforderungen (**Musskriterien**)

- zusätzlich gewünschte Anforderungen (**Sollkriterien**)

- zusätzlich mögliche Anforderungen (**Kannkriterien**)

- technische Rahmenbedingungen der Leistung (bspw. notwendige
  EDV-Ausstattung)

- vertragliche/rechtliche Rahmenbedingungen der Leistung (bspw.
  Garantie und Rücktrittsmöglichkeiten vom Vertrag)

- Anforderungen an Roh-, Hilfs- und Betriebsstoffen sowie Fertig-
  produkten

Dokumentenmanagementsystem

Als **Anwendungsbereich** von Dokumentenmanagementsystemen zählen:

F 20141 A2c	2 Pt.	
F 20151 A6b	4 Pt.	

- In einem Dokumentenmanagementsystem werden Dokumente
  zentral gespeichert und es kann von Mitarbeitern mit entsprechenden Zugriffsrechten darauf zugegriffen werden.

5

- Dabei kann die Erstellung/Digitalisierung, Archivierung, Suche und Weiterleitung von Dokumenten einfach, schnell und kostengünstig erfolgen.

Zu den **Zielsetzungen der Einführung von Dokumentenmanagementsystemen** zählen:

- Es werden die **Kosten** gesenkt gegenüber einer analogen Archivierung (bspw. Raum- und Personalkosten). Dem stehen die Kosten des Dokumentenmanagementsystems gegenüber, die aber regelmäßig geringer sein dürften.

- Die **Zugriffszeiten** auf die Dokumente verringern sich erheblich bzw. sind u. U. erst dadurch möglich (wenn es sich um weit entfernte Standorte handelt).

- Es wird eine **einheitliche Archivierung** im gesamten Unternehmen möglich. Dies erleichtert die Suche bestimmter Dokumente.

Sonstige Instrumente

- Die verschiedenen computerbasierten Netzwerke dienen ebenfalls dem Wissensmanagement. Der Zugriff auf das allgemeine **Internet** ist eine wichtige betriebsexterne Wissensquelle. Wissensdatenbanken werden im betriebsinternen **Intranet** gespeichert. Wissen zwischen Externen (bspw. Lieferanten und Kunden) und dem eigenen Unternehmen kann im **Extranet** gespeichert werden.

- In **Workshops** kann das Wissen zwischen den Mitarbeitern eines Unternehmens oder mehrerer Unternehmen vermittelt und ausgetauscht werden.

- **Mentorensysteme** sind darauf angelegt, das (explizite aber auch gerade das implizite) Wissen erfahrener (bzw. älterer) Mitarbeiter an die nachfolgende jüngere Generation weiterzureichen.

Zeilenniveau Verlag

5.3.2 Informationstechnologie (IT)

In der gegenwärtigen Zeit ist eine Organisationsentwicklung ohne den Einsatz von geeigneten Informationstechnologien nicht mehr denkbar.

5.3.2.1 Ziele und Einsatzmöglichkeiten der IT

Zu den Zielen des Einsatzes der IT gehören bspw.:

- Kostensenkung
- Entscheidungsvorbereitung
- Prozessoptimierung und Qualitätsverbesserung
- Managementunterstützung
- Forschung & Entwicklung zu unterstützen

5.3.2.2 Quellen

Zu den Informationsquellen zählen:

- Die **internen Informationsquellen** stellen Informationen aus dem Unternehmen selbst zur Verfügung. Hier wären bspw. das Warenwirtschaftssystem, Management-Informationssysteme, Unternehmenssoftware und allgemeine Betriebsstatistiken zu nennen.

- Als **externe Informationsquellen** sind Informationen von außerhalb des Unternehmens zu betrachten. Neben dem Internet zählen hierzu Bibliotheken, Messen, Fachtagungen, Forschungsinstitute, Verbände usw. Solche externen Informationen können kostenlos sein (bspw. Broschüren von Verbänden) oder mit erheblichen Kosten verbunden sein (bspw. Auftrag an ein Marktforschungsinstitut).

Hinweis:

Für nähere Informationen sei auf die **Wirtschaftsinformatik** verwiesen.

© 2020, Zeilenniveau Verlag GmbH

5

5.4 Managementtechniken

5.4.1 Zeit- und Selbstmanagement

Zeitmanagement-Methoden im Vergleich

Nachdem in den letzten Kapiteln mit den Zielen, der Planung, der Organisations- und Personalentwicklung sowie dem IT- und Wissensmanagement wichtige Elemente/Inhalte des betrieblichen Managements betrachtet wurden, geht es nun um verschiedene Methoden und Techniken des Managements. Zunächst betrachten wir verschiedene Methoden des Zeitmanagements, der Ideen- und Entscheidungsfindung. Anschließend werden das Projektmanagement sowie Gesprächstechniken vorgestellt.

Grundsätzlich geht es beim **Zeitmanagement** darum, die knappe Zeit möglichst optimal einzusetzen. Zeit ist Geld in Form von bspw. Gehältern. Es können u. a. die folgenden Prinzipien des Zeitmanagements unterschieden werden, die anschließend ausführlich erläutert werden:

- Pareto-Prinzip

- ABC-Analyse

- ALPEN-Methode

- Eisenhower-Prinzip

Pareto-Prinzip

Das Pareto-Prinzip ist ein einfaches Prinzip (auch 80/20-Regel genannt) und besagt, ❶ dass die ersten 20 % des gesamten Inputs 80 % des möglichen Outputs erzielen. ❷ Um die restlichen 20 % Output zu erreichen, müssen die restlichen 80 % des möglichen Inputs verwendet werden. ❸ Man erzielt mit dem gesamten Input von 100 % einen Output von 100 %. Somit empfiehlt es sich, sich auf die leicht erzielbaren 80 % des Outputs zu konzentrieren.

H 2010 I A4   3 Pt.
F 2013 I A3   2 Pt.

Zeilenniveau
Verlag

5

Auf das **Zeitmanagement** übertragen (bspw. Prüfungsvorbereitung): Mit 20 % des Ihnen möglichen Zeiteinsatzes können Sie 80 % des Ihnen möglichen Ergebnisses erzielen. Um die restlichen 20 % zu erzielen, müssten Sie die restlichen 80 % des möglichen Zeiteinsatzes investieren.

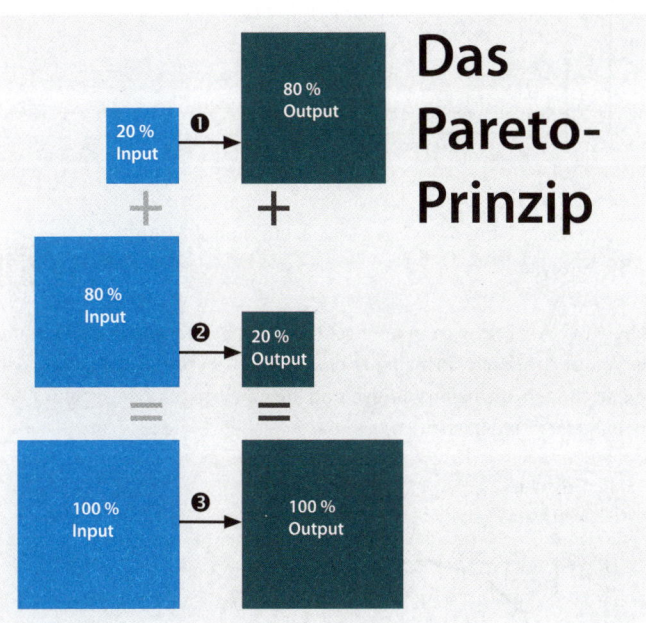

Tipp:

Das Ihnen mögliche Ergebnis sind zwar 100 %, aber nicht zwangsläufig 100 Punkte. Denn nicht jeder ist in der Lage mit 100 % Lernaufwand auch 100 Punkte zu erzielen. Wenn wir davon ausgehen, dass Sie bestenfalls 90 Punkte erzielen können, dann könnten Sie mit einem Zeiteinsatz von 20 % Ihrer Zeit genau 72 Punkte erzielen (= 80 % von 90 Punkten).

Zwar handelt es sich um einfaches Prinzip, bei dem die absoluten Werte (20 % und 80 %) nicht überbewertet werden sollen – evtl. gelten ja auch 30 % und 70 %. Trotzdem ist in vielen Fällen schon etwas dran, wie Sie evtl. bei der Prüfungsvorbereitung feststellen werden.

5

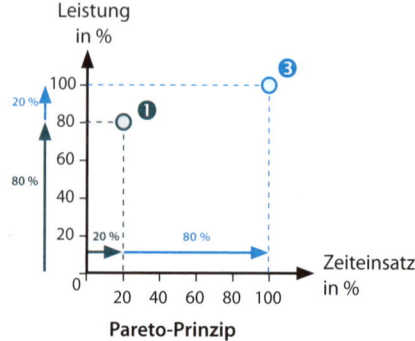

Pareto-Prinzip

ABC-Analyse

Die ABC-Analyse wird in unterschiedlichen Bereichen angewandt und erweitert das Pareto-Prinzip um eine weitere Gruppe. Somit lassen sich die wichtigen, die halbwichtigen und die unwichtigen Dinge beim Zeitmanagement unterscheiden.

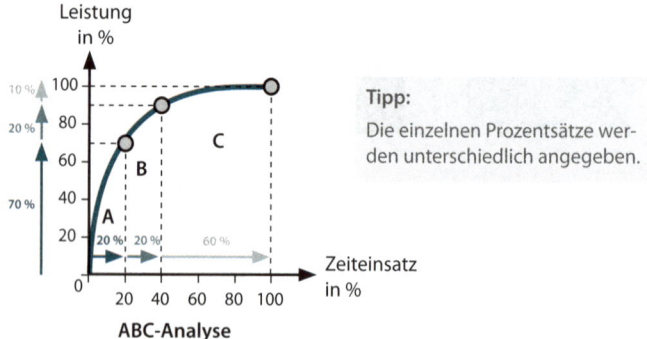

ABC-Analyse

Tipp:
Die einzelnen Prozentsätze werden unterschiedlich angegeben.

Als **Fazit für das Zeitmanagement** können wir schließen:

- **A-Tätigkeiten** benötigen nur einen kleinen Teil der Zeit und erwirtschaften einen großen Teil der Leistung (bspw. Umsatz). Dies

Zeilenniveau Verlag

5

könnte bspw. der Verkauf an Großkunden sein. Auf diese Tätigkeiten sollte man sich sofort konzentrieren.

- **B-Tätigkeiten** benötigen ebenfalls einen relativ kleinen Teil der Zeit, erwirtschaften aber viel weniger (bspw. der Umsatz von mittleren Kunden). Diese Tätigkeiten können delegiert werden.

- **C-Tätigkeiten** benötigen viel Zeit und erwirtschaften wenig (bspw. der Umsatz von Kleinkunden). Diese Tätigkeiten können delegiert, aufgeschoben oder gar reduziert werden.

Hinweis:

Eine Anwendung der ABC-Analyse finden Sie im Fach Logistik in Kapitel 7.1.2.4 .

ALPEN-Methode

Es handelt sich um ein Verfahren, bei dem in schriftlicher Form die Aufgaben mit ihrem Zeitumfang erfasst werden:

F 2013 I A3   2 Pt.

A	–	Aufgaben erfassen
L	–	Länge (Zeitraum) abschätzen
P	–	Pufferzeiten einräumen
E	–	Entscheidungen treffen
N	–	Nachkontrolle

5

Eisenhower-Prinzip

Das Eisenhower-Prinzip unterscheidet nach den
beiden Kriterien **Wichtigkeit** und **Dringlichkeit**,
wobei die **Dringlichkeit** gegenüber der **Wichtigkeit** nachrangig ist.

| H 2010 I | A4 | 3 Pt. |
| F 2011 I | A9b | 4 Pt. |

+ Dringlichkeit —

	dringend	nicht dringend
wichtig	❶ **wichtig** und **dringend** = sofort selbst erledigen	❷ **wichtig** und **nicht dringend** = später selbst erledigen
unwichtig	❸ **unwichtig** und **dringend** = delegieren	❹ **unwichtig** und **nicht dringend** = ablegen (Papierkorb)

+ Wichtigkeit —

Es können die folgenden Verhaltensmaximen abgeleitet werden:

❶ Wichtige und dringende Aufgaben sollten sofort erledigt werden.

❷ Wichtige und nicht dringende Aufgaben sollten später selbst erledigt werden, wobei der Termin genau zu bestimmen ist.

❸ Unwichtige, aber dringende Aufgaben können an verantwortliche Mitarbeiter delegiert werden.

❹ Unwichtige und nicht dringende Aufgaben sind abzulegen bzw. sollten im Papierkorb landen.

Hinweis:

Dwight D. Eisenhower war während der Landung in der Normandie am 06. Juni 1944 (»D-Day«) Oberbefehlshaber der West-Alliierten-Streitkräfte und zwischen 1953 und 1961 US-Präsident.

Fehler/Prinzipien der Tagesplanung

5

Zu den **Prinzipien** der Tagesplanung im Rahmen   F 2018 I A9a-b   11 Pt.
des Zeitmanagements zählen:

- Der Zeitbedarf sollte **realistisch** eingeschätzt werden.

- Es ist eine gewisse **Reserve** für unvorhergesehene Ereignisse ein-
  zuplanen.

- Die Zeitplanung sollte möglichst **schriftlich am PC** erfolgen. Geeignete Software erlaubt den Zugriff zugriffsberechtigter Kollegen.

- Es sollte eine **Einordnung der Dringlichkeit/Bedeutung** nach einer
  der oben genannten Methoden des Zeitmanagements erfolgen.

- Eher **schwierige Aufgaben**, die Aufmerksamkeit erfordern, sollten in »ruhigen« Phasen, in denen die Leistungsfähigkeit hoch ist
  (bspw. morgens), eingeplant werden.

- **Routinetätigkeiten** können in »unruhigen« Phasen oder eher
  schlechten Phasen des Biorhythmus (bspw. nach dem Mittagsessen)
  eingeplant werden.

- Es sollte keine **Überforderung** stattfinden.

Sofern diese Aspekte nicht hinreichend berücksichtigt werden, können
diese **Fehler** gravierende Folgen haben.

Tipp:
Hier sind in der Prüfung sehr praxisbezogene Aufgaben zu erwarten. Sie müssen bspw. eine fiktive Tagesplanung beurteilen und Fehler herausziehen.

Zeilenniveau Verlag

5

5.4.2 Kreativitäts- u. Entscheidungstechniken

5.4.2.1 Problemdiagnosetechniken

Ziel aller Problemdiagnosetechniken ist die Identifikation von Problemen, um diese lösen zu können. Dabei müssen die Ursachen und mögliche Risiken untersucht werden.

Ursache-Wirkungsdiagramm

Nach *Kaoru Ishikawa* kann ein mehrstufiges **Ursache-Wirkungsdiagramm** erstellt werden, das die Ursachen für ein Problem oder eine wünschenswerte Wirkung in mehreren möglichen Stufen sieht.

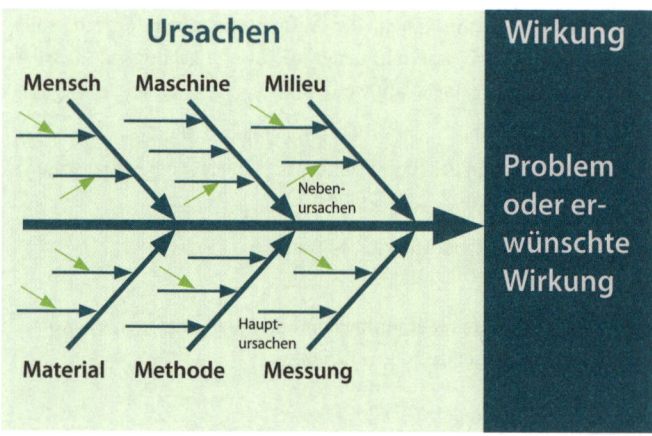

In das Diagramm werden die möglichen Haupt- und Nebenursachen eines Problems/einer Wirkung in Form eines Fischgerippes (daher auch **Fischgräten-Diagramm** genannt) eingetragen.

Hinweis:

Da das Prinzip auch manchmal 4M- oder **6M-Prinzip** genannt wird, steht anstelle von »Umwelt« auch das synonyme »Milieu«.

Zeilenniveau Verlag

Fehler-Möglichkeiten-Einfluss-Analyse (FMEA)

Neben der Analyse von möglichen Problemen muss auch das Risiko des Auftretens von Fehlern untersucht werden. Hierfür wird die **FMEA** (Fehler-Möglichkeiten-Einfluss-Analyse) genutzt – bspw. in der Automobilindustrie. Es geht hierbei insbesondere um mögliche technische Defekte und Produktfehler, die es zu vermeiden gilt. Folgende Varianten werden unterschieden:

- **Design-/Konstruktions-FMEA**: Fehleranalyse schon in der Phase der Forschung & Entwicklung von Produkten.

- **Prozess-FMEA**: Fehleranalyse bei betrieblichen Prozessen.

- **System-FMEA**: Fehleranalyse eines fertigen Produkts (bspw. Automobil) und des Zusammenwirkens der Teilkomponenten.

Ziele der FMEA sind:

- Zuverlässigkeit der Produkte oder Prozesse sichern.

- Reduzierung von Garantie-/Gewährleistungsfällen.

- Senkung der Gefahr von teuren/rufschädigenden Rückrufaktionen.

Typischerweise besteht eine FMEA aus den folgenden **Schritten**:

1. Ermittlung möglicher **Einflussfaktoren** (wie bei Ursache-Wirkungs-diagramm: Mensch, Maschine, Umwelt usw.).

2. Identifizierung **möglicher Fehler**.

3. Einschätzung der **Auftretenswahrscheinlichkeit bzw. Häufigkeit**. Wie wahrscheinlich ist es, dass der Fehler eintritt?

4. Einschätzung der **Bedeutung bzw. Schwere des Fehlers**.

5. Abschätzung der **Entdeckungswahrscheinlichkeit**: Wie wahrscheinlich ist es, dass der Fehler im Produktionsprozess entdeckt wird?

6. Korrektur- bzw. **Lösungsansätze** zur Vermeidung des Fehlers.

5

FMEA und Risikoprioritätszahl (RPZ)

Die drei Größen 3. bis 5. betreffen die Be-   H 2018 I A6a-c   8 Pt.
urteilung des Fehlers. Zwecks besserer Ein-
teilung werden sie in Größen zwischen 1 und 10 quantifiziert:

- **Häufigkeit bzw. Auftretenswahrscheinlichkeit**: 1 bis 3 selten auftretender Fehler, 4 bis 6 mittelhäufig und 7 bis 10 häufige Fehler.

- **Schwere bzw. Bedeutung des Fehlers**: 1 bis 3 leichte, unbedeutende Fehler, 4-6 mittelschwere Fehler und 7 bis 10 schwere Fehler.

- **Entdeckungswahrscheinlichkeit**: 1 bis 3 Fehler wird wahrscheinlich vor der Auslieferung entdeckt, 4 bis 6 mittlere Wahrscheinlichkeit und bei 7 bis 10 wird der Fehler vor der Auslieferung voraussichtlich nicht entdeckt.

Aus diesen drei Größen lässt sich mittels der folgenden Formel die **Risikoprioritätszahl** ermitteln. Die Ergebnisse müssen zwischen 1 und 1.000 liegen. Je nach Ergebnis wird versucht, Risiken bevorzugt (priorisiert) zu beseitigen.

(5.2) Risikoprioritätszahl (RPZ) =

  Häufigkeit · Schwere · Entdeckungswahrscheinlichkeit

Kritik an der Risikoprioritätszahl:

- Die Ermittlung der korrekten und objektiven Werte für die Größen 1 bis 10 fällt bei allen drei Größen schwer.

- Die Multiplikation der drei Größen ist bedenklich, da nicht alle drei Größen gleich bedeutsam sein müssen.

- Meist werden die RPZ in Klassen eingeteilt (bspw. >500 → äußerst wichtig). Eine derartige Einteilung ist grundsätzlich willkürlich.

© 2020, Zeilenniveau Verlag GmbH

Zeilenniveau Verlag

Fallbeispiel FMEA und Risikoprioritätszahl

Angaben:

Die Ergebnisse einer FMEA liegen in folgender Tabelle vor:

Fehler	Häufigkeit	Schwere	Entdeckungswahrscheinlichkeit	RPZ
1	5	2	2	20
2	2	10	4	80
3	1	3	2	6
4	6	2	3	36
5	10	7	8	560

Aufgaben:

a) Berechnen Sie jeweils die Risikoprioritätszahl (Lösung oben).

b) Stellen Sie in einer Abbildung den Zusammenhang zwischen der Fehlerhäufigkeit in % sowie den Kosten (Fehlerfolgekosten, Fehlerverhütungs- und Prüfkosten) dar.

Lösung:

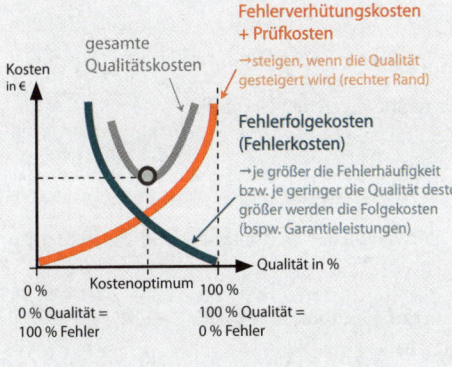

5

5.4.2.2 Kreativitätstechniken

Zur Sammlung kreativer Ideen gibt es verschiedene Techniken. Welche davon zum Einsatz gelangt, hängt von verschiedenen Faktoren ab:

F 2011 I	A3a-b	5 Pt.	💾
F 2013 I	A1c	2 Pt.	💾
F 2014 I	A1a	4 Pt.	💾
F 2016 I	A8a	4 Pt.	🔄
F 2019 I	A2	12 Pt.	🔄

- Anzahl der Teilnehmer

- zur Verfügung stehender Zeitraum

- komplexe oder eher kreative Ideen gefragt

- Bereich, für den die Ideen bestimmt sind usw.

Vorteile der Anwendung von Kreativitätstechniken:

- Es kann das Wissen verschiedener Mitarbeiter und Vorgesetzter genutzt werden. Das Potenzial wird besser ausgenutzt.

- Es werden viele kreative Lösungsvorschläge schnell entwickelt.

- Höhere Motivation der Mitarbeiter durch Einbezug in die Ideenfindungsphase.

- Kreativität führt zu Innovationen und damit zu Marktvorsprung.

- Kostenersparnis gegenüber externen Beratern.

Zu den **Nachteilen** zählen:

- Schwerpunkt auf oberflächlicher Betrachtung und einfachen Lösungen.

- Fülle an Ideen, die verarbeitet werden muss.

- Es entstehen u. U. negative gruppendynamische Prozesse bei schlecht zusammengestellten Gruppen.

- Es ist für komplexe Zusammenhänge eher ungeeignet.

- Zudem mag es in der Gruppe Einzelkämpfer/Individualisten abschrecken.

© 2020, Zeilenniveau Verlag GmbH

Zeilenniveau Verlag

Brainstorming

Zunächst wird ein Thema festgelegt (bspw. ein
zu lösendes Problem). Anschließend werden alle | H 2009 I A3c   2 Pt.
Mitglieder eine Gruppe dazu aufgefordert, Ideen zum Thema mündlich
zu äußern. Die Ideen werden vorläufig unkommentiert gesammelt. Ein
typischer Ablauf könnte wie folgt aussehen:

* Begrüßung und Bekanntgabe des Themas sowie der Ziele

* Ablauf und Regeln festlegen

* Ideenfindungsphase – schriftlich oder mündlich

* Zusammenfassung verschiedener Ideen zu Gruppen

* erste Bewertung der Ideen und Aussortierung

* zweite Bewertung der verbleibenden Ideen

Die **Vorteile** liegen a) in der Sammlung vieler Ideen, b) in kurzer Zeit
und c) es werden auch vermeintlich ungeeignete Ideen gesammelt und
nicht sofort verworfen, die bei näherer Betrachtung gar nicht so ungeeignet sein mögen.

Die **Nachteile** sind: a) Es ist ungeeignet für komplexe Fragestellungen.
b) Zurückhaltende Teilnehmer kommen evtl. nicht zu Wort. c) Die
Masse an überflüssigen Ideen muss verarbeitet werden, was Zeit kostet.

Brainwriting

Eine spezielle Variante des Brainstormings stellt
das Brainwriting dar. Hier werden einzelne Ideen
auf Karten notiert und gesammelt. Die Auswertung entspricht derjenigen des Brainstormings. Als **Vorteile gegenüber dem Brainstorming**
gelten:

* Es kommen nicht nur die üblichen Wichtigtuer zu Wort. Vielmehr
  können und müssen alle Ideen einbringen.

5

- Zurückhaltende Teilnehmer werden damit eher gezwungen Ideen zu notieren. Sie können sich nicht mehr so leicht zurückhalten.

- Da die Ideen von Anfang an notiert werden, können sie nicht so leicht verloren gehen wie beim Brainstorming.

6-3-5-Methode

Die 6-3-5-Methode ist wiederum eine Variante des Brainwritings. Hier werden **6 Teilnehmer** aufgefordert jeweils **3 Ideen** (bspw. Problemlösungsvorschläge) auf einem Zettel zu notieren. Nach jeweils **5 Minuten** werden die Zettel weitergereicht und jeder Teilnehmer ergänzt den Zettel um 3 weitere Ideen oder Anmerkungen zu den vorherigen Ideen. Somit stehen nach 6 Durchläufen auf jedem Zettel 3 × 6 = 18 Ideen bzw. Anmerkungen. Für 6 Zettel ergeben sich somit nach nur 30 Minuten 6 × 18 = 108 Ideen bzw. Anmerkungen.

H 2009 | A3c   2 Pt.
F 2014 | A1b   4 Pt.

Vorteile gegenüber dem gewöhnlichen Brainwriting: Die Weitergabe der Ideen führt dazu, dass Ideen aufgegriffen und verbessert oder ergänzt werden können. Aufgrund von Zeit- und Ablieferungsdruck werden mehr Ideen herauskommen. Das ist aber auch gleichzeitig der **Nachteil**: Unter Druck werden wohl nicht immer die besten Ideen gefunden.

Zu den **Einsatzbereichen der 6-3-5-Methode** zählen bspw.:

- Marketing: Hier können Ideen zu neuen Werbekonzepten, neuen Kundengruppen und neuen Absatzwegen gesammelt werden.

- Forschung & Entwicklung: Ideen zu neuen Produkten oder Produktionsmöglichkeiten können gesammelt werden.

- Beschaffung: Sammlung von Ideen zu neuen Beschaffungswegen oder Lieferanten.

© 2020, Zeilenniveau Verlag GmbH

Zeilenniveau Verlag

Mind-Mapping

5

Ziel des **Mind-Mappings** ist eine **Mind-Map**. Eine solche Gedächtniskarte in Form eines Baumdiagramms soll Ideen und Gedanken strukturiert und verästelt darstellen und dabei das Hirn anregen, um Kategorien von Ideen oder Begriffen zu bilden. Es ist somit strukturierter als die drei zuvor genannten Kreativitätstechniken, indem eben nicht nur Gedanken gesammelt, sondern auch geordnet und strukturiert werden. Diese Methode kann alleine oder auch in Gruppen angewandt werden. Zur **Vorgehensweise**:

- In der Mitte eines Blattes (auch Flipchart) wird das Thema anhand von Stichworten skizziert.

- Von diesem Zentrum gehen die Oberthemen in Form von großen Ästen in alle Richtungen ab (im Uhrzeigersinn).

- Von diesen Oberthemen verzweigen in kleinen Ästen die Unterthemen oder Begriffe usw.

- Farben, Formen und Symbole verdeutlichen die Begriffe und Kategorien.

- Verbindungslinien zwischen einzelnen Ästen können die Begriffe in Bezug zueinander setzen, führen aber schnell zu einer unübersichtlichen, chaotischen Darstellung.

Der theoretische Hintergrund basiert auf der **Idee der Verknüpfung der beiden Hirnhälften** durch diese Form der Darstellung. Das ist jedoch wissenschaftlich nicht bewiesen und könnte auch durch andere Formen der Darstellung erzielt werden.

Vorteile: Schwerpunkt auf Begriffen erhöht die Übersichtlichkeit, schnell durchführbar, Strukturen/Kategorien von Ideen können genutzt werden.

Nachteile: Da nur Begriffe genutzt werden, fehlt jegliche Erklärung. Komplexe Zusammenhänge lassen sich kaum darstellen. Es wird bei vielen Begriffen dann doch unübersichtlich.

5

Morphologischer Kasten

Morphologie ist die Lehre von den Strukturen. | H 2009 | A3a-b | 6 Pt.
Dies ist ein Teilbereich sehr unterschiedlicher | H 2012 | A4b | 5 Pt.
Wissenschaften.

Der **morphologische Kasten** versucht nun die Strukturen eines Problems in Form der Ausprägungen seiner Merkmale zu kombinieren. Typischerweise wird diese Technik bei der Entwicklung neuer Produkte verwendet. Die Vorgehensweise wird nun anhand eines **Fallbeispiels** klarer (Gestaltung eines Fachbuchs):

Merkmal	1. Variante	2. Variante	3. Variante
Thema	Logistik	Marketing	Management
Typ	Lehrbuch	Zusammen-fassung	Prüfungssi-mulation
Format	DIN A5 hoch	DIN A5 quer	Taschenbuch
Farbdruck?	4-Farbdruck (CMYK)	Zweifarb-druck	S/W
Umfang	knapp (100 S.)	mittel (200 S.)	viel (300 S.)

1. Zunächst werden für ein Problem oder eine Fragestellung (wie hier bei der Einführung eines neuen Produktes) die wesentlichen **Merkmale** ermittelt – in unserem Fall für ein Fachbuch. Diese werden in einer Tabelle als Zeilen eingefügt. Zu den Merkmalen eines Fachbuchs zählen bspw. das Thema, der Fachbuchtypus usw.

2. Dann werden mögliche Varianten des Merkmals (bzw. **Merkmalsausprägungen**) in den Spalten aufgelistet. Für das Format könnte es bspw. das DIN A5-Hochformat sein.

3. Schließlich werden diese **Varianten kombiniert** und jede Kombination stellt eine Lösung dar.

4. Aus den verschiedenen Lösungen wird dann die sinnvollste **ausgewählt**. In unserem Fall wäre es eine knappe Zusammenfassung im Fach Logistik in Form eines S/W-Taschenbuchs.

Zeilenniveau
Verlag

Zu den **Vorteilen** zählen: (1) überschaubare Variationsmöglichkeiten bei wenigen Merkmalen und Varianten, (2) realistische Ansätze, (3) Erkenntnis über neue Kombinationsmöglichkeiten. **Nachteile** sind: (1) Es gibt keine wirklichen Innovationen. (2) Bei einer zunehmenden Anzahl von Merkmalen und deren Ausprägungen steigt die Anzahl der Kombinationsmöglichkeiten überproportional an und wird unübersichtlich. (3) Die Auswahl bei sehr vielen Lösungen kann zeitraubend sein.

Diese Methode ist nur dann durchführbar, wenn die Merkmale voneinander unabhängig sind und auch umsetzbar sind. In unserem Fall wäre ein weiteres Merkmal Hoch- oder Querformat sinnlos, da es schon im Format integriert ist. Zudem wäre ein DIN A1-Druck zu teuer und daher unrealistisch.

Bionik

Setzt man die beiden Worten **Bio**logie und Tech**nik** jeweils gekürzt zusammen, erhält man das Kunstwort **Bionik**. Diese beschreibt, inwiefern biologische Erkenntnisse aus der Natur in der Technik genutzt werden können. Vielfältige Ideen sind der Natur abgeschaut (bspw. Saugnäpfe und Reptilienfüße). Die Natur bietet uns vielfältige schon erprobte Ideen. Man muss sie nur erkennen. Diese Kreativitätstechnik kann als Ergänzung zu den anderen Ideen hinzukommen oder bei komplexen Problemen auch alleine durchgeführt werden. Gerade das Artensterben führt dazu, dass viele Ideen der Natur für immer aussterben werden.

Hinweis:
Natürlich gibt es noch zahlreiche weitere Kreativitätstechniken, die jedoch im Rahmenstoffplan nicht explizit genannt werden und daher auch nicht alle hier besprochen werden können.

5

5.4.2.3 Entscheidungstechniken

Entscheidungstheoretische Grundlagen

Mit Hilfe der Entscheidungstechniken sollen rationale und nachvollziehbare Entscheidungen getroffen werden.

Nutzwertanalyse

Zur Veranschaulichung der Nutzwertanalyse wählen wir den Fall der Auswahl eines Lieferanten: ❶ Zuerst müssen wir die für uns relevanten Bewertungskriterien auswählen. ❷ Dann müssen die gewählten Kriterien gewichtet werden. ❸ Für gewöhnlich erhält man hier eine Summe der Gewichte von 1,0 (bei Faktoren) bzw. 100 % (bei Prozentangaben). Bewusst wurde in diesem Beispiel ein anderer Wert (24) gewählt (*in der Prüfung F 2019 I waren es seltsamerweise 110 %*).

F 2011 I	A4a-b	8 Pt.
H 2011 I	A3c	14 Pt.
H 2015 I	A9a	12 Pt.
H 2016 I	A6	12 Pt.
F 2017 I	A3a-b	7 Pt.
H 2018 I	A3	12 Pt.
F 2019 I	A3	20 Pt.

■ Nutzwertanalyse		Σ	Lieferant A		Lieferant B		Lieferant C	
Nr.	Kriterium ❶	Gewicht	Note	Wert	Note	Wert	Note	Wert
1	Preis	❷ 5	❹ 5	❺ 25	3	15	2	10
2	Qualität	5	3	15	4	20	5	25
3	Service	4	2	8	4	16	5	20
4	Garantie	3	1	3	3	9	5	15
5	Zertifizierung	1	1	1	1	1	5	5
6	Umweltaspekte	2	3	6	5	10	1	2
7	Termintreue	4	5	20	3	12	1	4
Σ	Gesamtnote	❸ 24	20	❻ 78	23	83	24	81

❹ Nun müssen für alle Lieferanten Noten vergeben werden. Dabei könnten bspw. Noten zwischen 1 und 5 bzw. zwischen 0 und 100 Punkten vergeben werden. Es muss eindeutig geklärt werden, in welcher Reihung gewertet wird: Sind hohe oder niedrige Noten bzw. Punkte besser oder umgekehrt? In unserem Fall ist die beste Note 5. ❺ Die weitere Vorgehensweise erfordert nun jeweils für alle Kriterien eine Multipli-

Zeilenniveau
Verlag

kation der Gewichtungsfaktoren mit den jeweiligen Noten der einzelnen Alternativen. ❻ Zum Schluss wird je Lieferant eine Spaltensumme berechnet. Diese ergibt dann die Gesamtnote. Auch für diese gilt in unserem Fall: je größer desto besser. Sie kann maximal (24 × 5 =) 120 ergeben und muss minimal bei 24 liegen. Es ergibt sich mit Lieferant B ein knapper Sieger. Wären die Faktoren ohne Gewichtung gezählt worden, hätte Lieferant C mit 24 Punkten gewonnen. In der Praxis wird die Nutzwertanalyse häufig unkritisch angewandt. Es gibt zumindest die folgenden grundsätzlichen Kritikpunkte (die auch entsprechende Manipulationsmöglichkeiten ergeben):

- Die Auswahl der Kriterien ist mehr oder weniger willkürlich.

- Die Gewichtungsfaktoren sind schwer objektiv bestimmbar.

- Die Noten für die einzelnen Kriterien können subjektiv sein.

- Die Skalierung kann ungenau und zu wenig abgestuft sein.

Tipps:

(1) In IHK-Prüfungen werden zur Berechnung der Gewichtungsfaktoren gerne Rechenspiele eingebaut, nach dem Motto:»Kriterium 1 wird doppelt so stark wie Kriterium 2 gewichtet ...«. (2) Zudem wird dabei oft zwischen Prozenten und Prozentpunkten unterschieden. 55 % ist 10 % und 5 Prozentpunkte größer als 50 %. (3) Die Nutzwertanalyse wird auch in anderen Fächern Ihrer Prüfung behandelt und geprüft. (4) Der **Zielerreichungsgrad** einer Alternative mit bspw. 4,1 Punkten von maximal 5 Punkten beträgt (4,1 ÷ 5 × 100 % =) 82 %.

Entscheidungsmatrix

Zwar nutzt auch die Entscheidungsmatrix eine   F 2011 I A4a   2 Pt. Tabelle, in der mögliche Ergebnisse zu den einzelnen Kriterien stehen. Allerdings wird diese vor allem dann angewandt, wenn keine klaren messbaren Größen vorliegen und es schwer fällt, den Alternativen einen Nutzwert und den Kriterien eine Gewichtung zuzuweisen. Dies könnte bspw. bei der Auswahl verschiedener Strategien gelten. Somit ist die Entscheidungsmatrix die allgemeinere Variante, die mittels der Nutzwertanalyse konkretisiert wird.

5.4.3 Projektmanagement

Folgende **Merkmale** kennzeichnen/definieren ein Projekt:

F 2009 I	A3a-b	10 Pt.	💾
F 2010 I	A4c	6 Pt.	🔄
F 2013 I	A2c	4 Pt.	💾
H 2017 I	A1a	4 Pt.	🔄

- klares Ziel bzw. Aufgabe

- zeitliche Befristung (häufig fester Anfangs- und Endzeitpunkt)

- vorgegebene Mittel (bspw. in Form eines Budgets)

- untypische Tätigkeit (entspricht nicht dem Tagesgeschäft)

- einmaliger Vorgang

- in die Organisation eingebunden

- Zusammenarbeit von Mitarbeitern unterschiedlicher Abteilungen

Zu den **Vorteilen der Projektarbeit** gehören:

- klare Vorgaben (Ziel, Zeitvorgaben und Budget) ergeben eine erfolgsorientierte Vorgehensweise

- gute Möglichkeit zur Personalentwicklung für Führungsnachwuchs durch die Projektleitung Führungserfahrungen zu erlangen

- Wissenstransfer im Unternehmen durch die abteilungsübergreifende Zusammenarbeit

- fördert die Unternehmenskultur positiv durch die Zusammenarbeit

- steigert die Motivation der Mitarbeiter, da sie aus dem Alltagstrott herauskommen

Nachteile bzw. mögliche Probleme der Projektarbeit können sein:

- Je nach Integration der Projekte in die Organisation (vgl. Kap. 5.4.3.1) kann es zur Überforderung der Mitarbeiter oder zu Abstimmungsproblemen mit den entsprechenden Abteilungen kommen.

- Projekte benötigen viele Ressourcen (Mitarbeiter usw.).

© 2020, Zeilenniveau Verlag GmbH

Zeilenniveau Verlag

5

- Zum Teil zu geringe Qualifikation der Projektmitglieder.

- Es können Uneinigkeit bzw. Streitigkeiten bei schlechter Zusammensetzung der Projektgruppe entstehen.

- Sofern zusätzlich externe Berater benötigt werden, entstehen hohe Kosten.

Phasen der Gruppenbildung bei Projekten

- **Forming** (Orientierungsphase): In dieser Kennenlernphase entsteht die Gruppe. Die Gruppenmitglieder müssen ihre Rolle und Aufgabe finden und sich mit dieser identifizieren. Es ist jedoch noch kein gegenseitiges Vertrauen vorhanden und Konflikte werden noch gemieden.

H 2009 I	A9	8 Pt.	
F 2013 I	A2d	4 Pt.	
H 2014 I	A6b	8 Pt.	
H 2015 I	A4c	3 Pt.	
H 2016 I	A4a-b	5 Pt.	

- **Storming** (Konfrontationsphase): Früher oder später wird es in der Gruppe zu Machtkämpfen um Status/Rang, Mittel und Kompetenzen kommen. Im Extremfall kann eine Gruppe hier scheitern.

- **Norming** (Kooperationsphase): Nachdem die Machtkämpfe ausgetragen sind, konsolidiert sich in dieser *entscheidenden Phase* die Gruppe durch die Schaffung gemeinsamer Werte und Normen. Es entsteht gegenseitiges Vertrauen und am Ende das prägende Wir-Gefühl.

- **Performing** (Wachstumsphase): Nun sind alle Voraussetzungen geschaffen, damit die Gruppe ihre ganze Energie auf die anvisierten Ziele und Aufgaben konzentrieren kann. Je nach Gruppenzusammenhalt und -identität sind gute Leistungen möglich.

Hinweis:

Dieses Phasenmodell der Gruppenbildung passt auch zum Fach »Führung & Zusammenarbeit« im RSP 9.6. In alten Prüfungen wird es auch nicht einheitlich zugeordnet. Zudem war es auch schon Teil des Fachs »Unternehmensführung« (RSP 4.2.4) der WQ-Prüfungen.

5

Zeitlicher/chronologischer Ablauf eines Projekts

- In der **Startphase** werden die Projekte durch die Geschäftsführung, Kunden oder Lieferanten angeregt (initiiert). Zugrunde liegen bestimmte Aufträge, Ideen, technische Entwicklungen oder gesetzliche Änderungen.

  F 2010 | A4b   2 Pt.
  F 2015 | A4a   6 Pt.

- In der Phase der **Projektplanung** (vgl. Kap. 5.4.3.2) werden die notwendigen Informationen gesammelt. Die Projektplanung bestimmt die Projektziele, den Zeitraum, die Mittel, die Mitglieder und die Ressourcen.

- Zum Start eines Projekts findet eine Zusammenkunft aller Projektbeteiligten statt (**Kick-off-Meeting**), um sich kennenzulernen, Projektziele und Bedeutung hervorheben, Kompetenzen klären usw.

- Die Phase der **Projektsteuerung** (vgl. Kap. 5.4.3.3) steht für die Umsetzung der Projektziele und der Planungsinhalte. Die Projektleitung trägt die Verantwortung für die Durchführung.

- Zum Schluss findet die **Projektkontrolle** statt. Die Projektergebnisse werden vorgelegt und geprüft. Dazu gehört auch eine **Projektdokumentation** (vgl. Kap. 5.4.3.4).

5.4.3.1 Projektorganisation

Faktoren bei der Wahl der Projektorganisation

- einzigartige oder regelmäßig ähnliche Projekte

  H 2015 | A1a   6 Pt.

- Art (Bedeutung, Umfang u. Dauer) des Projekts

- bisherige Organisationsstruktur und Größe des Unternehmens

- Budget und notwendige Ressourcen für das Projekt

- Kapazitätsauslastung der möglichen Projektmitglieder

- Inwiefern wird unterschiedliches Fachwissen aus unterschiedlichen Bereichen benötigt?

© 2020, Zeilenniveau Verlag GmbH

Zeilenniveau
Verlag

Reine Projektorganisation

5

Sofern der volle Einsatz der Mitarbeiter erforderlich ist, kann eine **reine Projektorganisation** gewählt werden. In dieser werden die Projekte in
Linie (wie Abteilungen) in die Aufbauorganisation integriert.

F 20101 A4a	3 Pt.	💾
H 20151 A1b	2 Pt.	↻
H 20171 A1b	5 Pt.	↻

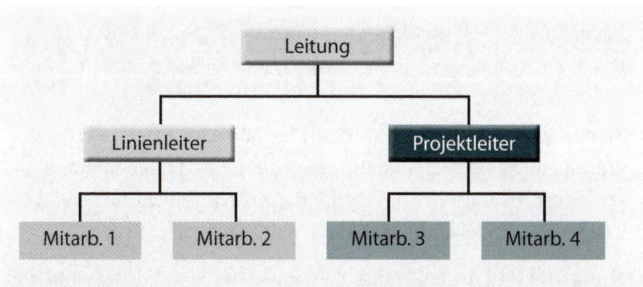

- **Vorteile** sind natürlich die klare hierarchische Einordnung ohne
  Kompetenzgerangel um die Projektmitglieder, schnelle Reaktionen
  und kurze Kommunikationswege.

- **Nachteilig** sind die geringere Flexibilität und ggf. höhere Kosten
  sowie die Schwierigkeiten bei Projektende und der (Wieder-) Ein-
  gliederung in andere Abteilungen.

Stab-Projektorganisation

Bei der **Stab-Projektorganisation** werden die
Projektleiter in Form von Stabsstellen in die Aufbauorganisation integriert. Da diese nur eine be-

F 20101 A4a	3 Pt.	💾
H 20101 A2b	8 Pt.	↻
H 20171 A1b	2 Pt.	↻

ratende Funktion besitzen, haben sie kein disziplinarisches Weisungs-
recht gegenüber den Projektmitgliedern, die sich aus unterschiedlichen
Abteilungen zusammensetzen.

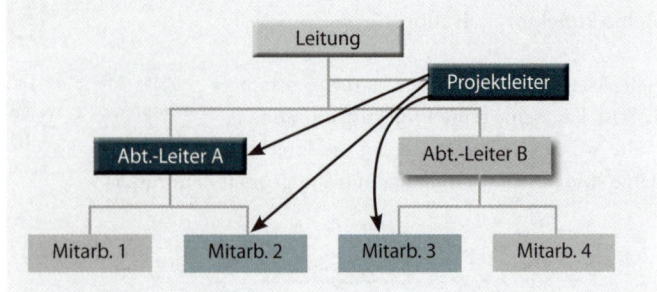

- Zu den **Vorteilen** zählt die größere Flexibilität, da Projekte rasch gegründet und aufgelöst werden können, ohne die Linienorganisation verändern zu müssen. Das dürfte die Kosten senken und die Anpassung bei Projektstart und -ende vereinfachen.

- **Nachteilig** sind die fehlenden Befugnisse des Projektleiters und die Abstimmung mit den Linienleitern der Projektmitglieder. Oftmals zu geringe Kapazitäten für den Projektleiter.

Matrix-Projektorganisation

Sofern in einem Unternehmen ständig Projektgruppen zu bilden sind, empfiehlt sich die **Ma-**

| H 2012 I | A3b-c | 10 Pt. |
| H 2017 I | A1b | 2 Pt. |

trix-Projektorganisation. Die Projektleiter werden horizontal in der Matrixorganisation den vertikalen Linienleitern gleichgestellt. Somit muss eine Abstimmung zwischen den Linien- und Projektleitern hinsichtlich des Einsatzes der Mitarbeiter erfolgen.

- Zu den **Vorteilen** zählen: Die Mitarbeiter können in der Linien-Abteilung verbleiben und ihrer angestammten Tätigkeit nachgehen, sind aber trotzdem dem Projektleiter zugeordnet. Dies senkt die Kosten und erhöht die Flexibilität und wohl auch die Motivation, da die Mitarbeiter abwechslungsreichere Tätigkeiten haben.

- **Nachteilig** sind die wie bei jeder Matrixorganisation möglicherweise bestehenden Konflikte zwischen Linien- und Projektleitern. Den Mitarbeitern fehlt die klare Zuweisung zu einem Vorgesetzten.

Zudem werden die Mitarbeiter durch die Doppelbelastung häufig überfordert und dann demotiviert.

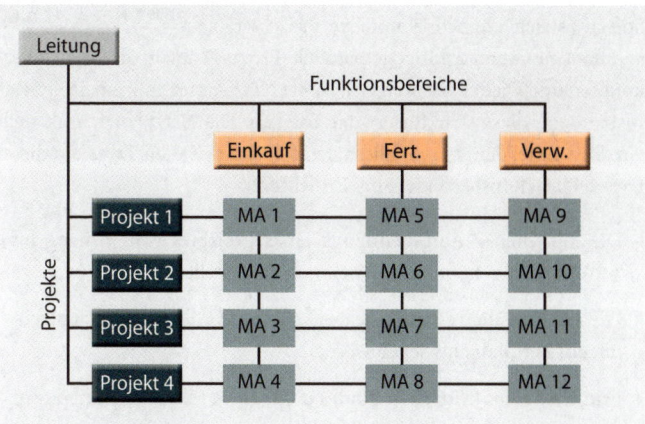

5.4.3.2 Projektplanung

Inhalte der Projektplanung

- Zunächst sind konkrete Projektziele zu formulieren.   `F 2015 I A4b    4 Pt.`

- Der geplante Zeitumfang/Dauer mit ggf. festen Terminen ist zu definieren.

- Zu den Projektmitgliedern und -beteiligten gehören der Projektleiter und sein Team, aber auch diejenigen, die für Koordination und Lenkung der verschiedenen Projekte im Unternehmen zuständig sind.

- Der typische Verlauf eines Projektes wurde oben schon geschildert.

- Schließlich sind das zur Verfügung stehende Budget sowie die notwendigen Ressourcen (Betriebsmittel und Materialien) festzulegen.

5

Netzplantechnik

H 2019 | A7a-b   12 Pt.

Sofern es sich um sehr komplexe Prozessabfolgen handelt (wenn zahlreiche parallele Prozesse ablaufen, die sich verknüpfen und wieder verzweigen), ist die Netzplantechnik ein geeignetes Instrument, diese strukturiert darzustellen. Die Netzplantechnik stellt ein Hilfsmittel dar, das vor allem den folgenden Zielen/Zwecken dient. Dies zeigt sich insbesondere bei **Projekten**:

- Die logischen **Zusammenhänge** eines Projektes vom Anfang bis zum Abschluss können übersichtlich dargestellt werden.

- Für alle Vorgänge eines Projektes kann mit Hilfe der Netzplantechnik ein **Zeitplan** entwickelt werden.

- Ermittlung des **kritischen Pfades** u. möglicher zeitlicher Engpässe.

- Kritische Vorgänge und **Ressourcenengpässe**, welche die Einhaltung des Endtermins gefährden können, lassen sich leicht identifizieren. Dies vermindert die Planungsunsicherheit.

- Netzpläne bilden die Basis für die laufende **Projektkontrolle** und **Terminüberwachung**.

Zu den Nachteilen der Netzplantechnik zählen:

- großer Aufwand der Erstellung des Netzplanes

- setzt genaue Schätzungen hinsichtlich der Vorgänge und deren Zeitbedarf voraus

- bei komplexen Netzplänen ist der Anpassungsaufwand groß, ständig muss ein Abgleich zwischen Soll- und Ist-Zustand erfolgen

In der folgenden Übersicht wird das fiktive **Fallbeispiel** der Erstellung eines Buches vorgestellt. Das Projekt könnte frühestens nach 95 Tagen fertig sein, müsste aber spätestens nach 100 Tagen fertig sein.

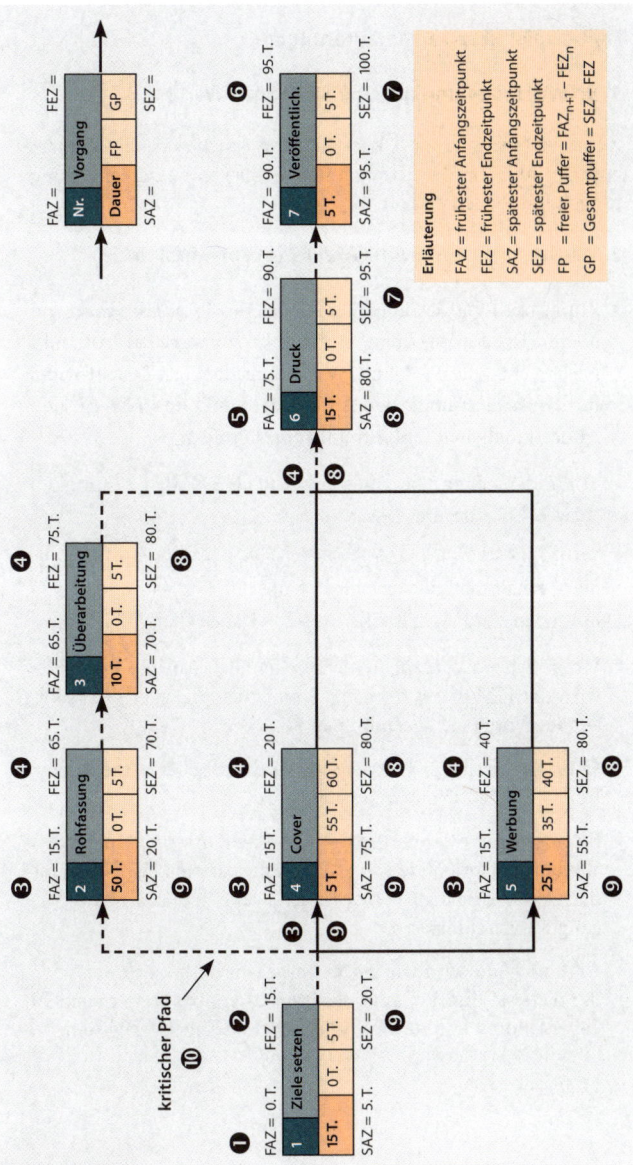

Legende (Kopf-Schema):

FAZ =   Nr. | Vorgang   FEZ =
Dauer | FP | GP
FAZ =   SAZ =   SEZ =

① Ziele setzen
FAZ = 0. T.   FEZ = 15. T.
1 | 15 T. | 0 T. | 5 T.
SAZ = 5. T.   SEZ = 20. T.
❶ ❷ ❾ ❿

② Rohfassung
FAZ = 15. T.   FEZ = 65. T.
2 | 50 T. | 0 T. | 5 T.
SAZ = 20. T.   SEZ = 70. T.
❸ ❹ ❾

③ Überarbeitung
FAZ = 65. T.   FEZ = 75. T.
3 | 10 T. | 0 T. | 5 T.
SAZ = 70. T.   SEZ = 80. T.
❹ ❽

④ Cover
FAZ = 15. T.   FEZ = 20 T.
4 | 5 T. | 55 T. | 60 T.
SAZ = 75. T.   SEZ = 80. T.
❸ ❹ ❽ ❾

⑤ Werbung
FAZ = 15. T.   FEZ = 40 T.
5 | 25 T. | 35 T. | 40 T.
SAZ = 55. T.   SEZ = 80. T.
❸ ❹ ❽ ❾

⑥ Druck
FAZ = 75. T.   FEZ = 90. T.
6 | 15 T. | 0 T. | 5 T.
SAZ = 80. T.   SEZ = 95. T.
❺ ❼ ❽

⑦ Veröffentlich.
FAZ = 90. T.   FEZ = 95. T.
7 | 5 T. | 0 T. | 5 T.
SAZ = 95. T.   SEZ = 100. T.
❻ ❼

kritischer Pfad ❿

Erläuterung

FAZ = frühester Anfangszeitpunkt
FEZ = frühester Endzeitpunkt
SAZ = spätester Anfangszeitpunkt
SEZ = spätester Endzeitpunkt
FP = freier Puffer = $FAZ_{n+1} - FEZ_n$
GP = Gesamtpuffer = SEZ – FEZ

5

Fallbeispiel Netzplan: Erläuterungen

1. Schritt: Erstellung der Übersicht ohne Werte

Zunächst wird hier ein **Übersichtsplan** erstellt, der alle Vorgänge enthält (inkl. Nr., Bezeichnung und Dauer) sowie deren Verknüpfungen mit Pfeilen enthält.

2. Schritt: Ermittlung von FAZ/FEZ im Vorwärtslauf

- Zur Ermittlung der gesamten Dauer des Projekts werden im oberen Teil der einzelnen Vorgänge im **Vorwärtslauf** von links nach rechts alle FAZ/FEZ-Werte berechnet. **FAZ** steht dabei für den frühestmöglichen Anfangszeitpunkt und **FEZ** für den frühestmöglichen Endzeitpunkt eines Projekts.

- ❶ Für den ersten Vorgang wählt man als FAZ den Zeitpunkt 0 (bzw. ein bestimmtes Datum).

- Wird zum FAZ eines Vorgangs die dazugehörige Zeitdauer addiert, erhält man den jeweiligen frühesten Endzeitpunkt (FEZ) Für jeden Vorgang gilt: FEZ = FAZ + Dauer ❷.

- Wenn sich ein Vorgang in mehrere parallele Abläufe aufspaltet, wird der FEZ dieses Vorgangs immer als FAZ aller direkt folgenden Vorgänge übernommen ❸.

- ❹ Bis zur nächsten Verzweigung wird wie bei ❷ vorgegangen: FEZ = FAZ + Zeitdauer des Vorgangs.

- Münden mehrere Vorgänge zusammen in einen folgenden Vorgang entspricht dessen FAZ derem spätesten FEZ ❺. Demnach kann Vorgang 6 erst beginnen, wenn der langsamste Vorgang 3 abgeschlossen ist.

- Anschließend wird wie bei ❷ vorgegangen, bis sich am Ende der früheste Endzeitpunkt des Projekts ergibt (❻ hier nach 95 Tagen). Somit könnte das Projekt nach 95 Tagen fertig sein.

Zeilenniveau
Verlag

5

3. Schritt: Ermittlung von SEZ/SAZ im Rückwärtslauf

- Im **Rückwärtslauf** wird anschließend ermittelt, wann die einzelnen Vorgänge spätestens starten (SAZ) bzw. fertig sein (SEZ) müssen. Dabei wird vom spätesten Endzeitpunkt des letzten Vorgangs ausgegangen.

- ❼ Als SEZ des letzten Vorgangs können 2 Werte gewählt werden: a) SEZ = FEZ des letzten Vorgangs. b) Es wird ein bestimmter Zielwert gewählt (bspw. Ziel-Projektende nach 100 Tagen).

- Nun erfolgt von dort aus ein Rücklauf der **spätesten End-/Anfangszeitpunkte (SEZ/SAZ)** – von rechts nach links. Dabei gilt: SAZ = SEZ – Dauer.

- Problematisch wird es wieder an Zweigstellen. Im Rücklauf führt eine Verzweigung dazu, dass das SAZ des Nachfolgers als SEZ aller Vorgänger gilt ❽.

- ❾ Münden im Rücklauf mehrere parallele Abläufen in einen vorausgehenden Vorgang, wird der früheste SAZ der Nachfolger als SEZ für den Vorgänger gewählt (hier Vorgang 2 bei 20 Tagen).

- Je nach Pfad ergeben sich unterschiedliche Puffer (d. h. Vorgänge in denen Zeitverzögerungen möglich sind).

- ❿ Der **kritische Pfad** ergibt sich dort, wo jeweils der geringste Gesamtpuffer herrscht. Hätten wir für den letzten Vorgang SEZ = FEZ eingesetzt, würden im kritischen Pfad alle Gesamtpuffer = 0 sein.

- Der **Gesamtpuffer** zeigt auf, welche Verzögerung bei einem Vorgang möglich wäre, ohne den SAZ des Nachfolgers zu gefährden. Der **freie Puffer** zeigt entsprechend, welche Verzögerung bei einem Vorgang möglich wäre, ohne den FAZ des Nachfolgers zu überschreiten.

5

5.4.3.3 Projektsteuerung

Die **Projektsteuerung** steht, wie schon erwähnt, für die Umsetzung der Projektziele und der Planungsinhalte. Die Projektleitung trägt dabei die Verantwortung für die Durchführung.

Risikosteuerungsstrategien bei Projekten

- Zunächst sollten alle überflüssigen Risiken eliminiert werden (Risikovermeidung).   F 2015 I A4c   3 Pt.

- Bestimme Risiken können reduziert werden (Risikominderung).

- Risiken können auch bspw. durch Versicherungen eingegrenzt werden (Risikobegrenzung).

- Restrisiko muss akzeptiert werden (Risikoakzeptanz).

Gründe für die Akzeptanz von Problemen

Sofern Probleme bei Projekten auftauchen, kann   F 2015 I A4d   3 Pt.
es aus Sicht des Projektleiters durchaus sinnvoll
sein, diese gar nicht zu lösen zu versuchen. Gründe hierfür könnten a) Zeitmangel, b) Ressourcenmangel, c) Konfliktvermeidung, d) zu knappes Budget, e) Folgeprobleme sein. Überwiegen die Probleme allerdings, ist das keine sinnvolle Strategie.

5.4.3.4 Projektdokumentation

Die Projektdokumentation ist einerseits wichtig um den Ablauf des Projekts nachvollziehen und kontrollieren zu können. Andererseits soll gerade für zukünftige Projekte die Planung vereinfacht werden.

Tipp:

Das Thema Projektmanagement bietet sich bei hand-   H 2015 I A2a-c   8 Pt.
lungsorientierten Aufgaben geradezu an. Hier gibt es Aufgaben, die nicht allgemein gelernt werden können, sondern immer sehr fallbezogen sind (bspw. im Herbst 2015).

5.4.4 Gesprächs- und Kooperationstechniken

Ziel dieses Abschnittes ist zunächst die Kommunikationsgrundlagen anhand von zwei Modellen zu vermitteln und anschließend die Anwendung der Kommunikation im unternehmerischen Alltag zu betrachten.

5.4.4.1 Grundlagen der Kommunikation

Die Psychologie setzt sich im Rahmen ihres Teilbereichs der Kommunikationspsychologie mit Kommunikation auseinander. In verschiedenen Modellen wird die Kommunikation zwischen Sendern und Empfängern analysiert bzw. veranschaulicht.

Kommunikationsmodell nach Schulz von Thun

Das Kommunikationsmodell nach *Friedemann Schulz von Thun* (auch **Vier-Seiten-Modell** oder **Vier-Ohren-Modell** genannt) findet auf vier Ebenen statt. Der Empfänger muss Aussagen diesen Ebenen zuordnen:

| F 2010 I A5a-b | 8 Pt. |
| F 2017 I A6a | 8 Pt. |

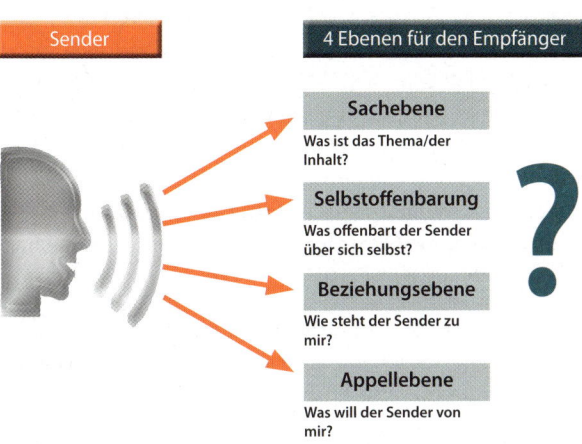

5

- Auf der **Sachebene** werden Sachinformationen (Fakten, Daten) kommuniziert.

- Der Sender gibt auf der **Ebene der Selbstoffenbarung** auch persönliche Informationen weiter.

- Die **Beziehungsebene** vermittelt das Beziehungsgeflecht zwischen Sender und Empfänger. Eine emotionale Beziehung wird durch folgende Faktoren aufgebaut: Körpersprache, Art des Sprechens, Wortwahl, Wahl des Zeitpunkts, eigene emotionale Verfassung.

- Auf der **Appellebene** versucht der Sender den Empfänger zu etwas zu veranlassen (etwas zu denken oder etwas zu tun).

Ziel der praktischen Anwendung ist nun die einzelnen Aussagen von Menschen (bspw. Mitarbeitern, Kunden, Lieferanten) diesen 4 Ebenen zuzuordnen und damit besser verstehen zu können.

Grundzüge der Transaktionsanalyse

Ein weiteres Modell aus der Psychologie zur Analyse der zwischenmenschlichen Kommunikation und der Persönlichkeitsstruktur stellt die **Transaktionsanalyse** dar. Das auf *Eric Berne* zurückgehende Modell ist sehr komplex und wird hier stark vereinfacht wiedergegeben. Die Transaktionsanalyse geht zunächst davon aus, dass jeder Mensch als autonomes Wesen die Fähigkeit besitzt, zu denken, Probleme zu lösen, Verantwortung zu tragen und für sich ein Lebenskonzept zu gestalten. Zur Analyse der Kommunikation unterteilt die Transaktionsanalyse die **Erlebenszustände des Menschen** in drei Gruppen, die er in unterschiedlichen Situationen bevorzugt:

- Die höchste Stufe stellt das **Erwachsenen-Ich (ER)** dar. Hier bezieht sich das Denken, Fühlen und Handeln auf die aktuelle Gegenwart und mit Vernunft wird versucht, diese zu analysieren.

- Wenn wir aus der Kindheit abgespeicherte Zustände abrufen, spricht man von **Kindheits-Ich (K)**. Hier geht es vor allem um emotional verankerte Wünsche.

Zeilenniveau Verlag

- Sofern Verhaltensweisen von anderen Menschen (prägenderweise vor allem den Eltern) übernommen werden, wird das **Eltern-Ich** (**EL**) genannt (bspw. nicht selbst reflektierte Denkweisen).

Die entscheidende Frage ist nun, wie funktioniert Kommunikation, wenn Sender und Empfänger sich auf verschiedenen Zustandssituationen befinden:

- **Kommunikation** ist vor allem dann unproblematisch, wenn beide **auf der gleichen Ebene** oder gar beide auf der Stufe des Erwachsenen-Ichs sind.

- Problematisch ist, wenn sich Eltern-Ich und Kindheits-Ich **kreuzen**, da das Eltern-Ich zur Bevormundung und Fürsorglichkeit und das Kindheits-Ich zur Rebellion neigt.

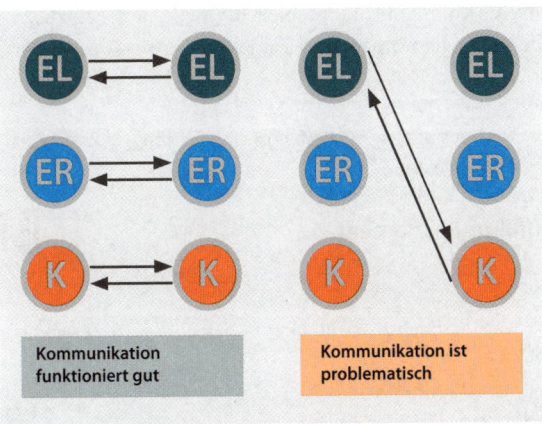

Ziel ist nun **Kommunikationsprobleme** in oder außerhalb von Unternehmen auf beiden Seiten auf diese Zustände hin zu analysieren und ggf. Lösungsschritte einzuleiten, indem eine andere Stufe (Erwachsenen-Ich) gewählt wird.

5.4.4.2 Vortrag und Präsentation

Hinweis:

Dieses Thema wird ausführlich im Prüfungsfach »Führung & Zusammen-arbeit« (Kap. 9.7) behandelt.

5.4.4.3 Moderation

Zu den Aufgaben und Kompetenzen eines Mo- `F 2012 I A2a    6 Pt.` derators zählen:

- **Aufgaben**: (1) Er lenkt die Teilnehmer zu einer Lösung, ist aber nicht für das Ergebnis verantwortlich. (2) Er trägt die Verantwortung für die Organisation und den Teilnehmerkreis.

- **Kompetenzen**: Kommunikationsfähigkeit, Methodenkompetenz, persönliche Kompetenz, rhetorische Fähigkeiten

Hinweis:

Dieses Thema wird ausführlich im Prüfungsfach »Führung & Zusammen-arbeit« (Kap. 9.6) behandelt.

5.4.4.4 Konfliktmanagement

Hinweis:

Dieses Thema wird ausführlich im Prüfungsfach »Führung & Zusammen-arbeit« (Kap. 9.3) behandelt.

5.4.4.5 Mediation

Im Falle einer Konfliktsituation kann ein unbe- `F 2012 I A7b    7 Pt.` teiligter Dritter als **Mediator** eine vermittelnde Rolle einnehmen. Ziel ist eine für beide Seiten akzeptable Lösung. Der Mediator muss dabei eine neutrale, vermittelnde Rolle einnehmen, der schlichtet und eine Lösung herbeiführt. Der Vorgang der Mediation kann in fünf **Phasen** untergliedert werden:

Zeilenniveau Verlag

- **Vorbereitung**: Es müssen zunächst alle relevanten Informationen zum Konflikt durch den Mediator gesammelt und ausgewertet werden.

- **Beteiligte einladen**: Der Mediator lädt die Konfliktparteien zu einem Treffen in einer angenehmen Atmosphäre möglichst auf neutralem Boden ein.

- **Stellungnahme der Konfliktparteien**: Die Konfliktparteien stellen jeweils ihre Sicht der Dinge dar.

- **Lösungsfindung**: Der Mediator sucht zusammen mit den Konfliktparteien nach Gemeinsamkeiten. Daraus leiten sich Lösungsansätze ab, die verbindlich in Schriftform formuliert werden.

- **Schluss**: Der Mediator fasst die Ergebnisse zusammen. Wichtig ist, dass alle Konfliktparteien das Treffen möglichst mit einem positiven Eindruck beenden. Zudem sollte der weitere Weg (zusätzliche Termine) besprochen werden.

5.4.4.6 Interviewtechnik und Bewerbungsgespräch

Verfahren zur Beurteilung interner Bewerber

Zur Beurteilung inwiefern interne Stellenbewerber für die Stelle geeignet sind, können folgende Verfahren verwendet werden:

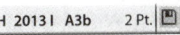

H 2013 I A3b   2 Pt.

- Einschätzung der Abteilungsleiter

- Auswertung von Potenzialanalysen

- Auswertung von Stärken-Schwächen-Profilen

- Beurteilungsanalyse

- Assessment-Center-Verfahren

5

Moderne Kommunikationskanäle zur Bewerberauswahl

Es stehen u. a. die folgenden Medien zur Verfügung:

F 2018 I A1a   6 Pt. C

- **Social-Media-Plattformen**: Die bekannten Plattformen sind gerade für die Suche von jungen, qualifizierten Mitarbeiter sehr geeignet.

- **Online-Jobbörsen**: Nachwuchsmitarbeiter informieren sich kaum mehr in traditionellen gedruckten Tageszeitungen. Problem der Informationsflut.

- **Online-Stellenausschreibungen** des Unternehmens: Ein Problem könnte sein, dass geeignete Bewerber diese nicht finden (geringer Streukreis).

- Auftritt auf **fachbezogenen Job-Börsen**: Konzentration geeigneter Kandidaten, aber auch entsprechende Konkurrenz um die besten Bewerber.

Assessment-Center (AC)

In diesen Beurteilungsverfahren werden Gruppen von Bewerbern bzw. Mitarbeitern von mehreren externen oder internen Beurteilenden systematisch verschiedenen Testsituationen ausgesetzt und ein oder mehrere Tage beobachtet.

H 2013 I A3c   3 Pt.

Dabei geht es neben der Problemlösungskompetenz auch um die sozialen und persönlichen Eigenschaften der Kandidaten. Es werden häufig die folgenden **Instrumente/Übungen** eingesetzt: Präsentationen, Fallstudien, Rollenspiele, Gruppendiskussionen, Postkorbübungen, Interviews oder Situationen unter Stress, Teamübungen, Selbstbeurteilungen, Vorträge der Teilnehmer und Beurteilungen anderer Teilnehmer. Assessment-Center-Verfahren werden sowohl bei der Personalbeschaffung als auch bei der Personalentwicklung eingesetzt.

© 2020, Zeilenniveau Verlag GmbH

Zeilenniveau
Verlag

5

Vor- und Nachteile der internen Stellenbesetzung

Zu den Vor- und Nachteilen der internen Stellen-
besetzung zählen:

	H 2011 I A3a	3 Pt.
	H 2013 I A3a	2 Pt.

Vorteile	Nachteile
• günstig und schnell (außer Personalentwicklungsmaßnahmen)	• Nachbesetzung der dann vakanten alten Stelle nötig
• geringeres Risiko, da Bewerber bekannt sind	• nicht berücksichtigte Bewerber werden demotiviert
• geringere Einarbeitungszeit, da der Bewerber das Unternehmen und dessen betrieblichen Abläufe kennt	• ggf. geringe Akzeptanz des Bewerbers als neuer Vorgesetzter
• interne Aufstiegschancen wirken sich insgesamt positiv auf die Motivation der Belegschaft aus	• Betriebsblindheit der internen Mitarbeiter

Analyse von Bewerbungsunterlagen

Zu den Bewerbungsunterlagen zählen Anschreiben, Lebenslauf, Arbeitszeugnisse, sonstige
Zeugnisse, Zertifikate und Nachweise sowie ein

	H 2011 I A3b	3 Pt.
	H 2015 I A9b	3 Pt.
	F 2018 I A1b	8 Pt.

Bewerberfoto. Zu prüfen sind dann: (1) Vollständigkeit, (2) Lückenlo-
sigkeit im Lebenslauf, (3) verständliche Sprache, Stil und Rechtschrei-
bung, (4) äußerer Eindruck. Zu den einzelnen Unterlagen:

- **Anschreiben**: Sind Adresse etc. korrekt? Zur Stelle passende Bewerbung? Wirkt der Bewerber informiert über die Stelle und das Unternehmen?

- **Lebenslauf**: Ist der Lebenslauf lückenlos, fehlerfrei und vollständig? Gab es häufigen Stellenwechsel oder ein abruptes Beschäftigungsende? Wie flexibel ist der Bewerber?

5

- **Arbeitszeugnis**: Sind alle Zeugnisse vorhanden? Stimmen Arbeitszeugnisse und Lebenslauf überein? Fehlt etwas, ist es realistisch? Wie ist die Arbeitsleistung realistisch einzuschätzen?

Tipp:

Hier sind in der Prüfung sehr praxisbezogene Aufgaben zu erwarten. Sie müssen bspw. fiktive Arbeitszeugnisse lesen und beurteilen.

Aufbau des Vorstellungsgesprächs in 6 Schritten

1. **Begrüßung** bzw. Smalltalk: Auflockerung, Kommunikationsfähigkeit ausloten. F 2018 I A2a-b   8 Pt. C

2. **Vorstellung des Unternehmens**, der Abteilung und der Stelle: Selbstdarstellung des Unternehmens, die Vorstellungen des Unternehmens klar darlegen.

3. **Selbstdarstellung des Bewerbers (Werdegang)**: der Bewerber wird durchleuchtet.

4. Fachliche und stellenbezogene **Fragen an den Bewerber**: Kenntnisse, Motivation des Bewerbers erkunden, Eignung des Bewerbers prüfen.

5. **Fragen des Bewerbers**: Informationsdefizite können behoben werden.

6. **Verabschiedung**: erste Auswertung und Besprechung der weiteren Vorgehensweise.

5.4.4.7 Mitarbeitergespräche

Hinweis:

Dieses Thema wird ausführlich im Prüfungsfach »Führung & Zusammenarbeit« (RSP 9.2) behandelt.

© 2020, Zeilenniveau Verlag GmbH

Zeilenniveau
Verlag

5.4.4.8 Verkaufsgespräche

Verkaufsgespräche werden vor Ort oder via Telefon bzw. als Chat via Internet geführt. Zur Orientierung für die Mitarbeiter werden dabei folgende Instrumente eingesetzt:

H 2011 I A1a-b   6 Pt.

- **Stichwortkatalog**: Hier werden stichwortartig wichtige Fachbegriffe und Themen angesprochen, so dass sich der Mitarbeiter vor, während oder nach dem Verkaufsgespräch informieren kann.

- **Skript**: Dabei wird der erwünschte Verlauf des Gesprächs in Form eines Skriptes formuliert. Dies ist vergleichbar mit einem Drehbuch bei einer Filmproduktion. Im Gegensatz zu diesem handelt es sich aber bei einem Verkaufsgespräch um einen Dialog, daher ist eine gewisse Flexibilität erforderlich.

- **zielorientierter Gesprächsleitfaden**: Hier erhält der Mitarbeiter mehr Handlungsspielraum. Es wird ihm nur im Sinne eines »roten Fadens« der grobe Inhalt vorgegeben. Darin werden Nutzenargumente, Hilfestellungen sowie methodische Reaktionen auf Einwände der Gesprächspartner genannt.

Eine **Checkliste für einen zielorientierten Gesprächsleitfaden** könnte dabei folgendermaßen aussehen:

- Situationsbeschreibung und Zielsetzung

- Vorstellung des Unternehmens und Vergleich mit Mitbewerbern

- Darlegung der Vorteile der Produkte und Leistungen

- Behandlung von möglichen Einwänden

- Es handelt sich letztlich um ein Gerüst für einen Gesprächsleitfaden.

6

Zur Prüfung in Finanzwirtschaft

Bei diesem Fach steht die Anwendung des Wissens im Vordergrund:

- **IHK-Prüfung**: Wirtschaftsfachwirte, »Handlungsspezifische Qualifikationen«, Situationsaufgabe II – davon ca. 40 Prozent.

- **Zeit**: ca. 40 % von 240 Minuten ≈ 100 Minuten.

- **Hilfsmittel**: Taschenrechner.

- **Probleme**: 1. Der Zeitfaktor könnte ein großes Problem werden. Zumal viele Prüflinge bei einzelnen Fragen zu viel bzw. zu wenig schreiben. Bei »Nennen ...« wird zu viel, bei »Erläutern ...« zu wenig geschrieben. 2. Die Rechnungsaufgaben wiederholen sich häufig ähnlich. 3. Viele Prüflinge haben Schwierigkeiten, leicht umformulierte Aufgaben zu verstehen und zu lösen.

- **Lösungsstrategien**: 1. Konzentrieren Sie sich auf die Aufgaben und Ihr vorhandenes Wissen. Nutzen Sie insbesondere bekannte Lösungsschemen, die in den folgenden Seiten geboten werden. Dazu sollte natürlich entsprechendes Wissen vorhanden sein. Denn eine nicht verstandene Formel der Formelsammlung hilft nicht weiter. Das erforderliche Wissen können Sie in diesem Fachbuch aneignen bzw. wiederholen. 2. Üben Sie anhand von alten Prüfungen und den Prüfungssimulationen in Anhang B die Bearbeitung von anwendungsorientierten Aufgaben.

© 2020, Zeilenniveau Verlag GmbH

Zeilenniveau Verlag

6   Finanzwirtschaft

6.1 Investitionsplanung und -rechnung

6.1.1 Investition

6.1.1.1 Zusammenhang Investition u. Finanzierung

Investitionen und deren Finanzierung sind spiegelbildliche Entscheidungen. Dies lässt sich mit Hilfe einer Bilanz veranschaulichen.

Zahlenbeispiel zur Bilanz – Industrie

A		Bilanz in T€			P
A.	Anlagevermögen	50	A.	Eigenkapital	23
I.	Immaterielles Vermögen	5	I.	Gezeichnetes Kapital	14
II.	Sachanlagen	35	II.	Kapitalrücklage	0
III.	Finanzanlagen	10	III.	Gewinnrücklage	3
B.	Umlaufvermögen	95	IV.	Gewinn-/Verlustvortrag	2
I	Vorräte	17	V.	Jahresüberschuss	4
II	Forderungen	35	B.	Rückstellungen	12
III	Wertpapiere	40	C.	Verbindlichkeiten	110
IV	Kassenbestände, Bankguthaben, Schecks	3			
Summe		145	Summe		145

}Fremdkapital

Aktivseite der Bilanz	Passivseite der Bilanz
= Vermögen	= Kapital
= Mittelverwendung	= Mittelherkunft
= Investition	**= Finanzierung**

Die rechte Seite der Bilanz stellt die Mittelherkunft und damit die **Finanzierung** dar. Demgegenüber steht die linke Seite für die Mittelverwendung und damit für **Investitionen**. Daher sind Investitionsentschei-

6

dungen nicht von Finanzierungsentscheidungen zu trennen: (1) Eine interessante, aber nicht finanzierbare Investitionsalternative ist unsinnig. (2) Finanzielle Mittel, die nicht sinnvoll investiert werden können, sollten besser gar nicht besorgt werden.

Zur Symmetrie von Finanzierung und Investition

Finanzierung und Investition haben typischerweise eine entgegengerichtete Entwicklung von Zahlungsströmen. Natürlich handelt es sich um keine exakte Symmetrie:

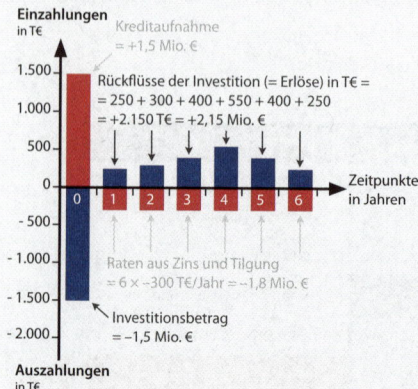

Finanzierungen haben für gewöhnlich zu Beginn einen Mittelzufluss (bspw. Kreditaufnahme). In den Folgeperioden entsteht ein Mittelabfluss für Tilgungsraten und Zinsen.

Investitionen erfordern zu Beginn einen Mittelabfluss (Kauf der Maschine). In den Folgeperioden fließen Mittel (bspw. in Form von Umsatzerlösen) zurück.

Wichtige Hinweise: (1) Im weiteren Verlauf wird **Finanzwirtschaft** als Oberbegriff für Finanzierung und Investition verwendet. (2) Sofern die Fristen von Investitionen und Finanzierung harmonieren (weitgehend übereinstimmen), spricht man von **Fristenkongruenz**.

6

6.1.1.2 Investitionsarten

Nach dem **Gegenstand der Investition** unterscheidet man **Sachinvestitionen** (bspw. Gebäude, Maschinen), **immaterielle Investitionen** (bspw. Lizenzen, Patente) und **Finanzinvestitionen** (bspw. Aktien, Beteiligungen). Nach dem **Zweck der Investition** werden unterschieden:

- **Gründungsinvestitionen** werden bei der Gründung eines Unternehmens durchgeführt.

- **Erweiterungsinvestitionen** dienen zur Ausdehnung des Geschäftsfeldes, indem bspw. ein Handelsunternehmen weitere Filialen eröffnet oder ein Industriebetrieb einen neuen Produktionsstandort wählt und dort investiert.

- **Diversifikationsinvestitionen** werden zur Ausdehnung bzw. Streuung (Diversifikation) der Geschäftsfelder gewählt um dadurch weniger anfällig bei Krisen einzelner Branchen zu sein.

- **Ersatzinvestitionen** werden dann fällig, wenn Anlagegüter ersetzt werden müssen.

- **Rationalisierungsinvestitionen** dienen zur rationelleren Erzeugung oder Erbringung der Dienstleistungen. Hierbei werden teilweise Menschen durch Maschinen oder Maschinen durch modernere Maschinen ersetzt.

6.1.1.3 Investitionsentscheidungen

Je nach Unternehmensgröße, Branche und Situation müssen zahlreiche Entscheidungen hinsichtlich bestimmter Investitionen getroffen werden. Dies könnten einzelne Maschinen, PCs oder LKWs sein, es kann sich aber auch um ganze zu erwerbende Unternehmen oder Betriebsstätten handeln. Zur Entscheidungsfindung tragen qualitative Verfahren (bspw. Nutzwertanalyse) und die im Folgenden zu erläuternden Investitionsrechenverfahren bei.

6

6.1.2 Investitionsrechenverfahren

6.1.2.1 Arten der Investitionsrechnung

Wichtige Fragen in Unternehmen betreffen F 2017 II A1b   4 Pt. mögliche **Investitionen**. Zahlreiche Unsicherheitsfaktoren, langfristige Zeithorizonte (die die Unsicherheitsfaktoren noch verstärken) und die komplexen volks- und betriebswirtschaftlichen Zusammenhänge erschweren die Beurteilung von Investitionen in der Praxis. Zur Unterstützung der Entscheidung dienen dabei **Investitionsrechenverfahren**:

- Die **statischen Investitionsrechenverfahren** gehen von durchschnittlichen Kosten und Leistungen aus und berücksichtigen daher nicht die Zeitpunkte der Zahlungsströme.

- Die **dynamischen Investitionsrechenverfahren** berücksichtigen die Zeitpunkte der Ein- und Auszahlungen.

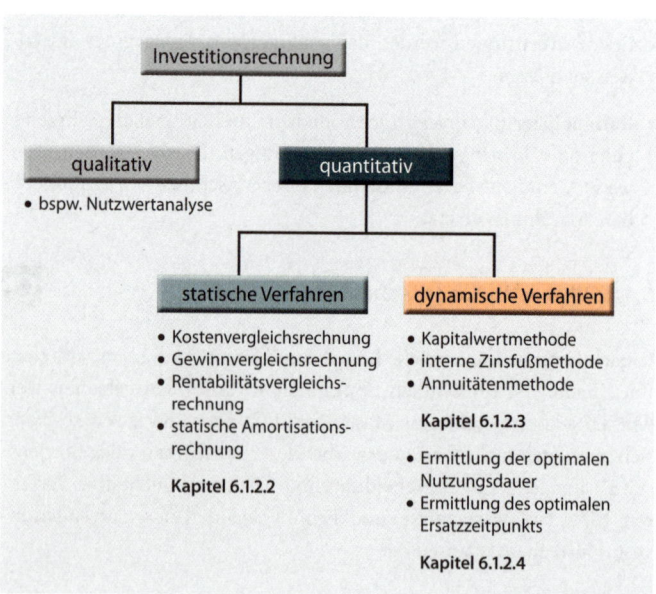

Zeilenniveau
Verlag

6.1.2.2 Statische Investitionsrechenverfahren

Für die weiteren Betrachtungen verwenden wir   F 2009 II A1b-c   8 Pt.
die folgende Fallstudie (Kopierer):

■	Zahlenangaben	Zinssatz = 7,5 %	
	in EUR	Wertig L7750	Günstig G15-LJ
1.	Anschaffungswert (AW)	17.500 €	11.000 €
2.	Restwert (RW)	2.500 €	1.000 €
3.	Nutzungsdauer in J.	4 J.	4 J.
4.	restliche Fixkosten/Jahr	10.000 €	1.750 €
5.	variable Kosten pro Seite	3 Ct.	4 Ct.
6.	Erlöse je Seite	6 Ct.	5 Ct.
7.	jährliche Seitenleistung	500.000 S.	500.000 S.

Zu den Vorteilen der statischen Verfahren zählt die leichte Anwendbarkeit. Zudem sind keine finanzmathematischen Kenntnisse erforderlich. Nachteile: Die statischen Investitionsrechenverfahren gehen von zwei stark vereinfachenden Annahmen aus:

1. Es werden nur (Jahres-) Durchschnittswerte berechnet.

2. Es werden nur Kosten und Leistungen (bzw. Erlöse) betrachtet. Der tatsächliche Zahlungszeitpunkt der Einzahlungen und Auszahlungen der Investitionen wird im Gegensatz zu den dynamischen Verfahren nicht berücksichtigt.

Es werden folgende Verfahren unterschieden:

- **Kostenvergleichsrechnung**: Hier werden Investitionsalternativen nur anhand ihrer Kosten verglichen. Die Entscheidung sollte für das günstigste Angebot erfolgen. Dieses Verfahren ist nur bei identischen Leistungen (Erlöse bzw.) sinnvoll.

- **Gewinnvergleichsrechnung**: Dabei werden die Investitionsalternativen anhand ihrer erzielbaren Gewinne verglichen. Die Entscheidung sollte für die Alternative mit dem höchsten erzielbaren Gewinn fallen. Dies ist zweckmäßig, wenn zur Erzielung des Gewinns die gleichen Investitionssummen notwendig sind.

- **Rentabilitätsvergleichsrechnung**: Die erzielbaren Gewinne werden auf das durchschnittlich gebundene und damit investierte Kapital bezogen. Es sollte diejenige Alternative mit der höchsten Rendite gewählt werden.

- **Amortisationsvergleichsrechnung**: Entsprechend wird hier berechnet, wann sich die Investition amortisiert bzw. trägt. Je kürzer die Amortisationsdauer um so besser.

In der Praxis werden neben solchen quantitativen Methoden auch qualitative Aspekte berücksichtigt. Hierzu werden u. a. **Nutzwertanalysen** verwendet (vgl. bspw. Fach »Logistik«), die jedoch zahlreiche Probleme der willkürlichen Auswahl der Faktoren, der Gewichtung und der Benotung beinhalten. Zu den qualitativen Faktoren zählen bspw.: 1. Qualität, 2. Service, 3. einfache Bedienung, 4. Ergonomie, 5. Sicherheit und 6. Umweltaspekte.

Kostenvergleichsrechnung

Zunächst werden die Kosten der beiden Alternativen berechnet. Dabei muss zwischen Fixkosten (u. a. kalkulatorische Abschreibungen u. Zinsen) und variablen Kosten unterschieden werden:

F 2009 II A1a	6 Pt.	
H 2009 II A5c	3 Pt.	
F 2013 II A2a-b	7 Pt.	
H 2017 II A4a-b	9 Pt.	
H 2019 II A2a	5 Pt.	

Die **kalkulatorischen Abschreibungen** in Formel (1) erhalten wir, wenn wir die Differenz aus Anschaffungskosten und Restwert durch die Nutzungsdauer teilen. In den folgenden Formeln ist jeweils eine Rechnung für den Kopierer »L7750« (Kürzel: L) und für »G15-LJ« (Kürzel: G).

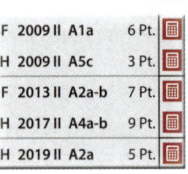

$$(6.1)\quad AfA_L = \frac{(AW - RW)}{ND} = \frac{(17.500\,€ - 2.500\,€)}{4\,J.} = 3.750\,€$$

$$AfA_G = \frac{(AW - RW)}{ND} = \frac{(11.000\,€ - 1.000\,€)}{4\,J.} = 2.500\,€$$

Hinweis:
AfA = Abschreibungen
AW = Anschaffungswert
RW = Restwert
ND = Nutzungsdauer

Tipp:

Es sollte bei den kalkulatorischen Abschreibungen, sofern vorhanden, der **Wiederbeschaffungswert** (WBW) verwendet werden.

Zeilenniveau
Verlag

Zur Berechnung der **kalkulatorischen Zinsen** müssen wir erst die durchschnittliche Kapitalbindung berechnen (6.2) und diese dann anschließend mit dem vorgegebenen kalkulatorischen Zinssatz multiplizieren und durch 100 % teilen (6.3).

$$(6.2) \quad \varnothing \text{ Kapitalbindung}_L = \frac{(AW + RW)}{2} = \frac{(17.500 \, € + 2.500 \, €)}{2} = 10.000 \, €$$

$$\varnothing \text{ Kapitalbindung}_G = \frac{(AW + RW)}{2} = \frac{(11.000 \, € + 1.000 \, €)}{2} = 6.000 \, €$$

Zur Veranschaulichung der durchschnittlichen Kapitalbindung

Eine Investition mit einem Anschaffungswert von 500 T€ und einem voraussichtlichen Restwert von 100 T€ wird mittels eines Abzahlungsdarlehens über vier Jahre gleichmäßig getilgt:

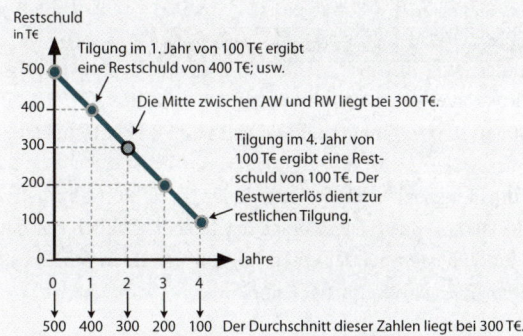

Tilgung im 1. Jahr von 100 T€ ergibt eine Restschuld von 400 T€; usw.

Die Mitte zwischen AW und RW liegt bei 300 T€.

Tilgung im 4. Jahr von 100 T€ ergibt eine Restschuld von 100 T€. Der Restwerterlös dient zur restlichen Tilgung.

Der Durchschnitt dieser Zahlen liegt bei 300 T€.

$$\varnothing \text{ Kapitalbindung} = \frac{(AW + RW)}{2} = \frac{(500 \, T€ + 100 \, T€)}{2} = 300 \, T€$$

$$\varnothing \text{ Kapitalbindung} = \frac{(500 \, T€ + 400 \, T€ + 300 \, T€ + 200 \, T€ + 100 \, T€)}{5} = 300 \, €$$

$$(6.3) \quad \text{Zinsen}_L = \frac{(AW + RW)}{2} \cdot \frac{\text{Zinssatz}}{100 \, \%} = \frac{(17.500 \, € + 2.500 \, €)}{2} \cdot \frac{7,5 \, \%}{100 \, \%} = 750 \, €$$

$$\text{Zinsen}_G = \frac{(AW + RW)}{2} \cdot \frac{\text{Zinssatz}}{100 \, \%} = \frac{(11.000 \, € + 1.000 \, €)}{2} \cdot \frac{7,5 \, \%}{100 \, \%} = 450 \, €$$

6

Zählen wir die Abschreibungen, die Zinsen und die restlichen **Fixkosten** (für bedienendes Personal, Raumkosten und Wartungskosten bspw. in Form von Fixkosten für einen Wartungsvertrag) zusammen, erhalten wir die Summe der Fixkosten. Die **Summe der variablen Kosten** erhalten wir durch eine Multiplikation von variablen Seitenkosten (für Toner, Strom etc.) und jährlicher Seitenleistung. Die **Gesamtkosten** ergeben sich schließlich als Summe der Fixkosten und der variablen Kosten.

■ Kostenvergleich		Zinssatz = 7,5 %	
	in EUR	Wertig L7750	Günstig G15-LJ
1.	kalk. Abschreibungen (AfA)	3.750,00	2.500,00
2.	kalk. Zinsen	750,00	450,00
3.	restliche Fixkosten	10.000,00	1.750,00
4.	Summe der Fixkosten	14.500,00	4.700,00
5.	Summe der variablen Kosten	15.000,00	20.000,00
6.	Gesamtkosten	29.500,00	24.700,00

Nach dem Kostenvergleichsverfahren würden wir uns für den um 4.800 € günstigeren Maschinentypus »Günstig G15-LJ« entscheiden.

Es stellt sich die Frage, bei welcher Menge beide Investitionsalternativen gleich hohe Kosten besitzen. Diese Frage macht aber wirklich nur dann Sinn, wenn die Fixkosten bei der einen und die variablen Stückkosten bei der anderen Alternative günstiger sind.

Die **kritische Menge hinsichtlich der Kosten** berechnet sich, indem die Fixkostendifferenz durch die Differenz der variablen Stückkosten geteilt wird (6.4). Dabei müssen A und B in der Formel gekreuzt werden.

$$(6.4)\ \text{kritische Menge}_{Kosten} = \frac{\text{Fixkostendifferenz}}{\text{Differenz variable Stückkosten}} \quad \rightarrow A, B \text{ gekreuzt}$$

$$\text{kritische Menge}_{Kosten} = \frac{K_{fix}^A - K_{fix}^B}{k_{var}^B - k_{var}^A} = \frac{14.500\,€ - 4.700\,€}{0,04\,€ - 0,03\,€} = 980.000\ \text{S.}$$

Zwar hat der Kopierer L7750 deutlich höhere Fixkosten, aber andererseits auch deutlich niedrigere variable Seitenkosten. Somit lässt sich ein

Zeilenniveau Verlag

Punkt berechnen (= kritische Menge), bei dem die Kosten gleich groß sind. Dieser Punkt liegt in unserer Fallstudie bei 980.000 Seiten.

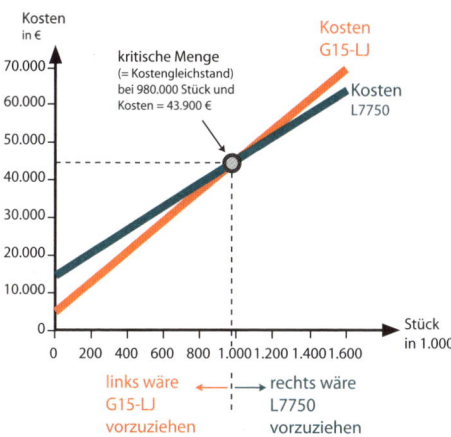

Kosten in €

kritische Menge
(= Kostengleichstand)
bei 980.000 Stück und
Kosten = 43.900 €

Kosten G15-LJ

Kosten L7750

Stück in 1.000

links wäre
G15-LJ
vorzuziehen

rechts wäre
L7750
vorzuziehen

Gewinnvergleichsrechnung

Da die 2 Drucker aufgrund der unterschiedlichen Qualität unterschiedliche Erlöse erzielen, ist die Kostenvergleichsrechnung wenig aussage-

H 2009 II A5a	6 Pt.
H 2010 II A2a	6 Pt.
H 2019 II A2c	7 Pt.

kräftig. Nach der Gewinnvergleichsrechnung würden wir uns für »Wertig L7750« entscheiden. Hierzu müssen wir die Erlöse je Seite mit der Seitenzahl multiplizieren und hiervon die gesamten Kosten abziehen:

■	Gewinnvergleich	Zinssatz = 7,5 %	
	in EUR	Wertig L7750	Günstig G15-LJ
1.	Erlöse je Seite	0,06	0,05
2.	Erlöse pro Jahr	30.000,00	25.000,00
3.	Gesamtkosten	29.500,00	24.700,00
4.	Gewinn	+ 500	+ 300

Die **kritische Menge hinsichtlich des Gewinns** berechnet sich relativ einfach, indem die Fixkostendifferenz durch die Differenz der Stückdeckungsbeiträge (db = Preis – variable Stückkosten) geteilt wird (6.5).

6

$$(6.5) \text{ kritische Menge }_{\text{Gewinn}} = \frac{\text{Fixkostendifferenz}}{\text{Differenz Stückdeckungsbeiträge}}$$

$$\text{kritische Menge }_{\text{Gewinn}} = \frac{K_{\text{fix}}^A - K_{\text{fix}}^B}{db^A - db^B} = \frac{14.500\,€ - 4.700\,€}{0,03\,€ - 0,01\,€} = 490.000\,S.$$

Sofern mehr als 490.000 Seiten gedruckt werden, ist der Gewinn des Kopierers mit den höheren Fixkosten größer (= Wertig L7750). Allerdings sind die geplanten 500.000 Seiten sehr nahe am Gleichstand. Daher kann es in der Praxis durchaus zu ungewollten Abweichungen kommen.

Rentabilitätsvergleichsrechnung

Zur Ermittlung der jeweiligen Rentabilität wird der Return on Investment (RoI) berechnet, der den ermittelten Gewinn (Kürzel: oZ) in Beziehung zum durchschnittlich gebundenen Kapital setzt (6.6):

H 2009 II A5b	3 Pt.
H 2010 II A2b-c	4 Pt.
F 2013 II A2c	3 Pt.
H 2017 II A4c	5 Pt.
H 2019 II A2b	3 Pt.

$$(6.6) \text{ RoI}_L^{oZ} = \frac{\text{Gewinn}}{(AW + RW) \div 2} \cdot 100\,\% = \frac{500\,€}{(17.500\,€ + 2.500\,€) \div 2} \cdot 100\,\% = 5\,\%$$

$$\text{RoI}_G^{oZ} = \frac{\text{Gewinn}}{(AW + RW) \div 2} \cdot 100\,\% = \frac{300\,€}{(11.000\,€ + 1.000\,€) \div 2} \cdot 100\,\% = 5\,\%$$

Zuweilen wird hier auch der Gewinn zuzüglich der Zinsen (Kürzel: mZ) in Relation zum durchschnittlich gebundenen Kapitel gesetzt und mit 100 % Prozent multipliziert (6.7). Es zeigt sich, dass nach der Rendite beide Drucker gleichwertig sind und alleine anhand dieses Kriteriums keine Entscheidung getroffen werden kann.

$$(6.7) \text{ RoI}_L^{mZ} = \frac{\text{Gewinn} + \text{Zinsen}}{(AW + RW) \div 2} \cdot 100\,\% = \frac{500\,€ + 750\,€}{(17.500\,€ + 2.500\,€) \div 2} \cdot 100\,\% = 12,5\,\%$$

$$\text{RoI}_G^{mZ} = \frac{\text{Gewinn} + \text{Zinsen}}{(AW + RW) \div 2} \cdot 100\,\% = \frac{300\,€ + 450\,€}{(11.000\,€ + 1.000\,€) \div 2} \cdot 100\,\% = 12,5\,\%$$

© 2020, Zeilenniveau Verlag GmbH

Zeilenniveau Verlag

Amortisationsvergleichsrechnung

6

Die Amortisationsdauer gibt an, wann sich eine [F 2017 II A1a   6 Pt.] Investition rentiert. Dabei gilt, je kürzer desto besser. Zunächst muss hier die Differenz (= notwendiger gesamter Rückfluss) zwischen Anschaffungswert (AW) und Restwert (RW) berechnet werden. Diese Differenz muss durch die Investition erwirtschaftet werden. Dazu dienen die Rückflüsse die sich als Summe aus Gewinn und Abschreibungen (und bisweilen Zinsen) berechnen (= durchschnittlicher jährlicher Rückfluss). Die Amortisationsdauer (6.8) und (6.9) ist dann der Quotient aus diesen beiden Werten.

Bei der Amortisationsdauer hat wiederum der »Wertig L7750« die Nase vorn, da seine Amortisationsdauer kürzer ist.

$$(6.8) \ \text{Amortisation}_L^{oZ} = \frac{(AW - RW)}{(Gewinn + AfA)} = \frac{(17.500\,€ - 2.500\,€)}{(500\,€ + 3.750\,€)} = 3,53\ \text{J.}$$

$$\text{Amortisation}_G^{oZ} = \frac{(11.000\,€ - 1,000\,€)}{(300\,€ + 2.500\,€)} = 3,57\ \text{J.}$$

$$(6.9) \ \text{Amortisation}_L^{mZ} = \frac{(AW - RW)}{(Gewinn + AfA + Zinsen)} = 3,00\ \text{J.}$$

$$\text{Amortisation}_G^{mZ} = 3,08\ \text{J.}$$

Fazit: Das Fallbeispiel soll aufzeigen, wie schwer eine Entscheidung anhand einer Methode sein kann und ggf. zu Fehlentscheidungen führen kann. Insgesamt dürfte in unserem Fall der Kopierer »Wertig L7750« vorzuziehen sein.

Wird in IHK-Prüfungen mit oder ohne Zinsen gerechnet?

Leider ist das nicht einheitlich. Häufig wird bei der Rentabilität mit Zinsen und bei der Amortisation ohne Zinsen gerechnet.

6

6.1.2.3 Dynamische Investitionsrechenverfahren

Die **dynamischen Investitionsrechenverfahren** gehen von folgenden Annahmen aus:

- Es wird der gesamte Investitionszeitraum berücksichtigt.

- Der wesentliche Vorteil liegt in der Berücksichtigung der tatsächlichen Zahlungsströme (Ein- und Auszahlungen), die auf den heutigen Wert abgezinst werden.

Kapitalwertmethode

Zunächst müssen die verschiedenen Einzahlungen und Auszahlungen ermittelt werden. Die jeweilige Differenz für jedes Jahr ergibt den jeweiligen Einzahlungsüberschuss (EZÜ), der dann abgezinst wird. Die Summe dieser Barwerte ergibt den Kapitalwert (**Zahlenangaben zur Fallstudie Kopierer** finden Sie auf S. 97):

F 2010 II A4a	6 Pt.	▦
F 2011 II A1a-b	12 Pt.	▦
H 2011 II A2a	6 Pt.	▦
F 2012 II A4a-b	8 Pt.	▦
F 2014 II A3	13 Pt.	▦
F 2015 II A1a	4 Pt.	▦
H 2015 II A1a	6 Pt.	▦
F 2016 II A2a-b	8 Pt.	▦
H 2016 II A2a-b	8 Pt.	▦
F 2018 II A1	12 Pt.	▦
H 2018 II A1a-b	10 Pt.	▦

- Zu den **Einzahlungen** zählen die jeweiligen ❶ Umsatzerlöse sowie im letzten Jahr zusätzlich ❷ der Restwerterlös.

- Die **Auszahlungen** setzen sich aus dem ❸ Anschaffungswert zum Zeitpunkt 0 sowie in den folgenden Jahren ❹ aus den restlichen Fixkosten sowie den variablen Kosten zusammen.

- Die **kalkulatorischen Abschreibungen** sind Kosten, aber keine Auszahlungen. Stattdessen werden sie bei der Anfangsauszahlung zum Zeitpunkt 0 berücksichtigt.

- Entsprechend sind die **kalkulatorischen Zinsen** ebenfalls keine Auszahlung, sondern werden durch die Abzinsung bei der Berechnung des Barwerts berücksichtigt.

Sofern wir die Ein- und Auszahlungen erfasst haben, können wir ❺ in der nächsten Spalte die **Einzahlungsüberschüsse** (EZÜ) als Differenz

Zeilenniveau Verlag

aus Ein- und Auszahlungen berechnen. ❻ Die Einzahlungsüberschüsse zinsen wir für jedes Jahr mit dem gegebenen Zinssatz von 7,5 Prozent ab (EZÜ ÷ 1,075 ^{Jahr}). Diese abgezinsten Beträge heißen **Barwerte** (BW). ❼ Die Summe der Barwerte ergibt den **Kapitalwert C_0** für die Investitionsalternative Kopierer »Wertig L7750«. Für gewöhnlich ist eine Investition umso lohnenswerter je höher der Kapitalwert ist. Er sollte zumindest positiv sein.

n	Einzahl.	Auszahl.	EZÜ	BW 7,5 %
■	Ziel: Kapitalwert C_0 für den Kopierer »L7750«			
0		❸ −17.500	−17.500	−17.500,00
1	❶ 30.000	❹ −25.000	❺ 5.000	❻ 4.651,16
2	30.000	−25.000	5.000	4.326,66
3	30.000	−25.000	5.000	4.024,80
4	❷ 32.500	−25.000	7.500	5.616,00
Σ	122.500	−117.500	5.000	C_0= 1.118,62 ❼

$$\leftarrow \frac{5.000\ €}{1,075^3} = 4.024,80\ €$$

Tipp:

In manchen IHK-Prüfungsaufgaben sind keine direkten Einzahlungen gegeben. Stattdessen wird von möglichen Einsparungen durch eine Investition gesprochen. Diese Einsparungen müssen dann als Einzahlungen betrachtet werden (nicht erforderliche Auszahlung entsprechen den Einzahlungen).

Die Berechnung können wir auch mit Hilfe einer Formel darstellen:

$$(6.10)\ \ C_0 = -a_0 + \sum_{t=1}^{4}\left(\frac{EZÜ_t}{1,075^t}\right)$$

$$(6.11)\ \ C_0 = -17.500\ € + \frac{5.000\ €}{1,075^1} + \frac{5.000\ €}{1,075^2} + \frac{5.000\ €}{1,075^3} + \frac{5.000\ €}{1,075^4} =$$

$$C_0 = -17.500\ € + 4.651,16\ € + \dots + 5.616,00\ € = +1.118,62\ €$$

Es zeigt sich deutlich, dass die Vorgehensweise in der Tabelle identisch mit derjenigen in der Formel ist. Allerdings ist die Tabelle wesentlich übersichtlicher. Daher empfehle ich Ihnen mit der Tabelle zu arbeiten.

6

Zahlenstrahl für unsere Kapitalwertberechnung

Zur Veranschaulichung der Berechnung des Kapitalwerts die Darstellung mittels eines Zahlenstrahls:

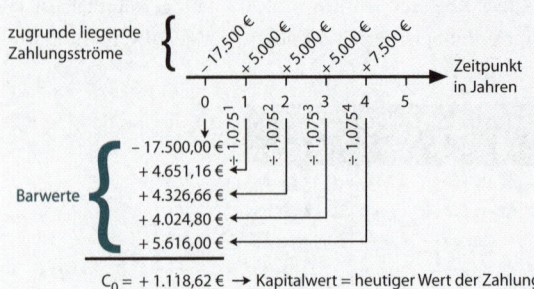

Damit lässt sich auch die allgemein in Lehrbüchern und Formelsammlungen gedruckte Formel für die Berechnung des Kapitalwerts darstellen (6.12). Dabei werden Einzahlungen eines Jahre mit e_t und die jeweiligen Auszahlungen mit a_t bezeichnet. Die Anzahl der Jahre wird als n bezeichnet. Zudem wird (6.13) der Zinsfaktor häufig als q und (6.14.) der Zinssatz in Dezimalschreibweise als i bezeichnet. Zum Beispiel erhalten wir bei einem Zinssatz p = 5 % die Werte: i = 0,05 und q = 1,05.

$$(6.12)\ C_0 = -a_0 + \sum_{t=1}^{n} \left(\frac{e_t - a_t}{q^t} \right)$$

$$(6.13)\ q = \left(1 + \frac{p}{100\,\%} \right)$$

$$(6.14)\ i = \frac{p}{100\,\%}$$

$$(6.15)\ q = 1 + i$$

C_0 = Kapitalwert
a_0 = Anfangsauszahlung
n = Anzahl der Jahre
e_t = Einzahlung des jeweiligen Jahres t
a_t = Auszahlung des jeweiligen Jahres t
p = Zinssatz
q = Zinsfaktor
i = Zinssatz in Dezimalform

Tipp:

Sofern ein Restwert vorhanden ist, wird dieser im letzten Jahr zu den Einzahlungen hinzugezählt.

Interne Zinsfußmethode

6

Das Ergebnis der Kapitalwertmethode hängt stark vom gegebenen Zinssatz ab. Zur Bestimmung des kalkulatorischen Zinssatzes werden folgende Varianten verwendet:

F 2010 II A4b	8 Pt.
F 2015 II A1b	8 Pt.
F 2016 II A2c	4 Pt.

- Sofern wir uns ausschließlich durch Eigenkapital finanzieren würden, müssten wir als kalkulatorischen Zinssatz die von den Kapitalgebern gewünschte Mindestverzinsung ihres eingesetzten Kapitals ansetzen. Diese setzt sich aus einem entgangenen Zins für eine alternative, sichere Anlage, einem Risikoaufschlag und einem zusätzlichen Renditeziel zusammen.

- Wenn wir uns hingegen nur durch Fremdkapital finanzieren würden (bspw. durch die Aufnahme von Krediten bei unserer Hausbank), würden wir den von der Bank genannten Zinssatz ansetzen.

- In der Realität liegt die Wahrheit dazwischen – je nach Anteil der Eigen- und Fremdfinanzierung. Stellen wir uns vor, dass unsere Aktionäre eine Rendite von 15 % erwarten und unsere Hausbank 5 % für ein langfristiges Darlehen verlangt. Zudem hätten wir eine Eigenkapitalquote von 25 % (Fremdkapitalquote = 75 %). Somit würden wir einen kalkulatorischen Zinssatz von (15 % × 25 % / 100 % + 5 % × 75 % / 100 % = 3,75 % + 3,75 % =) 7,5 % erhalten.

Der Zinssatz, bei dem der Kapitalwert exakt 0 wird, heißt **interner Zinsfuß**. Wie können wir diesen nun berechnen? Leider gibt es keine Formel, die eine exakte Berechnung ermöglicht. Stattdessen kann man versuchen, sich immer mehr anzunähern. Dabei gibt es eine Abkürzung mittels einer **Näherungslösung**. Zeigen wir das mit unserem Beispiel »L7750«. Wenn man zunächst für 7,5 Prozent den Kapitalwert mit C_0 = 1.118,63 € berechnet, erkennt man sofort, dass der Zinssatz der zu einem Kapitalwert von 0 € führen wird, wohl bei einem höheren Zinssatz sein dürfte. Daher setzen wir einen ausreichend größeren Zinssatz an. Bei 15 Prozent erhielten wir einen Kapitalwert C_0 = − 1.795,73 €. Die Näherungslösung erfolgt nun in Form eines Dreisatzes.

6

Zur Bestimmung des internen Zinsfußes mit Hilfe eines Dreisatzes

Zur besseren Übersicht sind die beiden Kapitalwerte auf ganze 100 € gerundet.

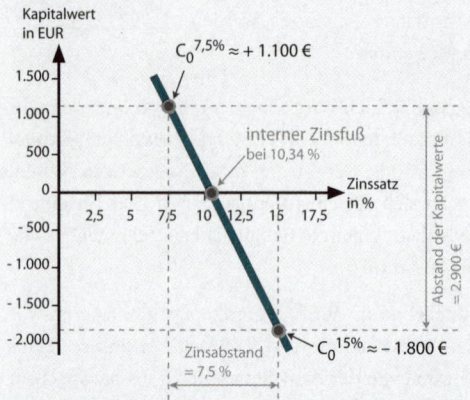

Der Dreisatz besteht darin, dass der erste Kapitalwert mit 1.100 € in Relation zum gesamten Abstand der Kapitalwerte gesetzt wird und dies auf den Zinsabstand bezogen wird. Das Ergebnis mit 2,84 % wird zu den 7,5 % hinzugezählt.

$$(6.16) \quad 2.900 \,€ \triangleq 7,5\,\%$$

$$1.100 \,€ \triangleq x\,\%$$

$$x\,\% = 7,5\,\% \cdot \frac{1.100\,€}{2.900\,€} = 2,84\,\%$$

$$\rightarrow \text{interner Zinsfuß} = 7,5\,\% + 2,84\,\% = 10,34\,\%$$

Der **Näherungslösung** liegt die Annahme zugrunde, dass zwischen den beiden Punkten $C_0^{7,5\%}$ und $C_0^{15\%}$ eine Gerade verläuft. Dann muss der Schnittpunkt dieser Geraden mit der Zinssatz-Achse genau dem internen Zinsfuß entsprechen. Sofern wir diese Annahme übernehmen, können wir das Ergebnis in der Tat mit einem **Dreisatz** einfach bestimmen (siehe Box). Alternativ wird in Formelsammlungen die **Regula falsi** genannt, die exakt dem Dreisatz entspricht:

© 2020, Zeilenniveau Verlag GmbH

Zeilenniveau Verlag

$$(6.17) \quad r = i_1 - C_{01} \cdot \frac{i_2 - i_1}{C_{02} - C_{01}}$$

$$r = 7,5\,\% - 1.100\,€ \cdot \frac{15\,\% - 7,5\,\%}{-1.800\,€ - 1.100\,€} =$$

$$r = 7,5\,\% - 1.100\,€ \cdot \frac{7,5\,\%}{-2.900\,€} = 7,5\,\% + 7,5\,\% \cdot \frac{1.100\,€}{2.900\,€}$$

$$r = 7,5\,\% + 2,84\,\% = 10,34\,\%$$

Im Endeffekt entspricht die Rechnung exakt dem Dreisatz. Der Vorteil der Regula falsi liegt darin, dass Sie in der Formelsammlung steht. Bei der Regula falsi müssen Sie höllisch auf **Vorzeichen** achten.

Woran liegt es eigentlich, dass die **Näherungslösung** nicht exakt ist? Wir gehen bei unserer Näherungslösung davon aus, dass sich zwischen den beiden Punkten eine **Gerade** befindet. Tatsächlich handelt es sich aber für gewöhnlich um eine **Kurve**. Wozu berechnen wir den internen Zinsfuß überhaupt? Der interne Zinsfuß zeigt an, bis zu welchem Zinssatz eine Investition sinnvoll ist. Dies ist in der Praxis bspw. bei Kreditverhandlungen mit Banken sehr hilfreich. Jedoch sollte auch hier in den allerwenigsten Fällen die dritte Nachkommastelle von Bedeutung sein. Nach der **Wiederanlageprämisse** geht man davon aus, dass zeitweilig anfallende Überschüsse immer zum internen Zinsfuß angelegt werden können. Dies ist äußerst unrealistisch, wenn man reale Zinssätze sieht.

Annuitätenmethode

Der Kapitalwert einer Investition ist der heutige Wert einer Investition. Diese Investition setzt sich zumeist aus einer Zahlungsreihe vieler Werte zusammen, die jeweils auf den heutigen Wert abgezinst werden. Der Kapitalwert selbst ist aber nur eine Zahl, die stellvertretend für die gesamte

H 2011 II A2b	4 Pt.	
F 2012 II A4c	4 Pt.	
H 2012 II A2	6 Pt.	
H 2014 II A4a-b	10 Pt.	
H 2015 II A1b	4 Pt.	
H 2018 II A1c	4 Pt.	

Zahlungsreihe steht. Wenn wir fünf Jahre hintereinander nachschüssig 1.000 € erhalten, so können wir bei einem gegeben Zinssatz von 4 Prozent den Barwert (BW) dieser Zahlungsreihe berechnen:

6

$$(6.18)\ BW = \frac{1.000\ €}{1,04^1} + \frac{1.000\ €}{1,04^2} + \frac{1.000\ €}{1,04^3} + \frac{1.000\ €}{1,04^4} + \frac{1.000\ €}{1,04^5} =$$

$$961,54\ € + 924,56\ € + 889,00\ € + 854,80\ € + 821,93\ € = 4.451,82\ €$$

Alternativ können wir den Barwert dieser **Rente** (= gleichbleibende Zahlung) auch mit dem **Barwertfaktor** berechnen:

$$(6.19)\ BWF = \frac{q^n - 1}{q^n \cdot (q - 1)} = \frac{1,04^5 - 1}{1,04^5 \cdot (1,04 - 1)} = 4,45182233$$

$$(6.20)\ Barwert = 1.000\ € \cdot BWF = 1.000\ € \cdot 4,45182233 = 4.451,82\ €$$

Natürlich funktioniert diese Rechnung auch umgekehrt: Wenn wir den Barwert einer Zahlungsreihe kennen, können wir mit Hilfe des Barwertfaktors die Rente berechnen:

$$(6.21)\ Rente = \frac{Barwert}{BWF} = \frac{4.451,82\ €}{4,45182233} = 1.000\ €$$

Dabei muss es sich bei der ursprünglichen Zahlungsreihe nicht einmal (wie in unserem Beispiel) um eine Rente handeln. Und genau diesen Effekt können wir für unsere Investitionsrechnung nutzen. Wenn wir den Kapitalwert einer Investition berechnet haben, können wir mit Hilfe des Barwertfaktors die dazugehörige Annuität einer Investition berechnen:

$$(6.22)\ Annuität = \frac{Kapitalwert}{BWF}$$

Berechnen wir damit für den Kapitalwert unseres Kopierers »L7750« in Höhe von 1.118,63 € die dazugehörige Annuität:

$$(6.23)\ BWF = \frac{q^n - 1}{q^n \cdot (q - 1)} = \frac{1,075^4 - 1}{1,075^4 \cdot (1,075 - 1)} = 3,34932627$$

$$(6.24)\ Annuität = \frac{1.118,63\ €}{3,34932627} = 333,99\ €$$

Tipp: Sie sollten den BWF nicht auf 2 Stellen runden (≥ 6 Stellen).

© 2020, Zeilenniveau Verlag GmbH

Zeilenniveau
Verlag

6

Die Annuität, die einer jährlich gleichbleibenden Zahlung entspricht, ist mit 333,99 € genauso viel wert wie der Kapitalwert in Höhe von 1.118,63 €. Demnach ist es genauso wertvoll vier Jahre hintereinander (nachschüssig) 333,99 € zu erhalten, wie jetzt sofort 1.118.63 €.

Wie kann das sein? Wenn wir 4 mal 333,99 € berechnen, erhalten wir mit 1.335,96 € deutlich mehr als den Kapitalwert mit 1.118,63 €. Zur Lösung dieses Rätsels müssen Sie bedenken, dass diese 1.118,63 € schon auf den heutigen Wert abgezinst sind, die jährliche Rente mit 333,99 € aber erst noch jeweils abgezinst werden muss:

■ Ziel: Annuität und C_0		
n	**EZÜ**	**BW 7,5 %**
1	333,99	310,69
2	333,99	289,01
3	333,99	268,85
4	333,99	250,09
Σ	1.335,96	C_0 = 1.118,64

Tipp:

In IHK-Prüfungen wird gerne folgende (bzw. eine entsprechende) Formulierung verwendet, wenn nach der Annuität gefragt wird: »*Welchen Betrag kann man am Ende eines Jahres jeweils entnehmen, ohne die Verzinsung und die Tilgung der Investition zu gefährden?*«

Kritische Würdigung　

Zwar sind die dynamischen Verfahren der Investitionsrechnung den statischen überlegen, da sie die unterschiedlichen Zeitpunkte der Ein- und Auszahlungen berücksichtigen. Dabei werden Zins- und Zinseszinsaspekte berücksichtigt. Sie stellen trotzdem lediglich eine Näherung an eine optimale Lösung dar. Probleme: 1. Problem der Unsicherheit, 2. Wahl des kalkulatorischen Zinssatzes und 3. Manipulierbarkeit der Daten.

6

6.1.2.4 Optimale Nutzungsdauer

In allen bisherigen Verfahren zur dynamischen Investitionsrechnung gingen wir von einer vorgegebenen Nutzungsdauer aus. Darauf basierend haben wir dann den Kapitalwert dieser Investition berechnet. In der Praxis muss indessen die Nutzungsdauer nicht eindeutig und klar zu Beginn bestimmt sein. Vielmehr kann das gerade unsere Frage sein: Wie lange sollte ein Investitionsobjekt genutzt werden?

H 2013 II A4	10 Pt.	▦
F 2019 II A1a-c	14 Pt.	▦

Zur Veranschaulichung nehmen wir unseren bekannten Kopierer »L7750« und ergänzen die Fallstudie um wesentliche Annahmen: ❶ Wir betrachten nun 7 Jahre. Die Einzahlungen bleiben die ganze Zeit über konstant. ❷ Im letzten Jahr wird kein Restwert berücksichtigt, da die Investitionsdauer noch offen ist. ❸ Die Auszahlungen würden aufgrund steigender Wartungskosten ab dem 5. Jahr kräftig steigen.

■ Ziel: Kapitalwerte C_0 für den Kopierer »L7750« je nach Nutzungsdauer						in €
n	Einz.	Ausz.	EZÜ	BW 7,5 %	Restwert	RW abgez.	C_0
0		17.500	−17.500	−17.500,00	❹17.500,00	17.500,00	0,00
1	30.000	25.000	5.000	4.651,16	13.750,00	❼12.790,70	−58,14
2	30.000	25.000	5.000	4.326,66	10.000,00	8.653,33	131,15
3	30.000	25.000	5.000	4.024,80	6.250,00	5.031,00 ❽	533,63
4	30.000	25.000	5.000	3.744,00	2.500,00	1.872,00	1.118,63
5	❶30.000	❸28.228	1.772	1.234,30	1.000,00	696,56	1.177,49 ❾
6	30.000	29.750	250	161,99	500,00	323,98	966,90
7	❷30.000	30.500	-500	❻ -301,38	❺ 0,00	0,00	341,55

Zudem ist die Entwicklung des Restwerterlöses von entscheidender Bedeutung. Bisher gab es eine vorgegebene Nutzungsdauer und damit einen vorgegebenen Restwert. Wenn jetzt aber die Nutzungsdauer erst noch bestimmt werden muss, benötigen wir den möglichen Restwert für verschiedene Jahre. Im Normalfall wird der Restwert von Jahr zu Jahr sinken. ❹ Der Restwert vor Investitionsbeginn ist gleich dem Anschaffungswert. Danach sinkt der erzielbare Restwert stetig. Zum Ende des 4. Jahres liegt der Restwert bei 2.500 € und ist damit genauso groß wie bei der bisherigen Rechnung in Kapitel 1.2.3, die von einer Nut-

Zeilenniveau Verlag

zungsdauer von 4 Jahren ausging. ❺ Danach sinkt der Restwert weiter, bis er schließlich zum Ende des 7. Jahres bei 0 € liegt. Nun haben wir alle erforderlichen Angaben um die optimale Nutzungsdauer zu ermitteln.

Zunächst berechnen wir für alle Jahre den Einzahlungsüberschuss und zinsen diesen für jedes Jahr ab, um den jeweiligen Barwert zu erhalten. ❻ Weder im letzten Jahr noch in einem anderen Jahr wird dabei ein Restwert berücksichtigt. ❼ Für den Restwert wird eine weitere Spalte benötigt. Bei den Restwerten handelt sich um noch nicht abgezinste Werte. Folglich müssen die möglichen Restwerte der einzelnen Jahre auf den heutigen Wert hin abgezinst werden. Somit werden also auch die Barwerte der Restwerte berechnet.

Nun kommt der aufwendigste Rechenteil. Zur Ermittlung des Kapitalwerts einer bestimmten Laufzeit müssen wir die Barwerte, die bis zu diesem Jahr angefallen sind, addieren und zum Schluss den jeweils relevanten abgezinsten Restwert hinzuzählen. Das Ergebnis ist der Kapitalwert für genau diese Jahreszahl. Zur Veranschaulichung betrachten wir nun das 3. Jahr: ❽ Bei einer Nutzungsdauer von 3 Jahren würden nun die Barwerte der ersten 3 Jahre addiert und der abgezinste Restwert des 3. Jahres hinzugezählt. Der Kapitalwert ergibt sich somit als kumulierter Barwert bis zum ausgewählten Jahr zuzüglich des jeweiligen abgezinsten Restwertes und liegt im 3. Jahr bei (–17.500 € + 4.651,16 € + 4.326,66 € + 4.024,80 € + 5.031,00 € =) 533,63 €. Für die weiteren Jahre gilt die gleiche Vorgehensweise. Es würden einfach immer zusätzliche Barwerte hinzugezählt und der jeweils relevante abgezinste Restwert würde sinken. Wie wird nun die optimale Nutzungsdauer bestimmt? Nun, ganz einfach: Das Jahr mit dem größten Kapitalwert ist der Gewinner. ❾ Wenn wir den Kopierer 5 Jahre lang nutzen, erhalten wir den höchsten Kapitalwert mit 1.177,49 €.

Kritik:

(1) Die jährlichen Ein- und Auszahlungen (2) sowie der Restwert sind Schätzgrößen. (3) Die (wirtschaftlich) optimale Nutzungsdauer muss nicht der technischen Nutzungsdauer entsprechen (bspw. aufgrund von technischem Fortschritt oder der zunehmenden Verschleißproblematik).

6

Optimaler Ersatzzeitpunkt

Stellen Sie sich eine Situation vor, in der zweimal oder mehrmals hintereinander eine identische Investition durchgeführt wird. Bspw. wird in manchen Industriebetrieben immer wieder der gleiche Maschinentypus benötigt oder eine Vertriebsabteilung benötigt immer den gleichen Autotyp. In der Realität erfolgen jedoch immer schnellere Produktlebenszyklen, wodurch selten das gleiche Produkt erworben werden kann. Zumindest ein ähnlicher Typus ist denkbar. Stellen wir uns die Deutsche Post vor, die verschiedene Generationen eines VW-Golfs im Laufe der Jahrzehnte kauft. Für unsere weitere Betrachtung ist es nicht entscheidend, dass es sich um identische Investitionsgüter handelt. Vielmehr muss der Kapitalwert dieser gleich sein.

Wann sollte bei identischen Investitionen (hinsichtlich des Kapitalwerts) eine Generation durch eine neue ersetzt werden? Zur Beantwortung dieser Frage benötigen wir die zuvor ermittelte optimale Nutzungsdauer eines Investitionsobjekts. Betrachten wir unseren Kopierer »L7750«. Im letzten Abschnitt kamen wir zum Ergebnis, dass die optimale Nutzungsdauer bei 5 Jahren liegt. Somit dürfte doch die Antwort auf unsere Frage schnell gefunden sein: Der optimale Ersatzzeitpunkt sollte der optimalen Nutzungsdauer entsprechen und damit bei 5 Jahren liegen. Im Normalfall dürfte dies auch stimmen. Leider gilt dies nicht grundsätzlich. Es lässt sich für unseren Kopierer »L7750« zeigen, dass sich diese beiden optimalen Werte nicht entsprechen.

Der zukünftige Kapitalwert einer Folgeinvestition muss abgezinst werden. Und hierbei gilt: Je später die erste Investition durch eine Folgeinvestition ersetzt wird, umso geringer wird der heutige Kapitalwert der Folgeinvestition.

© 2020, Zeilenniveau Verlag GmbH

Zeilenniveau
Verlag

6.2 Finanzplanung und Finanzbedarf

6.2.1 Kapitalbedarfsplanung

Finanzpläne

Es werden insbesondere die beiden folgenden Typen von Finanzplänen unterschieden:

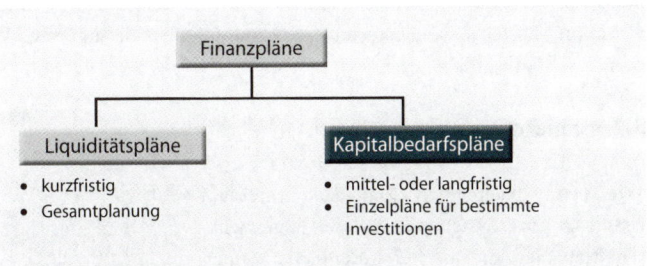

- **Liquiditätspläne** stellen die erwartete Entwicklung der Zahlungsmittelbestände der näheren Zukunft dar. Diese zumeist kurzfristigen Pläne werden für das gesamte Unternehmen bzw. Unternehmensgruppe/Konzern durchgeführt.

- **Kapitalbedarfspläne** sind hingegen auf einzelne Investitionen bezogen. Sie ermitteln den Bedarf an finanziellen Mitteln (= Kapitalbedarf) zur Durchführung einer Investition. Sie werden insbesondere bei bedeutenderen Investitionen (Gründung, Erweiterung, Erwerb weiterer Unternehmen) verwendet.

Kapitalbedarfspläne

Sofern eine bestimmte Investition geplant wird, muss zunächst der erforderliche Kapitalbedarf ermittelt bzw. geplant werden. Diese Kapitalbedarfspläne sind meist mittel- bis langfristig, da es für gewöhnlich mehrere Jahre dauert, bis sich solche Investitionen tragen und das in sie investierte Kapital erwirtschaften. Es werden zwei grundlegende Formen der Kapitalbedarfsplanung unterschieden:

6

- Zur Ermittlung des notwendigen Kapitals bis zur Inbetriebnahme einer Investition werden nur statische Kapitalbedarfspläne benötigt.

- Wenn die zeitliche Entwicklung des Kapitalbedarfs dargestellt werden soll, sind dynamische Kapitalbedarfspläne erforderlich.

Für eine statische Betrachtung kann eine Bilanz herangezogen werden. Auf der linken Seite müssten nun alle entscheidungsrelevanten Vermögenspositionen summiert werden, um den bilanziellen Kapitalbedarf der Investition zu erhalten. Zudem müssen Markteinführungs- und Gründungskosten sowie Fixkosten der Gründungsperiode aus der GuV berücksichtigt werden.

6.2.2 Finanzierungsplanung

Wie beim allgemeinen Managementkreislauf lässt sich eine Systematik für die Finanzwirtschaft ableiten, die aus vier wesentlichen Stufen besteht:

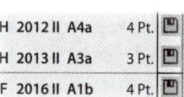

H 2012 II A4a	4 Pt.	
H 2013 II A3a	3 Pt.	
F 2016 II A1b	4 Pt.	

- **Zielsystem (Ziele der Finanzierung)**: Zuerst werden Ziele formuliert. Diese bestehen im Bereich der Finanzwirtschaft aus den Zielen des »Magischen Vierecks der Finanzierung«, das sich aus den Zielen **Liquidität**, **Rentabilität**, **Sicherheit** und **Unabhängigkeit** (Dispositionsfreiheit) zusammensetzen. Diese Ziele gelten sowohl für die Finanzierung als auch die Investition.

- **Planung** bzw. Analyse: Hier wird die Lage analysiert und Pläne erstellt. Dabei werden Investitionspläne und im Bereich der Finanzierung Kapitalbedarfs- und Liquiditätspläne erstellt.

- **Entscheidung**: Die möglichen Investitionspläne müssen bewertet werden. Die Investitionsrechnung erleichtert die fälligen Entscheidungen. Ebenso müssen die Finanzpläne umgesetzt werden. Hierfür stehen verschiedene Finanzierungsarten zur Auswahl.

- **Kontrolle**: Die Erreichung der Ziele muss ständig überprüft werden. Hierfür werden Kennzahlen verwendet.

    © 2020, Zeilenniveau Verlag GmbH   Zeilenniveau Verlag

6.2.2.1 Fremdfinanzierung

Zunächst lassen sich Finanzierungsarten nach der Rechtsstellung der Kapitalgeber (Passivseite der Bilanz) unterscheiden (vgl. Kapitel 6.3.1):

- Die **Eigenfinanzierung** steht für alle Mittel, die dem Unternehmen von den Gesellschaftern als haftendes Eigenkapital zur Verfügung gestellt werden.

- Die **Fremdfinanzierung** steht für alle Mittel, die dem Unternehmen von Dritten zur Verfügung gestellt werden. Neben Bankdarlehen, Lieferantenschulden und Umsatzsteuerschulden zählen dazu auch bspw. Pensionsrückstellungen.

Kriterium	Eigenkapital	Fremdkapital
Rechtsstellung des Kapitalgebers	Eigentümer oder Gesellschafter	Gläubiger
Geschäftsführung	als Gesellschafter direkt (bspw. OHG) oder indirekt (bspw. AG)	kein Stimmrecht
Verzinsung des Kapitals	Gewinnausschüttung (wenn es gut läuft!)	feste Zinsen auf Fremdkapital
Laufzeit	unbegrenzt	zeitlich befristet
Haftung	mit Einlage oder Privatvermögen	keine Haftung, evtl. Kreditausfall

6.2.2.2 Eigenfinanzierung

→ siehe oben und Kapitel 6.3.1!

Hinweis:

Die Gliederung des Rahmenstoffplans ist teilweise sinnfrei und es gibt überflüssige Doppelungen.

6

6.2.2.3 Mezzanines Kapital

Für gewöhnlich können die Finanzierungsarten   F 2013 II A4c   3 Pt. klar danach unterschieden werden, ob sie dem Eigen- oder dem Fremdkapital zuzurechnen sind. Sofern dies nicht möglich ist, handelt es sich um das sogenannte **Mezzanine Kapital** (ital. mezzo = halb). Zu diesen Zwischenformen zählen:

- **Stille Beteiligung**: Der stille Gesellschafter kann am Gewinn beteiligt werden. Eine Verlustbeteiligung kann ausgeschlossen werden. Damit haben wir schon eine Mischung aus Eigen- und Fremdfinanzierung. Vorsicht: Nicht jede Form der stillen Beteiligung stellt Mezzanines Kapital dar.

- **Genussscheine** stellen ebenfalls eine Mischung aus Eigenkapital (Gewinnbeteiligung) und Fremdfinanzierung (kein Mitspracherecht, feste Verzinsung) dar. Auch hier gibt es zahlreiche Varianten.

- **Nachrangdarlehen** und **Gesellschafterdarlehen**

- **Wandel- und Optionsschuldverschreibungen:** vgl. Kap. 6.3.4.3.

Mezzanines Kapital	
Vorteile	**Nachteile**
• Stärkung des Eigenkapitals u. bessere Kreditwürdigkeit • langfristige Kapitalüberlassung ohne Mitsprache • bessere Finanzstruktur und Bilanzkennzahlen	• Kosten für gewöhnlich höher als herkömmliche Bankkredite (aufgrund der Nachrangigkeit) • nicht so auf unbestimmte Zeit wie Eigenkapital überlassen

6.2.2.4 Sicherheiten

Zur Gewährung eines Kredites erwarten Banken   F 2015 II A2a-b   13 Pt. bzw. Lieferanten eine Absicherung im Falle eines Zahlungsausfalls der Kreditnehmer. Hier wird zwischen dinglichen und persönlichen Sicherheiten unterschieden. Zu den dinglichen Sicherheiten zählen zunächst Grundpfandrechte, die dem Kreditgeber bei Immobilienkrediten und

Zeilenniveau Verlag

6

beim Zahlungsausfall des Kreditnehmers den Zugriff auf die Immobilie gewähren. Dabei werden zwei Varianten unterschieden, die beide ins Grundbuch eingetragen werden:

- Bei einer **Hypothek** gewährt eine Bank einen Immobilienkredit an einen Grundeigentümer, der diesen Kredit mit dem Grundstück/ Gebäude besichert. Sofern der Kredit getilgt ist, erlischt die Hypothek. Diese Bindung der Hypothek an den Kredit wird als **akzessorisch** bezeichnet.

- Die **Grundschuld** ist vom Prinzip gleich, nur erlischt sie nicht bei Tilgung des Kredits. Das bedeutet nicht, dass der Kreditnehmer nach vollständiger Tilgung seines Darlehens noch eine Schuld gegenüber einer Bank hat. Aber der große Vorteil liegt darin, dass er relativ unbürokratisch und kostengünstig einen neuen Kredit aufnehmen kann, der durch die bestehende Grundschuld abgedeckt ist. Die Trennung von Kredit und Grundschuld wird als **fiduziarisch** bezeichnet.

Nicht nur Banken möchten sich bei Darlehen absichern. Auch Lieferanten beabsichtigen eine Absicherung ihrer Lieferantenkredite:

- Beim **Eigentumsvorbehalt** bleibt der Lieferant (bspw. einer Maschine) so lange Eigentümer, bis der Käufer den Kaufpreis vollständig beglichen hat. Der Käufer der Maschine wird nur Besitzer und kann daher die Maschine zwischenzeitlich nutzen. Als Sonderfälle gibt es den erweiterten Eigentumsvorbehalt, bei dem sich das Eigentum auch auf eine verarbeitete Ware ausdehnt, sowie den verlängerten Eigentumsvorbehalt, bei dem sich das Eigentum auch auf Forderungen aus dem Verkauf der Gegenstände erstreckt.

- Bei der **Verpfändung** (Pfandrecht) von Wertgegenständen übergibt der Kreditnehmer den Wertgegenstand als Sicherheit für den Kredit. Das gleiche Prinzip wird im Pfandhaus angewandt: Sie hinterlegen Ihre Uhr und bekommen einen geringeren Gegenwert als Kredit ausbezahlt. Das ist nur bei nicht betriebsnotwendigen Vermögensgegenständen sinnvoll. Sofern die Maschine zur Produktion von Gütern benötigt wird, entfällt diese Variante. Insbesondere die

6

Verpfändung von Wertpapieren (Lombardierung) wird dabei von Banken intensiv genutzt.

- Für betriebsnotwendige Vermögensgegenstände könnte eine Bank zur Sicherheit auch die Form der **Sicherungsübereignung** wählen. Hier gewährt die Bank dem Industriebetrieb einen Kredit. Dieser besichert diesen Kredit mit seinen Maschinen. Da er diese zur Produktion benötigt, kann er sie nicht verpfänden. Daher überträgt er nur das Eigentum an die Bank – Besitzer bleibt er selbst. Da bei einer Eigentumsübertragung für gewöhnlich eine Einigung mit Übergabe erforderlich ist, diese aber bei Maschinen sinnfrei ist, wird das sogenannte **Besitzkonstitut** gewählt – Eigentumsübertragung ohne Besitzübergabe.

Zu den persönlichen Sicherheiten werden hingegen die folgenden Möglichkeiten gerechnet:

- **Bürgschaften** sind durch das zusätzliche Versprechen von weiteren natürlichen Menschen gekennzeichnet, im Falle eines Zahlungsausfalls des Kreditnehmers für diesen einzuspringen. Bürgschaften sind **akzessorisch** und hängen von einer bestehenden konkreten Forderung ab. Dabei werden zwei Formen unterschieden:

    - Bei der **Ausfallbürgschaft** steht dem Bürgen das Recht auf *Einrede der Vorausklage* (**§ 771 BGB**) zu. Somit kann er vom Gläubiger (der Bank) verlangen, dass er zuerst eine Zwangsvollstreckung gegenüber dem Hauptschuldner vornimmt.

    - Bei der selbstschuldnerischen Bürgschaft verzichtet der Bürge auf das Recht der *Einrede der Vorausklage*. Diese Form wird von Banken aus ersichtlichem Grunde bevorzugt.

- **Garantien** sind vom Prinzip den Bürgschaften ähnlich, sind aber nicht von einer konkreten Forderungsposition abhängig und damit **fiduziarisch**.

- **Patronatschaften** werden für gewöhnlich im Rahmen eines Konzerns von Muttergesellschaften für die jeweiligen Tochtergesellschaften abgegeben und entsprechen dabei zumeist einer Garantie.

Zeilenniveau Verlag

6.2.2.5 Leverage-Effekt

Zunächst drei Formen der Rentabilität (vgl. Fach
Rechnungswesen, WQ-Teil):

F 2009 II A2a-c	12 Pt.	
F 2011 II A3a-c	8 Pt.	
H 2012 II A1a-b	6 Pt.	
H 2017 II A1a-d	11 Pt.	
F 2019 II A3a	7 Pt.	

- Die **Eigenkapitalrentabilität** (Unternehmer-rentabilität) r_{EK} beschreibt die Rendite des eingesetzten Kapitals der Eigentümer des Unternehmens.

- Die **Gesamtkapitalrentabilität** (Unternehmensrentabilität) r_{GK} beschreibt die Rendite des investierten Kapitals – unabhängig davon, ob es von Eignern (erhalten Gewinne ausgeschüttet) oder Fremdkapitalgebern (erhalten Zinsen) stammt.

- Die **Umsatzrentabilität** setzt den Gewinn ins Verhältnis zum Umsatz des Unternehmens. Diese Kennzahl taugt nur bei Branchenvergleichen.

> **Definition des Leverage-Effekts:** Wenn die Gesamtkapitalrentabilität größer als der Fremdkapitalzinssatz ist, kann die Eigenkapitalrentabilität durch einen verstärkten Fremdkapitaleinsatz erhöht werden. Ein negativer **Leverage-Effekt** wird **Leverage risk** genannt (Gesamtkapitalrentabilität < Fremdkapitalzinssatz).

Wenn die Gesamtkapitalrentabilität bspw. bei 5 Prozent liegt, bedeutet dies, dass jeder – egal ob durch Eigen- oder Fremdkapital – investierte Euro in unserem Unternehmen 5 Ct. pro Jahr erwirtschaftet. Liegt der Kreditzins für Fremdkapital bei 4 Prozent, zahlen wir für diesen Euro indessen nur 4 Ct. pro Jahr. Also könnten wir durch eine Fremdkapitalaufnahme zusätzliche Gewinne von 1 Ct. je Euro Kredit erzielen, die damit automatisch die Eigenkapitalrentabilität erhöhen.

Sofern im folgenden Fallbeispiel der Fremdkapitalzinssatz 4 Prozent beträgt, liegt der Fall eines **Leverage-Effekts** vor. Wenn der Fremdkapitalanteil erhöht wird, kann die Eigenkapitalrentabilität gesteigert werden.

Zeilenniveau Verlag

6

Fallstudie zu den folgenden Kennzahlen

A	Bilanz in T€		P
Anlagevermögen	500	Eigenkapital	200
Grundstücke/Gebäude	240	Gezeichnetes Kapital	150
BGA	260	Gewinnrücklage	50
Umlaufvermögen	300	Fremdkapital	600
Eiserner Bestand	50	Darlehen (langfristig)	300
Vorräte	100	Rückstellungen (langfr.)	150
Forderungen	90	Lieferantenschulden	100
Wertpapiere	10	Kontokorrentkredit	20
Kasse, Bank	50	Sonstiges kurz. FK	30
Gesamtvermögen	800	Gesamtkapital	800

S	GuV in T€		H
Aufwendungen		Erträge	
Materialeinsatz	150	(Umsatz-) Erlöse	500
Personal	200	Sonstige Erträge	50
Abschreibungen	40		
Sonstige	100		
Zinsen	30		
Gewinn	30		
Summe	550	Summe	550

$$(6.25) \ \text{Eigenkapitalrentabilität} = \frac{\text{Gewinn}}{\text{Eigenkapital}} \cdot 100\,\% = \frac{30}{200} \cdot 100\,\% = 15\,\%$$

$$(6.26) \ \text{Gesamtkapitalrentabilität} = \frac{(\text{Gewinn} + \text{Zinsaufwendungen})}{\text{Gesamtkapital}} \cdot 100\,\%$$

$$= \frac{(30+30)}{800} \cdot 100\,\% = \frac{60}{800} \cdot 100\,\% = 7,5\,\%$$

$$(6.27) \ \text{Umsatzrentabilität} = \frac{\text{Gewinn}}{\text{Umsatz}} \cdot 100\,\% = \frac{30}{500} \cdot 100\,\% = 6\,\%$$

$$(6.28) \ r_{EK} = r_{GK} + \frac{FK}{EK} \cdot (r_{GK} - r_{FK}) \quad \leftarrow \textit{Formel für Leverage - Effekt}$$

$$= 7,5\,\% + \frac{600}{200} \cdot (7,5\,\% - 5\,\%) = 7,5\,\% + 7,5\,\% = 15\,\%$$

Hinweise:

(1) Es wird von einem Fremdkapitalzinssatz r_{FK} von 5 % ausgegangen.

(2) r_{EK} = EK-Rentabilität, r_{GK} = GK-Rentabilität.

© 2020, Zeilenniveau Verlag GmbH

Zeilenniveau
Verlag

6.2.3 Liquiditätsplanung

6.2.3.1 Definition der Liquidität

Investitionen binden finanzielle Mittel und ver-   H 2010 II A1a   4 Pt. 🖫
mindert damit die Liquidität bzw. die Zahlungsfähigkeit.

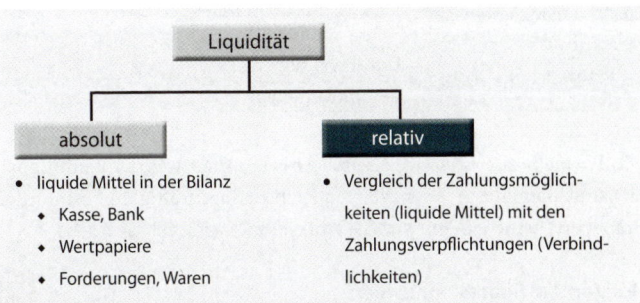

6.2.3.2 Statische Liquiditätskennzahlen

Es lassen sich mit Hilfe der Fallstudie auf der vorherigen Seite weitere
wichtige Kennzahlen ableiten.

Vertikale Bilanzkennzahlen

Die vertikalen Bilanzkennzahlen (**Eigenkapital-**   H 2009 II A6a   1 Pt.
quote, Verschuldungskoeffizient) betrachten   H 2013 II A3b-c   3 Pt.
jeweils nur Zahlen einer Bilanzseite und setzen   F 2019 II A3b-c   5 Pt.
diese in Relation zueinander:

$$(6.29)\ \text{Eigenkapitalquote} = \frac{\text{Eigenkapital}}{\text{Gesamtkapital}} \cdot 100\,\% = \frac{200}{800} \cdot 100\,\% = 25\,\%$$

$$(6.30)\ \text{Fremdkapitalquote} = \frac{\text{Fremdkapital}}{\text{Gesamtkapital}} \cdot 100\,\% = \frac{600}{800} \cdot 100\,\% = 75\,\%$$

$$(6.31)\ \text{Verschuldungskoeffizient} = \frac{\text{Fremdkapital}}{\text{Eigenkapital}} = \frac{600}{200} = 3{,}0$$

6

Die Formeln zur Kapitalseite der Bilanz geben Auskunft über den **Verschuldungsgrad** des Unternehmens. Eine geringe **Eigenkapitalquote** deutet auf eine **Überschuldung** (Nachteile: sinkende Kreditwürdigkeit, steigende Zinsen, Liquiditätsbelastung durch Raten) hin. Oftmals werden hier 25 %, 33,33 % oder gar 50 % gefordert.

$$(6.32)\ \text{Anlagenintensität} = \frac{\text{Anlagevermögen}}{\text{Gesamtvermögen}} \cdot 100\ \% = \frac{500}{800} \cdot 100\ \% = 62,5\ \%$$

$$(6.33)\ \text{Umlaufintensität} = \frac{\text{Umlaufvermögen}}{\text{Gesamtvermögen}} \cdot 100\ \% = \frac{300}{800} \cdot 100\ \% = 37,5\ \%$$

Die Formeln zur Vermögensseite (**Anlagenintensität**, **Umlaufintensität**) sind allenfalls im Branchenvergleich aussagekräftig. In bestimmten Branchen (bspw. Chemie) ist die Anlagenintensität relativ hoch.

Horizontale Bilanzkennzahlen

Es wird geprüft, inwiefern die Fristen auf der linken Seite der Bilanz mit den Fristen der rechten Seite übereinstimmen (= **Fristenkongruenz**).

H 2009 II A6a	1 Pt.	
F 2011 II A2a	1 Pt.	
H 2013 II A3b-c	3 Pt.	
F 2016 II A1c	6 Pt.	
H 2018 II A3a	4 Pt.	

$$(6.34)\ \text{Anlagendeckung I} = \frac{\text{Eigenkapital}}{\text{Anlagevermögen}} \cdot 100\ \% = \frac{200}{500} \cdot 100\ \% = 40\ \%$$

$$(6.35)\ \text{Anlagendeckung II} = \frac{\left(\text{Eigenkapital + langfristiges FK}\right)}{\text{Anlagevermögen}} \cdot 100\ \%$$

$$= \frac{\left(200 + 450\right)}{500} \cdot 100\ \% = 130\ \%$$

$$(6.36)\ \text{Anlagendeckung III} = \frac{\left(\text{Eigenkapital + langfristiges FK}\right)}{\left(\text{Anlagevermögen + langfr. UV}\right)} \cdot 100\ \%$$

$$= \frac{\left(200 + 450\right)}{\left(500 + 50\right)} \cdot 100\ \% = 118,18\ \%$$

Die **Anlagendeckungsgrade I bis III** untersuchen, inwiefern das langfristig gebundene Vermögen (Anlagevermögen + ggf. das langfristig

Zeilenniveau Verlag Z

gebundene Umlaufvermögen) durch langfristiges Kapital finanziert ist. Dabei sollten sowohl der II. und der III. Grad über 100 Prozent liegen, um die Fristenkongruenz zu gewährleisten.

$$(6.37) \quad \text{Liquidiät I} = \frac{\left(\text{Kasse} + \text{Bank} + \text{Wertpapiere des UV}\right)}{\text{kurzfristiges Fremdkapital}} \cdot 100\ \%$$

$$= \frac{(50 + 10)}{150} \cdot 100\ \% = 40\ \%$$

$$(6.38) \quad \text{Liquidiät II} = \frac{\left(\text{Kasse} + \text{Bank} + \text{Wertpapiere des UV} + \text{FLL}\right)}{\text{kurzfristiges Fremdkapital}} \cdot 100\ \%$$

$$= \frac{(50 + 10 + 90)}{150} \cdot 100\ \% = 100\ \%$$

$$(6.39) \quad \text{Liquidiät III} = \frac{\left(\text{Kasse} + \text{Bank} + \text{Wertp. d. UV} + \text{FLL} + \text{Vorräte}\right)}{\text{kurzfristiges Fremdkapital}} \cdot 100\ \%$$

$$= \frac{(50 + 10 + 90 + 100)}{150} \cdot 100\ \% = 166{,}67\ \%$$

$$(6.40) \quad \text{Working capital ratio in \%} = \frac{\text{Umlaufvermögen}}{\text{kurzfristiges Fremdkapital}} \cdot 100\ \%$$

$$= \frac{300}{150} \cdot 100\ \% = 200\ \%$$

Ziel der **Liquiditätsgrade I bis III** ist, zu prüfen, ob das kurzfristig fällige Fremdkapital durch kurzfristig liquidierbares Vermögen abgedeckt ist (ansonsten Gefahr der Illiquidität). Hier sollte zumindest der Liquiditätsgrad III deutlich über 100 Prozent liegen. Ist der erste Liquiditätsgrad hingegen zu hoch, deutet es auf unrentable Anlagen hin.

Finanzierungsgrundsätze: »Goldene Regeln«

- Die »**Goldene Bilanzregel**« besagt, dass langfristig gebundenes Vermögen durch langfristiges Kapital gedeckt sein muss (Anlagendeckung II bzw. III ≥ 100 %).

- Die »**Goldene Bankregel**« verlangt eine Deckung der kurzfristigen Schulden durch kurzfristig liquidierbares Vermögen (Liquiditäts-

6

grad II bzw. III ≥ 100 %). **Alternativ**: Eigenkapital ≥ Anlagevermö-gen bzw. Anlagendeckung I ≥ 100 %.

Ziele der Fristenkongruenz

Die Deckungs- und Liquiditätsgrade sind die zwei Seiten einer Medaille. Ziele der Fristenkongruenz sind: 1. langfristiges Ka-pital ≥ langfristiges Vermögen und 2. kurzfristiges Vermögen ≥ kurzfristige Schulden.

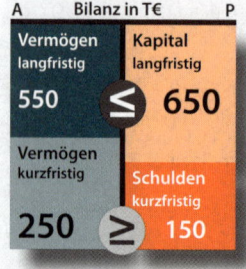

Maßnahmen zur Verbesserung der Liquiditätssituation

- Forderungen schneller eintreiben, bspw. durch Factoring oder kürzere Zahlungsziele.

H 2009 II A6d	2 Pt.	
F 2011 II A2b	3 Pt.	
H 2013 II A3d	3 Pt.	
H 2018 II A3c	2 Pt.	

- Verbindlichkeiten später begleichen durch längere Zahlungsziele bei unseren Lieferanten.

- Abbau von (überflüssigen) Vorräten.

- Einführung von Anzahlungen durch Kunden.

- Verkauf von nicht betriebsnotwendigem Anlage- und Umlaufver-mögen (bspw. Wertpapiere, Gebäude und Grundstücke).

- Sale-and-lease-back: Verkauf und danach Anmietung von Vermö-gensgegenständen erhöht kurzfristig die Liquiditätssituation.

Zeilenniveau Verlag Z

6.2.3.3 Dynamischer Liquiditätsplan

Ziel der Liquiditätsplanung ist die Analyse der Entwicklung der erwarteten Zahlungseingänge und -ausgänge in der näheren Zukunft in Verbindung mit den vorhandenen liquiden Mitteln. Daraus lassen sich ggf. zukünftige Zeitpunkte oder Zeiträume (Tage, Wochen, Monate oder Quartale) ermitteln, in denen es einen Fehlbestand oder einen Überschuss an liquiden Mitteln gibt. In solchen Fällen liefert die Liquiditätsplanung wichtige Informationen zum Einsatz finanzwirtschaftlicher Instrumente. Wenn ein länger andauernder Überschuss zu erwarten ist, sind zur Sicherung der Rentabilität entsprechende Anlagemöglichkeiten zu suchen. Bestehen hingegen zeitweilig Finanzierungsdefizite, sind zur Sicherung der Liquidität entsprechende Finanzierungsmöglichkeiten zu suchen.

H 2010 II A1b   6 Pt.
H 2016 II A3a-b   13 Pt.
H 2018 II A3b-c   16 Pt.

Der grundsätzliche Aufbau eines Liquiditätsplans beinhaltet in den Spalten den Planungshorizont. Dieser betrachtet für die nähere Zukunft die nächsten x Tage, Wochen, Monate oder Quartale. Dabei wird für gewöhnlich zwischen Soll- und Istwerten unterschieden, um für die Zukunft eine bessere Planungsqualität zu erhalten. In den Zeilen werden die Zahlungsmittelanfangsbestände, die Zugänge in Form von Einzahlungen, die Abgänge in Form von Auszahlungen und zum Schluss der Zahlungsmittelendbestand erfasst.

Der Zahlungsmittelendbestand eines Planungszeitraums (bspw. Juni 2020) ergibt sich nach dem folgenden Berechnungsschema und ist gleichzeitig der Zahlungsmittelanfangsbestand des folgenden Zeitraums (bspw. Juli 2020):

Zahlungsmittelanfangsbestand (I.)

+ Summe der Einzahlungen (II.)

- Summe der Auszahlungen (III.)

= Zahlungsmittelendbestand (IV.)

6

Liquiditätsplan in T€		Juni 2020		Juli 2020		Aug. 2020		Sep. 2020	
		Soll	Ist	Soll	Ist	Soll	Ist	Soll	Ist
I.	Zahlungsmittelanfangsbestand	+25		+35		+100		– 40	
II.	Einzahlungen – Summe	300		315		310		320	
	Umsatzerlöse	280		280		280		280	
	Sonstige Einzahlungen	20		35		30		40	
III.	Auszahlungen – Summe	290		250		450		250	
	Finanzanlagen	60		0		150		0	
	Investitionsgüter	30		50		100		50	
	Kauf von Werkstoffen	70		70		70		70	
	Löhne/Gehälter	80		80		80		80	
	Sonstige	50		50		50		50	
IV.	Zahlungsmittelendbestand	+35		+100		– 40		+30	

Sobald ein Monat vorbei ist, wird die Soll-Planung mit den Ist-Werten verglichen. Zudem werden Liquiditätspläne zumeist rollierend (bzw. rollend oder gleitend) geplant:

Die gleitende (bzw. rollende/rollierende) Planung

Planungshorizont (1 Monat genau, 2 Monate eher vage)

Zeitpunkt der Planung	01/20	02/20	03/20	04/20	05/20	06/20	07/20	08/20
Dez. 19								
Jan. 20								
Feb. 20								
März 20								
April 20								
Mai 20								

Gleitende, rollierende bzw. **rollende Planung** steht dabei für eine Planung, deren Planungshorizont immer gleich weit in die Zukunft reicht und jeden neuen Monat angepasst wird. Im Feb. 2020 reicht der **Planungshorizont** daher von März 2020 bis Mai 2020.

6.3 Finanzierungsarten

6.3.1 Innen- und Außenfinanzierung

Zu den wesentlichen Aspekten bei der Wahl der Finanzierungsart zählen:

- Kapitalbedarf – Höhe und Dauer

- Unternehmensgröße

- Zugang zu Kapitalmärkten und Bonität

- Gesellschafterstruktur (Anzahl, Finanzkraft, Homogenität usw.)

Dabei werden die zahlreichen Finanzierungsarten nach verschiedenen Kriterien unterschieden.

Zunächst können Finanzierungsarten nach der **Rechtsstellung der Kapitalgeber** unterschieden werden. Dies ist gleichbedeutend mit der Frage wo sie in der rechten Seite der Bilanz auftauchen:

- **Eigenfinanzierung** betrifft alle Positionen des Eigenkapitals.

- **Fremdfinanzierung** bezieht sich entsprechend auf das Fremdkapital eines Unternehmens (Rückstellungen und Verbindlichkeiten).

Die für uns wesentlichere Unterscheidung ist die zwischen Innen- und Außenfinanzierung:

- Die **Innenfinanzierung** steht für alle Finanzierungsarten, bei denen kein zusätzliches Kapital von außen zugeführt werden muss, sondern das Kapital intern bereitgestellt wird.

- Bei der **Außenfinanzierung** werden hingegen zusätzliche Mittel von außen zugeführt.

6

Finanzierungsarten im Überblick

Die 7 Gruppen von Finanzierungsarten lassen sich danach unterscheiden, ob sie dem Eigen- oder Fremdkapital zuzuordnen sind (Ausnahme: Mezzanines Kapital und Vermögensumschichtungen) und ob sie Innen- oder Außenfinanzierung darstellen.

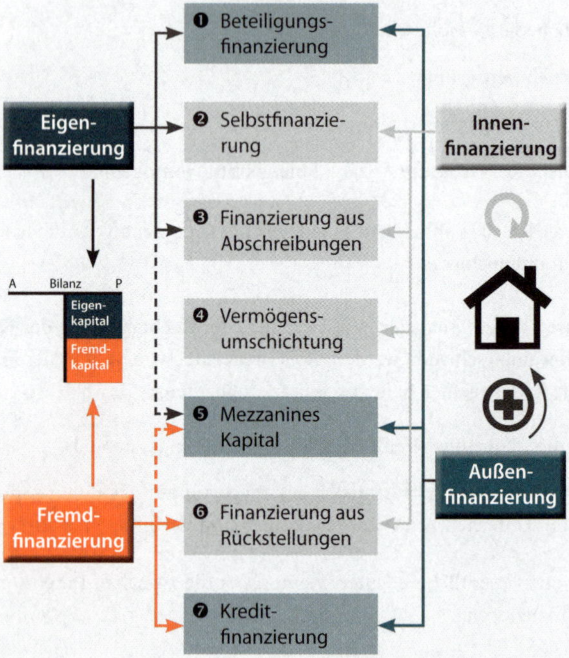

Eigen-finanzierung	❶ Beteiligungs-finanzierung	Innen-finanzierung
	❷ Selbstfinanzierung	
	❸ Finanzierung aus Abschreibungen	
	❹ Vermögens-umschichtung	
	❺ Mezzanines Kapital	
Fremd-finanzierung	❻ Finanzierung aus Rückstellungen	Außen-finanzierung
	❼ Kredit-finanzierung	

❶ Die **Beteiligungsfinanzierung** steht für die Zuführung von Eigenkapital der Unternehmer bzw. Gesellschafter von außen.

❷ Bei der **Selbstfinanzierung** werden erzielte Gewinne nicht an die Gesellschafter ausgeschüttet, sondern im Unternehmen belassen und dienen damit der Finanzierung von Investitionen.

6

❸ Die **Finanzierung aus Abschreibungen** resultiert aus dem Zufluss von Mitteln durch Umsatzerlöse, denen aber in Form der Abschreibungen kein zeitgleicher Mittelabfluss entgegensteht. Somit können bis zur Neuinvestition diese Abschreibungsrückflüsse zur Finanzierung verwendet werden.

❹ Sofern bestimmte Vermögensbestandteile veräußert und damit andere erworben werden, spricht man von **Vermögensumschichtung** bzw. **Umfinanzierung**. Diese Form der Finanzierung findet ihren Niederschlag nur auf der Aktivseite der Bilanz (= **Aktivtausch**).

❺ Bestimmte Finanzierungsformen stellen eine Mischform zwischen Eigen- und Fremdfinanzierung dar. Zu diesem **Mezzaninen Kapital** zählen bspw. Genussscheine, die durch eine feste Verzinsung und zudem eine gewinnabhängige Komponente gekennzeichnet sind.

❻ Die **Finanzierung aus Rückstellungen** resultiert aus der Tatsache, dass Rückstellungen zukünftige, voraussichtliche Auszahlungen darstellen, die aber bis dahin als Finanzierungsquelle dienen können. So sind Pensionsrückstellungen Schulden gegenüber den Mitarbeitern.

❼ Die klassische **Kreditfinanzierung** kann mittel- bis langfristig in Form von Darlehen oder Anleihen und kurzfristig bspw. in Form von Kontokorrentkrediten erfolgen.

Wie uns die Abbildung oben veranschaulicht, sind Fremd- und Außenfinanzierung nicht deckungsgleich. Dies zeigt sich bspw. bei der Finanzierung aus Rückstellungen, die zwar eine Fremdfinanzierung, aber keine Außenfinanzierung darstellt. Entsprechend sind Eigen- und Innenfinanzierung nicht identisch.

6.3.2 Eigen- und Fremdfinanzierung

→ siehe Kapitel 6.2.2.1, 6.2.2.2 und 6.3.1!

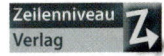

6

6.3.3 Innenfinanzierung

6.3.3.1 Selbstfinanzierung

Im Gegensatz zur Außenfinanzierung fließen
dem Unternehmen bei der Innenfinanzierung

| F 2014 II A4 | 3 Pt. |
| H 2015 II A2b | 3 Pt. |

keine zusätzlichen Mittel von außen zu. Korrekterweise müsste man
eigentlich ergänzen, dass keine Mittel von außen zum Zwecke der Finanzierung zufließen. Denn auch bei den verschiedenen Formen der
Innenfinanzierung muss Geld von außen durch Erlöse zufließen. Aber
diese Zuflüsse erfolgen eben nicht zum Zweck der Finanzierung.

Bei der **Selbstfinanzierung** werden zwei Formen unterschieden:

- Bei der **offenen Selbstfinanzierung** werden in der GuV ermittelte
  und ausgewiesene Gewinne nicht an die Gesellschafter ausgeschüttet (bspw. Dividende bei Aktiengesellschaften), sondern im Unternehmen zum Zwecke der Finanzierung als Bilanzgewinn belassen
  und erhöhen damit das Eigenkapital. Damit handelt es sich auch
  um eine Form der **Eigenfinanzierung**. Ein anderer Begriff hierfür
  ist **Gewinnthesaurierung** (thesaurieren > Geld horten), der aber
  nicht mehr aussagt als Nicht-Ausschüttung von Gewinnen.

- Sofern **stille Reserven** gebildet werden, werden nicht alle tatsächlich erzielten Gewinne ausgewiesen und werden dann für gewöhnlich auch nicht ausgeschüttet. Diese Form der **stillen Selbstfinanzierung** kann einerseits im Rahmen der gesetzlichen Möglichkeiten vom Vorstand bewusst eingesetzt werden, um eigene Mittel
  im Unternehmen zu behalten. Es muss aber bedacht werden, dass
  aufgrund der handelsrechtlichen Bilanzvorschriften im HGB in
  Deutschland automatisch stille Reserven gebildet werden müssen.
  So fordert das **Vorsichtsprinzip** eine Berücksichtigung von noch
  nicht realisierten Verlusten. Noch nicht realisierte Gewinne dürfen
  aber nicht ausgewiesen werden.

Zeilenniveau
Verlag

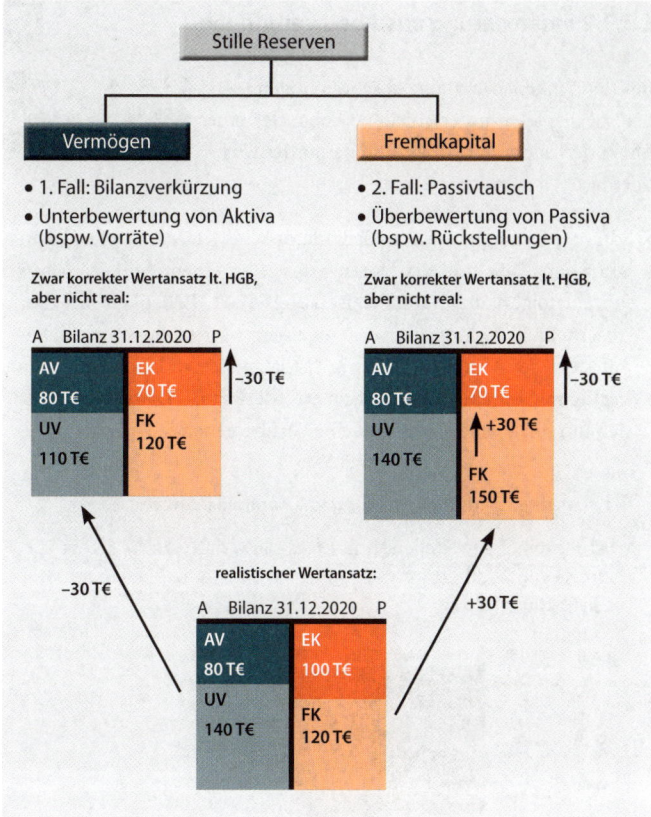

Es gibt grundsätzlich zwei Möglichkeiten der Bildung von stillen Reserven:

- Unterbewertung der Aktiva

- Überbewertung der Schulden (insbesondere Rückstellungen)

Zu den **Vorteilen der Selbstfinanzierung** zählen: 1. verbesserte Bilanzkennzahlen, 2. höhere Kreditwürdigkeit, 3. keine Kapitalbeschaffungskosten (bspw. Gebühren), 4. keine Zins-/Dividendenbelastung.

6.3.3.2 Finanzierung aus Abschreibungen

Bei der Finanzierung aus Abschreibungen werden zwei Effekte unterschieden, wobei der eine
Effekt den anderen bedingt und damit der wich-
tigere ist:

F 2012 II A1	6 Pt.	
F 2014 II A4	3 Pt.	
H 2015 II A2b	3 Pt.	

- Sofern Abschreibungen als kalkulatorische Kosten in die Kalkulation eingehen und via Umsatzerlösen zu einem Mittelrückfluss
  führen, folgert der **Kapitalfreisetzungseffekt**. Bedenken Sie, dass
  Abschreibungen hingegen nicht zu einem Mittelabfluss führen. Somit steht der Mittelrückfluss via Umsatzerlöse so lange zur freien
  Verfügung, bis eine Reinvestition erforderlich ist. Damit handelt es
  sich um finanzielle Mittel und eine vorübergehende Finanzierung.

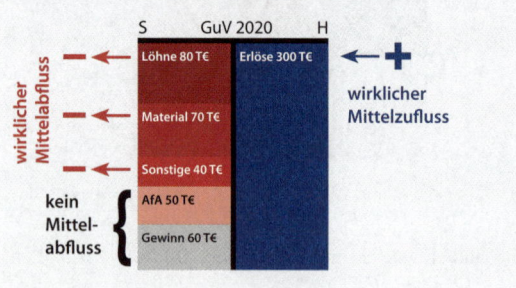

Finanzierung aus Abschreibungen – Kapitalfreisetzungseffekt

Abschreibungen stellen einen Cashflow dar, sofern Sie in die
Preise einkalkuliert werden, und als Umsatzerlöse zu einem Mittelrückfluss führen:

- Wozu kann dieser Mittelzufluss verwendet werden? Nun, wie jede
  Finanzierung stehen die Mittel für Investitionen, für Schuldentil-
  gung etc. zur Verfügung. Sofern die Mittel zur Investition in neue
  Maschinen verwendet wird, spricht man vom **Kapazitätserweite-**
  rungseffekt (**Lohmann-Ruchti-Effekt**). Damit können mehr Maschinen, als ursprünglich angeschafft wurden, genutzt werden.

© 2020, Zeilenniveau Verlag GmbH

Zeilenniveau
Verlag

Zahlenbeispiel zum Kapazitätserweiterungseffekt

6

Der Kapazitätserweiterungseffekt (Lohmann-Ruchti-Effekt) lässt sich durch ein Zahlenbeispiel in einer Tabelle veranschaulichen. Dabei gehen wir von einer anfänglichen Investitionssumme von 50 T€ aus. Die Anschaffungskosten je Maschine betragen 5 T€. Die Nutzungsdauer beträgt 5 Jahre. Es lassen sich folgende Ergebnisse ableiten:

- Zu Beginn können mit 50 T€ 10 Maschinen gekauft werden ❶.

- Bei einer Nutzungsdauer von 5 Jahren beträgt die Abschreibung (= AfA) je Maschine pro Jahr 1 T€. 10 Maschinen summieren sich damit im 1. Jahr zu einer AfA von 10 T€ ❷.

▪	Zahlenbeispiel zum Kapazitätserweiterungseffekt					
n	fl. Mittel AB	neue Masch.	Investition	Masch. AB	Buchwert AB	AfA
1	50.000	❶ 10	50.000	10	50.000	❷ 10.000
2	❸ 10.000	❹ 2	10.000	❹ 12	❺ 50.000	❻ 12.000
3	❻ 12.000	2	10.000	14	❺ 48.000	❼ 14.000
4	❼ 16.000	3	15.000	17	49.000	17.000
5	18.000	3	15.000	20	47.000	20.000
6	23.000	4	20.000	❽ 14	47.000	14.000
7	17.000	3	15.000	15	48.000	15.000
8	17.000	3	15.000	16	48.000	16.000
9	18.000	3	15.000	16	47.000	16.000
10	19.000	3	15.000	❾ 16	46.000	16.000
11	20.000	4	20.000	16	50.000	16.000
12	16.000	3	15.000	16	49.000	16.000

- Sofern die Abschreibungen in die Preise einkalkuliert werden und vollständig als Umsatzerlöse zurück ins Unternehmen fließen (wovon wir ausgehen) haben wir zu Beginn des 2. Jahres flüssige Mittel in Höhe von 10 T€ zur Verfügung ❸.

- Damit können im 2. Jahr 2 neue Maschinen zu je 5 T€ gekauft werden ❹. Dies erhöht den Bestand zu Beginn des 2. Jahres auf 12.

- Der Buchwert zum Jahresanfang ergibt sich, wenn vom Buchwert AB des Vorjahres die vorjährigen Abschreibungen abgezogen und die Investitionen des aktuellen Jahres hinzugezählt werden ❺.

6

- Für 12 Maschinen erhalten wir im 2. Jahr 12 T€ AfA ❻. Diese stehen im 3. Jahr als flüssige Mittel zu Beginn zur Verfügung. Damit können wiederum 2 Maschinen für 10 T€ gekauft werden. Dabei verbleibt allerdings ein Überschuss von 2 T€, der im 4. Jahr zum Anfangsbestand der flüssigen Mittel addiert wird ❼.

- Der Anfangsbestand an flüssigen Mitteln ergibt sich aus den übrigen Mitteln des Vorjahres und den Abschreibungsrückflüssen ❼.

- Zunächst erhöht sich jährlich der Bestand an Maschinen. Ab dem 6. Jahr muss aber berücksichtigt werden, dass die ursprünglich gekauften 10 Maschinen aus dem Bestand fallen, da sie vollständig abgeschrieben wurden. Der Anfangsbestand an Maschinen ist daher der AB des Vorjahres zuzüglich des Kaufs an neuen Maschinen abzüglich der aus dem Bestand abgeschriebenen Maschinen ❽.

- Der Bestand an Maschinen pendelt sich ab einem bestimmten Zeitpunkt ein ❾. Als Näherungsformeln kann hier die folgende Formeln genutzt werden: Bestand = $(2 \times ND \div (ND + 1)) \times$ Maschinenanzahl. Hier erhalten wir: Bestand = $(2 \times 5 \div (5 + 1)) \times 10 = (10 \div 6) \times 10 = 16{,}67$ Maschinen. Dies gilt natürlich nur unter optimalen Bedingungen. Mit dem konstanten Ergebnis von 16 Maschinen liegen wir hier recht nahe.

6.3.3.3 Finanzierung aus Rückstellungen

Bei gewöhnlichen Verbindlichkeiten steht sowohl [F 2014 II A4   3 Pt.] der Fälligkeitszeitpunkt als auch die Höhe der zu zahlenden Summe fest (bspw. für Lieferantenschulden und Bankverbindlichkeiten). Bei Rückstellungen steht hingegen weder der genaue Zahlungszeitpunkt noch die genaue Höhe fest. Zu den Rückstellungen zählen u. a.:

- **Pensionsrückstellungen**: Sofern Unternehmen den Mitarbeitern Betriebspensionen versprechen, handelt es sich um Schulden gegenüber den Mitarbeitern, deren genaue Auszahlung und Höhe unbekannt sind.

Zeilenniveau Verlag

6

- **Rückstellungen aus laufenden Prozessen**: Auch hier ist der genaue Zeitpunkt der Zahlung sowie deren Höhe unbekannt.

- **Rückstellungen für unterlassene Instandhaltungen**: Für notwendige Reparaturen sind entsprechende Rückstellungen zu bilden.

- **Rückstellungen für Garantie und Gewährleistung**: Auch hier kann nicht genau vorhergesagt werden, in welchem Umfang und zu welchem Zeitpunkt Garantiefälle eintreten.

- **Rückstellungen für drohende Verluste aus laufenden Geschäften**: Bei risikobehafteten Geschäften können bspw. Wechselkursrisiken schon während der laufenden Geschäftstätigkeit vorausgesehen werden, ohne deren endgültige Höhe und Zeitpunkt zu kennen.

- **Rückstellungen im Bereich der Umwelt**: Für den Fall einer notwendigen Renaturierung (bspw. im Braunkohletagebau) sind entsprechende Rückstellungen zu bilden.

Grundsätzlich stellen Rückstellungen Schulden und damit Fremdkapital dar und werden in der Bilanz auf der Passivseite geführt. Sie dürfen nicht mit Rücklagen verwechselt werden, die zum Eigenkapital zählen.

6.3.3.4 Finanzierung aus Kapitalfreistellung

Sofern bestimmte Vermögensbestandteile veräußert werden und damit andere erworben werden, spricht man von **Vermögensumschichtung** bzw. Umfinanzierung. So könnten bspw. bestimmte Aktienbeteiligungen verkauft werden, und damit andere Beteiligungen erworben werden. Diese Form der Finanzierung findet ihren Niederschlag nur auf der Aktivseite der Bilanz (= Aktivtausch).

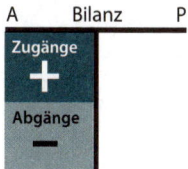

6.3.4 Außenfinanzierung

6.3.4.1 Beteiligungen

Die Zuführung von neuem Kapital von außen H 2010 II A3   4 Pt.
durch die Gesellschafter zum Zwecke der Beteiligung am Unternehmen
wird Beteiligungsfinanzierung genannt. Je nach Rechtsform gestaltet
sich das sehr unterschiedlich.

Aktiengesellschaft

Die **Aktiengesellschaft (AG)** ist eine Kapitalgesellschaft – folglich haftet
niemand persönlich. Sie besitzt drei Organe:

- In der **Hauptversammlung** sitzen die Gesellschafter (Aktionäre),
  die sich zumindest einmal jährlich treffen und grundlegende Entscheidungen fällen.

- Der **Aufsichtsrat** setzt sich aus den von der Hauptversammlung gewählten Gesellschaftervertretern und den von den Arbeitnehmern
  gewählten Mitgliedern zusammen. Er kontrolliert den Vorstand
  und informiert die Hauptversammlung. Zudem besteht er aus mindestens drei Mitglieder und tagt mindestens einmal pro Quartal.

- Der **Vorstand** wird durch den Aufsichtsrat bestellt, führt die Geschäfte des Unternehmens und vertritt das Unternehmen nach
  außen. Er berichtet an den Aufsichtsrat.

Zu den spezifischen Elementen einer AG (bzw. KGaA) zählen:

- **Stammaktien** stellen die gewöhnlichste Form der Aktien dar. Sie
  gewähren u. a. volles Stimmrecht und Dividende. **Vorzugsaktien**
  haben zunächst mal einen Nachteil: Sie haben kein Stimmrecht.
  Dieser Nachteil wird zumeist durch den Vorteil einer höheren Dividende ausgleichen.

- Die traditionelle Aktie in Deutschland hat einen festen Nennwert,
  der auch auf der Aktienurkunde der **Nennwertaktien** stand. Eine

          © 2020, Zeilenniveau Verlag GmbH   Zeilenniveau
Verlag

Emission unter Nennwert (= unter pari) ist nicht erlaubt. Sofern die Aktie über pari emittiert wird, werden diese Überschüsse den Kapitalrücklagen (als Teil des Eigenkapitals) zugeführt. Gerade die Euro-Umstellung hätte zu ungeraden Nennwerten geführt, weshalb viele Unternehmen zu **Stückaktien** geschwenkt sind. **Quotenaktien** sind in Deutschland nicht erlaubt und geben einfach den Anteil der Beteiligung an einem Unternehmen an.

- Im Normalfall handelt es sich bei den an der Börse gehandelten Aktien um **Inhaberaktien**, die der jeweilige Inhaber besitzt. Bei **Namensaktien** hingegen muss der Name und Anschrift des Aktionärs in die Aktienrolle der Aktiengesellschaft eingetragen werden. Dies hat für Aktiengesellschaften den Vorzug, dass sie wissen, wer am Unternehmen wie stark beteiligt ist. Bei **vinkulierten Namensaktien** muss die Aktiengesellschaft beim Verkauf der Aktie durch einen Aktionär zustimmen bzw. kann einen Verkauf verhindern.

4 Formen der Kapitalerhöhung bei der Aktiengesellschaft

- Bei einer **ordentlichen Kapitalerhöhung** beschließen die Aktionäre einer AG in der Hauptversammlung mit einer 3/4-Mehrheit eine Neuausgabe von Aktien und damit eine Kapitalerhöhung.

- Wenn sich der Vorstand einer AG von den Aktionären in der Hauptversammlung für die Zukunft die Möglichkeit geben möchte, zu einem günstigen Zeitpunkt ggf. schnell neue Aktien zu emittieren, spricht man von **genehmigtem Kapital**. Diese Genehmigung kann für max. 5 Jahre erteilt werden.

- Eine **bedingte Kapitalerhöhung** liegt vor, wenn heute Bedingungen geschaffen werden, die in Zukunft eine Kapitalerhöhung ermöglichen. Dazu zählen bspw. die weiter unten beschriebenen Wandel- und Optionsschuldverschreibungen.

- Die **Kapitalerhöhung aus Gesellschaftermitteln** ist eigentlich gar keine wirkliche Kapitalerhöhung im Sinne einer Zuführung von neuen Mitteln von außen. Vielmehr werden hier nur Gewinn-/Kapitalrücklagen in Grundkapital umgewandelt.

6

Bezugsrecht bei der Emission junger Aktien

Zudem ist das **Bezugsrecht** bei der Emission neuer Aktien sehr bedeutsam. Wenn neue Aktien emittiert werden, haben Altaktionäre für gewöhnlich ein Vorkaufsrecht zum Erwerb der jungen Aktien. Dieses Bezugsrecht kann an der Börse gehandelt werden. Der Wert des Bezugsrechts kann rechnerisch einfach ermittelt werden.

Zahlenbeispiel zum Bezugsrecht bei einer Neuemission von Aktien

Es befinden sich aktuell 1 Mio. Aktien zum Kurs von 100 € im Umlauf. Nun soll die Emission von 0,5 Mio. jungen Aktien zum Kurs von 85 € stattfinden.

Zunächst können wir das Bezugsrecht mit der folgenden Formel berechnen:

$$(6.41) \quad \text{Bezugsrechtsverhältnis} = \frac{\text{alte Aktien}}{\text{junge Aktien}} = \frac{1 \text{ Mio.}}{0,5 \text{ Mio.}} = \frac{2}{1} = 2:1$$

Damit lassen sich auch der Wert des an der Börse handelbaren Bezugsrechts und der Kurs nach Emission der Aktie berechnen:

$$(6.42) \quad BR_{\text{Wert}} = \frac{(\text{Kurs alte Aktie} - \text{Kurs junge Aktie})}{(\text{Bezugsverhältnis} + 1)}$$

$$= \frac{(100 \text{ €} - 85 \text{ €})}{\left(\frac{2}{1} + 1\right)} = \frac{15 \text{ €}}{3} = 5 \text{ €} = \text{Wert des Bezugsrechts} \, (= BR)$$

$$(6.43) \quad \text{Kurs der Aktie nach Emission} = \text{Kurs alte Aktie} - BR_{\text{Wert}}$$

$$= 100 \text{ €} - 5 \text{ €} = 95 \text{ €} \text{ je Aktie}$$

Grundsätzlich stehen dem Altaktionär mit dem Bezugsrecht zwei Möglichkeiten zur Verfügung. Gehen wir davon aus, dass ein Aktionär 1.000 Aktien besitzt. Es entsteht in keinem Fall ein Verlust:

© 2020, Zeilenniveau Verlag GmbH

Zeilenniveau Verlag

6

1. Fall: Inanspruchnahme des Bezugsrechts

- Je alter Aktie verliert der Aktionär 5 € (= 100 € - 95 €). 5 € je Aktie × 1.000 Aktien = 5.000 €.

- Für seine 1.000 Aktien erhält er jeweils 1 Bezugsrecht. Mit den 1.000 Bezugsrechten kann er 500 junge Aktien zum Preis von 85 € erwerben. Diese sind aber letztlich ebenfalls 95 € wert. Folglich erzielt er je junger Aktie einen Gewinn von 10 € (95 € - 85 €) – multipliziert mit 500 jungen Aktien ergibt das einen Gewinn von 5.000 €.

- Somit ist der Nettoeffekt gleich 0 €.

- Vorteil: Wenn er die Bezugsrechte nutzt, kann er seine Beteiligungsquote am Unternehmen mit 0,1 % erhalten. Nachteil: Es ist ein zusätzlicher Kapitalbedarf erforderlich. 1.000 alte Aktien mit 1.000 Bezugsrechten zum Erwerb von 500 jungen Aktien kosten 500 Aktien × 85 € = 42.500 €.

2. Fall: Verkauf des Bezugsrechts an der Börse

- Je alter Aktie verliert der Aktionär auch hier 5 € (= 100 € - 95 €). 5 € je Aktie × 1.000 Aktien = 5.000 €. Dafür kann er für 1.000 Aktien jeweils 1 Bezugsrecht an der Börse verkaufen, dessen Wert jeweils 5 € ist = 5.000 €. Somit ist der Nettoeffekt ebenfalls gleich 0 € – er erleidet weder einen Verlust noch einen Gewinn.

- Vorteil: Es ist kein zusätzlicher Kapitalbedarf zum Kauf der jungen Aktien erforderlich.

- Nachteil: Wenn er die Bezugsrechte verkauft, kann er seine Beteiligungsquote am Unternehmen nicht halten.

Rechte der Gesellschafter (bspw. bei GmbH oder AG)

Zu den Rechten zählen: (1) **Vermögensrechte**: Bezugsrecht bei Kapitalerhöhung, Gewinnausschüttung. (2) **Verwaltungsrechte**: Stimmrecht und Rederecht bei Gesellschafterversammlung. (3) **Kontrollrechte**: Informations- und Auskunftsrechte.

F 2018 II A2b   3 Pt.

6

6.3.4.2 Kurzfristige Kredite

Kreditfinanzierung als Form der Außen- und Fremdfinanzierung kennt verschiedene Varianten:

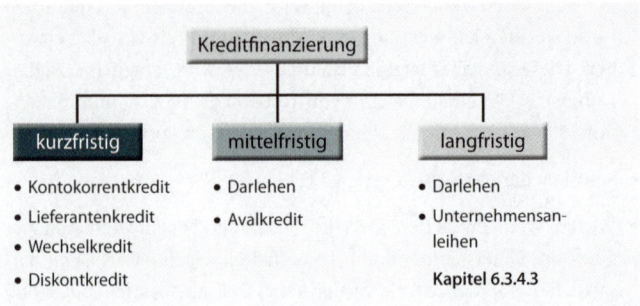

Kontokorrentkredit

Speziell für kurzfristigen, stark schwankenden Finanzierungsbedarf sind Kontokorrentkredite geeignet. In diesen Fällen müssen weder Sie noch das Unternehmen immer neu mit der Bank diese kurzfristigen Finanzierungslücken mit der Bank durch Darlehen absprechen. Die Bank räumt Ihnen und den Unternehmen ein gewisses Kreditlimit ein – den sogenannten Kontokorrentkredit. Die Vorteile liegen dabei in einer unbürokratischen und variablen Kreditinanspruchnahme. Gegenüber Darlehen muss allerdings mit höheren Zinsen gerechnet werden. Zudem kann die Bank dieses Limit jederzeit kündigen.

Lieferantenkredit

F 2011 II A2c   4 Pt.

Hier gewähren Lieferanten ihren Kunden Zahlungsziele von wenigen Wochen bis zu vielen Monaten. Damit Kunden nicht ihr volles Zahlungsziel ausnutzen, gewähren Lieferanten bei vorzeitiger Zahlung eine Kürzung des Rechnungsbetrags (= Skonto). In Rechnungen steht klein gedruckt bspw. »Zahlbar in 30 Tagen. Bei Zahlung innerhalb von 10 Tagen 2 % Skonto.«

© 2020, Zeilenniveau Verlag GmbH

Zeilenniveau Verlag

Zahlenbeispiel zur Frage der Inanspruchnahme von Skonto

Ein Industriebetrieb erhält eine Rechnung über 100 T€ mit dem Zusatz: "Zahlbar innerhalb von 30 Tagen. Bei Zahlung innerhalb von 10 Tagen 2 % Skonto." Der Kontokorrentkreditsatz des Industriebetriebs bei der Hausbank beträgt 8 %.

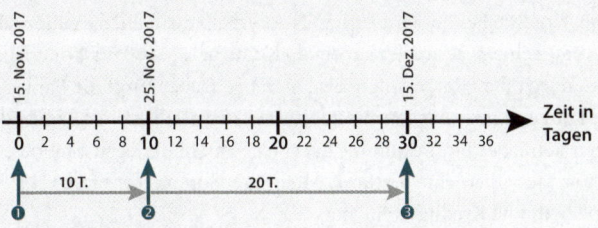

❶ Anlieferung der Waren
❷ Zahlungszeitpunkt bei Ausnutzung
   von Skonto
❸ endgültiges Zahlungsziel

(6.44) Skonto = $2\,\% \text{ von } 100.000\,€ = 2.000\,€$

(6.45) Zinsen = $\dfrac{98.000\,€ \cdot 8\,\% \cdot 20\,\text{Tage}}{100\,\% \cdot 360\,\text{Tage}} = 435,56\,€$

(6.46) Vorteil Skonto = $2.000\,€ - 435,56\,€ = 1.564,44\,€$

(6.47) Zinssatz des Skontos = $\dfrac{2\,\% \cdot 360\,\text{Tage}}{20\,\text{Tage}} = 36\,\%$

(6.48) Zinssatz des Skontos = $\dfrac{2\,\% \cdot 360\,\text{Tage} \cdot 100\,\%}{20\,\text{Tage} \cdot 98\,\%} = 36,73\,\%$

Lohnt sich also die Inanspruchnahme von Skonto? In unserem Fall liegt der Vorteil durch Skonto bei 1.564,44 €. Dabei lohnt sich Skonto im Normalfall; sofern die Laufzeit nicht enorm lang ist, bzw. der Zinssatz der Hausbank nicht sehr hoch ist. Es kann auch der Zinssatz berechnet werden, bis zu dem sich die Inanspruchnahme eines Kontokorrentkredits rechnet. Auch hier sehen wir einen eindeutigen Vorteil von Skonto. Der Zinssatz der Hausbank ist mit 8 Prozent sehr viel günstiger als 36,73 Prozent (bzw. 36 Prozent der Näherungslösung).

6

Avalkredit

Bei Avalkrediten handelt es sich nicht um Kredite im geläufigen Sinne. Die Bank verleiht hier zunächst kein Geld. Vielmehr verspricht die Bank im Fall eines Kreditbedarfs, diesen unter bestimmten Voraussetzungen zu gewähren. Dabei geht es vor allem um die Außenwirkung dieser Kreditleihe. So wird bspw. als Alternative zu einer Kaution, die ein Mieter einem Vermieter auf einem Konto bei einer Bank hinterlegen muss, durch die Bank ein Bankaval gewährt. Dabei bürgt die Bank ggf. dem Kreditnehmer die bestimmte Summe zu verleihen. Somit muss der Mieter keine bestimmte Summe bei einer Bank hinterlegen. Stattdessen zahlt er monatlich eine bestimmte (geringe) Summe für diese versprochene bedingte Kreditgewährung.

Wechselkredit

Der Wechsel ist eine standardisierte Urkunde auf der der Bezogene (Kunde) dem Aussteller (Lieferant) verspricht, eine genannte Summe zu einem bestimmten Zeitpunkt zu begleichen. Somit handelt es sich um eine Form des verbrieften Lieferantenkredits. Der wesentliche Vorteil liegt nun in der Weitergabe des Wechsels. Die Lieferanten können Wechsel zur Begleichung eigener Verbindlichkeiten nutzen. Der Verkäufer erhält mit dem Wechsel ein Dokument mit einem Zahlungsversprechen, das nun schon durch zwei Akteure garantiert wird. Sofern der ursprüngliche Schuldner nicht zahlt, wird der Aussteller des Wechsels herangezogen. So kann ein Wechsel munter weitergereicht werden und es sind mehrere Unterschreibende zahlungspflichtig.

Stille Gesellschafter

Stille Gesellschafter stellen der Unternehmung [H 2012 II A4b   2 Pt.] Geld zur Verfügung, die aber kein Mitspracherecht besitzen. Es handelt sich dabei zumeist um eine Form des Mezzaninen-Kapitals. Typische stille Gesellschafter sind am Erfolg (Gewinn und ggf. Verlust), atypische stille Gesellschafter sind am Gewinn und Verlust sowie den stillen Reserven beteiligt.

Zeilenniveau Verlag

6.3.4.3 Langfristige Kredite

Darlehensarten

Darlehen werden für gewöhnlich von Banken gewährt und sind durch feste Zinssätze und eine bestimmte Laufzeit definiert. Dabei werden kurz-, mittel- und langfristige Varianten unterschieden. Im Bankbereich werden zahlreiche **Darlehensvarianten** unterschieden. Zur Erläuterung gehen wir von einem Darlehen in Höhe von 100.000 € aus, dessen Laufzeit fünf Jahre beträgt und zu 5 Prozent verzinst wird. Für uns sind drei grundlegende Varianten von Bedeutung:

a) Fälligkeitsdarlehen (= endfälliges Darlehen)

F 2018 II A2a   2 Pt.

Beim **Fälligkeitsdarlehen (endfälliges Darlehen)** wird die Kreditsumme während der Laufzeit nicht getilgt, sondern vollständig zum Ende der Laufzeit zurückgezahlt. Die regelmäßigen Raten bestehen demnach nur aus dem konstant bleibenden Zinsanteil.

■ Ziel: Zins- und Tilgungsplan Fälligkeitsdarlehen			
n	Anfangsschuld	Zins	Tilgung	Rate
1	100.000,00	5.000,00	–	5.000,00
2	100.000,00	5.000,00	–	5.000,00
3	100.000,00	5.000,00	–	5.000,00
4	100.000,00	5.000,00	–	5.000,00
5	100.000,00	5.000,00	100.000,00	105.000,00
Σ		–	25.000,00	100.000,00	125.000,00

b) Tilgungsdarlehen

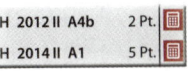

H 2012 II A4b   2 Pt.
H 2014 II A1   5 Pt.

Das **Tilgungsdarlehen** ist durch eine gleichmäßige Tilgung gekennzeichnet. Die zu zahlende Rate setzt sich aus einem konstanten Tilgungsanteil und sinkenden Zinsen zusammen. Da der Zinsanteil aufgrund der sinkenden Restschuld während der Laufzeit sinkt, sinkt auch die zu zahlende Rate.

■ Ziel: Zins- und Tilgungsplan Tilgungsdarlehen			
n	**Anfangsschuld**	**Zins**	**Tilgung**	**Rate**
1	100.000,00	5.000,00	20.000,00	25.000,00
2	80.000,00	4.000,00	20.000,00	24.000,00
3	60.000,00	3.000,00	20.000,00	23.000,00
4	40.000,00	2.000,00	20.000,00	22.000,00
5	20.000,00	1.000,00	20.000,00	21.000,00
Σ	–	15.000,00	100.000,00	115.000,00

Da schon regelmäßig getilgt wird, ist die Zinsbelastung geringer als beim Fälligkeitsdarlehen.

c) Annuitätendarlehen

Ein **Annuitätendarlehen** hat hingegen eine gleichbleibende Rate, die sich aus anfänglich relativ hohen Zinsen und einem Tilgungsanteil zusammensetzt. Im Laufe der Zeit nimmt der Zinsanteil aufgrund der sinkenden Restschuld ab, wodurch automatisch der Tilgungsanteil steigt.

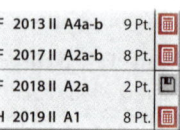

F 2013 II A4a-b	9 Pt.	
F 2017 II A2a-b	8 Pt.	
F 2018 II A2a	2 Pt.	
H 2019 II A1	8 Pt.	

Wie berechnet man indessen diese Rate (=Annuität)? Da beim Annuitätendarlehen gleichbleibende Raten (Renten) betrachtet werden, können wir wiederum unseren Barwertfaktor zur Berechnung benutzen:

$$(6.49) \quad \text{Annuität} = \frac{\text{Kreditsumme}}{\text{BWF}}$$

Wenn wir einen Kredit in Höhe von 100.000 € aufnehmen, dessen Laufzeit fünf Jahre beträgt und der zu 5 Prozent verzinst werden soll, dann erhalten wir zunächst den Barwertfaktor und damit die jährliche Rate (= Annuität):

$$(6.50) \quad \text{BWF} = \frac{q^n - 1}{q^n \cdot (q - 1)} = \frac{1,05^5 - 1}{1,05^5 \cdot (1,05 - 1)} = 4,32947667$$

$$(6.51) \quad \text{Annuität} = \frac{\text{Kreditsumme}}{\text{BWF}} = \frac{100.000 \, €}{4,32947667} = 23.097,48 \, €$$

Zeilenniveau
Verlag

Zur Verdeutlichung der Zins- und Tilgungsplan:

■ Ziel: Zins- und Tilgungsplan Annuitätendarlehen			
n	Anfangsschuld	Zins	Tilgung	Rate
1	100.000,00	5.000,00	18.097,48	23.097,48
2	81.902,52	4.095,13	19.002,35	23.097,48
3	62.900,17	3.145,01	19.952,47	23.097,48
4	42.947,69	2.147,38	20.950,10	23.097,48
5	21.997,60	1.099,88	21.997,60	23.097,48
Σ	–	15.487,40	100.000,00	115.487,40

Anleihen

Eine Anleihe ist ein gestückelter Großkredit mit einem festen Zinsversprechen und einer festgelegten Tilgung, der an der Börse gehandelt werden kann. Diese Anleihen stellen festverzinsliche Wertpapiere dar, die an der Börse gekauft und verkauft werden und einen entsprechenden Kurs besitzen. Es werden u. a. die folgenden Formen unterschieden:

- **Wandelschuldverschreibung** (convertible bond): Hier hat der Käufer das Recht die Anleihe zu einem zu Beginn festgelegten Zeitpunkt oder Zeitraum in Aktien des Unternehmens umzutauschen. Der Umtauschkurs ist schon zu Beginn festgelegt und lohnt sich für den Kunden nur dann, wenn der Kurs bis dahin entsprechend steigt. Diese Gewinnchance erkauft sich der Kunde für gewöhnlich durch eine geringere Verzinsung im Vergleich zu gewöhnlichen Anleihen.

- **Optionsschuldverschreibung** (warrants): In diesem Fall erhält der Käufer die Option zusätzlich zu seiner Anleihe Aktien zu einem bestimmten Kurs zu erwerben. Auch diese Gewinnchance wird für gewöhnlich mit einer geringeren Verzinsung erkauft.

- Im Normalfall sind Anleihen fest verzinst und der Zinssatz ändert sich während der Laufzeit der Anleihe nicht. Im Gegensatz hierzu haben **Floating rate notes (FRN)** einen variablen Zinssatz, der regelmäßig an einen Referenzzinssatz (bspw. Euribor +0,5 %) angepasst wird. Zu den *Referenzzinssätzen* zählen:

6

- **Libor** (London Interbank Offered Rate): Hierbei handelt es sich um die Zinssätze am Geldmarkt (kurzfristige Gelder), den Banken untereinander am Bankenplatz London verlangen.

- **Euribor**: Das sind die entsprechenden Zinssätze im Interbankenmarkt im Euroraum (bspw. Frankfurt und Paris).

- **Nullkuponanleihen** (Zero Bonds) gewähren während der Laufzeit gar keine Verzinsung. Somit entfallen die Kupons auf dem Bogen der Anleihe, die früher zur Zinserzielung eingereicht wurden. Trotzdem enthalten diese Anleihen eine innewohnende Verzinsung durch eine entsprechende Differenz zwischen Ausgabe- und Rückzahlungskurs der Anleihe.

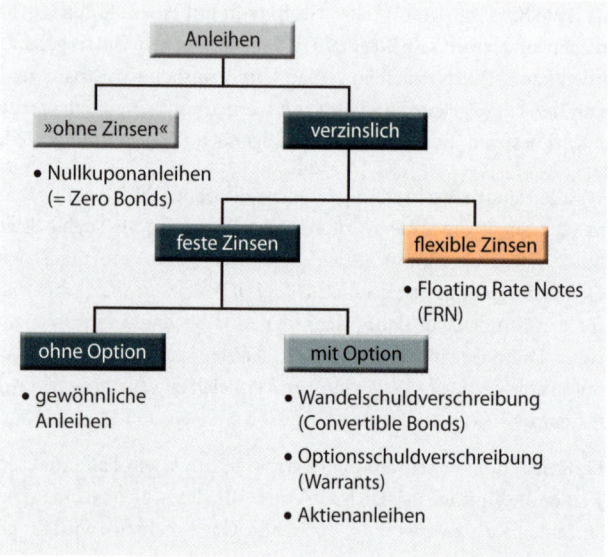

- **Aktienanleihen** stellen das genaue Gegenteil von Wandelschuldverschreibungen dar. Bei einer Aktienanleihe erhält die Aktiengesellschaft die Option, die Anleihe in Aktien zu einem fixierten Kurs zu tauschen.

Zeilenniveau Verlag

Rating und Basel

6

Wie nicht zuletzt die jüngsten Finanzkrisen zeigen, neigen Banken dazu, in wirtschaftlich prosperierenden Zeiten allzu leichtfertig Kredite zu vergeben. Wenn sich dann die wirtschaftliche Lage verschlechtert und zahlreiche Kreditnehmer nicht mehr in der Lage sind, ihre Kredite zu tilgen, können auch einzelne oder gar viele Banken in die Schieflage geraten. Da ein funktionierendes Bankensystem sehr wichtig und damit systemrelevant ist, muss der Staat es schützen. Zu diesem Zweck unterliegen Banken einer ganz besonders intensiven Aufsicht.

Der Kern der Lösung liegt dabei in der absoluten und relativen Höhe des **Eigenkapitals** begründet. Dieses ist wie bei anderen Unternehmen auch der Puffer für mögliche verlustbehaftete Geschäfte. Sollten also bspw. zahlreiche Schuldner von Immobilienkrediten nicht mehr in der Lage sein, diese zu bedienen und sorgt gleichzeitig ein Wertverlust am Immobilienmarkt zu keinem zufriedenstellenden Ausgleich durch die Besicherung der Kredite durch Grundpfandrechte, ist das Eigenkapital die letzte Hürde vor dem Zusammenbruch der Bank. Daher konzentrieren sich die meisten Vorschläge zur langfristigen Stabilisierung des Finanzsektors auf das **notwendige Eigenkapital der Banken**. Insbesondere die Bank für internationalen Zahlungsausgleich (BIZ) mit ihrem Sitz in Basel hatte in den letzten Jahrzehnten Vorschläge und internationale Übereinkünfte erzielt, die das Bankensystem sicherer machen sollten:

- Nach einer beinahe verheerenden Finanzkrise in Süd- und Mittelamerika in den 80er-Jahren des 20. Jahrhunderts wurde **Basel I** beschlossen. Dieses sah vor, dass Banken nur maximal das 12,5-fache der vorhandenen Eigenkapitalsumme als Kredit vergeben können. Somit entspricht der Puffer bei möglichen Verlustgeschäften genau dem Kehrwert von 8 %.

- Da hierbei allerdings alle Kredite – ob riskant oder risikolos – gleich behandelt werden, hat man in den 90er-Jahren **Basel II** beschlossen. Dieses Übereinkunft basiert auf 3 Säulen:

6

- ♦ Zwar soll die **Besicherung** nach wie vor bei durchschnittlich **8 %** der Kreditsumme liegen. Konkret hängt aber diese Besicherung nun von der Risikolage der ausstehenden Kredite ab. Sofern eher riskante Kredite vergeben werden, steigt der hierfür erforderliche Prozentsatz an. Bei sehr sicheren Krediten sinkt er.

- ♦ Hierfür ist ein entsprechendes **Rating** der Kreditnehmer erforderlich und vorgeschrieben. Dieses kann **intern** von der kreditgebenden Bank oder **extern** von speziellen **Ratingagenturen** vorgenommen werden.

- ♦ Zur **Transparenz** der Kreditvergabe müssen alle Kredite der einzelnen Banken nach einem einheitlichen und der Bankenaufsicht einsehbaren Schema bewertet (= Rating) werden.

- Nachdem die Finanzkrise trotz der Umsetzung von Basel II im letzten Jahrzehnt stattfinden konnte und man die zahlreichen Regulierungslücken beklagte (bspw. Staatsanleihen waren nicht durch Eigenkapital zu besichern) drehen sich die zukünftigen Schritte (**Basel III** etc.) um die Schließung dieser Regulierungslücken und möglichst die Erhöhung des Besicherungsprozentsatzes.

Wesentlicher Aspekt der Sicherheit und Stabilität des Finanzsystems ist somit das **Rating** (= Notenvergabe) der Kreditnehmer durch Banken oder externe Ratingagenturen. Dieses wird dabei von den Banken bzw. Ratingagenturen jeweils nach einem für das Institut einheitlichen Schema vorgenommen. In diese Notenvergabe sollen sowohl harte als auch weiche Faktoren einbezogen werden. Zu **harten Faktoren** zählen:

- Verschuldungsquoten (Eigenkapitalquote...)

- Liquiditätsquoten

- Rentabilitätskennziffern und sonstige messbare Faktoren

Zu den nicht messbaren **weichen Faktoren** zählen u. a.:

- Organisation, Branchenlage

- Nachfolgeregelungen bei Familienunternehmen usw.

© 2020, Zeilenniveau Verlag GmbH

6.3.4.4 Sonderformen der Finanzierung

Factoring

Im BGB ist die **Zession** (= Forderungsabtretung) geregelt. Diese ermöglicht die Forderungsabtretung von einem Unternehmer an einen anderen. So kann ein Unternehmen A, das Lieferantenschulden gegenüber einem Unternehmen B in Höhe von 30 T€ hat, diese durch die Abtretung von eigenen Forderungen gegenüber einem Unternehmen C in Höhe von 25 T€ zumindest teilweise begleichen. Hierbei handelt es sich also um einzelne Forderungen die abgetreten werden. Das Factoring ist die professionelle Variante der Zession. Hierbei spezialisiert sich ein Unternehmen A auf den Aufkauf von Forderungen anderer Unternehmen – bspw. von Unternehmen B. Dabei kauft das Unternehmen A vom Unternehmen B eine gewisse Anzahl von Forderungen auf und übernimmt dabei den Forderungseinzug. Das Unternehmen B erhält dabei vom Unternehmen A natürlich nicht die gesamte Forderungssumme.

Die **Vorteile** des Factorings aus Sicht des Unternehmens B liegen in den folgenden **Funktionen** begründet:

- **Finanzierungsfunktion**: Durch den Aufkauf der Forderung durch Unternehmen A erhält Unternehmen B schon vor der Fälligkeit der Forderungen einen Gegenwert. Diese Verzinsung der Forderungen bis zur Fälligkeit zieht das Factoring-Institut von der Forderungssumme ab, die es dem Unternehmen B auszahlt.

- **Delcrederefunktion (Risikoübernahme)**: Das Factoring-Institut A übernimmt das Risiko des Forderungsausfalls. Auch hier wird der erwartete durchschnittliche Forderungsausfall von der Forderungssumme abgezogen. Das Factoring-Institut prüft allerdings zunächst alle Forderungen und sortiert für gewöhnlich allzu unsichere aus.

- **Dienstleistungsfunktion**: Durch die Abtretung der Forderungen hat das Unternehmen B weniger Verwaltungsaufwendungen (bspw.

6

Mahnwesen). Diese Kosten werden ebenfalls von der Forderungs-summe abgezogen.

Zwar sind alle drei Funktionen zweifelsohne die wesentlichen Vorteile des Factorings. Gleichzeitig liegen darin auch die **Nachteile** begründet:

- Die **Kosten des Factorings** sind nicht zu unterschätzen. Alle drei Funktionen werden vom Factoring-Institut in Rechnung gestellt und von der Forderungssumme abgezogen. Zudem wird ein Gewinnzuschlag einkalkuliert sein. Somit ist das Factoring teuer.

- Es besteht eine gewisse Abhängigkeit vom Factoring-Institut.

- Die Abtretung der Forderung mag das Image des Unternehmens B beschädigen. Das hängt allerdings von der jeweiligen Branche ab. Sofern es in einer Branche weitverbreitet ist (bspw. Arztpraxen), dürfte das nicht weiter problematisch sein.

Verschiedene **Formen des Factorings**: 1. **echtes Factoring** inkl. aller Funktionen und 2. **unechtes Factoring** ohne die Delcrederefunktion.

Leasing

Leasing (engl. > mieten, pachten) ist eine spezielle Form der Miete bzw. Pacht und dient der Finanzierung von Anlagevermögen. Dabei mietet der Leasingnehmer vom Leasinggeber einen Vermögensgegenstand (bspw. eine Maschine) und zahlt monatliche Leasingraten und kann häufig anschließend den Vermögensgegenstand erwerben. Daher wird Leasing auch manchmal als Mietkauf bezeichnet. Zahlreiche Formen/Varianten des Leasings werden unterschieden:

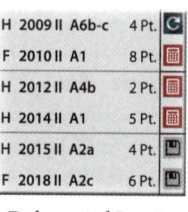

H 2009 II A6b-c	4 Pt.	
F 2010 II A1	8 Pt.	
H 2012 II A4b	2 Pt.	
H 2014 II A1	5 Pt.	
H 2015 II A2a	4 Pt.	
F 2018 II A2c	6 Pt.	

- Sofern der Hersteller des Vermögensgegenstandes auch gleichzeitig der Leasinggeber ist, spricht man von **direktem Leasing** bzw. Herstellerleasing. Dies erfolgt zumeist in Form eines speziell hierfür gegründeten Tochterunternehmens. Diesen Fall findet man bspw. bei Automobilherstellern. Leasing wird hierbei als eine Form der ver-

© 2020, Zeilenniveau Verlag GmbH

Zeilenniveau Verlag

6

kaufssteigernden Strategien gesehen und kann ggf. zu günstigeren Konditionen führen.

- Beim **indirekten Leasing** ist der Leasinggeber ein vom Hersteller unabhängiges Unternehmen und kann daher auch Vermögensgegenstände von verschiedenen Herstellern anbieten. Darin liegt auch der Vorteil: Der Leasingnehmer hat eine größere Auswahl.

- In der Form des **Vollamortisationsleasings** (bspw. Finanzierungsleasing) werden während der Grundlaufzeit die ganzen Kosten (Kauf + Zinsen), die dem Leasinggeber entstehen, durch den Leasingnehmer getragen, jedoch ohne eine automatische Eigentumsübertragung auf den Leasingnehmer. Der Restwert steht dem Leasinggeber zu, den er bspw. durch einen Verkauf an den Leasingnehmer in Gewinn umwandeln kann.

- Beim **Teilamortisationsleasing** (bspw. operatives Leasing) kommt der Leasinggeber während der Grundlaufzeit noch nicht auf seine Kosten. Daher sollte es sich um einen allgemein verkäuflichen Gegenstand handeln, der anschließend an weitere Kunden weiterverkauft oder -verleast werden kann.

- Das häufige **Finanzierungsleasing** ist durch eine feste Grundlaufzeit gekennzeichnet, in der eine Kündigung des Leasingvertrages durch den Leasingnehmer ausgeschlossen ist. Der Leasingnehmer trägt zudem die Wartungskosten. Im Anschluss an diese Grundlaufzeit kann je nach Vertrag der Gegenstand weiter geleast oder gekauft werden. Diese Form ist insbesondere für Spezialmaschinen gedacht, die anschließend nicht an andere Kunden weitergereicht werden können. Daher sollte eine Vollamortisation für den Leasinggeber erfolgen.

- Beim **operativen Leasing** liegt entweder eine sehr kurze Grundmietzeit vor, oder der Leasingvertrag kann jederzeit gekündigt werden. Die Wartung übernimmt der Leasinggeber. Diese Form des Leasings ist bspw. für EDV-Ausrüstung geeignet, die danach vom Leasinggeber an andere Kunden verleast oder verkauft wird. Es findet demnach keine Vollamortisation statt.

6

- **Sale-and-Lease-Back:** Bei dieser Form des Leasings verkauft ein Unternehmen oder auch eine Gebietskörperschaft (bspw. eine Stadt) zunächst Teile ihres Vermögens an die Leasinggesellschaft und mietet diese dann anschließend zurück. So könnte bspw. eine Stadtverwaltung die in ihrem Eigentum befindlichen Straßenbahnen verkaufen und anschließend zur weiteren Nutzung zurückmieten. Der große Vorteil liegt in der kurzfristig hohen Liquiditätszufuhr. Der aber wohl zumeist überwiegende Nachteil liegt in den dauerhaften (hohen) Leasingraten. Eine solche Form der Politik ist sehr kurzsichtig.

Zur abschließenden Beurteilung des Leasings muss dieses mit der häufigsten Alternative verglichen werden – dem Kauf des Vermögensgegenstandes mit Kreditfinanzierung. Da es aber viele Leasingvarianten gibt, kann hier kein allgemeines **Fazit** gezogen werden. **Im Normalfall ist Leasing allerdings teurer als ein vergleichbarer Kauf mit Kreditfinanzierung.**

Leasing	
Vorteile	**Nachteile**
• neueste Betriebsausstattung bei kurzfristigen Verträgen • geschönte Bilanzkennzahlen • feste Kalkulationsgrundlage • Leasingraten als Betriebsausgaben steuerlich absetzbar	• im Normalfall ist Leasing teurer als ein vergleichbarer Kauf mit Kreditfinanzierung • keine steuerlichen Abschreibungsmöglichkeit • kein Eigentum an der Sache

Asset backed securities

Bei Asset backed securities gründet ein Unternehmen A eine Zweckgesellschaft B, und übertragt dieser einen Teil ihres eigenen Vermögens. Im Gegenzug gibt die Zweckgesellschaft Anteilscheine (Wertpapiere) heraus. Diese Wertpapiere kann das Unternehmen A behalten oder verkaufen. Die Zweckgesellschaft B verwaltet das Vermögen (Aktien, Immobilien, Kreditforderungen etc.) und schüttet die Überschüsse an die Inhaber der Wertpapiere aus.

© 2020, Zeilenniveau Verlag GmbH

Zeilenniveau Verlag

6.4 Kosten- und Leistungsrechnung

6

Zunächst werden einige wichtige Begriffe der Kostenrechnung zur Wiederholung vorgestellt.

Zur Erfüllung der Aufgaben der Kostenrechnung sind verschiedene **Kostenrechnungssysteme** im Umlauf. Zunächst unterscheiden sich diese Systeme hinsichtlich des **Zeitbezugs**:

- Die **Istkostenrechnung** basiert auf den ermittelten Zahlen des Abrechnungszeitraums (für gewöhnlich der gerade abgelaufene Monat) und ist damit vergangenheitsorientiert.

- Die **Normalkostenrechnung** vergleicht hiermit Durchschnittswerte vergangener Monate und ist damit auch vergangenheitsbezogen.

- Die **Plankostenrechnung** ist demgegenüber zukunftsbezogen und setzt Planzahlen für den kommenden Betrachtungszeitraum an – für gewöhnlich der folgende Monat.

Zudem werden Kostenrechnungssysteme danach unterschieden, ob sie **alle Kosten** (Vollkostenrechnung) oder nur einen **Teil der Kosten** (Teilkostenrechnung bzw. Deckungsbeitragsrechnung) berücksichtigen:

- In der **Vollkostenrechnung** werden grundsätzlich alle Kosten berücksichtigt. Daraus leitet sich dann der Selbstkostenpreis ab, der die langfristige Preisuntergrenze darstellt.

- In der **Teilkostenrechnung** (Deckungsbeitragsrechnung) werden nur jeweils die **entscheidungsrelevanten Kosten** berücksichtigt. In bestimmten Entscheidungssituationen sind bspw. nur die variablen Kosten relevant, während die Fixkosten nicht betroffen sind. Die variablen Kosten stellen dabei die kurzfristige Preisuntergrenze dar.

Schließlich gibt es gegenüber diesen traditionellen Formen der Kostenrechnung auch moderne **Alternativen** bzw. **Ergänzungen**:

6

- Die **Zielkostenrechnung** (target costing) stellt eine Form der retrograden Kalkulation dar, bei der von den maximal am Markt erzielbaren Verkaufspreisen auf die allenfalls erlaubten Kosten rückgeschlossen wird.

- Die **Prozesskostenrechnung** stellt eine radikale Neuausrichtung der Kostenrechnung dar, bei der nicht mehr die Kostenstellen, sondern einzelne Abläufe (Prozesse) im Vordergrund stehen.

Die Kostenrechnung besteht unabhängig von der Art des Kostenrechnungssystems aus drei grundlegenden **Teilbereichen**:

A. Die **Kostenartenrechnung** (mit der Abgrenzungsrechnung ❷) erfasst zunächst die Kosten und Leistungen ❸. Die Datenbasis für die Kostenartenrechnung ist die Buchführung ❶ mit ihrer GuV. Es wird zwischen Einzel- ❺ und Gemeinkosten ❹ unterschieden.

   Frage: Was für Kosten sind entstanden?

B. Die **Kostenstellenrechnung** (mit dem Betriebsabrechnungsbogen BAB ❻) dient zwei Zielen: Es kann damit eine effektive Kontrolle der Kosten erfolgen. Zudem können hier die Zuschlagssätze ❼ für die Kalkulation ermittelt werden. Zu diesem Zweck werden die Gemeinkosten auf die Kostenstellen verteilt ❹.

   Frage: Wo sind die Kosten entstanden?

C. Die **Kostenträgerrechnung** dient ebenfalls zwei Zielen:

   Frage: Wofür sind die Kosten entstanden?

   - In der **Kostenträgerstückrechnung** ❽ wird die Preiskalkulation ❾ durchgeführt.

   - In der **Kostenträgerzeitrechnung** erfolgt die Ergebniskontrolle. Hier wird das Betriebsergebnis (Gewinn) insgesamt und je Erzeugnisgruppe bzw. je Artikel berechnet.

© 2020, Zeilenniveau Verlag GmbH

Zeilenniveau Verlag

Zusammenfassung: Teilbereiche der Kostenrechnung

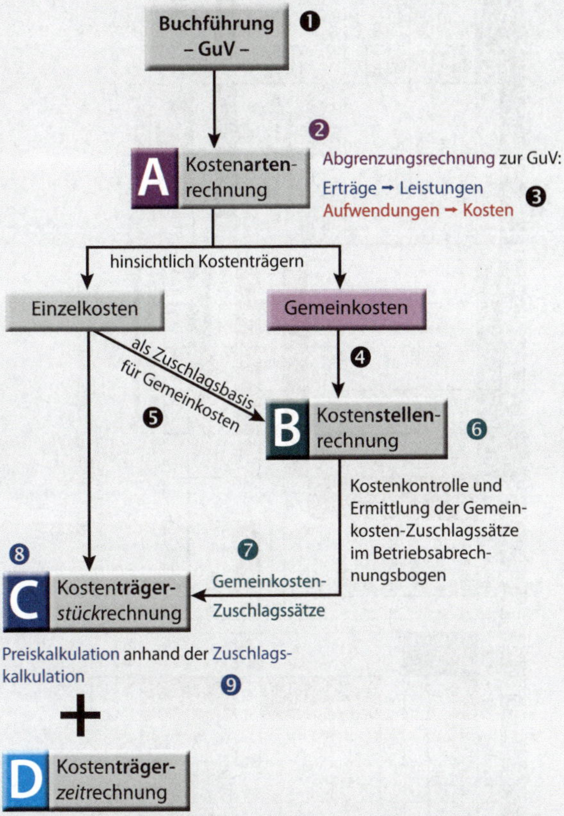

Buchführung – GuV – ❶

↓

A Kosten**arten**rechnung ❷

Abgrenzungsrechnung zur GuV:
Erträge ➜ Leistungen
Aufwendungen ➜ Kosten ❸

hinsichtlich Kostenträgern

Einzelkosten   Gemeinkosten

❹

als Zuschlagsbasis für Gemeinkosten ❺

B Kosten**stellen**rechnung ❻

Kostenkontrolle und Ermittlung der Gemeinkosten-Zuschlagssätze im Betriebsabrechnungsbogen

C Kosten**träger**stück**rechnung** ❽

❼ Gemeinkosten-Zuschlagssätze

Preiskalkulation anhand der Zuschlagskalkulation ❾

+

D Kosten**träger**zeit**rechnung**

Ermittlung des *Betriebsergebnisses* insgesamt und je Kostenträger (Artikel, Warengruppe). In zwei Schritten werden von den Erlösen zunächst die **Einzelkosten** und dann die **Gemeinkosten** abgezogen.

Hinweis:

Auf den folgenden 2 Seiten werden diese Zusammenhänge mit einem Zahlenbeispiel verdeutlicht.

Zahlenbeispiel zur Zusammenfassung der Teilbereiche der Kostenrechnung

② A Abgrenz.

in EUR	RK I ① GuV Aufw.	GuV Ertr.	RK II (RK = Rechnungskreis) neutral Aufw.	neutral Ertr.	Korrektur Aufw.	Korrektur Ertr.	③ KLR Kost.	Leist.
1 Erlöse		1.700						1.700
2 Mehrbest.		100						100
3 Zinserträge		135		135				
4 FM	400						400	
5 FL	400						400	
6 Gehälter	210						210	
7 Betriebsst.	60						60	
8 Sonstiges	100						100	
9 Spenden	165		165					
10 Abschreib.	80				80	60	60	
11 Zinsen	10				10	20	20	
12 Mieten						50	50	
13 Unt.-Lohn						200	200	
14 Summe	1.425	1.935	165	135	90	330	1.500	1.800
15 Saldo	+510		–30		+240		+300	

Zweckerträge — neutr. Ertr. — Zweckaufwendungen — neutrale Aufw. — Anderskosten — Zusatzkosten — Gemeinkosten — EK

⑥ B BAB

in EUR	10/19 Σ	Hauptkostenstellen 1 HK.	2 Mat.	3 Fert.	4 Vw.	5 Vt.
1 Gehälter	210	120	40	20	10	20
2 Betriebsst.	60	30	20		10	
3 Sonstiges	100		30	30	30	10
4 Abschreib.	60		10	30		20
5 Zinsen	20			10	10	
6 Mieten	50			20	30	
7 Unt.-Lohn	200			40	160	
8 Σ prim. GK	700	150	100	150	250	50
9 Umlage: HK				50	50	50
10 Summe GK ④	700		100	200	300	100
11 Z.-Basis ⑤			FM 400	FL 400	HKU 1.000	HKU 1.000
12 Z.-Sätze			25 %	50 %	30 %	10 %

GK-Zuschlagssätze ⑦

Bestandsmehrung = 100 €
→ HKU = 400 + 100 + 400 + 200 – 100 = 1.000 €

⑧ C Zuschlagskalkulation — Kostenträger ⑨

in EUR	%	A	B
1 Fertigungsmaterial	⑦	0,44	0,40
2 + Material-GK	25 %	0,11	0,10
3 = Materialkosten		0,55	0,50
4 Fertigungslöhne	⑦	0,30	0,50
5 + Fertigungs-GK	50 %	0,15	0,25
6 + SEKF		0,00	0,00
7 = Fertigungskosten		0,45	0,75
8 3. + 7. = Herstellkost.		1,00	1,25
9 + Verwaltungs-GK	30 %	0,30	0,375
10 + Vertriebs-GK	10 %	0,10	0,125
11 + SEKV	⑦	0,00	0,000
12 = Selbstkosten		1,40	1,75
13 + Gewinn	20 %	0,28	0,35
14 = Listenverkaufspreis		1,68	2,10
15 + Umsatzsteuer	19 %	0,32	0,40
16 = Bruttoverkaufspreis		2,00	2,50

Preiskalkulation ⑨

© 2020, Zeilenniveau Verlag GmbH

Zeilenniveau Verlag Z

6

Zahlenbeispiel: Erläuterungen

- Die Buchführung ❶ liefert in Form der **GuV** (Gewinn- und Verlustrechnung) mit ihren Erträge und Aufwendungen die primäre Quelle zur Ermittlung aller Kosten und Leistungen im Unternehmen.

- Leider können wir die Zahlen der Buchführung nicht direkt in die Kostenrechnung ❸ **KLR** übernehmen. Vielmehr müssen die Zahlen der **GuV** in der sogenannten ❷ **Abgrenzungsrechnung** für die Belange der Kostenrechnung angepasst werden.

- Bei den resultierenden Kosten wird zwischen den nicht direkt den Kostenträgern (Artikeln) zurechenbaren ❹ **Gemeinkosten** (Gehälter usw.) und den direkt zurechenbaren ❺ **Einzelkosten** (Fertigungsmaterial, Fertigungslöhne, Sondereinzelkosten der Fertigung und des Vertriebs) unterschieden.

- Die Gemeinkosten werden im ❻ **Betriebsabrechnungsbogen (BAB)** anhand von Verteilungsschlüsseln zugeordnet oder direkt auf die **Kostenstellen** verteilt. Das Fertigungsmaterial (FM) und die Fertigungslöhne (FL) dienen dort als **Zuschlagsgrundlage** für die **Zuschlagssätze** der Kostenstellen Material und Fertigung. Für Verwaltung und Vertrieb werden die Herstellkosten des Umsatzes (HKU) verwendet.

- Die im BAB berechneten ❼ **Zuschlagssätze** für die Gemeinkosten der 4 Hauptkostenstellen werden in die ❽ **Zuschlagskalkulation** übernommen und dienen dort zur ❾ **(Preis-) Kalkulation** der Selbstkosten sowie des Listen- und Bruttoverkaufspreises für die beiden Kostenträger A und B.

Hinweis:

Nähere Erläuterungen finden Sie in den Unterlagen zum Fach Rechnungswesen (WQ: RSP 2).

6

6.4.1 Deckungsbeitragsrechnung

1. Gewinnschwellenanalyse (Break-even-Analyse)

❶ Die **Fixkosten** sind unabhängig von der Produktionsmenge. Sofern jenseits der Kapazitätsgrenze produziert werden soll, bedarf es einer Kapazitätserweiterung, deren Investitionen zusätzliche Fixkosten bedeuten. ❷ Die **variablen Kosten** hängen proportional von der produzierten Menge ab.

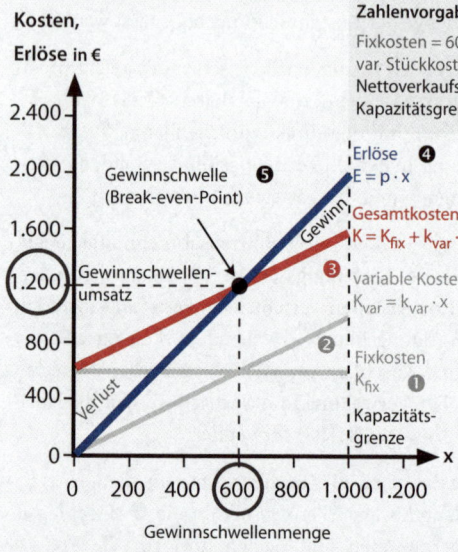

Kosten, Erlöse in €

Zahlenvorgaben:
Fixkosten = 600 €
var. Stückkosten = 1 €
Nettoverkaufspreis = 2 €
Kapazitätsgrenze = 1.000 St.

Gewinnschwelle (Break-even-Point) ❺

Erlöse ❹
$E = p \cdot x$

Gewinn

Gesamtkosten
$K = K_{fix} + k_{var} \cdot x$ ❸

variable Kosten
$K_{var} = k_{var} \cdot x$

Gewinnschwellen-umsatz

Fixkosten
K_{fix} ❶

Verlust

Kapazitäts-grenze

Gewinnschwellenmenge

Abkürzungen:
E = Erlöse
x = Stückzahl
p = Nettopreis
K = Gesamtkosten
$K = K_{fix} + K_{var}$
K_{fix} = Fixkosten
K_{var} = variable Kosten
k_{var} = variable Stückkosten
k_{fix} = Fixkosten/St.
Großbuchstaben stehen für Gesamtwerte, Kleinbuchstaben für Stückangaben.

❸ Die **Gesamtkosten** setzen sich aus Fixkosten und variablen Kosten zusammen. ❹ Die **Erlöse** (= Nettoverkaufspreises × Stückzahl) steigen ebenfalls proportional an. ❺ Im Schnittpunkt von Erlösen und Gesamtkosten liegt die **Gewinnschwelle**. Sollte weniger/mehr verkauft werden, wären die Gesamtkosten größer/kleiner als die Erlöse (= Verlust/Gewinn).

© 2020, Zeilenniveau Verlag GmbH

Zeilenniveau Verlag

2. Fälle des Verlaufs von fixen und variablen Kosten

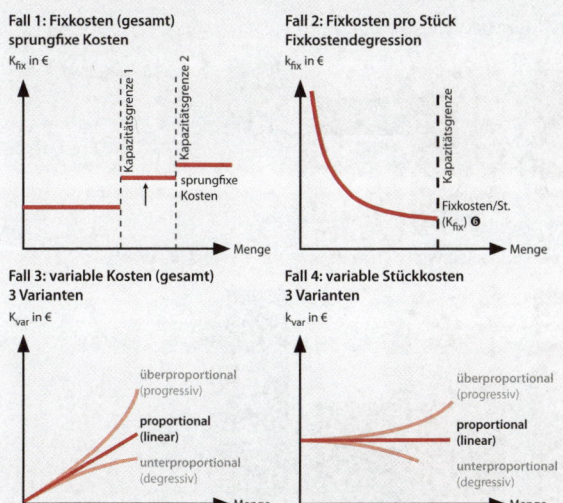

3. Formeln zur Gewinnschwellenanalyse

(6.52) $E = p \cdot x$ → Erlösfunktion (E, U oder UE für Umsatzerlöse)

(6.53) $K = K_{fix} + k_{var} \cdot x$ → Kostenfunktion

(6.54) $k = \dfrac{K_{fix}}{x} + k_{var}$ → Stückkostenfunktion

(6.55) $x_{BEP} = \dfrac{K_{fix}}{(p - k_{var})}$ → Gewinnschwellenmenge

$$= x_{BEP} = \frac{600\,€}{(2\,€ - 1\,€)} = \frac{600\,€}{1\,€/St.} = 600\,St.$$

(6.56) $E_{BEP} = x_{BEP} \cdot p = 600\,St. \cdot 2\,€ = 1.200\,€$

      → Gewinnschwellenumsatz

(6.57) $x_{Gewinn} = \dfrac{(K_{fix} + Gewinn)}{(p - k_{var})} = \dfrac{(600\,€ + 400\,€)}{1\,€/St.} = 1.000\,St.$

      = notwendige Menge für bestimmten Gewinn (bspw. 400 €)

6

4. Zusammenhang: Deckungsbeitrag, Fixkosten und Gewinn

1. Fall: 200 Stück (Verlust)

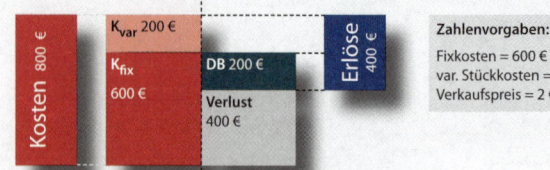

Kosten 800 €
K_{var} 200 €
K_{fix} 600 €
DB 200 €
Verlust 400 €
Erlöse 400 €

Zahlenvorgaben:
Fixkosten = 600 €
var. Stückkosten = 1 €
Verkaufspreis = 2 €

2. Fall: 600 Stück (Gewinnschwelle)

Kosten 1.200 €
K_{var} 600 €
K_{fix} 600 €
DB 600 €
Erlöse 1.200 €

Gewinn = 0 €

3. Fall: 1.000 Stück (Gewinn)

Kosten 1.600 €
K_{var} 1.000 €
K_{fix} 600 €
DB 1.000 €
Gewinn 400 €
Erlöse 2.000 €

Zeilenniveau Verlag

5. Standardschema für die einstufige DBR (1 Produkt)

■	DBR – 1 Produkt	Auslastung = 80 %	
	in EUR	pro Stück	800 St.
1.	Erlöse	2,00	1.600,00
2.	– variable Kosten	1,00	800,00
3.	= Deckungsbeitrag	1,00	800,00
4.	– Fixkosten	0,75	600,00
5.	= Betriebsergebnis	0,25	200,00
6.	Kosten = 2. + 4.	1,75	1.400,00

Tipp:
Sofern zwei Werte einer Zeile gegeben sind (bspw. Fixkosten und Fixkosten/Stück) kann durch eine Division dieser die Stückzahl ermittelt werden.

6. Konstante absolute Größen in € → p, k_{var}, db u. K_{fix}

Zwar ist dieser sudokuartige Aufgabentypus äußerst realitätsfern, in Prüfungen aber beliebt. Dabei wird bei unterschiedlichen Auslastungsgraden nur eine möglichst geringe Anzahl von Zahlen gegeben: (1) Übernehmen Sie alle gegebenen Zahlen in die folgende Tabelle. (2) Füllen Sie nun die Tabelle Schritt für Schritt aus.

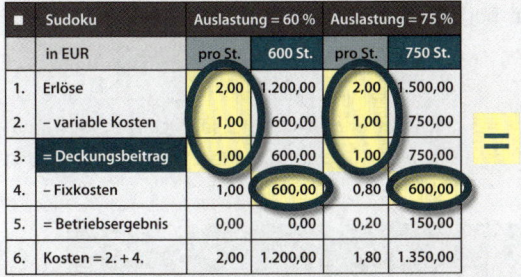

■	Sudoku	Auslastung = 60 %		Auslastung = 75 %	
	in EUR	pro St.	600 St.	pro St.	750 St.
1.	Erlöse	2,00	1.200,00	2,00	1.500,00
2.	– variable Kosten	1,00	600,00	1,00	750,00
3.	= Deckungsbeitrag	1,00	600,00	1,00	750,00
4.	– Fixkosten	1,00	600,00	0,80	600,00
5.	= Betriebsergebnis	0,00	0,00	0,20	150,00
6.	Kosten = 2. + 4.	2,00	1.200,00	1,80	1.350,00

Die Fixkosten (K_{fix}), der Nettoverkaufspreis/St. (p) die variablen Stückkosten (k_{var}) sowie der Stückdeckungsbeitrag (db) sind bei allen Auslastungsgraden gleich groß (hellgelb hervorgehoben).

Tipp: Das Betriebsergebnis ist bei der Gewinnschwelle = 0.

6

7. Konstante relative Größen in % → E, K_{var} u. DB

Zudem sind auch die *prozentualen Verhältnisse* zwischen 1. Erlösen, 2. variablen Kosten und 3. Deckungsbeitrag konstant und unabhängig von der Menge immer gleich.

■	% d. E.	Auslastung = 60 %		in %	Auslastung = 75 %		in %
	in EUR	pro St.	600 St.	d. Erlöse	pro St.	750 St.	d. Erlöse
1.	E	2,00	1.200,00	100 %	2,00	1.500,00	100 %
2.	– K_{var}	1,00	600,00	50 %	1,00	750,00	50 %
3.	= DB	1,00	600,00	50 %	1,00	750,00	50 %
4.	– K_{fix}	1,00	600,00	50 %	0,80	600,00	40 %
5.	= BE	0,00	0,00	0 %	0,20	150,00	10 %
6.	K = 2. + 4.	2,00	1.200,00	100 %	1,80	1.350,00	90 %

=

Tipp:

Dies gilt jedoch **nicht** für Fixkosten, Betriebsergebnis und (Gesamt-) Kosten (Zellen der unteren drei Zeilen).

8. Dreisatz bei unterschiedlichen Auslastungsgraden

Sofern unterschiedliche Auslastungsgrade (bzw. Mengen) gegeben sind, kann mit Hilfe eines einfachen Dreisatzes von den Erlösen, den variablen Kosten oder den Deckungsbeiträgen des einen auf die Werte des anderen Auslastungsgrades geschlossen werden (bspw. 1.000 € × 800 St. ÷ 500 St. = 1.600 €).

■	Dreisatz	Auslastung = 50 %		in %	Auslastung = 80 %		in %
	in EUR	pro St.	500 St.	d. Erlöse	pro St.	800 St.	d. Erlöse
1.	E	2,00	1.000,00	100 %	2,00	1.600,00	100 %
2.	– K_{var}	1,00	500,00	50 %	1,00	800,00	50 %
3.	= DB	1,00	500,00	50 %	1,00	800,00	50 %
4.	– K_{fix}	1,20	600,00	60 %	0,75	600,00	37,5 %
5.	= BE	–0,20	–100,00	–10 %	0,25	200,00	12,5 %
6.	K = 2. + 4.	2,20	1.100,00	110 %	1,75	1.400,00	87,5 %

© 2020, Zeilenniveau Verlag GmbH

Zeilenniveau Verlag Z

9. Fixkostenanteil an den Erlösen + UR = konstant

Werden wiederum alle Gesamtgrößen als Prozentsatz auf die Erlöse bezogen, bleibt wie gehabt der Prozentsatz des DB gleich – egal wie hoch die Auslastung ist. Dieser Prozentsatz (hier 50 %) ist aber immer die Summe aus Fixkostenanteil an den Erlösen und dem Anteil des BE an den Erlösen. Letzteres wird auch als **Umsatzrentabilität (= UR)** bzw. **Umsatzrendite** bezeichnet.

■ % d. E.	Auslastung = 60 %		in %	Auslastung = 75 %		in %
in EUR	pro St.	600 St.	d. Erlöse	pro St.	750 St.	d. Erlöse
1. E	2,00	1.200,00	100 %	2,00	1.500,00	100 %
2. − K_{var}	1,00	600,00	50 %	1,00	750,00	50 %
3. = DB	1,00	600,00	50 %	1,00	750,00	50 %
4. − K_{fix}	1,00	600,00	50 %	0,80	600,00	40 %
5. = BE	0,00	0,00	0 %	0,20	150,00	10 %
6. K = 2. + 4.	2,00	1.200,00	100 %	1,80	1.350,00	90 %

$\Sigma =$

UR

Tipps:

1. Wird also bspw. eine bestimmte Umsatzrentabilität von 10 % angestrebt, dann kann der dafür erlaubte Anteil der Fixkosten an den Erlösen berechnet werden (hier: 50 % - 10 % = 40 %) und damit können dann auch mit Dreisatz die Erlöse ermittelt werden.

2. Dies gilt auch bei einem Verlust. Wäre bspw. eine UR von -5 % gerade noch akzeptabel, dann würden die Fixkosten 55 % der Erlöse darstellen, die dann wiederum mit Dreisatz ermittelt werden könnten.

(6.58) $DB = K_{fix} + BE \quad | \div E | \cdot 100\,\%$

(6.59) $\dfrac{DB}{E} \cdot 100\,\% = \dfrac{K_{fix}}{E} \cdot 100\,\% + \dfrac{BE}{E} \cdot 100\,\%$

(6.60) $UR = \dfrac{BE}{E} \cdot 100\,\%$

(6.61) $\dfrac{DB}{E} \cdot 100\,\% = \dfrac{K_{fix}}{E} \cdot 100\,\% + UR$

          50 % = 40 % + 10 %.

6

10. Fallbeispiel zur Berechnung der (Umsatz-) Erlöse

Angaben: H 2019 II A4a-b   8 Pt. 🖩

Jeweils für den Auslastungsgrad von 75 %: 1. $E = 1.500 €$, 2. $K_{fix} = 600 €$ und 3. $K_{var} = 750 €$.

Aufgaben:

a) Ermitteln Sie rechnerisch den Gewinnschwellenumsatz.

b) Berechnen Sie den erforderlichen Umsatz für eine anvisierte Umsatzrendite von 25 %.

Lösung zu a):

■	% d. E.	75 %		? %	
	in EUR	? St.	% v. E	? St.	% v. E
1.	E	❶ 1.500	100 %	1.200	100 %
2.	– K_{var}	❶ 750	50 %	× 2 ❼	50 %
3.	= DB	❷ 750	❸ 50 %	600	50 % ❹
4.	– K_{fix}	❶ 600	40 %	❺ 600 ❻	
5.	= BE	150	10 %	❶ 0	
6.	K = 2. + 4.	1.350	90 %		

❶ Angaben in das bekannte Schema einsetzen (graue Felder). Die Stückangaben sind irrelevant. ❷ $DB = E - K_{var}$.

❸ Nun kann das Verhältnis zwischen Erlösen und DB berechnet werden. Die Erlöse sind in unserem Fall 2 mal so groß wie der DB bzw. der DB beträgt 50 % der Erlöse. ❹ Dieses Verhältnis gilt für alle Auslastungsgrade.

❶ Der Gewinn ist annahmegemäß gleich 0 € und wird in die neue Spalte eingetragen. ❺ Die Fixkosten können übernommen werden. ❻ Der notwendige DB bei der Gewinnschwelle muss den Fixkosten entsprechen.

❼ Multipliziert man den notwendigen DB mit dem bei ❸ berechneten Faktor 2 erhält man den erforderlichen Umsatz = 1.200 €.

        © 2020, Zeilenniveau Verlag GmbH   Zeilenniveau Verlag **Z**

Lösung zu b):

■	% d. E.	75 %		? %	
	in EUR	? St.	% v. E	? St.	% v. E
1.	E	❶ 1.500	100 %	2.400	100 %
2.	– K_{var}	750	50 %	❻	50 %
3.	= DB	750	50 %	❷	50 %
4.	– K_{fix}	600	40 %	600	❹ 25 %
5.	= BE	150	10 %	❺	UR = 25 %
6.	K = 2. + 4.	1.350	90 %	❸	

❶ Die Angaben und Berechnungen aus a) in die ersten beiden Spalten (€ und %) des Schemas einsetzen. Die Stückangaben sind wieder irrelevant.

❷ Der DB-Anteil an den Erlösen bleibt konstant bei 50 % und kann in die 4. Spalte übernommen werden.

❸ Die anvisierte Umsatzrendite von 25 % kann eingesetzt werden.

❹ Daraus kann der Anteil der Fixkosten an den Erlösen berechnet werden (50 % - 25 %) = 25 %.

❺ Die Fixkosten können ebenfalls übernommen werden.

❻ Mittels Dreisatz kann nun von den Fixkosten (600 €) und deren Anteil an den Erlösen (25 %) auf die Erlöse geschlossen werden (2.400 € bzw. 100 %).

Zeilenniveau Verlag Z

6

11. Berechnung der Fixkosten

Zunächst werden die variablen Stückkosten ermittelt (= Kosten-differenz ÷ Mengendifferenz). Diese werden mit der Menge multipliziert und von den Gesamtkosten abgezogen, um die Fixkosten zu erhalten:

(6.62) $K_{fix} = K - k_{var} \cdot x$ (Kosten: $K = K_{fix} + k_{var} \cdot x$)

■	Fixkostenermittlung	gegeben		zu berechnen	
	in EUR	Menge	Kosten	K_{var}	K_{fix}
1.	Mai	600	1.200	600	600
2.	Juni	750	1.350	750	600
3.	Differenz	150	150	150	0
4.	variable Stückkosten	= 150 € ÷ 150 St. = 1 € pro Stück			

12. Standardschema für die einstufige DBR (≥ 2 Produkte)

Bisher gingen wir von einem Unternehmen mit nur einem Produkt aus (**Einproduktunternehmen**). Was wäre aber, wenn das Unternehmen mehr als ein Produkt verkaufen würde (**Mehrprodukt-unternehmen**)? In der folgenden Tabelle wird die Berechnung für 2-Produkte durchgeführt.

■	Zwei Produkte	Käsekuchen		Kirschtorte		Summe
	in EUR	pro St.	500 St.	pro St.	400 St.	900 St.
1.	Erlöse	1,80	900,00	2,10	840,00	1.740,00
2.	– variable Kosten	0,80	400,00	0,90	360,00	760,00
3.	= Deckungsbeitrag	1,00	500,00	1,20	480,00	980,00
4.	– Fixkosten					690,00
5.	= Betriebsergebnis					290,00

Tipp:

Häufige **Fehlerquelle**: Hier werden gerne die Fixkosten halbiert den beiden Produkten zugewiesen.

Zeilenniveau
Verlag

6.4.1.1 Mehrstufige Deckungsbeitragsrechnung

Zuerst berechnen wir den ❶ **DB I**, der sich als Produkt aus Stückdeckungsbeitrag und Absatzmenge ergibt. Ziehen wir von diesem die ❷ **Produktfixkosten** ab, erhalten wir den ❸ **DB II**. Die

F 2009 II A3a-d	16 Pt.
H 2013 II A2a-c	9 Pt.
H 2015 II A3a-b	10 Pt.
H 2016 II A1	14 Pt.

Produktfixkosten lassen sich einzelnen Produkten (hier Kuchen- oder Gebäcksorten) zuweisen. Nun müssen wir den gesamten DB II einer Erzeugnisgruppe berechnen (bei Kuchen ohne Boden sind dies 350 € + 380 € = 730 €).

■ Mehrstufige DBR	Kuchen				Gebäck	
in EUR	ohne Boden		mit Boden		Süßgebäck	
	Marmor	Schoko	Käse	Kirsch	Amerik.	Berliner
1. Verkaufspreis	1,50	1,60	1,80	2,10	1,20	1,00
2. – variable Stückk.	0,60	0,80	0,80	0,90	0,60	0,75
3. = db	0,90	0,80	1,00	1,20	0,60	0,25
4. × Absatzmenge	500 St.	600 St.	500 St.	400 St.	100 St.	400 St.
5. = DB I ❶	450,00	480,00	500,00	480,00	60,00	100,00
6. – Produktfixkosten ❷	100,00	100,00	150,00	200,00	50,00	150,00
7. = DB II ❸	350,00	380,00	350,00	280,00	10,00	−50,00
8. – Erzeugnisgruppenfixk.	❹ 230,00		430,00		160,00	
9. = DB III	❺ 500,00		200,00		−200,00	
10. – Bereichsfixkosten	❻ 200,00				0	
11. = DB IV	❼ 500,00				−200,00	
12. – Unternehmensfixkost.	❽ 200,00					
13. = Betriebsergebnis	❾ 100,00					

Von dieser Summe ziehen wir die ❹ **Erzeugnisgruppenfixkosten** ab. Als Zwischenergebnis erhalten wir den ❺ **DB III** (= 730 € − 230 € = 500 €). Im nächsten Schritt wird die Summe des DB III der verschiedenen Erzeugnisgruppen eines Bereichs gebildet (für Kuchen = 500 € + 200 € = 700 €). Werden hiervon die ❻ **Bereichsfixkosten** abgezogen, erhält man den ❼ **DB IV** (700 € - 200 € = 500 €). Zum Abschluss wer-

6

den von der Summe der DB IV (= 500 € – 200 € = 300 €) die ❽ **Unternehmensfixkosten** abgezogen. Als Ergebnis erhält man das ❾ **Betriebsergebnis** (300 € – 200 € = 100 €). Eine einstufige Deckungsbeitragsrechnung hätte diese Probleme bei der Erzeugnisgruppe Süßgebäck nicht aufdecken können, da beide Artikel der Erzeugnisgruppe einen positiven DB I aufweisen. Folglich verbessert eine mehrstufige Deckungsbeitragsrechnung **Sortimentsentscheidungen**.

6.4.1.2 Eigenfertigung vs. Fremdbezug

Zur Beantwortung der Frage, inwiefern **Eigenfertigung** oder **Fremdbezug** vorzuziehen ist, gehen wir von den folgenden Daten aus: 1. Nettoverkaufspreis = 2 €/St. 2. Selbstkosten = 1,75 €/St. 3. variable Stückkosten = 1 €/St. Ein Fremdhersteller würde uns die gewünschten 800 Stück eines gleichwertigen Produkts zum Nettopreis von 1,50 €/St. anbieten. Sollten wir nun selbst produzieren oder das Fremdangebot annehmen?

H 2014 II A2a-c	10 Pt.
H 2015 II A4	10 Pt.
H 2016 II A4a-c	10 Pt.
H 2017 II A2a	6 Pt.

■	DBR – 1 Produkt	Eigenfertigung		Fremdbezug	
	in EUR	pro Stück	800 St.	pro Stück	800 St.
1.	Erlöse	2,00	1.600,00	2,00	1.600,00
2.	– variable Kosten	1,00	800,00	1,50	1.200,00
3.	= Deckungsbeitrag	1,00	800,00	0,50	400,00
4.	– Fixkosten	0,75	600,00	0,75	600,00
5.	= Betriebsergebnis	0,25	200,00	–0,25	–200,00
6.	Kosten = 2. + 4.	1,75	1.400,00	2,25	1.800,00

Zunächst scheinen unsere Selbstkosten um 0,25 €/St. höher als der Preis des Fremdanbieters. Aus Sicht der Vollkostenrechnung erscheint daher eine Annahme des Fremdbezugs sinnvoll zu sein. Sofern wir jedoch freie Produktionskapazitäten haben, gilt dies im Rahmen der Deckungsbeitragsrechnung nicht mehr. Die variablen Stückkosten sind 0,50 €/St. niedriger als der Fremdbezugspreis. Die Fixkosten in Höhe von 600 € sind ohnehin vorhanden. Folglich ist aus Sicht der Deckungsbeitragsrechnung die Eigenfertigung vorzuziehen.

© 2020, Zeilenniveau Verlag GmbH

Zeilenniveau
Verlag

Fallbeispiel zu Eigenfertigung (EF) vs. Fremdbezug (FB)

Angaben:

- Jahresverbrauch (x) = 5.000 St.

- Nettopreis bei Fremdbezug (p_{FB})= 50 €/St.

- Anschaffungskosten (AW) = 550 T€, Restwert (RW) = 50 T€

- Nutzungsdauer (ND) = 10 Jahre, kalk. Zinssatz (p) = 8 %

- variable Stückkosten bei Eigenfertigung (k_{var})= 40 €/St.

- sonstige Fixkosten pro Jahr (K_{fix})= 26 T€

Aufgaben:

1. Ermitteln Sie rechnerisch, ob sich die Eigenfertigung (EF) lohnt.

2. Berechnen Sie die kritische Menge, ab der sich die Eigenfertigung rechnet.

Lösungen:

1. Ermittlung des Kostenvorteils durch Fremdbezug (FB):

$$(6.63) \quad AfA = \frac{(AW - RW)}{ND} = \frac{(550\ T€ - 50\ T€)}{10\ J.} = 50\ T€$$

$$(6.64) \quad Zinsen = \frac{(AW + RW)}{2} \cdot \frac{p}{100\ \%} = \frac{(550\ T€ + 50\ T€)}{2} \cdot \frac{8\ \%}{100\ \%} = 24\ T€$$

Fixkosten = 50 T€ + 24 T€ + 26 T€ = 100 T€

$$(6.65) \quad Kosten_{EF} = k_{var} \cdot x + K_{fix} = 40\ €/St. \cdot 5.000\ St. + 100\ T€ = 300\ T€$$

$$(6.66) \quad Kosten_{FB} = p \cdot x = 50\ €/St. \cdot 5.000\ St. = 250\ T€ \quad \rightarrow Vorteil = 50\ T€$$

2. Berechnung der kritischen Menge (= Gleichstand der Kosten):

$$(6.67) \quad kritische\ Menge = \frac{Fixkostendifferenz}{p_{FB} - k_{var}}$$

$$= \frac{100\ T€}{50\ €/St. - 40\ €/St.} = 10.000\ St.$$

6

6.4.1.3 Entscheidungen bzgl. der Auftragsannahme

Stellen Sie sich nun vor, dass ein Kunde für eine Vereinsfeier 200 Stück Käsekuchen kaufen möchte. Er wäre aber nur bereit, dafür 1,25 € anstelle von 2 € zu bezahlen. Es bedarf zweier Voraussetzungen: 1. freie Kapazitäten, 2. positiver Deckungsbeitrag. Aber warum muss der Verkaufspreis lediglich mindestens so groß wie die variablen Stückkosten sein?

■ Zusatzauftrag	Käsekuchen		Zusatzauftrag		Summe
in EUR	pro St.	800 St.	pro St.	200 St.	1.000 St.
1. Erlöse	2,00	1.600	1,25	250	1.850
2. – variable Kosten	1,00	800	1,00	200	1.000
3. = Deckungsbeitrag	1,00	800	0,25	50	850
4. – Fixkosten					600
5. = Betriebsergebnis					250

Die entscheidende Erkenntnis dabei sind die vorhandenen Kapazitäten. Sofern noch genügend **freie Kapazitäten** vorhanden sind, steigen die Fixkosten durch die Annahme des Zusatzauftrags nicht. Das heißt, sie wären aber auch nicht kleiner, wenn wir den Zusatzauftrag nicht annehmen würden. Folglich ist die Entscheidung über den Zusatzauftrag *unabhängig* von den schon bestehenden Fixkosten. **Damit interessieren nur die durch den Zusatzauftrag zusätzlich entstehenden Kosten.** Das sind in unserem Fall nur die *variablen Kosten*.

Wenn nun der Verkaufspreis größer als die variablen Stückkosten ist, lohnt sich die Annahme eines Zusatzauftrags. In der Tabelle oben können wir das auch tatsächlich nachweisen. Das Betriebsergebnis, das ohne Zusatzauftrag bei 200 € liegt, könnte durch den zusätzlichen Deckungsbeitrag im Umfang von 50 € auf 250 € erhöht werden.

© 2020, Zeilenniveau Verlag GmbH

Zeilenniveau Verlag

6.4.1.4 Relative Deckungsbeitragsrechnung

6

Es werden für gewöhnlich diejenigen Artikel produziert, die den höchsten Deckungsbeitrag/ St. liefern. Sofern **betriebliche Engpässe** vorliegen, gilt dies nicht mehr unbedingt. Die Deckungsbeitragsrechnung ermöglicht eine optimale Ausrichtung der Produktion bei Vorliegen eines (betrieblichen) Engpass.

F 2010 II	A2a-c	10 Pt.
F 2012 II	A3a-c	12 Pt.
F 2013 II	A3a-c	13 Pt.
F 2016 II	A3a-b	11 Pt.
H 2017 II	A3a-c	12 Pt.

Zur Veranschaulichung wenden wir uns dem folgenden Fallbeispiel zu. Die zugrunde liegenden Informationen, sowie die rechnerische Ableitung des optimalen Produktionsprogramms bei Vorliegen eines betrieblichen Engpasses finden Sie in der folgenden Tabelle. Betriebliche Engpässe lassen sich bspw. in der Produktion oder in der Lagerhaltung identifizieren. In der Produktion könnten die Anzahl der (qualifizierten) Mitarbeiter oder bestimmte erforderliche Maschinen einen Engpass darstellen, der nur eine bestimmte Fertigungsmenge erlaubt.

In unserem Fallbeispiel mit 4 Produkten gehen wir davon aus, dass der Herd aufgrund von Reparaturarbeiten nur insgesamt 60 Std. bzw. 3.600 Minuten genutzt werden kann. Zur Herstellung der insgesamt absetzbaren Menge wären aber 6.700 Minuten nötig. Wir werden das Fertigungsprogramm mit dem größtmöglichen Deckungsbeitrag ermitteln:

❶ Zunächst sehen Sie die Verkaufspreise und variablen Stückkosten, woraus sich die **Stückdeckungsbeiträge** (db) ermitteln lassen. Darin ist auch die jeweilige **absolute Rangfolge** eingetragen. Den ersten Rang nimmt Kirschtorte mit einem Stückdeckungsbeitrag von 1,20 € ein. ❷ Darunter wird der **Zeitbedarf** in der Fertigung je Kuchenstück in Minuten aufgelistet. Dabei benötigen Marmor- und Schokokuchen jeweils 2 min. sowie Käsekuchen und Kirschtorte jeweils 5 min. Und hier liegt auch der **betriebliche Engpass** vor. Es kann insgesamt aufgrund unserer **Kapazitätsbeschränkung** nur 60 Std. bzw. 3.600 min gebacken werden.

Tipp: Alternativ werden die Artikel auch als Zeilen dargestellt.

■ DBR – Optimales Produktionsprogramm bei betrieblichen Engpässen					
in EUR	**Marmor**	**Schoko**	**Käsek.**	**Kirscht.**	**Summe**
1. Erlös / St.	1,50 €	1,60 €	1,80 €	2,10 €	
2. - var. Stückkosten	0,60 €	0,80 €	0,80 €	0,90 €	
3. db (= DB pro St.)	0,90 €	0,80 €	1,00 €	1,20 € ❶	
Rang – absolut	3	4	2	1	
4. Zeit in min./St.	2 min	2 min	5 min	5 min ❷	
5. db je min.	0,45 €	0,40 €	0,20 €	0,24 € ❸	
Rang – relativ	1	2	4	3	
6. absetzbare Menge	500 St.	600 St.	500 St.	400 St.	2.000 St. ❹
max. Zeitbedarf	1.000 min	1.200 min	2.500 min	2.000 min	6.700 min
7. opt. Programm	❺ 500 St.	❻ 600 St.	❽ –	❼ 280 St.	1.380 St.
notwendige Zeit	1.000 min	1.200 min	–	1.400 min	3.600 min
8. DB – optimal	❾ 450,00 €	480,00 €	–	336,00 €	1.266,00 €

❸ Aus dem Stückdeckungsbeitrag und der jeweils notwendigen Fertigungszeit lässt sich der **Stückdeckungsbeitrag je Minute** ermitteln. Dieser ist bei Marmorkuchen am größten und bei Käsekuchen am kleinsten. Dies wird durch den **relativen Rang** ausgewiesen. ❹ Weiterhin wird die jeweils am Markt **absetzbare Menge** als Vorgabe benötigt. Multipliziert man diese mit der jeweils notwendigen Fertigungszeit, erhält man den **maximalen Zeitbedarf**. So benötigen 500 St. Marmorkuchen bei einer Fertigungszeit pro Stück von 2 min. insgesamt 1.000 min.

❺ Da jedoch ein **Fertigungsengpass** vorliegt, kann nicht die gesamte absetzbare Menge produziert werden, weshalb nun berechnet wird, was das aus kostenrechnerischer Sicht **optimale Fertigungsprogramm** darstellt. Hierbei wird zunächst das Produkt mit dem größten Stückdeckungsbeitrag je Engpassfaktor herangezogen – in unserem Fall die Marmorkuchen. Dieser sollte nun im maximal möglichen Umfang gebacken werden. Dazu muss überprüft werden, ob die vorhandene Zeit überhaupt ausreicht, die gesamte absetzbare Menge zu produzieren. Dies ist hier möglich, da für die gesamte Menge nur 1.000 min benötigt werden, aber insgesamt 3.600 min zur Verfügung stehen.

© 2020, Zeilenniveau Verlag GmbH

Zeilenniveau
Verlag

❻ Sofern ein Rest übrig bleibt, wird der Kuchen mit dem zweithöchsten db/min. betrachtet – hier Schokokuchen. Dieser sollte nun, sofern möglich, ebenfalls im maximalen Umfang produziert werden. Da wir noch (3.600 min – 1.000 min =) 2.600 min zur Verfügung haben, können wir die gesamten 600 Stück backen, da diese nur 1.200 min benötigen.

❼ Es bleiben sogar noch (2.600 min – 1.200 min =) 1.400 min übrig, die nun für den drittbesten relativen Rang verwendet werden sollten. Von den Kirschtorten könnten 400 Stück abgesetzt werden. Dies würde 2.000 min Fertigungszeit benötigen. Da wir aber nur noch 1.400 min zur Verfügung haben, kann auch nur ein Teil davon produziert werden. Zur Ermittlung dieser Menge teilen wir einfach die verbleibende Zeit (1.400 min) durch den Zeitbedarf je Kirschtorte mit 5 min/St. Dabei erhalten wir 280 noch mögliche Kirschtortenstücke.

❽ Für die Produktion des Käsekuchens verbleibt leider keine Zeit mehr. Daran sehen Sie auch, dass dies in der Praxis so wenig Sinn machen würde. Käsekuchen ganz aus dem Sortiment zu nehmen wäre wohl kaum zu empfehlen. Denn es könnte ja sein, dass Familien nur zusammen Kuchen kaufen, und uns daher auch Absatzeinbußen bei anderen Kuchentypen drohen könnten. Trotzdem ist diese Berechnung als Simulationsrechnung sinnvoll, um uns eine Orientierung zu liefern.

❾ Theoretisch besteht das **optimale Produktionsprogramm** aus 500 St. Marmorkuchen, 600 St. Schokokuchen und 280 St. Kirschtorte. Das optimale Produktionsprogramm ergäbe einen **maximalen Deckungsbeitrag** von 1.266 €. Jedes andere mögliche Fertigungsprogramm ergäbe einen geringeren DB. Würden wir uns nicht an den relativen, sondern an den absoluten Deckungsbeiträgen orientieren, wäre unser Gesamtdeckungsbeitrag nur 800 € groß.

6

6.4.2 Normalkostenrechnung

Grundlagen der Kostenkontrolle

Die Zahlen des BAB sind jeweils vom vergangenen Monat und damit **vergangenheitsorientiert**, und somit nicht unbedingt für den aktuellen Monat tauglich. Wenn der Monat vorbei ist, kann der BAB uns die Zuschlagssätze liefern, mit denen wir im letzten Monat hätten kalkulieren sollen. Aber er sagt uns nicht, was die richtigen Zuschlagssätze für den aktuellen Monat sind. Folgende Lösungsansätze werden in der Praxis verwendet:

- Für den jeweils aktuellen Monat werden die **Zuschlagssätze aus dem BAB des Vormonats** oder des **Vorjahresmonats** entnommen.

- Als Alternative werden daher häufig **Normalkosten** als ein **Durchschnittswert der Zuschlagssätze der Vergangenheit** gewählt. In diesem Kapitel wählen wir diesen Ansatz.

- Ein **Plankostenansatz** kalkuliert die erwartete Preisentwicklung verschiedener Faktoren (Rohöl, Wechselkurse etc.) ein.

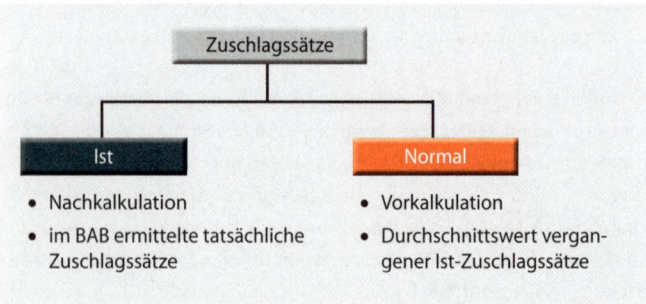

Neben der Ermittlung der Zuschlagssätze zielt die Kostenstellenrechnung auch auf eine **Kostenkontrolle** (2 Methoden) ab:

- Kostenkontrolle im Kostenträgerblatt (BAB II).

- Die Kostenkontrolle wird an den BAB unten angehängt.

Kostenkontrolle im Kostenträgerblatt (BAB II)

6

❶ Zur Kostenkontrolle kann das bekannte **Kostenträgerblatt (BAB 2)** verwendet werden. Dieses dient in der Vollkostenrechnung auch zur Ermittlung der Herstellkosten des Umsatzes

F 2012 II A2a-b	12 Pt.
H 2012 II A3a-b	15 Pt.
F 2016 II A4a-b	9 Pt.
F 2017 II A3a-b	12 Pt.

(HKU) sowie zur Ermittlung des Betriebsergebnisses der einzelnen Kostenträger. Wir müssen die Tabelle nur um zwei Spalten für die Normalkosten sowie eine Spalte zur Berechnung der Abweichung zwischen Ist- und Normalkosten ergänzen.

■	Kostenträgerblatt – BAB 2	IST-Werte		NORMAL- Werte ❶		Abw. ❺
	in € / Monat: 01/20	GKZ	Σ IST	❷ GKZ	Σ Normal	N. – IST
1	Fertigungsmaterial (FM) ❸		400		400	
2	Materialgemeinkosten (MGK)	25,0 %	100	20,0 %	❹ 80	– 20
3	Materialkosten (MK)		500		480	
4	Fertigungslöhne (FL)❸		400		400	
5	Fertigungsgemeinkosten (FGK)	50,0 %	200	60,0 %	❹ 240	+ 40
6	Sondereinzelkosten d. F. (SEKF)		25		25	
7	Fertigungskosten (FK)		625		665	
8	Herstellkosten der Produktion (HKP)		1.125		1.145	
9	– Mehrbestand FE / UE		125		125	
10	+ Minderbestand FE / UE					
11	Herstellkosten des Umsatzes (HKU) ❸		1.000		1.020	
12	Verwaltungsgemeinkosten (VwGK)	30,0 %	300	30,0 %	❹ 306	+ 6
13	Vertriebsgemeinkosten (VtGK)	10,0 %	100	15,0 %	❹ 153	+ 53
14	Sondereinzelkosten d. Vertriebs (SEKV)		50		50	
15	Selbstkosten des Umsatzes		1.450		1.529	+ 79
16	Erlöse		1.740		1.740	
17	a) Betriebsergebnis, b) Umsatzergebnis		a) 290		b) 211	❻ – 79

❷ Zudem müssen die **Normal-Zuschlagssätze** bekannt bzw. gegeben sein, da ja schon den ganzen Monat Mai mit diesen kalkuliert wurde. ❸ Um die Normal-Gemeinkosten berechnen zu können, benötigen wir wiederum die jeweilige **Zuschlagsbasis** der Kostenstellen. In den

Kostenstellen Material und Fertigung gibt es keine Differenzen, auch hier werden die Zahlen des Fertigungsmaterials und der Fertigungslöhne genommen, da diese auch während des betrachteten Monats in die Preise einkalkuliert wurden. Sie sollten allerdings beachten, dass sich nun veränderte HKU ergeben. Die Normal-HKU sind um 20 € größer als die Ist-HKU. ❹ Die **Summe der Normalgemeinkosten** können wir dabei jeweils wie folgt berechnen:

$$(6.68) \quad \text{Normal Gemeinkosten} = \text{Zuschlagsbasis Normal} \cdot \frac{\text{Normal GKZ}}{100\,\%}$$

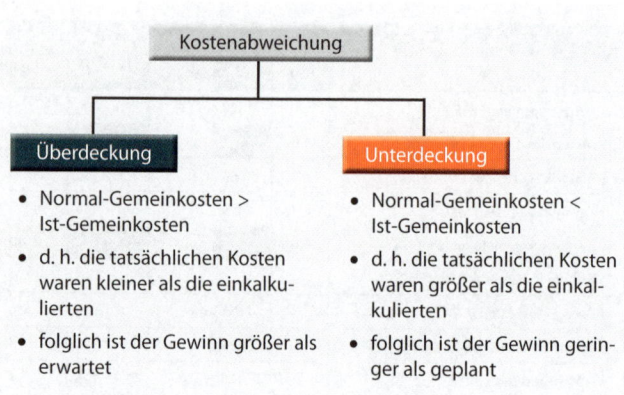

Kostenabweichung

Überdeckung
- Normal-Gemeinkosten > Ist-Gemeinkosten
- d. h. die tatsächlichen Kosten waren kleiner als die einkalkulierten
- folglich ist der Gewinn größer als erwartet

Unterdeckung
- Normal-Gemeinkosten < Ist-Gemeinkosten
- d. h. die tatsächlichen Kosten waren größer als die einkalkulierten
- folglich ist der Gewinn geringer als geplant

❺ Die **Kostenabweichung** erhalten wir, wenn wir von den Normalgemeinkosten jeder Gemeinkostenart die Ist-Gemeinkosten abziehen. Erhalten wir wie bei den Fertigungsgemeinkosten einen positiven Betrag, handelt es sich um eine **Überdeckung** – wir hatten 40 € mehr Kosten einkalkuliert als tatsächlich angefallen sind. Ein zu großer positiver Betrag könnte bedeuten, dass wir zu teuer werden. Im Fall der Materialgemeinkosten liegt eine **Unterdeckung** vor, da die Differenz negativ ist. Dieser Fall ist eindeutig schlecht, da wir tatsächlich 20 € mehr Kosten hatten, als einkalkuliert wurden. Insgesamt haben wir für alle Kostenstellen zusammen eine gemäßigte Überdeckung von 79 €. ❻ Folglich muss im Umkehrschluss das kalkulierte Betriebsergebnis um diese 79 € geringer ausfallen als das tatsächliche.

© 2020, Zeilenniveau Verlag GmbH

Zeilenniveau Verlag

Kostenkontrolle im BAB

6

Die Kostenkontrolle kann aber auch im BAB durchgeführt werden. Dazu werden an den BAB unten vier Zeilen angehängt: ❶ Zunächst benötigen wir die gegebenen Normal-Zuschlagssätze.

F 2011 II A4a-b 12 Pt.
F 2019 II A2a-b 19 Pt.

■ Kostenkontrolle		HKSt.	Hauptkostenstelle			
Gemeinkosten	Σ	1 HKSt.	2 Mat.	3 Fert.	4 Vw.	5 Vt.
...						
10 Summe Ist-GK	700		100	200	300	100
11 Zuschlagsbasis – IST			Fert. Mat. 400	Fert. L. 400	HKU – Ist 1.000	HKU – Ist 1.000
12 Zuschlagssätze – IST			25,0 %	50,0 %	30,0 %	10,0 %
13 Zuschlagssätze – N.		❶	20,0 %	60,0 %	30,0 %	15,0 %
14 Zuschlagsbasis – N.		❷	Fert. Mat. 400	Fert. L. 400	HKU – N. 1.020	HKU – N. 1.020
15 Summe Normal-GK	700	❸	80	240	306	153
16 Abweichung = N. - IST	+79	❹	– 20	+ 40	+ 6	+ 53

❷ Anschließend wird die Zuschlagsbasis benötigt. Bei den Kostenstellen Material und Fertigung ist diese grundsätzlich identisch mit derjenigen der Istkosten. Es werden hier ebenfalls das Fertigungsmaterial und die Fertigungslöhne verwendet. Es müssen allerdings die HKU neu berechnet werden. ❸ Die Normalgemeinkosten in der dritten neuen Zeile werden wie oben beschrieben berechnet. ❹ Im letzten Schritt wird die Abweichung als Differenz aus Normal- und Ist-Gemeinkosten berechnet. Die Ergebnisse der beiden Methoden müssen natürlich übereinstimmen. Solange in der Aufgabenstellung kein bestimmtes Verfahren verlangt wird, ist es egal, für welche der beiden Varianten Sie sich entscheiden.

Zeilenniveau Verlag Z

6

6.4.3 Plankostenrechnung

Zu den **Zielen der Kosten- und Leistungsrechnung** zählt die **Kostenkontrolle**. Eine Form der Kostenkontrolle stellt die **Normalkostenrechnung** dar. Dort werden die tatsächlichen Istkosten einer Kostenstelle mit den normalerweise zu erwartenden und in der Vorkalkulation verwendeten **Normalkosten** verglichen. Letztlich ergibt sich damit aber immer nur ein **Ist-Ist-Vergleich**, d. h. es werden die aktuellen Zahlen mit denjenigen der Vergangenheit verglichen. Zudem fehlt hier eine Analyse der Ursachen für gegebenenfalls eintretende Abweichungen. An dieser Stelle setzt die zukunftsorientierte **Plankostenrechnung** ein. Sie vergleicht ebenfalls die tatsächlich eintretenden Ist-Werte mit **Soll-Werten**. Diese Planzahlen müssen aber nicht zwingend reine Vergangenheitswerte sein. Sie können sich auch aufgrund von Einschätzungen hinsichtlich der zukünftigen Entwicklung ergeben (bspw. Wechselkurs- oder Rohstoffpreisentwicklung).

Die Plankostenrechnung bezieht sich jeweils auf eine Kostenstelle (bzw. alternativ auf einzelne Kostenträger). Dabei werden verschiedene Formen der Plankostenrechnung unterschieden. Die **starre Plankostenrechnung** ist ein sehr einfaches Controlling-Instrument und stellt einen simplen Vergleich zwischen den Soll- und Istwerten her. Dabei unterscheidet sie *nicht* zwischen fixen und variablen Kostenbestandteilen. Die daraus resultierende **Proportionalisierung der Fixkosten** ist der immerwährende Hauptkritikpunkt an der Vollkostenrechnung.

Fixkosten sind innerhalb ihrer möglichen Kapazität starr und unveränderlich. In bestimmten Bereichen der Kostenrechnung (bspw. Zuschlagskalkulation u. starre Plankostenrechnung) werden die Fixkosten aber so behandelt, als ob sie veränderlich (variabel) seien. In diesem Fall spricht man von einer Proportionalisierung der Fixkosten. Die Zuschlagskalkulation mit Gemeinkosten-Zuschlagssätzen führt dazu, dass bspw. bei doppelt so hohen Einzelkosten auch doppelt so hohe Gemeinkosten einkalkuliert werden. Aber es ist offensichtlich, dass sich dadurch die Fixkosten nicht verändern (bspw. Miete).

© 2020, Zeilenniveau Verlag GmbH

Zeilenniveau
Verlag

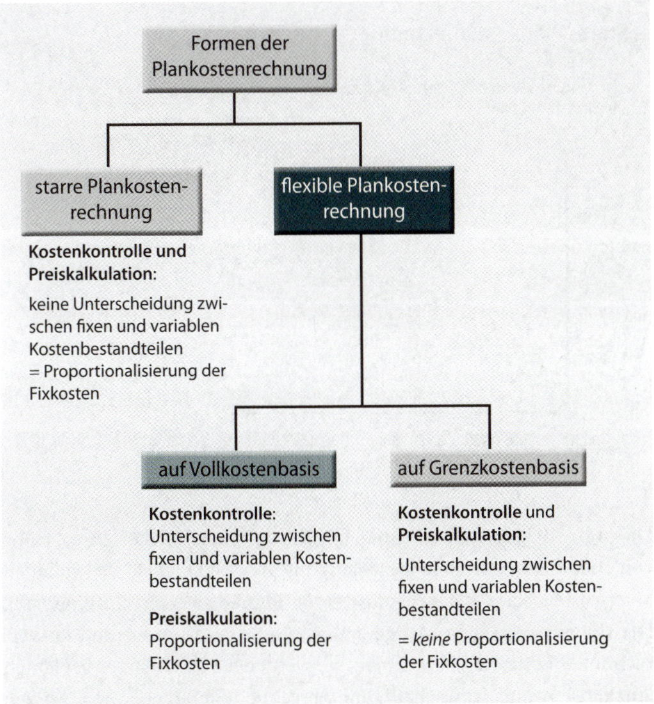

```
                    ┌─────────────────────┐
                    │   Formen der        │
                    │ Plankostenrechnung  │
                    └─────────────────────┘
```

starre Plankosten-
rechnung

Kostenkontrolle und
Preiskalkulation:

keine Unterscheidung zwischen fixen und variablen Kostenbestandteilen
= Proportionalisierung der Fixkosten

flexible Plankosten-
rechnung

auf Vollkostenbasis

Kostenkontrolle:
Unterscheidung zwischen fixen und variablen Kostenbestandteilen

Preiskalkulation:
Proportionalisierung der Fixkosten

auf Grenzkostenbasis

Kostenkontrolle und
Preiskalkulation:

Unterscheidung zwischen fixen und variablen Kostenbestandteilen

= *keine* Proportionalisierung der Fixkosten

6.4.3.1 Starre Plankostenrechnung

Für den Monat Juli wird eine Produktionsmenge in Höhe von 1.000 Stück Apfelkuchen (= **Planbeschäftigung**) mit dazugehörigen Kosten im Umfang von 1.000 € geplant (= **Plankosten,** davon seien 500 € fix). Tatsächlich können im Juli aufgrund des ungünstigen Wetters nur 700 Stück Apfelkuchen verkauft werden (**Istbeschäftigung**). Die **Istkosten** hierfür liegen bei 900 €.

Es ist offensichtlich, dass die Planwerte nicht realisiert wurden. Dabei stellt sich die Frage, inwiefern die Abweichungen zu erklären sind. Damit setzt sich die Plankostenrechnung in Form einer Abweichungsanalyse auseinander.

6

Starre Plankostenrechnung

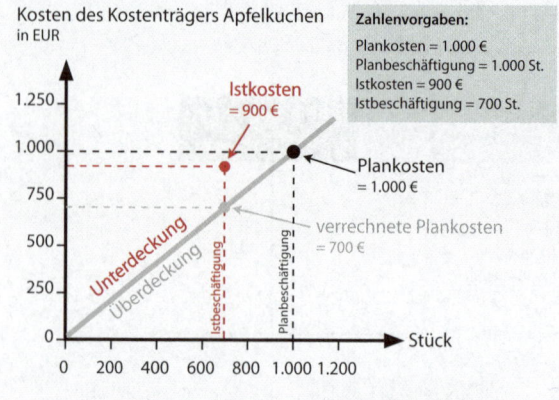

Die starre Plankostenrechnung folgert, dass bei Plankosten in Höhe von 1000 € und einer Planbeschäftigung von 1.000 Stück die geplanten Stückkosten bei 1 € liegen müssten (= **Plankostenverrechnungssatz**). Die für die abgesetzte Menge einkalkulierten Kosten werden als **verrechnete Plankosten** bezeichnet und werden als Produkt aus geplanten Stückkosten und Istbeschäftigung berechnet: Sie ergeben in unserem Beispiel 700 € (= 700 Stück mal 1 €/St.). Diese verrechneten Plankosten gingen den gesamten Monat über in die Preiskalkulation ein, decken aber nicht die tatsächlich entstandenen Istkosten im Umfang von 900 €. Die Differenz zwischen verrechneten Plankosten und Istkosten wird **Gesamtabweichung** genannt (−200 € = Kostenunterdeckung). Sofern sich die Istkosten in der Abbildung für eine beliebige Menge oberhalb der Linie der verrechneten Plankosten befinden (wie in unserem Beispiel), handelt es sich um eine **Kostenunterdeckung**. Die einkalkulierten Kosten konnten die tatsächlich entstandenen Kosten nicht abdecken. Unterhalb der Linie hätten wir dann den Fall einer **Kostenüberdeckung**.

In unserem Fall würde die Controlling-Kontrolllampe rot leuchten und eine **Analyse der Ursachen** wäre notwendig. Eine Antwort hierauf lie-

© 2020, Zeilenniveau Verlag GmbH

Zeilenniveau Verlag Z

fert die starre Plankostenrechnung soweit nicht. Die Abbildung zeigt aber auch, dass die verrechneten Plankosten bei einer Absatzmenge von 0 St. gleich 0 € sein müssten. Das könnte nur dann sein, wenn es keine Fixkosten gäbe, also alle Kosten variabel wären. Dies ist natürlich unrealistisch.

$$(6.69) \quad \text{Plankostenverrechnungssatz (PKVS)} = \frac{\text{Plankosten}}{\text{Planbeschäftigung}} =$$

$$= \frac{1.000 \, €}{1.000 \, \text{St.}} = 1 \, €/\text{St.}$$

$$(6.70) \quad \text{verrechnete Plankosten} = \text{PKVS} \cdot \text{Istbeschäftigung} =$$

$$= 1 € \cdot 700 \, \text{St.} = 700 \, €$$

$$(6.71) \quad \text{Gesamtabweichung} = \text{verrechnete Plankosten} - \text{Istkosten} =$$

$$= 700 \, € - 900 \, € = -200 \, € < 0 \qquad \rightarrow \text{Unterdeckung}$$

6.4.3.2 Flexible Plankostenrechnung

Wenn von den 1.000 € Plankosten 500 € fix seien, dann lässt sich daraus ableiten, wie groß die Kosten hätten sein sollen, sofern die Absatzmenge eine bestimmte Höhe erreicht. Wir dividieren hierfür die variablen Plankosten durch die Planbeschäftigung und erhalten den **variablen Plankostenverrechnungssatz** mit 0,50 € je Stück

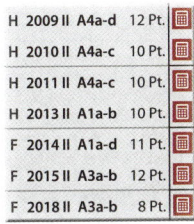

H 2009 II	A4a-d	12 Pt.
H 2010 II	A4a-c	10 Pt.
H 2011 II	A4a-c	10 Pt.
H 2013 II	A1a-b	10 Pt.
F 2014 II	A1a-d	11 Pt.
F 2015 II	A3a-b	12 Pt.
F 2018 II	A3a-b	8 Pt.

(500 € variable Plankosten dividiert durch 1.000 Stück). Die erlaubten **Sollkosten** erhält man durch die Multiplikation des variablen Plankostenverrechnungssatzes mit der Istbeschäftigung und einer anschließenden Addition mit den geplanten Fixkosten. In unserem Fall erhalten wir 850 € (0,50 €/St. mal 700 Stück plus 500 € Fixkosten). Die Sollkosten lassen sich ebenfalls als Gerade in die Abbildung eintragen. Sie beginnen links bei den Fixkosten und steigen in Höhe der variablen Stückkosten an. Sie müssen die Plankosten bei der Planbeschäftigung schneiden. Daraus lassen sich zwei weitere Formen der Abweichung ableiten:

6

Flexible Plankostenrechnung auf Vollkostenbasis

Für den Kostenträger Apfelkuchen gilt:

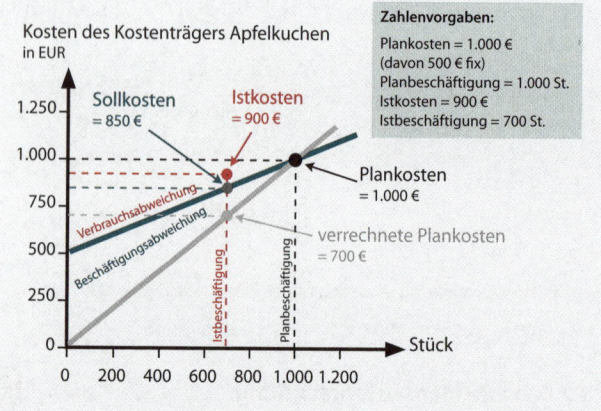

Zahlenvorgaben:
Plankosten = 1.000 €
(davon 500 € fix)
Planbeschäftigung = 1.000 St.
Istkosten = 900 €
Istbeschäftigung = 700 St.

(6.72) Plankostenverrechnungssatz (PKVS) = $\dfrac{\text{Plankosten}}{\text{Planbeschäftigung}}$ =

$$= \frac{1.000\ \text{€}}{1.000\ \text{St.}} = 1\ \text{€/St.}$$

(6.73) verrechnete Plankosten = PKVS · Istbeschäftigung =

$$= 1\text{€} \cdot 700\ \text{St.} = 700\ \text{€}$$

(6.74) Gesamtabweichung = verrechnete Plankosten - Istkosten =

$$= 700\ \text{€} - 900\ \text{€} = -200\ \text{€} < 0$$

(6.75) variabler Plankostenverrechnungssatz = $\dfrac{\text{variable Plankosten}}{\text{Planbeschäftigung}}$ =

$$= \frac{500\ \text{€}}{1.000\ \text{St.}} = 0,50\ \text{€/St.}$$

(6.76) Sollkosten = variabler PKVS · Istbeschäftigung + gepl. Fixkosten =

$$= 0,50\ \text{€/St.} \cdot 700\ \text{St.} + 500\ \text{€} = 850\ \text{€}$$

© 2020, Zeilenniveau Verlag GmbH

Zeilenniveau Verlag

- Die **Beschäftigungsabweichung** repräsentiert die Fixkostendegression. Sofern die geplante Auslastung in Höhe von 1.000 Stück nicht erreicht werden kann, verteilen sich die geplanten Fixkosten auf weniger Stück, wodurch die Fixkosten pro Stück und damit auch die Stückkosten insgesamt größer werden. Insofern wäre bei einer geringeren als der geplanten Auslastung eine höhere Kostenbelastung als die durch die verrechneten Plankosten dargestellte Linie notwendig. Die Differenz zwischen verrechneten Plankosten und Sollkosten wird als Beschäftigungsabweichung bezeichnet. Sie beträgt in unserem Fall -150 € (= 700 € − 850 €).

- Die **Verbrauchsabweichung** erfasst hingegen den Abstand zwischen Soll- und Istkosten und beträgt -50 € (= 850 € − 900 €). Hier liegt wiederum eine Kostenunterdeckung vor. Das heißt, die tatsächlichen Istkosten waren größer als die Sollkosten. Gründe liegen häufig in höheren Beschaffungspreisen oder einem größeren Verbrauch, Schwund oder Diebstahl. Auch hier ist die Plankostenrechnung nur ein Einstieg, um auf möglicherweise problematische Abweichungen hinzuweisen.

- Die **Gesamtabweichung** addiert die Beschäftigungs- und Verbrauchsabweichung und muss zum gleichen Ergebnis wie die starre Plankostenrechnung kommen (-200 € Kostenunterdeckung).

(6.77) Beschäftigungsabweichung (BA) = verrechn. Plankosten - Sollkosten

$$= 700 \text{ €} - 850 \text{ €} = -150 \text{ €}$$

(6.78) Verbrauchsabweichung (VA) = Sollkosten - Istkosten

$$= 850 \text{ €} - 900 \text{ €} = -50 \text{ €}$$

(6.79) Gesamtabweichung (GA) = BA + VA

$$= -150 \text{ €} - 50 \text{ €} = -200 \text{ €}$$

6

6.4.4 Neuere Kostenrechnungsverfahren

6.4.4.1 Zielkostenrechnung (Target Costing)

Märkte mit einem Mangel an Angebot werden als **Verkäufermärkte** bezeichnet. Die Kalkulation ist hier relativ einfach. Es werden einfach die anfallenden Kosten in Form einer Vorwärtskalkulation einkalkuliert und damit der Verkaufspreis berechnet. Im Normalfall herrschen zumindest heutzutage **Käufermärkte** vor. Diese Märkte sind durch überschüssige Kapazitäten gekennzeichnet, die Hersteller betreiben intensiven Wettbewerb um die Kunden und die Preise sind eng an den Marktpreisen ausgerichtet. In diesen Rahmen passt die **Zielkostenrechnung (target costing),** die von gegebenen Marktpreisen ausgeht und damit eine Art Rückwärtskalkulation durchführt.

Zu den **Phasen der Zielkostenrechnung** gehören:

- **Zielkostenfindungsphase**: Ausgehend vom **Zielverkaufspreis (target price)** wird die geplante Gewinnmarge abgezogen. Daraus ergeben sich die erlaubten Kosten (**allowable costs**). Sofern diese niedriger als die vorherrschenden **Standardkosten** (**drifting costs**) sind (= **Zielkostenlücke**), müssen die Kosten in den einzelnen Funktionsbereichen gesenkt werden.

- **Zielkostenspaltungsphase**: Hier werden die gesamten erlaubten Zielkosten auf die einzelnen Produktelemente bzw. Funktionen verteilt. So könnten überflüssige Funktionen und damit Kosten eliminiert werden. Eine ergänzende **Wertanalyse** ist bestrebt, die erforderlichen Funktionen eines Produkts mit niedrigeren Kosten zu erzielen.

- Die **Zielkostenerreichungsphase** behandelt die konkrete Umsetzung der in Phase 2 bestimmten Maßnahmen.

Tipp:

In HSQ-Prüfungen der Industriefachwirte waren hier Formen der Rückwärtskalkulation zu berechnen. Zwar ist das für WFW nicht wahrscheinlich, aber nicht ausgeschlossen. Hierfür benötigen Sie Wissen aus dem Fach Rechnungswesen (WQ-Teil).

Zeilenniveau Verlag

6.4.4.2 Prozesskostenrechnung

F 2017 II A4b   6 Pt.

Es wird nicht mehr auf der traditionellen Ein-
teilung des Betriebs in Abteilungen/Kostenstellen aufgebaut. Nicht
mehr der sachliche Betriebsaufbau (*verrichtungsorientierte Organisation*) steht im Vordergrund, sondern eine **prozessorientierte Sicht der
Organisation**. Für die Kostenrechnung bedeutet dies eine Kalkulation
ausgehend von einzelnen Prozessen (Tätigkeiten, Abläufen), für die
Prozesskostensätze berechnet werden. Dabei setzen sich die einzelnen
Hauptprozesse aus Teilprozessen zusammen, die auch abteilungsübergreifend sein können.

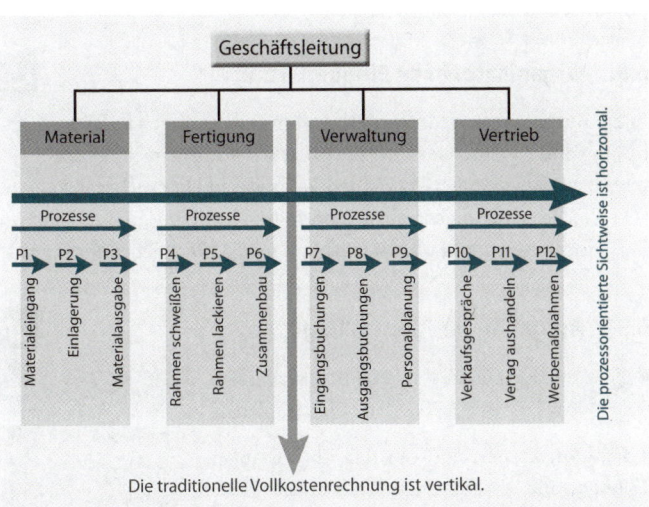

Es zeigt sich klar der **horizontale Charakter der Prozesskostenrechnung,** dabei sind viele (Teil-) Prozesse notwendig um das von den Lieferanten erhaltene Fertigungsmaterial als Fertigprodukt an den Kunden
weiterzureichen. Die herkömmliche (Voll-) Kostenrechnung ist demgegenüber **vertikal** und berechnet für die einzelnen Abteilungen jeweils
Gemeinkostenzuschlagssätze. **Vorteile**: 1. Förderung abteilungsübergreifenden Denkens, 2. Kontrolle und Verbesserung von Prozessen,
3. Aufdeckung von Einsparungspotenzialen, 4. mehr Transparenz.

6

6.5 Controlling

6.5.1 Begriff und Notwendigkeit des Controllings

Das Controlling besteht aus **Planung, Lenkung/**

| H 2014 II A3a | 2 Pt. |
| F 2016 II A1a | 3 Pt. |

Steuerung/Koordination und Kontrolle im Unternehmen. Zur Erfüllung dieser Aufgaben benötigt das Controlling **Informationen**, die es beschafft, aufbereitet, analysiert, weiterreicht. Zu den **Zielen des Controllings** zählen: 1. Grundlage für fundierte Unternehmensentscheidungen, 2. Entlastung und Unterstützung des Managements, 3. Einrichtung eines Frühwarnsystems und 4. Informationssystem für das Management.

6.5.2 Organisatorische Eingliederung

In die **Aufbauorganisation** von kleineren Unternehmen kann das Controlling durch einen oder mehrere Mitarbeiter in Form einer bzw. mehrerer Stabsstellen integriert werden. In größeren Unternehmen kann es auch eigene Abteilungen geben. Controlling kann in unterschiedlichen **Funktionsbereichen** stattfinden: bspw. Finanz-, Personalcontrolling.

6.5.3 Aufgaben des Controllings

- **Planung**: Erstellung von Plänen, Plausibilitätsprüfung, Fusion von Teil- und Gesamtplänen.

H 2009 II A7a	2 Pt.
F 2010 II A3a-b	10 Pt.
H 2011 II A1a	6 Pt.
F 2013 II A1a	3 Pt.
H 2014 II A3b	9 Pt.
F 2017 II A4a	8 Pt.
F 2018 II A4a-b	12 Pt.
H 2019 II A3a	4 Pt.

- **Lenkung/Steuerung/Koordination**: Empfehlungen für die einzelnen Abteilungen (keine Weisungsbefugnis), Koordination der einzelnen Bereiche/Abteilungen/Projekte.

- **Kontrolle**: regelmäßige Soll-/Ist-Vergleiche, Analyse von Abweichungen, Soll-/Wird-Analysen.

- Zur Erfüllung dieser Aufgaben benötigt das Controlling **Informationen**, die es beschafft, aufbereitet, analysiert, weiterreicht: Kennzahlen, Berichte erstellt, Steuerungsinformationen für die einzelnen Abteilungen/Bereiche.

Zeilenniveau
Verlag

Eine wesentliche Aufgabe des Controllings sind **Berichten**, z. B.:

- **Personalberichte**: Personalkosten, -kennzahlen, Beschäftigte

- **Finanzberichte**: Liquiditätsplanung, Soll-Ist-Abweichungen

- **Erfolgsberichte**: mehrstufige Deckungsbeitragsrechnung, Kostenträgerzeitrechnung

- **Fertigungsberichte**: Auslastungsgrade, Mengen, Ausschuss

6.5.4 Controllinginstrumente

Es wird zwischen dem strategischen und dem operativen Controlling unterschieden:

H 2009 II A7b	4 Pt.	
H 2011 II A1b	2 Pt.	
F 2013 II A1b	3 Pt.	
F 2014 II A2a	4 Pt.	
F 2015 II A4a	2 Pt.	

- Das **strategische Controlling** beschäftigt sich mit der grundlegenden, langfristigen Richtung der Entwicklung, also der Frage, wo das Unternehmen in fünf oder zehn Jahren stehen möchte.

- Das zahlenlastige **operative Controlling** versucht diese vorgegebene Zielrichtung im Detail umzusetzen. Dazu werden für die einzelnen Bereiche konkrete kurzfristige Pläne (bspw. Budgets) gemacht.

- Die **Kontrolle** erfolgt dabei mit Soll-Ist-Vergleichen (am Ende), Soll-Wird-Vergleichen (zwischendurch), Branchenvergleichen (mit den stärksten Konkurrenten), Zeitvergleichen (letztes Jahr vs. dieses Jahr) und bei größeren Unternehmen mit Vergleichen zwischen einzelnen Betriebsstätten oder zwischen einzelnen Filialen.

6.5.4.1 Strategische Controllinginstrumente

Zu den Instrumenten des strategischen Controllings

In Kapitel 5.1.3 werden 6 Instrumente der strategischen Planung bzw. des **strategischen Controllings** ausführlich und stellvertretend auch für die Kapitel 6.5.4.1 und 8.1.3.2 erläutert. Prüfungsverweise finden Sie hier.

6

1. Produktlebenszyklusanalyse

- vgl. ausführlich Kapitel 5.1.3

2. Portfolio-Analyse

- vgl. ausführlich Kapitel 5.1.3

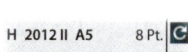

3. SWOT-Analyse

- vgl. ausführlich Kapitel 5.1.3

4. Benchmarking

- vgl. ausführlich Kapitel 5.1.3

5. Balanced Scorecard

- vgl. ausführlich Kapitel 5.1.3

6. Erfahrungskurvenanalyse

- vgl. ausführlich Kapitel 5.1.3

6.5.4.2 Operative Controllinginstrumente

Zu den operativen Controllinginstrumenten ⟨H 2019 II A3b 8 Pt.⟩ (bspw. zur Gestaltung eines **Berichtswesens**) zählen u. a.:

- In den unterschiedlichen Funktionsbereichen eines Unternehmens sind jeweils verschiedene **Kennzahlen** nutzbar: bspw. Absatz (Verkaufszahlen nach Menge, Umsatz, Region und Artikelgruppen), Personal (Beschäftigte nach Alter etc., Fluktuationsraten) oder Deckungsbeitrag nach Kunde, Produkt oder Produktgruppe.

- Im Bereich der Kostenrechnung sind zudem auch Break-even-Analysen zur Berechnung der Gewinnschwelle nutzbar.

- In der Formelsammlung finden Sie zahlreiche weitere Kennzahlen.

   © 2020, Zeilenniveau Verlag GmbH   Zeilenniveau Verlag

7 Zur Prüfung in Logistik

Bei diesem Fach stehen die Masse des zu lernenden Wissens und dessen Anwendung im Vordergrund:

- **IHK-Prüfung**: Wirtschaftsfachwirt, »Handlungsspezifische Qualifikationen«, Situationsaufgabe II – davon ca. 40 Prozent.

- **Zeit**: ca. 40 % von 240 Minuten ≈ 100 Minuten.

- **Hilfsmittel**: Taschenrechner.

- **Probleme**: 1. Der Zeitfaktor könnte ein großes Problem werden. Zumal viele Prüflinge bei einzelnen Fragen zu viel bzw. zu wenig schreiben. Bei »Nennen ...« wird zu viel, bei »Erläutern ...« zu wenig geschrieben. 2. Nicht nur die Rechnungsaufgaben wiederholen sich auf ähnliche Art. 3. Viele Prüflinge haben Schwierigkeiten, leicht umformulierte Aufgaben zu verstehen und zu lösen, da nur Wissen auswendig gelernt wurde und das hingegen notwendige Verständnis fehlt.

- **Lösungsstrategien**: 1. Konzentrieren Sie sich auf die Aufgaben und Ihr vorhandenes Wissen. Nutzen Sie insbesondere bekannte Lösungsschemen, die in den folgenden Seiten geboten werden. Dazu sollte natürlich entsprechendes Wissen vorhanden sein. Denn eine nicht verstandene Formel der Formelsammlung hilft nicht weiter. Das erforderliche Wissen können Sie in diesem Fachbuch aneignen bzw. wiederholen. 2. Üben Sie anhand von alten Prüfungen und den Prüfungssimulationen in Anhang B die Bearbeitung von anwendungsorientierten Aufgaben (Fallbeispielen und Rechenaufgaben).

   © 2020, Zeilenniveau Verlag GmbH   Zeilenniveau Verlag

7 Logistik

7.1 Einkauf und Beschaffung

7.1.1 Grundlagen der Logistik

7.1.1.1 Überblick

Ziele und Definition

Die Logistik beschäftigt sich mit der optimalen Gestaltung des Material-, Waren- und Informationsflusses im und außerhalb des Unternehmens. Demnach muss die Logistik die folgenden sechs **Ziele** bzw. **Anforderungen** erfüllen:

- die richtigen Güter, Waren oder Informationen,

- in der richtigen Menge,

- in der richtigen Qualität,

- am richtigen Ort, zur richtigen Zeit und

- zu den richtigen Kosten bereitstellen.

Ziele der Logistikprozesse

- Reduzierung der Lagerkosten   F 2015 II A5b   3 Pt.

- Verkürzung der Durchlaufzeiten

- Optimierung der internen/externen Güterflussprozesse

- Verknüpfung verschiedener Subsysteme – Lieferanten, etc.

- zeitgenaue Lieferung: »just in time« und »just in sequence«(vgl. Kap. 7.1.3.1)

7

Zielkonflikte

Wo es mehrere Ziele gibt, kommt es zumeist zu Zielkonflikten, da sich nur selten/nie alle Ziele gleichzeitig verwirklichen lassen:

- Es ergeben sich **Zielkonflikte** zwischen Logistik und anderen Funktionsbereichen: So führt eine Senkung der Lagerkosten durch »just in time« ggf. zu einer geringeren Verfügbarkeit in der Fertigung. Auch innerhalb der Logistik sind Zielkonflikte denkbar.

- **Beschaffung**: Hier sollten möglichst große Mengen geordert werden, um die Beschaffungskosten durch die Ausnutzung von Mengenrabatten sowie günstigeren Bestell- und Anlieferungskosten zu senken.

- **Lagerhaltung**: Hier gilt das exakte Gegenteil. Je größer die einzelnen Beschaffungsmengen sind, umso höher werden die Lagerhaltungskosten.

- **Fertigung**: Zur Aufrechterhaltung der Produktion wären große Lager wünschenswert, um auch bei unvorhersehbaren Entwicklungen fertigungsfähig zu bleiben.

- **Finanzierung**: Höhere Bestell- und Lagermengen bedeuten auch höhere Kosten der Finanzierung, da diese Mengen zwischenfinanziert werden müssen. Damit steigen insbesondere die Lagerzinsen.

Zunehmende Bedeutung d. Logistik/internationale Trends

Zu den Trends bzw. Gründen der zunehmenden Bedeutung der Logistik zählen u. a.:   F 2015 II A5a   4 Pt.

- zunehmende Globalisierung der vergangenen Jahrzehnte

- Abbau der Grenzschranken, der Zölle und der nicht-tarifären Handelshemmnisse

- technologische Entwicklungen (Internet/internationale Informationswege sowie internetbasierte Absatz- und Beschaffungsmärkte)

Zeilenniveau Verlag

7

- allgemein der Wandel von Verkäufer- zu Käufermärkten: **Verkäufermärkte** sind durch eine Überschussnachfrage und **Käufermärkte** durch ein Überschussangebot gekennzeichnet.

- Sättigungstendenzen bei bestimmten Märkten: Wechsel auch in manchen aufstrebenden Volkswirtschaften zu Käufermärkten

- kürzere Produktlebenszyklen

- größere Bedeutung von Sicherheits- und Umweltaspekten

Outsourcing der Logistik

Insbesondere die Absatzlogistik selbst könnte an externe Dienstleister ausgelagert werden (Outsourcing). Zu den Vorteilen zählen: Vereinfachung, hohes Knowhow des externen Dienstleisters, Kostenvorteil. Als Nachteile könnten Know-how-Transfers zu Konkurrenten sowie Abstimmungsprobleme folgern. Alternativen zur Auslagerung wären bspw.: (1) eigene Logistiktochter gründen und (2) Profitcenter einrichten.

H 2013 II A6c-d   6 Pt.
F 2019 II A4a   12 Pt.

Zuordnung der Logistik

Die BWL ist eine junge Wissenschaft und zudem einem ständigen Wandel (durch bspw. Globalisierung, neue Technologien, immer schnellere Produktzyklen) unterworfen. Das gilt gerade auch für den Bereich der Logistik. Dies hat zur Folge, dass auch die Begriffe Beschaffung, Logistik und Materialwirtschaft nicht so einheitlich und frei von Überschneidungen sind. So wird mal die Beschaffung, mal die Materialwirtschaft oder wie hier im Rahmenstoffplan des DIHK die Logistik als Oberbegriff der beiden anderen betrachtet.

7

Zuordnung der Logistik

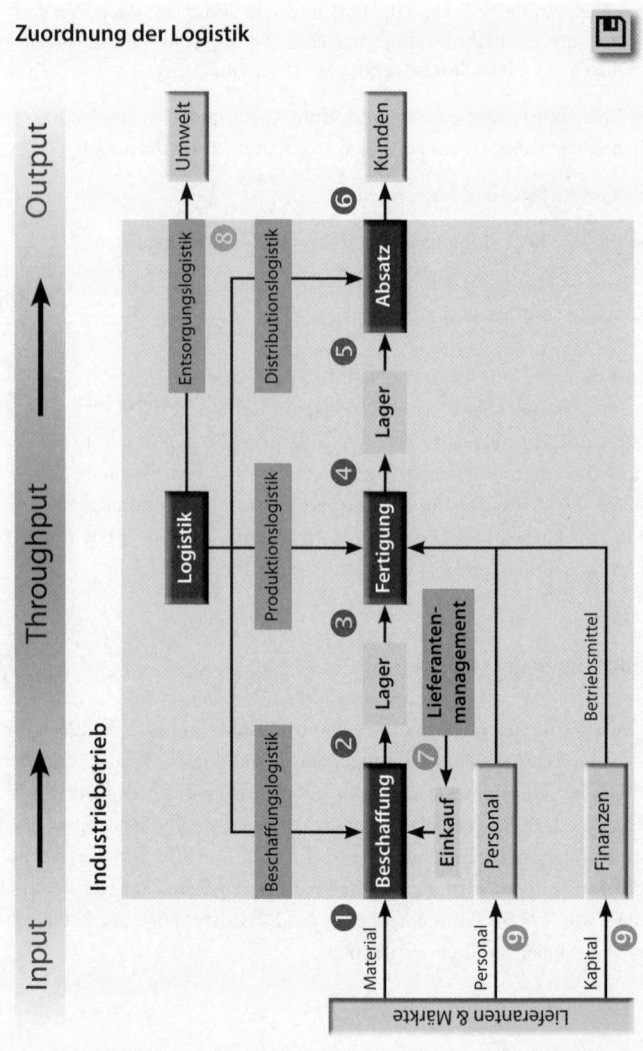

Zeilenniveau Verlag

Zur besseren Übersicht wird in diesem Fachbuch der folgende Ansatz gewählt:

- Die Logistik beschäftigt sich mit der Optimierung des Waren-, Material- und Informationsflusses in- und außerhalb des Unternehmens. Sie umfasst die Glieder ❶ bis ❻ entlang der Wertschöpfungskette sowie die Entsorgungslogistik ❽.

- Das Supply-Chain-Management (SCM) ist bestrebt die logistische Kette (❶ bis ❻) vom Lieferanten zum Kunden zu optimieren. Der Fokus liegt dabei auf der Zusammenarbeit mit Lieferanten/Kunden in Form eines ganzheitlichen Ansatzes.

- Die Beschaffung hat für eine bedarfsgerechte Versorgung mit den betriebsnotwendigen Gütern zu sorgen. Dazu zählen die Beschaffungslogistik und der Einkauf (❶ und ❼). Sie hat eine gemeinsame Schnittmenge mit der Logistik (Beschaffungslogistik). Aber die Beschaffung ist mit dem Einkauf weiter als ihr logistischer Teil gefasst. Sie umfasst im weiteren Sinne auch die Beschaffung von Personal und Kapital (❾).

- Zudem ist die Materialwirtschaft eng mit den beiden Begriffen verbunden. Sie umfasst alle Tätigkeiten, um im Betrieb die benötigten Güter (Materialien) optimal bereitzustellen. Dazu zählt die Beschaffung (im engeren Sinne: ❶ und ❼), Teile der Logistik (❶ bis ❺) sowie die Lagerhaltung. Zudem kann auch noch die Produktionsplanung und -steuerung hinzugerechnet werden. Bisweilen wird diese Form als voll integrierte Materialwirtschaft bezeichnet.

7

7.1.1.2 Begrifflichkeiten

TULK-Tätigkeiten

- **Transport**: Raumüberbrückung der Waren, Güter & Informationen mit Hilfe von Transportmitteln.

- **Umschlag**: Be-/Um-/Entladen von Transportmitteln.

- **Lagerhaltung**: Zwischenlagerung d. Vor-/Zwischen-/Endprodukte.

- **Kommissionierung & Verpackung**: Die Endprodukte werden in Form von einzelnen Aufträgen für den Abnehmer zusammengestellt (kommissioniert) und für den Transport verpackt.

Hauptbereiche der Logistik

- **Beschaffungslogistik (BL)**: Hier geht es um den Fluss des Materials/der Waren vom Lieferanten zum Lager.

| H 2012 II A7a-b | 6 Pt. |
| H 2013 II A6b | 3 Pt. |

- **Fertigungslogistik (PL = Produktionslogistik)**: Das Material und die Waren müssen den einzelnen Produktionsschritten zugewiesen werden sowie zwischen diesen transportiert werden.

- **Distributionslogistik (DL bzw. Absatzlogistik)**: Die Fertigprodukte müssen zum Kunden gebracht werden.

- **Entsorgungslogistik (EL)**: In Zeiten zunehmender Umweltverantwortung wird auch die Frage nach der optimalen Vermeidung, Entsorgung und des Recyclings von Abfällen immer bedeutsamer.

Zudem gibt es noch die folgenden Anwendungsbereiche d. Logistik:

- **Transportlogistik**: Für die verschiedenen Bereiche der Logistik müssen Transportkapazitäten bereitgestellt werden müssen.

- **Lagerlogistik**: Sie beschäftigt sich mit dem Material- und Warenfluss innerhalb der Lager und zwischen den Lagern.

- **Informationslogistik**: Der Informationsfluss muss mithilfe der EDV gestaltet werden.

Zeilenniveau Verlag

7

Bereiche	Transport	Umschlag	Lagerung	Kommissionierung
Beschaffungs-logistik	Anlieferung	LKW entladen	Einlagerung	findet beim Lieferanten statt
Produktions-logistik	Fließband	Fließbänder befüllen	Zwischen-lager	Bauteile für Produkt bereitstellen
Distributions-logistik	Lieferung an Kunden	LKW beladen	Lager für Fertigprod.	Kundenaufträge zusammenstellen
Entsorgungs-logistik	mit LKW zur Deponie	LKW beladen	Zwischen-lager	Abfälle zusammen entsorgen

Funktionen/Aufgaben der Beschaffungslogistik

- Ermittlung der optimalen Bestellmengen

- Beschaffungszeitpunkte und Liefermengen festlegen

- Auswahl der geeigneten Lieferanten

- Entscheidung hinsichtlich des Kaufs/Fremdbezugs oder Eigenfertigung (make or buy-Entscheidung).

Funktionen/Aufgaben der Fertigungslogistik

Zu den Funktionen/Aufgaben der Fertigungslogistik zählen:

- Produktionsplanung und -steuerung

- Planung, Überwachung des innerbetrieblichen Materialflusses sowie exakte Zuteilung des Materials

- kurze Durchlaufzeiten u. optimale Kapazitätsauslastung gewähren

Funktionen/Aufgaben der Distributionslogistik

- Zwischenlagerung der Fertigprodukte; Aufträge zur Auslagerung an den Kunden bearbeiten

  F 2015 II A5c   5 Pt.
  F 2019 II A4b   4 Pt.

- Kommissionierung der Ware, Ware verpacken und zum Transport bereitstellen (Frachtpapiere) und Warentransport durchführen (vgl. Transportlogistik)

- diesbezüglichen Informationsfluss steuern

7

Supply-Chain-Management bzw. logistische Ketten

Nicht nur die interne Optimierung des Güter-, Waren- und Informationsflusses – der internen logistischen Ketten – ist von Bedeutung. Zudem ist der Einbezug der gesamten Wertschöpfungskette von unseren Lieferanten hin zu den Endverbrauchern von Bedeutung. Mit der Optimierung dieser Wertschöpfungsketten vom Lieferanten zum Kunden beschäftigt sich das **Supply-Chain-Management (SCM)**.

Organisatorische Eingliederung der Logistik

In der Logistik geht es primär um Prozesse und sie gehört damit zur optimalen Gestaltung der Ablauforganisation. In Rahmen der **Aufbauorganisation** kann die Logistik entweder a) als Linienstelle, b) als Stabsstelle, c) als eigener Funktionsbereich bzw. Abteilung oder d) als Tätigkeitsbereich einzelner Stellen eingeordnet werden.

System gleichbleibender Einheiten

Zur Optimierung der logistischen Ketten zählt   H 2013 II A6a   3 Pt. 🖫
ggf. auch die Umsetzung von identischen Einheiten (1 Produktionseinheit = 1 Verpackungseinheit = 1 Transporteinheit = 1 Lagereinheit = 1 Verkaufseinheit). Zu den **Vorteilen** zählen:

- hoher Automatisierungsgrad möglich

- Erleichterung bei der Ein- und Auslagerung

- geringere Schäden durch Umpacken

- leichtere Transporte

- bessere Kontrollmöglichkeiten auf allen Ebenen

- **Nachteile**: geringere Flexibilität und teilweise höhere Kosten, da Größenvorteile nicht vollständig genutzt werden können.

Zeilenniveau Verlag

7.1.2 Einkaufsprozess

7.1.2.1 Der Ablauf

Phasen des Einkaufsprozesses (gemäß Verrichtungsprinzip)

- Bedarfsanforderung (vgl. Kapitel 7.1.3.2)   H 2017 II A5a   4 Pt. C

- Anfrage

- Angebotsbeurteilung und -entscheidung

- Nachbesserung durch Einkaufsverhandlungen

- Bestellung

- Wareneingang (vgl. Kapitel 7.2.1.1)

- Prüfung der Eingangsrechnung

Anfrage

Es sind hier zwei grundsätzliche Möglichkeiten zu unterscheiden:

- Es werden vorhandene Bezugsquellen/Lieferanten genutzt.

- Neue Bezugsquellen können durch Internet, Fachmessen, Kataloge etc. ermittelt werden, sofern neue Materialien erforderlich oder die bisherigen Bezugsquellen ersetzt werden sollen.

Im Anschluss an die Entscheidung über die Auswahl möglicher Lieferanten werden Anfragen an diese Lieferanten gestellt. Diese Anfragen sollten folgende Voraussetzungen erfüllen, z. B.:

- konkrete Angaben hinsichtlich des Materials (Maßangaben, Qualität etc.)

- Menge

- Liefertermin oder Lieferzeitraum, Lieferbedingungen

- Zahlungsbedingungen und ggf. Preisvorstellungen

7

Angebot

Nachdem bei verschiedenen Lieferanten Anfragen terminiert gestellt werden, müssen die eingehenden Angebote verglichen werden, um eine optimale Entscheidung treffen zu können.

Bestellung

Sofern ein bestimmtes Angebot ohne Änderung angenommen wird, kommt durch diese Bestellung ein Kaufvertrag zustande. Wenn hingegen auf das Angebot mit Änderungen eingegangen wird, handelt es sich um ein neues Angebot.

Kriterien beim Lieferanten-/Angebotsvergleich

- Qualität der zu beschaffenden Materialien

- Zertifizierung der Lieferanten

- Beschaffungskosten und Zahlungsbedingungen

H 2009 II A1a	4 Pt.	
H 2011 II A8c	5 Pt.	
F 2012 II A6a-b	6 Pt.	
H 2015 II A5a	4 Pt.	

- Flexibilität, Einhaltung von Terminzusagen

- geografische Lage

- Image des Lieferanten, Service, Garantie und Kulanz

- Umweltaspekte

Vergleich der Angebotspreise

F 2016 II A7a	6 Pt.

Sofern es sich um Angebote handelt, die sich nur aufgrund der Beschaffungskosten und Zahlungsbedingungen unterscheiden, kann sich ein Vergleich darauf reduzieren. Das ergibt nur dann Sinn, wenn die Qualität etc. gleich ist – es sich um standardisierte Güter handelt. In diesem Fall müssen die (Brutto-) Angebotspreise um Rabatte (inkl. möglicher Skonti), mögliche Zuschläge und sonstigen

Zeilenniveau Verlag

7

Nebenkosten korrigiert werden. Daneben spielen die Zahlungsbedingungen (Fristen) eine wesentliche Rolle.

Nachbesserung durch Einkaufsverhandlungen

In der Praxis gibt es nicht nur Anfragen und annehmende oder ablehnende Angebote, sondern insbesondere bei bedeutsameren Einkäufen werden in Verhandlungen bessere Konditionen ausgehandelt. Für solche **Verhandlungsgespräche** empfiehlt sich die folgende **Checkliste**:

H 2009 II A1b	4 Pt.
H 2015 II A5b	4 Pt.

- Welches Ziel wird angestrebt (Preise, Qualität, Zahlungs- und Lieferbedingungen)?

- Welche Informationen werden benötigt (bspw. Markt, Konkurrenz, Erwartungen der Preisentwicklung, Substitutionsgüter)?

- Wie sieht die Verhandlungsposition aus? Wer hat bessere Auswahlmöglichkeiten und damit die stärkere Machtposition? Liegen Alternativen von Konkurrenten vor?

- Wer wird die Verhandlungen führen? Wo werden die Verhandlungen geführt?

- Welche Argumente/Gegenargumente sind anbringbar/denkbar?

Nutzwertanalyse

Sofern beim Lieferanten-/Angebotsvergleich auch nicht-monetäre Faktoren berücksichtigt werden sollen, wird zumeist die Nutzwertanalyse eingesetzt (vgl. ausführlich Kapitel 5.4.2.3).

F 2010 II A6a-b	7 Pt.
H 2010 II A7a-b	8 Pt.
F 2014 II A7a-b	8 Pt.
F 2016 II A7b	6 Pt.
H 2016 II A7a-b	8 Pt.
F 2018 II A5a-c	12 Pt.

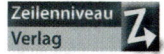

7.1.2.2 Sourcing-Konzepte

Für Unternehmen gibt es gerade in einer globa-   F 2009 II A4a-c 14 Pt.
lisierten Welt verschiedene Formen von **Sour-**   H 2010 II A6a-c 10 Pt.
cing-Konzepten (bzw. **Beschaffungsstrategien**, vgl. auch Kap. 7.1.3.1).
Zunächst gilt es dabei die folgenden Fragen zu klären:

- Welche Strategie ermöglicht uns eine optimale Kombination aus Preis, Qualität, Termintreue etc.?

- Inwiefern ist eine enge Bindung an einen Lieferanten wünschenswert? Welche Informationen dürfen Lieferanten erhalten?

- Wie kann sichergestellt werden, dass Marktveränderungen erkannt und berücksichtigt werden?

Es werden verschiedene **Formen** von Sourcing-Konzepten anhand der folgenden **Kriterien** unterschieden (anschließende Erläuterung):

1. Träger der Wertschöpfung: Eigenfertigung oder Fremdbezug
2. Fertigungstiefe bei der Beschaffung: Einzelteilbeschaffung oder Beschaffung von ganzen Modulen
3. Zusammenarbeit in der Beschaffung
4. Ort der Beschaffung: lokal, regional, national oder global
5. Zahl der Lieferanten
6. Zentraler oder dezentraler Einkauf

1. Eigenfertigung oder Fremdbezug (Make or Buy)

Hier handelt es sich um eine grundsätzliche Ent-   H 2012 II A9a-c   9 Pt.
scheidung, die nachhaltige Auswirkungen auf
das gesamte Unternehmen hat. Fassen wir in einer Tabelle die jeweiligen Vor- und Nachteile des Fremdbezugs zusammen, die umgekehrt den Nach- und Vorteilen der Eigenfertigung entsprechen:

Zeilenniveau
Verlag

Fremdbezug	
Vorteile	**Nachteile**
• Verminderung der Fixkosten möglich, da weniger Anlagen notwendig sind	• längerfristige Abhängigkeit vom Lieferanten
• keine zusätzlichen und zukünftigen Investitionen erforderlich	• Verlust von Wissen im Unternehmen
• geringere Fertigungstiefe, Konzentration auf Kernkompetenzen	• Weitergabe von spezifischem Wissen
• ggf. mehr Know-how des Lieferanten	• Aufbau neuer Konkurrenten

Tipps:

1. Zur Berechnung des Vorteils vgl. Fach Kostenrechnung (RSP 6.4.1.2).

2. **Insourcing** steht für das Konzept, zuvor ausgelagerte Prozesse/Bereiche (Outsourcing) wieder im Unternehmen einzugliedern.

2. Fertigungstiefe bei der Beschaffung

Bei Fremdbezug muss sich ein Unternehmen fragen, inwiefern Einzelteile oder ganze Module geordert werden sollen:

• **Unit Sourcing**: Sofern Einzelteile beschafft werden, kann die beste Qualität oder der günstigste Preis bzw. die genaue gewünschte Spezifikation beschafft werden. Das erhöht die eigene Flexibilität und verringert die Abhängigkeit von Anbietern. Es steigen jedoch auch die Kosten durch unsere steigende Fertigungstiefe.

• **Modular Sourcing**: In diesem Fall werden komplette Module bzw. Baugruppen (bspw. Motoren) beschafft. Die Fertigungstiefe sinkt und damit auch die Fertigungskosten. Man kann sich auf weniger Lieferanten konzentrieren. Aber die Vorteile der Einzelteilbeschaffung gehen verloren.

• **System Sourcing**: Diese Effekte verstärken sich noch, wenn anstelle von einzelnen Baugruppen komplexe Baugruppen beschafft werden, die sich aus einzelnen Baugruppen zusammensetzen.

7

3. Zusammenarbeit (Kooperation) in der Beschaffung

Je nach Unternehmensgröße und Marktmacht der Gegenseite bieten sich auch die folgenden beiden Varianten an:

- **Individual Sourcing**: Das Unternehmen führt seine Beschaffung eigenständig durch.

- **Collective Sourcing**: Die Beschaffung wird in Kooperation mit anderen Unternehmen durchgeführt. Dies bietet sich insbesondere für kleinere Unternehmen ohne Marktmacht an. In der Zusammenarbeit mit anderen Unternehmen können zusammen bessere Konditionen ausgehandelt werden. Dieses genossenschaftliche Prinzip finden wir häufig bei Handelsbetrieben.

4. Ort der Beschaffung

Ebenfalls wichtig ist die Frage nach dem Ort der Beschaffung:

- **Local Sourcing**: Wer sich für Lieferanten vor Ort entscheidet, hat kürzere Wege und damit geringere Transportkosten sowie weniger Transportausfälle. Dies ist insbesondere bei einer Just-in-time-Fertigung sinnvoll. Zudem kann bisweilen der lokale Bezug auch als Marketingargument ausgenutzt werden – jedoch nur für den regionalen Vertrieb.

- **National Sourcing**: Bestimmte Branchen/Zeiten sind ggf. durch nationale Grenzen gekennzeichnet. Insofern kann hier die landesweite Beschaffung vorteilhaft oder gar notwendig sein (»America first«).

- **Global Sourcing**: Die Entscheidung für den weltweiten Bezug ermöglicht die Ausnutzung der günstigsten Preise, der besten Qualität oder des besten Services usw. Allerdings steigen auch die Risiken durch bspw. Transport, politische Entwicklungen, Wechselkurse.

© 2020, Zeilenniveau Verlag GmbH

Zeilenniveau Verlag

5. Lieferantenanzahl

Sofern man sich für den Fremdbezug entscheidet, stellt sich weiterhin die Frage nach der Anzahl der Lieferanten für ein bestimmtes Produkt:

F 2009 II A4d	6 Pt.
F 2014 II A6b	6 Pt.
H 2019 II A6a-b	7 Pt.

- **Single Sourcing**: Wer sich für einen Lieferanten entscheidet, kann eher eine enge und partnerschaftliche Zusammenarbeit erwarten. Es dürften eher Preisnachlässe und Sonderkonditionen aushandelbar sein. Der Lieferant dürfte flexibler und kurzfristiger auf unsere Wünsche eingehen. Zudem dürfte der Service besser sein. Zu den Nachteilen zählen die Abhängigkeit von diesem Lieferanten und es kann nicht jedes Sonderangebot am Markt genutzt werden.

- **Dual Sourcing (Triple Sourcing)**: Zum Zweck der Verminderung der Abhängigkeit von einem Lieferanten werden zwei (bzw. drei) Lieferanten gewählt. Für gewöhnlich wird der Großteil der Materialien von einem Lieferanten gewählt. Sollte dieser aber ausfallen, kann auch eher kurzfristig auf einen der anderen zurückgegriffen werden. Es entsteht dadurch auch eine gewisse Konkurrenz der Lieferanten untereinander.

- **Multiple Sourcing**: Die Abhängigkeit von einzelnen Lieferanten schwindet völlig, aber dafür auch deren Interesse an kurzfristigen Lösungen und außergewöhnlichem Service in Sondersituationen.

Multiple Sourcing	
Vorteile	**Nachteile**
• geringere Abhängigkeit	• hohe Kosten im Bestellwesen und der Eingangskontrolle
• Konkurrenz unter den Lieferanten führt zu Innovationen	• zu geringe Bestellmengen mit fehlenden Mengenrabatten
• Konkurrenz unter den Lieferanten fördert Qualität und günstige Preise	• Wissenstransfer mit zu vielen Lieferanten und damit ggf. zur Konkurrenz
• Konkurrenz unter den Lieferanten steigert Termintreue	• unzureichende Zusammenarbeit/Abstimmungsprobleme

7

6. Zentraler vs. dezentraler Einkauf

In größeren Unternehmen mit vielen Filialen H 2017 II A5b   6 Pt.
(bei einem Handelsbetrieb) oder vielen Nieder-
lassungen bzw. Betriebsstätten (bei Industriebetrieben) stellt sich die
grundsätzliche Frage, ob der Einkauf zentral oder von den einzelnen
Einheiten durchgeführt werden sollte. Die Vorteile der einen Form
spiegeln die Nachteile der anderen Form. Daher sind in der folgenden
Übersicht nur die Vor- und Nachteile des zentralen Einkaufs aufgelistet
(die umgekehrt den Nach- und Vorteilen des dezentralen Einkaufs entsprechen):

Zentralisierung des Einkaufs	
Vorteile	**Nachteile**
• Preisvorteile beim Einkauf durch größere Bestellmengen	• längere Entscheidungswege
• größere Verhandlungsmacht gegenüber Lieferanten	• erhöhter Zeitbedarf der Abstimmung
• Spezialisierungsvorteile der Mitarbeiter in der Zentrale, die sich nur darauf konzentrieren können	• weniger Detailkenntnisse in der Zentrale vorhanden, als die Mitarbeiter vor Ort besitzen
• Kostenvorteile durch weniger erforderliches Personal	• zusätzlicher Kommunikationsbedarf
• einheitliche und klare Entscheidungen	• fehlender Kontakt der MA vor Ort zu den Lieferanten

   © 2020, Zeilenniveau Verlag GmbH   Zeilenniveau Verlag

7.1.2.3 Lieferantenmanagement

Ziel des Lieferantenmanagements ist die optimale Steuerung der Zusammenarbeit mit den
einzelnen Lieferanten. Je nach Mix der Beschaf-

H 2011 II A8a-b	7 Pt.	
F 2012 II A6c	3 Pt.	
H 2015 II A8a-b	9 Pt.	

fungsstrategien muss das Lieferantenmanagement unterschiedlich gestaltet werden.

Marktformen der Lieferanten

Natürlich gibt es die bekannten Marktformen nicht nur auf den Absatz-
märkten, sie können auch im Bereich der Beschaffung auftreten:

- **Angebotsmonopol des Lieferanten**: ungünstiger Fall, da hier weitgehend die Konditionen des Anbieters akzeptiert werden müssen.

- **Angebotsoligopol der Lieferanten**: Wettbewerb unter den Lieferanten, die allerdings zu Absprachen führen könnten. Ansonsten
  sehr wünschenswerte Situation, da die Konkurrenten relativ groß
  und damit innovationsstark und kostengünstig sein dürften.

- **Angebotspolypol der Lieferanten**: In Lehrbüchern oftmals als optimale Situation dargestellt. Je nach Marktgröße kann es sich dann
  u. U. nur noch um relativ kleine Unternehmen mit wenig Kapital,
  Innovationsmöglichkeiten handeln. Folge evtl.: wenig Wettbewerb.

7.1.2.4 Analysetechniken

Lieferantenbeurteilung

Zur Beurteilung der Lieferanten dienen u. a. fol-
gende **Kriterien**: (Einkaufs-) Preise, Zahlungs- und Lieferbedingungen,
Qualität/Fehlerquoten, Service/Kulanz, Termintreue und Innovations-
fähigkeit

H 2019 II A6c	6 Pt.

Als **Instrumente** könnten a) **Nutzwertanalysen** (vgl. Kap. 5.4.2.3), b)
Checklisten, c) Kennzahlenverfahren eingesetzt werden.

7

Zahlenbeispiel zur ABC-Analyse

Die ABC-Analyse kann bei der Lieferantenaus- H 2014 II A7a-b 10 Pt.
wahl und wie hier bei der Analyse der Beschaffungsprozesse dienen.

In jedem Unternehmen sind die finanziellen, organisatorischen, personellen und technischen Kapazitäten begrenzt. Je größer die Anzahl der
zu verwaltenden Artikel wird, umso stärker stößt man an die Grenzen
dieser Kapazitäten. Daher gilt es hier Prioritäten zu setzen. Es sollen
schwerpunktmäßig diejenigen Artikel genauer beachtet werden, die
einen hohen Wertanteil besitzen. Denn genau hier besteht das größte
Einsparpotenzial. Die Mehrzahl der Artikel haben hingegen einen geringen Wertanteil und können daher eher vernachlässigt werden. Ziel
der ABC-Analyse im Rahmen der Beschaffung ist die Einordnung aller
Beschaffungsgüter nach deren wertmäßiger Bedeutung:

- **A-Artikel**: Hier handelt es sich um einen kleinen Anteil aller Artikel
  mit einem geringen Mengenanteil, aber einem hohen Wertanteil.
  Ihre Beschaffung steht im Vordergrund.

- **B-Artikel:** Hier handelt es sich um einen mittleren Anteil aller Artikel mit einem mittleren Mengenanteil sowie einem mittleren Wertanteil. Sie stehen zwischen den Stühlen A und C und können so
  oder so behandelt werden.

- **C-Artikel:** Hier handelt es sich um einen großen Anteil aller Artikel
  mit einem großen Mengenanteil, aber einem geringen Wertanteil.
  Für Ihre Beschaffung sollten wenige Ressourcen gebunden werden.

Im folgenden Fallbeispiel zeigt sich deutlich, dass die beiden ersten Artikel einen überragenden **Wertanteil** mit zusammen 70 % besitzen, obwohl ihr **Mengenanteil** mit zusammen 8,33 % eher bescheiden ist (=
A-Artikel). Die letzten vier Artikel haben zusammen gerade mal einen
Wertanteil von 6 %, der Mengenanteil ist aber mit 66,67 % sehr hoch.
Die drei B-Artikel liegen dazwischen und können auch entsprechend so
oder so behandelt werden.

Zeilenniveau
Verlag

Art.-Nr.	Preis	Menge	Wert	Anteil	kum.	Gruppe
B7-T4_01	800	125	100.000	40,00 %	40,00 %	A
B7-T4_02	600	125	75.000	30,00 %	70,00 %	A
B7-T4_03	100	250	25.000	10,00 %	80,00 %	B
B7-T4_04	80	250	20.000	8,00 %	88,00 %	B
B7-T4_05	60	250	15.000	6,00 %	94,00 %	B
B7-T4_06	10	500	5.000	2,00 %	96,00 %	C
B7-T4_07	8	500	4.000	1,60 %	97,60 %	C
B7-T4_08	7	500	3.500	1,40 %	99,00 %	C
B7-T4_09	5	500	2.500	1,00 %	100,00 %	C
Σ	–	3.000	250.000	100,00 %	–	–

In der folgenden Abbildung werden die kumulierten Prozentsätze in Form einer **Lorenzkurve** dargestellt. Dabei werden die Artikel nach ihrem Wert sortiert – vom größten zum geringsten Wert.

Tipps:

(1) Die ABC-Analyse kann auch in anderen Bereichen verwendet werden, z. B. in der Lagerhaltung. (2) In Prüfungen müssen die Artikel zumeist zuerst dem Wert nach sortiert werden.

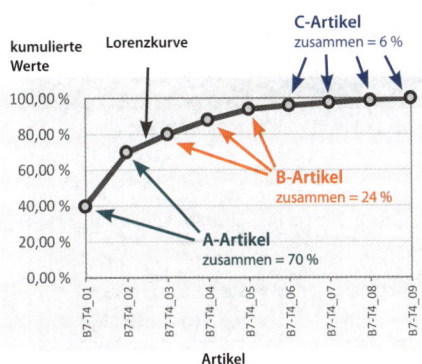

7

XYZ-Analyse

Die XYZ-Analyse ergänzt die ABC-Analyse. Hier $\underline{\text{H 2014 II A7c} \quad \text{2 Pt.}}$ werden die Artikel danach beurteilt, ob sie a) Verbrauchsschwankungen unterliegen und b) ihr Verbrauch prognostizierbar/planbar ist:

- **X-Artikel**: Sie unterliegen einem konstanten Verbrauch und sind gut planbar.

- **Y-Artikel**: Sie unterliegen einem mittelmäßig schwankenden Verbrauch und sind mittelprächtig vorhersehbar/planbar.

- **Z-Artikel**: Sie unterliegen einem stark schwankenden Verbrauch und sind nur sehr schlecht planbar.

Kombination der beiden Verfahren

Wenn nun beide Analysen zusammengebracht werden, erhält man eine $(3 \times 3 =)$ 9-Felder-Tabelle mit entsprechenden Strategien. Die mittleren Felder (B- und Y-Artikel) wurden zur Vereinfachung weggelassen, da sie ohnehin nur einen Mittelweg darstellen, wodurch sich eine 4-Felder-Tabelle ergibt (vgl. zu den Begriffen Kap. 7.1.3.1):

	X-Artikel	Z-Artikel
A-Artikel	• hoher Wertanteil • geringe Schwankungen • fertigungssynchrone Beschaffung (just-in-time)	• hoher Wertanteil • starke Schwankungen • Vorratsbeschaffung oder Einzelbeschaffung
C-Artikel	• geringer Wertanteil • geringe Schwankungen • Vorratsbeschaffung	• geringer Wertanteil, • starke Schwankungen • Vorratsbeschaffung

© 2020, Zeilenniveau Verlag GmbH

Zeilenniveau Verlag

7.1.3 Beschaffungsprozess

In Kapitel 7.1.2 ging es um den Einkaufsprozess und dabei insbesondere um die Wahl geeigneter Lieferanten. Nun werden die Beschaffungsprozesse betrachtet. Ziel ist dabei die folgenden 5 Schritte zu optimieren:

1. **Beschaffungsstrategien** unterscheiden: In Abhängigkeit vom Fertigungsverfahren stehen verschiedene grundlegende Beschaffungsstrategien zur Verfügung.

2. **Bedarfsmengen** berechnen: Welche Materialien und welche Mengen werden davon jeweils benötigt?

3. **Liefermengen** ermitteln: Welche Liefermengen sind zu wählen? Wenn die Bedarfsmengen pro Zeiteinheit berechnet wurden, sind die aus wirtschaftlicher Sicht optimalen Liefermengen zu bestimmen, um einen optimalen Kompromiss zwischen Lieferungs-/Beschaffungs- sowie Lagerhaltungskosten zu finden.

4. **Lieferzeitpunkte** festlegen: Zu welchen Zeitpunkten bzw. in welchen Zeitintervallen sind die Liefermengen zu liefern.

5. **Feinabruf** als fortgeschrittene Lösung.

7.1.3.1 Beschaffungsstrategien

Ziel der Beschaffungsstrategie ist die Sicherstellung der Versorgung des Unternehmens mit den entsprechenden Waren und Materialien (je nach

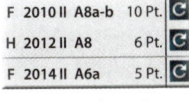

Branche: Handel oder Industrie). Dabei müssen die damit verbundenen Kosten berücksichtigt werden, und im Rahmen gehalten werden.

Es werden drei grundlegende Beschaffungsstrategien unterschieden:

- **Einzelbeschaffung**: Diese Form ist insbesondere bei der Einzelfertigung Standard.

- **Vorratsbeschaffung**: Die resultierenden relativ großen Lagerbestände sind besonders bei stark schwankender Nachfrage sinnvoll.

7

- ◆ Zu den **Vorteilen** zählen die jederzeitige Verfügbarkeit der Artikel sowie die günstigen Einkaufskonditionen durch Einkauf größerer Mengen.

- ◆ Dem stehen allerdings die **Nachteile** der höheren Lagerhaltungskosten (Kapitalbindung, Lagergröße, Mitarbeiteranzahl etc.) und die Gefahr des Untergangs der Waren (Verderb, Schwund, Diebstahl und Veralterung) gegenüber.

- **fertigungssynchrone Beschaffung**: Ziel ist die Minimierung der Lagerbestände durch eine Angleichung der Liefermengen an die Verbrauchsmengen (just in time-Lieferung). Dies ist insbesondere bei AX-Artikeln denkbar, die durch große Bedeutung (und damit hohen Lagerkosten) sowie guter Planbarkeit und geringen Verbrauchsschwankungen gekennzeichnet sind. So wird dieses Prinzip bspw. bei der Automobilfertigung angewandt.

  - ◆ Zu den **Vorteilen** zählen die Senkung der Lagerhaltungskosten und der Wegfall des Lagerrisikos.

  - ◆ **Nachteil**: Es besteht ein grundsätzliches Risiko, dass die Fertigung bei Ausbleiben der Lieferungen stockt – mit den entsprechend hohen Kosten eines stehenden Fließbandes (bspw. in der Automobilwirtschaft). Zu diesem Zweck wird das Risiko auf den Lieferanten übertragen, der möglichst nebenan ein Zwischenlager hält, bzw. die Lagerhaltung findet durch den Lieferanten auf der Straße statt.

In diesem Zusammenhang sind auch die folgenden beiden Begriffe zu unterscheiden:

- **Just-in-time-Fertigung** (bedarfssynchrone Fertigung; JIT): Das Material wird zu dem Zeitpunkt geliefert, wenn es in der Fertigung benötigt wird. Damit werden umfängliche Lagerbestände vermieden. Es ist ein komplexes System, das eine genaue Abstimmung mit den Lieferanten erfordert. Zudem dürfen keine unvorhersehbaren Verbrauchsentwicklungen entstehen.

- **Just-in-sequence-Fertigung** (reihenfolgesynchrone Fertigung; JIS): Dies ist eine Weiterentwicklung der Just-in-time-Fertigung. Bei die-

Zeilenniveau Verlag

sem werden die Materialien zeitgerecht angeliefert. Das JIS geht hier noch einen Schritt weiter: Die Materialien werden nicht nur zeitgerecht, sondern auch noch zusätzlich in der richtigen Reihenfolge (Sequenz) geliefert. Dies erfordert eine noch genauere EDV-basierte Abstimmung mit allen Lieferanten.

Beide Systeme können jedoch nur von marktmächtigen Unternehmen gegenüber ihren Lieferanten durchgesetzt werden.

Exkurs: Stücklisten und Teileverwendungsnachweis

Zur Dokumentation der notwendigen Teile für Erzeugnisse werden verschiedene Listen erstellt (siehe folgendes Fallbeispiel):

- **Erzeugnisstrukturliste:** Ein **Gozintograph** bereitet grafisch auf, welche Teile und Baugruppen zur Herstellung von Baugruppen und Erzeugnissen notwendig sind. In einer **Strukturstückliste** wird dies tabellarisch dargestellt (mit einer Spalte je Ebene).

- **Mengenstückliste:** Sie erfasst tabellarisch die für ein Erzeugnis notwendige Anzahl aller **Teile**. Diese können auf verschiedenen Ebenen in Baugruppen in das Erzeugnis eingehen.

- **Baukastenstückliste:** Es wird die Anzahl aller Teile und Baugruppen aufgelistet, die in der letzten/obersten Stufe direkt in das Erzeugnis/die Baugruppe eingehen. Es werden dabei nicht die Teile/Baugruppen erfasst, die in vorherigen/niederen Stufen in die Baugruppen eingehen.

- **Teileverwendungsnachweis:** Dabei wird umgekehrt erfasst, in welchen Baugruppen u. Erzeugnissen die Teile verwendet werden.

- Zur **Erzeugnisdokumentation** dienen aber auch **Zeichnungen**.

7

Fallbeispiel Stücklisten

Es ist die folgende **Erzeugnisstruktur** (Gozintograph) gegeben:

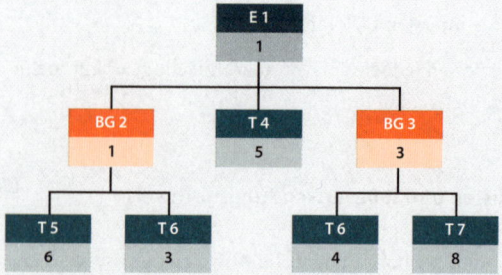

Aufgaben:

a) Leiten Sie eine dazugehörige **Strukturstückliste** ab.

b) Erstellen Sie eine dazugehörige **Mengenstückliste**.

c) Leiten Sie die **Baukastenstücklisten** E 1, BG 2 und BG 3 ab.

d) Erstellen Sie **Teileverwendungsnachweise** für T 4 bis T 7.

Lösungen:

a) In **Strukturstücklisten** werden alle erforderlichen Teile und Baugruppen in der benötigten Stückzahl je Ebene aufgelistet:

Ebene	Bauteil	Stück
1	BG 2	1 St.
	2 T5	6 St.
	2 T6	3 St.
1	T4	5 St.
1	BG 3	3 St.
	2 T6	4 St.
	2 T7	8 St.

Zeilenniveau
Verlag

b) Dann wird die **Mengenstückliste** für E 1 ermittelt. Es werden die verschiedenen Stufen miteinander multipliziert. Zu bedenken ist, dass ein Teil (bspw. T 6) an mehreren Stellen auftauchen kann. **Bruttobedarf**: Anschließend erfolgt eine simple Multiplikation der Mengenstückliste mit dem Primärbedarf (hier jeweils × 15 St.).

■	Stückliste	Berechnung	Bruttobedarf: E 1
Nr.	a) für E 1	je St.	b) × 15 St.
T 4	5	$= 1 \times 5$	75
T 5	6	$= 1 \times 6$	90
T 6	15	$= 1 \times 3 + 3 \times 4$	225
T 7	24	$= 3 \times 8$	360

c) In **Baukastenstücklisten** werden alle erforderlichen Teile und Baugruppen in der benötigten Stückzahl aufgelistet:

E 1	Stück
BG 2	1
T 4	5
BG 3	3

BG 2	Stück
T 5	6
T 6	3

BG 3	Stück
T 6	4
T 7	8

d) In **Teileverwendungsnachweisen** wird umgekehrt erfasst, in welchen Baugruppen u. Erzeugnissen die Teile verwendet werden.

T 4	Stück
E 1	5

T 5	Stück
BG 2	6

T 6	Stück
BG 2	3
BG 3	4

T 7	Stück
BG 3	8

7

7.1.3.2 Bedarfsrechnung

Sofern die Frage nach der grundlegenden Beschaffungsstrategie beantwortet wurde, erfolgt die Ermittlung der notwendigen Teile und der hierfür erforderlichen Materialien. Zu diesem Zweck sollten die folgenden Begriffe bekannt sein:

- **Primärbedarf**: Menge des zu fertigenden Endprodukts.

- **Sekundärbedarf**: Menge der jeweils hierfür notwendigen Teile.

- **Tertiärbedarf**: Menge der hierfür erforderlichen Hilfs- und Betriebsstoffe. Der Tertiärbedarf ist für unsere nähere Betrachtung nicht weiter von Bedeutung.

Zu unterscheiden sind nun drei grundlegende Formen der Bedarfsermittlung für den Sekundärbedarf, die nach der Aufzählung ausführlich erläutert werden:

- **deterministische Bedarfsermittlung**: programm-/plangesteuerte Verfahren (auch bedarfsgesteuert oder Push-Prinzip genannt) anhand von Stücklisten.

- **stochastische Bedarfsermittlung**: statistische, verbrauchgesteuerte Verfahren mit Zahlen der Vergangenheit (Pull-Prinzip).

- **heuristische Bedarfsermittlung**: Schätzverfahren als Notlösung, sofern die beiden anderen Verfahren nicht anwendbar sind.

Verfahren der deterministischen Bedarfsermittlung

Determinismus steht allgemein für eine Denkweise, die Entwicklungen durch die jeweiligen Gegebenheiten vorherbestimmt sieht. So ermitteln diese Verfahren den Bedarf anhand der Mengen des Primärbedarfs und der je Endprodukt jeweils notwendigen Baugruppen und Einzelteile. Hierfür sind also entsprechende **Stücklisten** notwendig, die erfassen, welche Teile und Baugruppen für die Fertigung bestimmter End-

F 2014 II A5	5 Pt.	
F 2017 II A6	9 Pt.	
H 2018 II A4a-b	8 Pt.	

© 2020, Zeilenniveau Verlag GmbH

Zeilenniveau Verlag

produkte notwendig sind. Dies ist in modernen computergestützten PPS-Systemen (Produktionsplanungs- und Steuerungssysteme) kein Problem mehr, da hier der Sekundärbedarf an Baugruppen und Teilen in Form von Stücklisten exakt erfasst wird. Diese **bedarfsgesteuerten Verfahren der Materialbereitstellung** sind grundsätzlich exakt, sofern kein unvorhergesehener höherer Verbrauch entsteht (bspw. durch vermehrten Ausschuss).

Zunächst muss hier der **Primärbedarf** festgestellt werden. Sofern die Anzahl der zu fertigenden Endprodukte feststeht, kann anhand von Stücklisten ermittelt werden, welcher Sekundärbedarf an den einzelnen Teilen besteht. Zur übersichtlichen Darstellung und zur Erleichterung der Berechnung werden **Gozintographen** verwendet. Dies ist eine Umschreibung für goes-into-Graphen, sprich eine Darstellung der Einzelteile und Baugruppen, die schrittweise zu einem Endprodukt zusammengesetzt werden. Daraus lässt sich dann der Sekundärbedarf aller Einzelteile ermitteln.

Sekundärbedarf	**5.000 St.**
+ Zusatzbedarf (für ungeplanten Bedarf)	500 St.
= Bruttobedarf	**5.500 St.**
– Lagerbestand	2.000 St.
– Bestellbestände	1.000 St.
+ Vormerkbestände (Reservierungen)	3.500 St.
+ Sicherheitsbedarf (Mindestbestand)	1.500 St.
= Nettobedarf	**7.500 St.**

7

Fallbeispiel zu Gozintographen

Zur Veranschaulichung dient das folgende Fallbeispiel (typisch für IHK-Prüfungen): Für die Fertigung des Endprodukts E 17 (80 St.) werden

H 2014 II A8	12 Pt.
F 2015 II A6a-d	10 Pt.
H 2017 II A6	14 Pt.

3 Baugruppen (BG 7-9) sowie die 5 Teile (T4-T8) benötigt. Es liegen zudem die folgenden tabellarischen Angaben vor:

■	Lagerbestände	Mindestbestand	Reservierung
E 17	0	–	–
BG 7	10	–	–
BG 8	0	–	–
BG 9	20	–	5
T 4	300	200	100
T 5	1.200	500	50
T 6	200	100	–
T 7	500	300	–
T 8	500	300	–

Hinweis: vgl. Kap. 7.3.1.4 Exkurs Erzeugnisdokumentation.

Hier der dazugehörige **Gozintograph (Erzeugnisstruktur)**:

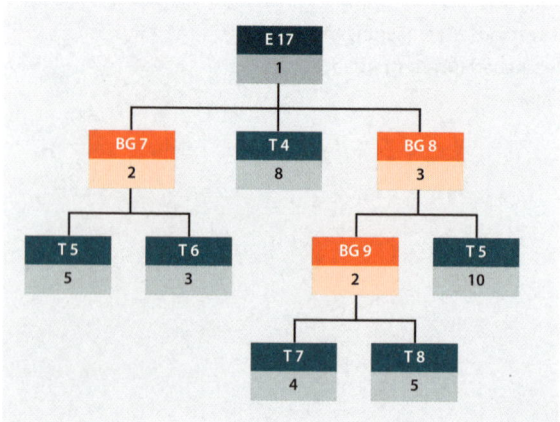

Zeilenniveau Verlag

❶ Zuerst wird die **Mengenstückliste** für das Erzeugnis E 17 ermittelt. Sie setzt sich aus den notwendigen (Einzel-) Teilen für eine Einheit von E 17 zusammen. Hier müssen die verschiedenen Stufen miteinander multipliziert werden und ggf. bedacht werden, dass ein Teil an mehreren Stellen auftauchen kann.

■	Stückliste	Bruttobedarf	Lagerbestand	Nettobedarf
Nr.	für E 17	für 80 St.	verfügbar	für 80 St.
T 4	8	❷ 640	0	640
T 5	40	3.200	❸ 700	2.500
T 6	6	480	130	350
T 7	24	1.920	260	1.660
T 8	❶ 30	2.400	275	2.125

❷ Anschließend erfolgt eine simple Multiplikation der Mengenstückliste mit dem **Primärbedarf** (hier jeweils × 80 St.).

❸ Der **verfügbare Lagerbestand** ergibt sich aus den Lagerbeständen, abzüglich der Angaben zum Mindestbestand und den Angaben der Reservierung. Vorsicht: Wenn vorgelagerte Baugruppen noch vorrätig sind, werden diese Bestände (multipliziert mit den jeweiligen Teilen je Baugruppe) hinzugerechnet. Denn diese müssen ja nicht gefertigt werden. Allerdings dürfen hier nur die freien Lagerbestände der Baugruppen berücksichtigt werden. Im Fall T 5 erhalten wir: 1.200 St. – 500 St. – 50 St. + 5 × 10 St. = 700 St.

Zudem noch die **Baukastenstücklisten**:

E 17	Stück
BG 7	2
T 4	8
BG 8	3

BG 7	Stück
T 5	5
T 6	3

BG 8	Stück
BG 9	2
T 5	10

BG 9	Stück
T 7	4
T 8	5

7

Verfahren der stochastischen Bedarfsermittlung

Der Begriff *Stochastik* wird häufig als Synonym für Statistik verwendet. Dementsprechend sind dies statistische Verfahren, die auf den **Verbrauchswerten der Vergangenheit** aufbauen. Daraus werden Prognosen für den zukünftigen Bedarf abgeleitet. Einerseits ist eine große Datenbasis für die Anwendung dieser Verfahren notwendig. Andererseits können diese **verbrauchsgesteuerten Verfahren der Materialbereitstellung** neuere Entwicklungen nicht vorhersehen (bspw. Branchen- oder Konjunkturschwächen). Es werden die folgenden Verfahren unterschieden:

F 2014 II A5   5 Pt.
F 2019 II A5b   2 Pt.

- **arithmetisches Mittel**: Hier wird einfach die Summe der Mengen vergangener Monate durch die Anzahl der Monate geteilt.

- **gewogenes arithmetisches Mittel**: In diesem Fall werden die Mengen der vergangenen Monate gewichtet (jüngere Monate mit höherem Gewicht) und durch die Anzahl der Monate geteilt.

- Beide Verfahren werden für gewöhnlich in Form eines (gewogenen) **gleitenden Mittelwerts** berechnet. Hier wird jeweils der älteste Monat durch den gerade abgelaufenen Monat ersetzt. Alle Mittelwertverfahren sind nur bei geringen Schwankungen geeignet. Zu Veranschaulichung wiederum ein Fallbeispiel der Bedarfsermittlung für den Monat August in der folgenden Tabelle. In diesem Fallbeispiel steigt der Verbrauch stetig an. Folglich hinkt das arithmetische Mittel hinterher. Sofern jedoch die jüngeren Monate höher gewichtet werden, wird dieser Effekt etwas abgemildert. Verfahren, die auf arithmetischen Mittelwertberechnungen beruhen, sind insbesondere dann ungeeignet, wenn des einen eindeutigen Trend nach oben oder unten gibt.

- **Regressionsanalyse**: Sofern eine trendartige Entwicklung (nach oben oder unten) vorliegt, kann der weitere Verlauf der Trendlinie mit Hilfe der rechnerisch aufwendigen Regressionsanalyse prognostiziert werden.

© 2020, Zeilenniveau Verlag GmbH

Zeilenniveau
Verlag

■	Verbrauch	arithm. Mittel	Gewicht	gew. arith. M. f. Aug.
Monat	für T 5	gleitend (4 Monate)		gleitend (4 Monate)
Jan.	30	–	–	–
Feb.	32	–	–	–
März	34	–	–	–
April	36	–	1,0	–
Mai	38	33,0	2,0	–
Juni	40	35,0	3,0	–
Juli	42	37,0	4,0	–
Aug.	44	39,0	–	40,0

- **exponentielle Glättung**: Wenn hingegen gar kein Muster erkennbar ist, wird die exponentielle Glättung angewandt. Dabei werden ebenfalls Werte der Vergangenheit verwendet, bei denen aber je nach Glättungsfaktor die jüngere Vergangenheit stärker berücksichtigt wird. Ein Fallbeispiel folgt auf der nächsten Seite.

Verfahren der heuristischen Bedarfsermittlung

Sofern weder entsprechende Stücklisten verwendet werden können, noch entsprechende Erfahrungswerte der Vergangenheit vorliegen, werden heuristische Verfahren eingesetzt. Hierbei handelt es sich um **Schätzverfahren**, die für gewöhnlich auf den **subjektiven Erfahrungen** des entsprechenden Planers/Entscheidungsträgers basieren. Diese Verfahren sollten nur dann verwendet werden, wenn die anderen Verfahren nicht anwendbar sind. *Heuristik* steht dabei allgemein für ein analytisches Vorgehen, bei dem mit begrenztem Wissen und mit Hilfe von subjektiven Einschätzungen Aussagen getroffen werden (bspw. Schätzungen).

© 2020, Zeilenniveau Verlag GmbH

7

Fallbeispiel zur exponentiellen Glättung

Zur stochastischen Bedarfsermittlung mit Hilfe der exponentiellen Glättung für den Monat sind drei Angaben notwendig:

F	2012 II A8a-b	6 Pt.
F	2014 II A8a-b	8 Pt.
H	2016 II A8a-b	8 Pt.

- Vorhersagewert für den letzten Monat: $V_{Juli} = 50$ Stück

- tatsächlicher Verbrauch des letzten Monats: $T_{Juli} = 40$ Stück

- Glättungsfaktor: a) $\alpha = 0{,}8$, b) $\alpha = 0{,}3$. Der Glättungsfaktor muss zwischen 0 und 1 sein.

Die allgemeine Formel für den prognostizierten Bedarf:

(7.1) $V_{neu} = V_{alt} + \alpha \bullet (T_{alt} - V_{alt})$ bzw. $V_{August} = V_{Juli} + \alpha \bullet (T_{Juli} - V_{Juli})$

a) $V_{August} = 50 + 0{,}8 \bullet (40 - 50) = 42$

b) $V_{August} = 50 + 0{,}3 \bullet (40 - 50) = 47$.

Fazit: Je größer der Glättungsfaktor ist, umso mehr werden die Abweichungen der tatsächlichen von den prognostizierten Werten in die neue Prognose mit einfließen.

© 2020, Zeilenniveau Verlag GmbH

Zeilenniveau Verlag

7.1.3.3 Liefermengen

Sofern die Frage nach den **Bedarfsmengen** geklärt ist, stellt sich im Anschluss die Frage nach den **Liefermengen**. Wichtig ist, dabei zu erkennen, dass die Bedarfsmengen eines bestimmten Zeitraums (bspw. eines Monats) nicht unbedingt den Liefermengen entsprechen müssen. Es könnte auch die Verteilung der Bedarfsmenge auf mehrere Lieferungen in einem Monat sinnvoll sein (bspw. bei A-Gütern).

Ziele bei der Ermittlung der optimalen Liefermengen

Das Problem liegt nun im **Zielkonflikt** zwischen **Bestellkosten**, die mit sinkender Bestellhäufigkeit bzw. steigenden Bestellmengen sinken und den **Lagerhaltungskosten**, bei denen es genau umgekehrt ist:

F 2009 II A5a	4 Pt.	
F 2011 II A8a	2 Pt.	
H 2015 II A6a	4 Pt.	

- Je größer die Bestellmengen werden, desto geringer werden die **Bestellkosten** (die sich aus den Transaktionskosten und den **Bezugspreisen = Einstandspreisen** zusammensetzen).

- Je größer die Bestellmengen sind, desto größer werden die **Lagerhaltungskosten** (für Kapitalbindung, Personal, Raumkosten usw.).

Andler-Formel zur Berechnung der optimalen Bestellmenge

Zur Berechnung der optimalen Bestellmenge wird für gewöhnlich die Andler-Formel verwendet:

$$(7.2) \quad x_{opt} = \sqrt{\frac{2 \cdot \text{Jahresbedarf} \cdot \text{Bestellkosten}}{\text{Lagerhaltungskostensatz} \cdot \text{Bezugspreis}}}$$

Tipps:

1. Der Lagerhaltungskostensatz muss unbedingt in Dezimalform angegeben werden: bei 30 % also 0,3. Wird er hingegen als Prozentsatz (30 %) eingefügt, muss in der Formel im Zähler 200 (statt 2) stehen. 2. Alternativ werden für *Jahresbedarf* und *Bezugspreis* auch die Begriffe *Jahresverbrauch* und *Einstandspreis* verwendet. 3. Zu den Bestellkosten zählen bspw.: anteilige Löhne, Miete, IT sowie Büromaterial.

7

Fallbeispiel zur optimalen Bestellmenge

Angaben:

- Jahresbedarf = 5.000 Stück
- Bezugspreis pro Stück = 150 €/St.
- Bestellkosten je Bestellvorgang = 30 €
- Lagerhaltungskostensatz = 20 % bzw. 0,20

F 2010 II A7a	2 Pt.
F 2011 II A8c	4 Pt.
F 2012 II A7a	2 Pt.
F 2013 II A7a	2 Pt.
F 2017 II A7b	2 Pt.

Aufgaben:

a) Ermitteln Sie die optimale Bestellmenge.

b) Berechnen Sie die Anzahl der notwendigen Bestellungen.

Lösungen:

a) (7.3) $x_{opt} = \sqrt{\dfrac{2 \cdot 5.000 \text{ St.} \cdot 30 \text{ €}}{0,20 \cdot 150 \text{ €/St.}}} = 100$ St.

b) (7.4) $B_{opt} = \dfrac{\text{Jahresbedarf}}{x_{opt}} = \dfrac{5.000 \text{ St.}}{100 \text{ St./B.}} = 50$ B. *(Bestellungen)*

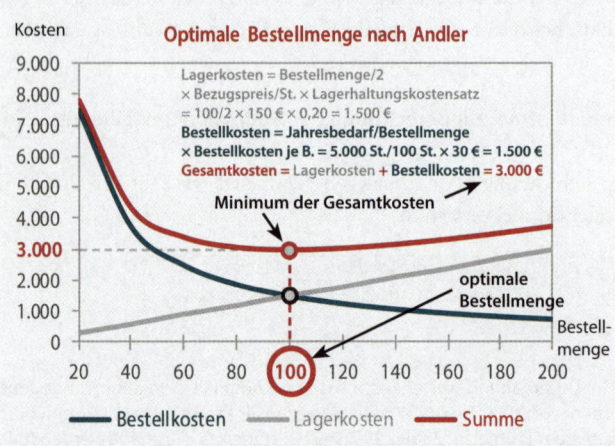

Optimale Bestellmenge nach Andler

Lagerkosten = Bestellmenge/2 × Bezugspreis/St. × Lagerhaltungskostensatz = 100/2 × 150 € × 0,20 = 1.500 €
Bestellkosten = Jahresbedarf/Bestellmenge × Bestellkosten je B. = 5.000 St./100 St. × 30 € = 1.500 €
Gesamtkosten = Lagerkosten + Bestellkosten = 3.000 €

Minimum der Gesamtkosten

optimale Bestellmenge

━━ Bestellkosten   ━━ Lagerkosten   ━━ Summe

Zeilenniveau Verlag

Fazit bzw. Schlussfolgerungen

Je größer der Jahresbedarf und die Bestellkosten | H 2015 II A6c   2 Pt. |
sind (= Zähler des Bruchs in der Andler-Formel), desto größer wird
auch die optimale Bestellmenge. Umgekehrt: Je größer der Lagerhaltungskostensatz und der Bezugspreis sind (= Nenner des Bruchs), desto
geringer wird die optimale Bestellmenge, da die Lagerhaltungskosten
(Kapitalbindung) steigen.

Vorteilhaftigkeit der optimalen Bestellmenge

Zur Veranschaulichung, inwiefern sich durch die | F 2010 II A7b   6 Pt. |
Anwendung der optimalen Bestellmenge nach | F 2012 II A7b   6 Pt. |
der Andler-Formel tatsächlich die Kosten senken | F 2013 II A7b   6 Pt. |
lassen, erweitern wir das vorherige Fallbeispiel. | F 2017 II A7a   6 Pt. |
Wir stellen nun die Frage, wie die Kosten im Vergleich dazu wären,
wenn nur einmal pro Quartal bestellt würde. Entsprechend ließe sich
eine Tabelle für verschiedene Bestellmengen erstellen.

1. Fall: 1.250 St. Bestellmenge je Quartal bei 4 Bestellungen:

$$(7.5)\ \text{Lagerkosten} = \frac{1.250\ \text{St.}}{2} \cdot 0{,}20 \cdot 150\ \text{€/St.} = 18.750\ \text{€}$$

$$(7.6)\ \text{Bestellkosten} = 4\ \text{Bestellungen} \cdot 30\ \text{€/Best.} = 120\ \text{€}$$

$$(7.7)\ \text{Gesamtkosten} = \text{Lagerkosten} + \text{Bestellkosten} = 18.870\ \text{€}$$

2. Fall: 100 St. Bestellmenge je Quartal bei 50 Bestellungen:

$$(7.8)\ \text{Lagerkosten} = \frac{100\ \text{St.}}{2} \cdot 0{,}20 \cdot 150\ \text{€/St.} = 1.500\ \text{€}$$

$$(7.9)\ \text{Bestellkosten} = 50\ \text{Bestellungen} \cdot 30\ \text{€/Best.} = 1.500\ \text{€}$$

$$(7.10)\ \text{Gesamtkosten} = \text{Lagerkosten} + \text{Bestellkosten} = 3.000\ \text{€}$$

Es zeigt sich deutlich die Vorteilhaftigkeit der optimalen Bestellmenge
(= **wirtschaftlich optimale Losgröße**). Verfahrensbedingt mag es geeig-
netere **technische Losgrößen** geben.

7

Fallbeispiel zur Ermittlung des Jahresbedarfs

Sofern die optimale Bestellmenge (100 St.) gegeben ist, können durch Umstellung der Andler-Formel die anderen Größen berechnet werden (bspw. hier der Jahresbedarf):

Lösung:

$$(7.11) \quad x_{opt} = \sqrt{\frac{x_{Jahr} \cdot K_{Best.} \cdot 2}{i_L \cdot k}}$$

$$x_{opt}^2 = \frac{x_{Jahr} \cdot K_{Best.} \cdot 2}{i_L \cdot k}$$

$$(7.12) \quad x_{Jahr} = \frac{x_{opt}^2 \cdot i_L \cdot k}{K_{Best.} \cdot 2}$$

$$x_{Jahr} = \frac{(100 \text{ St.})^2 \cdot 0,20 \cdot 150 \text{ €/St.}}{30 \text{ € } \cdot 2} = 5.000 \text{ St.}$$

x_{Jahr} = Jahresbedarf; $K_{Best.}$ = Kosten je Bestellvorgang

i_L = Lagerzinssatz bzw. Lagerhaltungskostensatz

k = Bezugspreis bzw. Herstellkosten/Stück

Gründe einer Abweichung von der optimalen Bestellmenge

In der Praxis kann es trotzdem Gründe geben, von diesem theoretischen Konzept abzuweichen: 1. begrenzte Lagerkapazitäten führen zu kleineren Mengen, 2. sich verändernder Lagerkostensatz (erfordert neue Berechnung), 3. sich kurzfristig ändernde Bedarfsmengen oder Einstandspreise, 4. bestimmte Packungs- oder

F 2009 II A5b	6 Pt.	C
F 2011 II A8b	6 Pt.	C
H 2012 II A6b	2 Pt.	C
F 2013 II A7c	2 Pt.	C
H 2015 II A6b	6 Pt.	C
F 2017 II A7c	6 Pt.	C
F 2019 II A6c	2 Pt.	C

Transportgrößen erfordern dies, 5. mangelnde Liquidität führt zu kleineren Mengen und 6. Erwartung sinkender (steigender) Preise kann zu kleineren (größeren) Bestellmengen führen.

© 2020, Zeilenniveau Verlag GmbH

Zeilenniveau Verlag Z

7.1.3.4 Lieferzeitpunkt

Nachdem die Bedarfsmengen bestimmt und die einzelnen optimalen Liefermengen ermittelt wurden, können die Lieferzeitpunkte festgelegt werden. Sofern deterministische Methoden der Bedarfsermittlung angewandt werden, ist dies relativ einfach zu bestimmen. Wenn jedoch stochastische bzw. verbrauchsgesteuerte Verfahren genutzt werden, können vier Verfahren unterschieden werden. Von diesen Verfahren interessieren uns im weiteren Verlauf nur die beiden invertiert hervorgehobenen Fälle ❶ und ❹, die später näher beschrieben werden:

Sicherheitsbestand

In allen Verfahren sollte aus den folgenden   F 2013 II A5a   3 Pt. 🖫
Gründen heraus ein **Sicherheitsbestand** (auch
Mindestbestand bzw. **eiserne Reserve** genannt) berücksichtigt werden:

- **Bedarfsunsicherheiten**: Abweichungen zwischen tatsächlichen und ermittelten Bedarfsmengen.

- **Bestandsunsicherheiten**: Inventurdifferenzen, bspw. aufgrund von Schwund, Diebstahl, Verderb, Falschbuchungen.

- **Lieferunsicherheiten**: aufgrund von verspäteten Lieferungen.

- **Qualitätsunsicherheiten**: unbrauchbare/kaputte Materialien.

7

Bestellpunktverfahren

Bei diesem Verfahren werden **Meldebestände** ermittelt, die den **Bestell-zeitpunkten** entsprechen, die so gestaltet sind, dass bei einer erwarteten Lieferzeit und einem gewöhnlichen Verbrauch pro Tag zum Zeitpunkt der Anlieferung der Sicherheitsbestand erreicht wird und damit im Normalfall nicht unterschritten wird. Dabei werden immer die gleichen Bestellmengen geordert, aber die Bestellzeitpunkte können variieren.

Formeln zu den Lieferzeitpunkten

Zur Berechnung des Sicherheitsbestands (SB) und des Meldebe-standes (MB) etc. werden die folgenden Formeln verwendet:

(7.13) SB = Sicherheitszeit · ∅ Verbrauch/Tag

(7.14) MB = Lieferzeit · ∅ Verbrauch/Tag + SB

(7.15) Bestellmenge = Lagerkapazität - SB

(7.16) Jahresverbrauch = Fertigungstage/Jahr · ∅ Verbrauch/Tag

(7.17) Bestellhäufigkeit = $\dfrac{\text{Jahresverbrauch}}{\text{Bestellmenge}}$

Auf der nächsten Seite finden Sie ein dazu passendes Zahlenbeispiel.

Die Lagerkapazität bzw. der Höchstbestand sollte dabei nicht als wirk-lich maximal lagerbare Menge interpretiert werden. Sie stellt vielmehr den Sollbestand nach Lieferung dar.

Tipp:

In IHK-Prüfungen wird für gewöhnlich von diesem idealtypischen Fall des folgenden Fallbeispiels ausgegangen – auch wenn es in der Realität wohl eher selten sein dürfte.

     © 2020, Zeilenniveau Verlag GmbH   Zeilenniveau Verlag

7

Fallbeispiel zu den Lieferzeitpunkten

Angaben:

| F 2013 II A5b-c | 5 Pt. |
| F 2015 II A8a-b | 5 Pt. |

- Lagerkapazität = 5.600 St.
- Verbrauch/Tag = 200 St./Tag
- Fertigungstage (Plan) = 360 Tage
- Wiederbeschaffungszeit = 5 Tage
- Zeitbedarf Eingangskontrolle = 1 Tage
- Reichweite des Sicherheitsbestands = 10 Tage

Aufgaben:

a) Ermitteln Sie den Sicherheitsbestand und den Meldebestand.

b) Berechnen Sie die Bestellmenge und die Bestellhäufigkeit.

Lösungen: a) + b)

(7.13) SB = 10 Tage · 200 St./Tag = 2.000 St.

(7.14) MB = 6 Tage · 200 St./Tag + 2.000 St. = 3.200 St.

(7.15) Bestellmenge = 5.600 St. - 2.000 St. = 3.600 St./Best.

(7.16) Jahresverbrauch = 360 Tage · 200 St./Tag = 72.000 St.

(7.17) Bestellhäufigkeit $= \dfrac{72.000 \text{ St.}}{3.600 \text{ St./Best.}} = 20$ Best.

Zur besseren Übersicht ist auf der nächsten Seite noch eine dazu gehörende Abbildung zum Bestellpunktverfahren anhand des eben berechneten Beispiels. Es wird hier ebenfalls ein **idealtypischer Verlauf** dargestellt, bei dem der tatsächliche dem prognostizierten Verbrauch immer entspricht.

Fazit: Die Bestellzeitpunkte sind regelmäßig alle (360 Tage/Jahr ÷ 20 Bestell. =) 18 Tage und die Bestellmengen betragen jeweils 3.600 St.

7

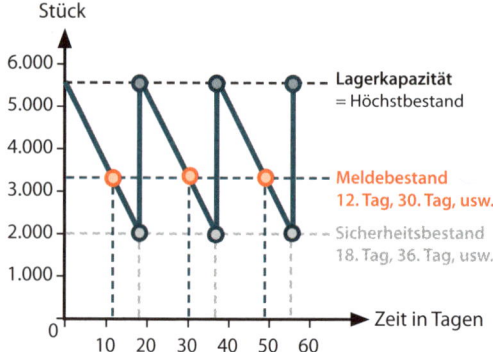

In der Realität dürfte dieser idealtypische Fall wohl eher selten eintref-fen. Daher betrachten wir nun den realistischeren Fall unregelmäßiger Bestellpunkte. Die Bestellmengen bleiben hingegen fix. Es lassen sich dabei die folgenden drei Fälle unterscheiden:

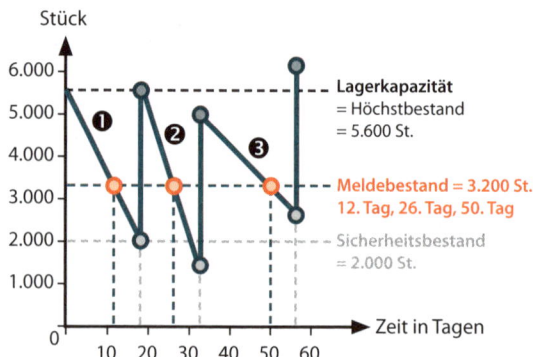

❶ Im ersten Fall entspricht der tatsächliche dem durchschnittlichen Verbrauch (200 St.), dadurch wird genau beim Eintreffen der neuen Lieferung der Sicherheitsbestand erreicht.

❷ Der zweite Fall beschreibt einen höheren als den erwarteten Ver-brauch (300 St./Tag > 200 St./Tag). Hier wird bis zum Eintreffen der Nachlieferung der Sicherheitsbestand unterschritten.

Zeilenniveau Verlag

7

❸ Der letzte Fall ist bei einem geringeren als dem erwarteten Verbrauch (100 St./Tag < 200 St./Tag). Hier wird bei Eintreffen der Nachlieferung der Sicherheitsbestand noch nicht angegriffen.

Fazit: Die Bestellzeitpunkte sind unregelmäßig, die Bestellmengen hingegen fix. Zudem sind die Bestände nach dem Eintreffen der Lieferungen oft nicht der Lagerkapazität entsprechend.

Bestellrhythmusverfahren

Bei diesem Verfahren wird zu festen Zeitpunkten der Lagerbestand geprüft und entsprechend geordert. Der idealtypische Verlauf entspricht vom Ergebnis demjenigen des Bestellpunktverfahrens. Nur gibt es halt keinen Meldebestand, sondern feste Bestellzeitpunkte:

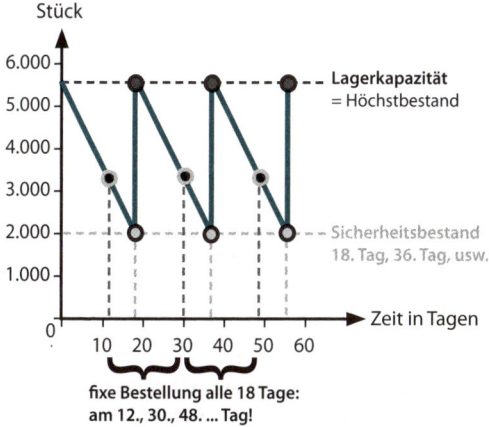

In der Realität dürfte auch dieser idealtypische Fall nicht immer eintreffen. Daher bleiben die Bestellzeitpunkte fix, aber die Bestellmengen werden variabel. Es wird immer so viel geordert, dass beim Materialeingang voraussichtlich die Lagerkapazität erreicht wird. Dies erfordert in den folgenden drei Fällen unterschiedliche Bestellmengen:

Zeilenniveau Verlag Z

❶ Im ersten Fall entspricht der tatsächliche dem durchschnittlichen Verbrauch (200 St.), dadurch wird genau beim Eintreffen der neuen Lieferung der Sicherheitsbestand erreicht. ❷ Der zweite Fall beschreibt einen höheren als den erwarteten Verbrauch (300 St./Tag > 200 St./Tag). Die neue Bestellung fällt mit 5.400 St. größer aus. ❸ Der letzte Fall zeigt einen geringeren als den erwarteten Verbrauch (100 St./Tag < 200 St./Tag). Hier werden 1.800 St. bestellt.

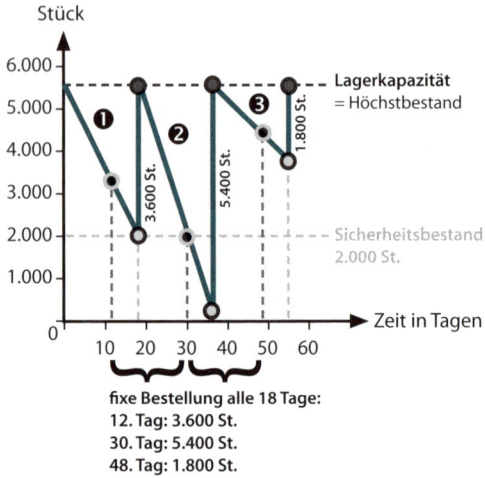

7.1.3.5 Feinabruf

In der betrieblichen Praxis wird bspw. bei der Just-in-time-Fertigung häufig ein Rahmenvertrag über die Lieferung bestimmter Materialien geschlossen. Der konkrete Abruf der einzelnen Materialien erfolgt dann nach Bedarf und wird dann jeweils konkretisiert (verfeinert, daher Feinabruf). Dies erfordert jedoch eine sehr enge Zusammenarbeit mit den Lieferanten über EDV-gestützte Systeme. Zudem sind die optimale Bestellmenge und der Lieferzeitpunkt nur bei Feinabruf voneinander unabhängig.

Zeilenniveau
Verlag

7.2 Materialwirtschaft u. Lagerhaltung

7.2.1 Materialwirtschaft

7.2.1.1 Wareneingang

Leider gibt es keine einheitliche Definition für den Begriff Materialwirtschaft, wie wir schon in Kapitel 7.1.1 feststellen mussten. Auf jeden Fall zählt zu ihr aber der Wareneingang, die Lagerhaltung sowie der interne Transport der Waren. Inwiefern die Beschaffung und der Transport zum Kunden hinzugerechnet werden sollten, ist umstritten.

Lieferantenbeurteilung

In Kapitel 7.1.2.4 ging es bei der Lieferantenbeurteilung um die Frage der Auswahl der geeigneten Lieferanten (bspw. hinsichtlich Preis, Qualität, Konditionen). In diesem Kapitel bezieht sich die Lieferantenbeurteilung auf die Lieferqualität und die Termintreue der Lieferanten.

Bauliche, technische und organisatorische Kriterien

In Bezug auf den Wareneingang sind sowohl bauliche, technische als auch organisatorische Kriterien zu berücksichtigen. Die baulichen und technischen Kriterien hängen sehr stark davon, welche Art und welche Menge von Materialien und mit welchen Verkehrsträgern (LKW, Bahn, Schiff) diese angeliefert werden. Zu berücksichtigen wären:

- notwendige Gebäude und Anfahrtswege

- Ablade-, Anlieferungsmöglichkeiten (Rampe etc.)

- technische Möglichkeiten der Einlagerungen (Gabelstapler etc.)

- Hilfsmittel bei der Erfassung und Eingangskontrolle

- technische Ausstattung der Lager (bspw. Hochregallager)

7

Zu den organisatorischen Kriterien zählen:

- konkrete Organisation des Wareneingangs (siehe folgenden Absatz) inkl. Materialannahme und -einlagerung

- Erstellung und Einhaltung von internen Prüfvorschriften beim Wareneingang

- Durchführung der Qualitäts- und Quantitätsprüfungen

Vorgang des Wareneingangs – Prüfung

Betrachten wir den Vorgang des Wareneingangs näher. Zu den notwendigen Schritten beim Wareneingang werden gerechnet:

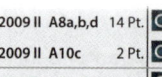

H 2009 II A8a,b,d 14 Pt.
H 2009 II A10c 2 Pt.
F 2011 II A7a-d 12 Pt.

- **Prüfung der Begleitpapiere**: **Identifikationsprüfung** der Artikel – richtige Artikel für den richtigen Adressaten zur richten Zeit?

- **Warenkontrolle**: Prüfung auf offene Mängel und Prüfung der Anzahl der Frachtstücke (**Mengenprüfung**). Im Falle eines Mangels wird die Unterschrift des Fahrers benötigt, der diesen Mangel bestätigt.

- **Vorgang der Entladung**: Umverpackungen ggf. wieder dem Frachtführer mitgeben

- **Mengenprüfung**: Stimmen die bestellten Mengen mit denjenigen laut Lieferscheinen überein?

- **Qualitätsprüfung**: Prüfung, sofern möglich, auf Mängel der Beschaffenheit.

- **Einlagerung**

- **Erfassung im Warenwirtschaftssystem**

- **Rechnungsprüfung**: Sobald die Rechnung eingeht, ist auf sachliche (richtige Ware in der richtigen Menge?), preisliche (marktüblicher Preis und laut Bestellung?) und rechnerische (Konditionen korrekt erfasst, Rechenfehler?) Fehler zu prüfen.

Zeilenniveau
Verlag

7.2.1.2 Beschaffungscontrolling

7

Grundsätzlich sollten Unternehmen intern Prüfvorschriften formulieren und darin genau festlegen, wann, wie und durch wen zu prüfen ist. Zudem sollte definiert werden, wie bei Mängeln vorzugehen ist. Damit setzt sich das Beschaffungscontrolling auseinander, das für die Planung, Steuerung und Kontrolle der Beschaffung zuständig ist.

Qualitätsprüfung

Da wir hier von Kaufleuten lt. HGB ausgehen, sind Rechtsgeschäfte **Handelsgeschäfte**. Bei einem **beidseitigen Handelsgeschäft** hat der Käufer der Ware diese unverzüglich auf einen Mangel hin zu untersuchen und ggf. zu rügen (**§ 377 (1) HGB**). Unterlässt er dies, gilt die Ware als genehmigt (**§ 377 (2) HGB**). Ein versteckter Mangel muss unverzüglich (max. 7 Tage) nach

H 2009 II	A10a-b	6 Pt.	
H 2010 II	A9a-b	6 Pt.	
H 2012 II	A10a-c	10 Pt.	
H 2013 II	A7d	2 Pt.	
H 2016 II	A5b	4 Pt.	
F 2017 II	A8	6 Pt.	
F 2018 II	A6a	4 Pt.	
H 2019 II	A7b	4 Pt.	

Entdeckung gerügt werden (**§ 377 (3) HGB**; bei Frachtgeschäften **§ 438 (1) u. (2) HGB**). Hat der Verkäufer den Mangel arglistig verschwiegen, besteht keine unverzügliche Prüf-/Rügepflicht (**§ 377 (5) HGB**). Es sind folgende Mängelarten zu unterscheiden:

- offene Mängel und versteckte Mängel

- arglistig verschwiegene Mängel und Transportschäden

In bestimmten Fällen ist eine ordentliche Prüfung gar nicht möglich:

- Sofern die Materialien schnell in der Fertigung benötigt werden.

- Die Prüfung der Materialien ist nicht ohne deren Zerstörung möglich.

- Es gibt keine geeigneten Prüfmöglichkeiten (Messgeräte).

- In vielen Fällen reicht eine Prüfung von Stichproben. Dies gilt bspw. für C-Artikel.

7

7.2.2 Lagerhaltung

7.2.2.1 Lagerung

Zwar gehen wir in den folgenden Betrachtungen hauptsächlich von Materiallagern aus. Aber natürlich gibt es auch Lager für die fertigen Endprodukte.

Grundlegende Fragen der Lagerhaltung

- Welche Güter werden eingelagert?
- Wie sollen die Güter angeliefert werden (bspw. Bahn, LKW)?
- Soll eine zentrale oder dezentrale Lagerhaltung erfolgen?
- Wie viele Lager sind vorgesehen?
- Welche Kapazitäten sollen die Lager haben?
- Wo sollen die Lager sein (bspw. geografische Nähe zu Lieferanten)?
- Welche Infrastruktur ist erforderlich/vorhanden?
- Welche Anlieferungsmöglichkeiten sollen geschaffen werden?
- Welche Anlieferungskapazitäten sind notwendig?
- Welche Lagereinrichtungen sind vorhanden bzw. sind notwendig?

Funktionen des Lagers/der Lagerhaltung

- **Ausgleichsfunktion im Eingang**: Sofern kein   F 2019 II A4c   3 Pt. perfekter fertigungssynchroner Wareneingang stattfindet, entspricht der Materialverbrauch nicht dem Materialeingang. Das Lager gleicht diese Verbrauchsschwankungen aus.

- **Ausgleichsfunktion im Ausgang**: Entsprechendes gilt auch für den Warenausgang. Sofern die Fertigerzeugnisse nicht auf direkte Bestellung gefertigt (und sofort vom Fließband ab ausgeliefert), sondern auf Vorrat produziert werden, entsteht ein entsprechender Lagerbedarf für Endprodukte.

Zeilenniveau Verlag

7

- **Sicherheitsfunktion**: Zusätzlich dient ein Lager auch zur Sicherheit bei unvorhersehbaren Ereignissen (bspw. ein Erdbeben in Japan mit dem zeitweiligen Ausbleiben der Lieferung von Vorprodukten).

- **Mengenfunktion**: Je größer das Lager ist, umso eher können Mengenvorteile beim Einkauf genutzt werden. Dem stehen als Zielkonflikt entsprechend höhere Lagerhaltungskosten entgegen.

- **Spekulationsfunktion**: Wenn bei bestimmten Materialien starke Preisschwankungen vorherrschen, kann bei günstigen Preisen ein entsprechend großer Vorrat im Lager angelegt werden.

- **Veredelungsfunktion**: Bestimmte Güter erlangen erst durch die Lagerung ihre entsprechende Güte bzw. Qualität. Dies gilt bspw. gerade im Handel für Obst und Gemüse.

Verbrauchsfolgeverfahren

Zur **Bewertung des Materialverbrauchs** werden   H 2013 II A5   6 Pt. insbesondere die folgenden **Verbrauchsfolgeverfahren** verwendet:

- **Last-in-first-out** (LIFO): Hier wird bei der Bewertung davon ausgegangen, dass die zuletzt eingelieferten Zugänge zuerst verbraucht werden. Dies hätten wir im Lager bspw. dann, wenn Neuzugänge zuvorderst gelagert werden und zuerst entnommen werden. Nur dann sinnvoll, wenn die Artikel zeitunkritisch sind.

- **First-in-first-out** (FIFO): Hier wird bei der Bewertung davon ausgegangen, dass die zuerst angelieferten Zugänge zuerst verbraucht werden. Hier würden wie im Supermarkt die Neuzugänge hinten eingelagert und daher die Altbestände vorne zuerst entnommen. Dies ist bei Artikeln mit Mindesthaltbarkeitsdatum notwendig.

- **Highest-in-first-out** (HIFO): Es werden die am teuersten eingekauften Zugänge zuerst verbraucht.

Zeilenniveau Verlag

7

Fallbeispiel zu den Lagerkennzahlen

Angaben:

F	2010 II	A7c	2 Pt.
H	2012 II	A6a	4 Pt.
H	2013 II	A8a-b	13 Pt.
H	2016 II	A6a-b	13 Pt.
F	2017 II	A5a	8 Pt.
H	2018 II	A6a-b	8 Pt.
F	2019 II	A6a-b	7 Pt.
H	2019 II	A8a	4 Pt.

- Einstandspreis = 300 €

- Lagerzinssatz = 6 %

- Anfangsbestand = 500 St., Zugänge = 7.520 St.

- Quartalsendbestände =
  550 St., 420 St., 510 St., 520 St.

- Jahresverbrauch = AB – EB + Zugänge
  = 7.500 St.

$$(7.18) \quad \varnothing \, \text{Lagerbestand} = \frac{AB + SB}{2}$$

$$(7.19) \quad \varnothing \, \text{Lagerbestand} = \frac{AB + 4 \, \text{Quartalsendbestände}}{5}$$

$$= \frac{500 + 550 + 420 + 510 + 520}{5} = 500 \, \text{St.}$$

$$(7.20) \quad \varnothing \, \text{Lagerbestand} = \frac{AB + 12 \, \text{Monatsendbestände}}{13}$$

$$(7.21) \quad \varnothing \, \text{Lagerbestand} = \frac{\text{Bestellmenge}}{2} + \text{Sicherheitsbestand}$$

$$(7.22) \quad \text{Umschlagshäufigkeit} = \frac{\text{Jahresverbrauch}}{\varnothing \, \text{Lagerbestand}} = \frac{7.500 \, \text{St.}}{500 \, \text{St.}} = 15$$

$$(7.23) \quad \varnothing \, \text{Lagerdauer} = \frac{360}{\text{Umschlagshäufigkeit}} = \frac{360 \, \text{Tage}}{15} = 24 \, \text{Tage}$$

$$(7.24) \quad \varnothing \, \text{Kapitalbindung} = \varnothing \, \text{Lagerbestand} \cdot \text{Einstandspreis}$$

$$= 500 \, \text{St.} \cdot 300 \, \text{€/St.} = 150.000 \, \text{€}$$

$$(7.25) \quad \text{Lagerzinsen} = \frac{\varnothing \, \text{Kapitalbindung} \cdot \text{Zinssatz} \cdot \varnothing \, \text{Lagerdauer}}{100 \, \% \cdot 360 \, \text{Tage}}$$

$$= \frac{150.000 \, \text{€} \cdot 6 \, \% \cdot 24 \, \text{Tage}}{100 \, \% \cdot 360 \, \text{Tage}} = 600 \, \text{€}$$

© 2020, Zeilenniveau Verlag GmbH

Zeilenniveau
Verlag

Lagerarten

Lager ist nicht gleich Lager. Je nach Gütern, Fertigungsverfahren, Kommissionierungsart etc. werden verschiedene Lager genutzt. Zu den wichtigsten Lagerformen zählen:

H 2011 II A5a-b   7 Pt.

- **Blocklager**: Bei dieser einfachen Form der Lagerung werden die Güter aufeinander gestapelt.

Vorteile	Nachteile
• sehr günstig	• nur für stapelbare Güter
• einfach und schnell umsetzbar	• nur für Lifo geeignet

- **Einfache Regale/Fachbodenregale**: Für relativ kleine Mengen sind simple Regale denkbar.

Vorteile	Nachteile
• günstig	• nur für kleine Mengen
• flexibel	• für Fifo ungeeignet

- **Durchlaufregale**: Sie dienen zur Einlagerung in Regale nach dem Fifo-Prinzip. Dabei wird das Regal von der einen Seite gefüllt und die Entnahme erfolgt auf der anderen Seite.

Vorteile	Nachteile
• günstig	• höherer Platzbedarf
• für Fifo-Prinzip geeignet	• geringere Flexibilität

- **Palettenregale** für größere Mengen bestimmter Güter, die auf Paletten lager- und transportierbar sind.

Vorteile	Nachteile
• für große Mengen geeignet	• nur für palettierbare Güter
• Raumausnutzung	

7

- **Hochregallager**: Für noch größere Mengen in hohen Lagergebäuden sind Hochregallager geeignet. Diese ermöglichen bei einer chaotischen Lagerung eine optimale Nutzung der vorhandenen begrenzten Kapazitäten. Sie werden häufig vollautomatisch mit entsprechender technischer Ausstattung betrieben.

Vorteile	Nachteile
• für sehr große Mengen • optimale Nutzung des Raums • für chaotische Lagerung • für Fifo-Prinzip geeignet • geringere Lagerkosten	• hohe Investitionskosten • entsprechende technische Ausstattung erforderlich • hoher Organisationsaufwand

Umschlagslager (Cross Docking)

Beim indirekten Umschlag von Gütern werden diese via **Umschlagslager** (Transitlager) von einem Verkehrsmittel auf ein anderes übertragen. Es geht hier also nur um eine kurzfristige Form der Zwischenlagerung. Im Umschlagslager werden die Güter a) gebündelt, b) aufgeteilt, c) neu zusammengestellt. Es kommen hierfür verschiedene Verkehrsmittel in Frage. Zu unterschieden sind dabei:

- **einstufiges Cross Docking**: Hier werden die schon vom Versender für den Empfänger vorkommissionierten Güter lediglich auf die jeweiligen Verkehrsmittel (bspw. LKW) umgeladen und dort gebündelt.

- **zweistufiges Cross Docking**: Die Güter sind vom Lieferanten noch nicht für den Empfänger vorkommissioniert und müssen im Umschlagslager erst zusammengestellt, kommissioniert und neu verpackt werden. Man kann sich das bspw. gut für den Einzelhandel vorstellen. Dort werden für die einzelnen Filialen bedarfsgerechte Mengen zusammengestellt.

© 2020, Zeilenniveau Verlag GmbH

Zeilenniveau Verlag

Lagerkosten

- Personal- und Maschinenkosten
- Lagermiete oder Abschreibungen und Zinsen

F 2013 II A8a-b 12 Pt.
H 2019 II A8b-c 4 Pt.

- Lagerversicherungen
- Verwaltungskosten des Lagers
- Energiekosten (heizen, kühlen, beleuchten, sichern)
- Eine Erhöhung (Senkung) der **Lagerumschlagshäufigkeit** verkürzt (erhöht) die Lagerdauer und senkt (erhöht) damit die Lagerkosten. Zur Erhöhung dienen u. a.: Sicherheitsbestände reduzieren, geringere Mengen ordern, Umsätze durch Angebote steigern.

Lagerverwaltung

Schon die verschiedenen Lagerarten zeigten die verschiedenen Methoden der Einlagerung auf. Hierzu zählen:

- **feste Lagerordnung**
- **chaotische Lagerordnung**: nur EDV-gestützt möglich

Eigen- und Fremdlagerung

Zunächst mag die Frage seltsam erscheinen. Trotzdem gibt es Situationen, in denen eine Fremdlagerung vorzuziehen ist. Betrachten wir hierzu die Vor- und Nachteile der Fremdlagerung:

Fremdlagerung	
Vorteile	**Nachteile**
• bessere Lagerleistung des Fremdanbieters • gerade bei starken Schwankungen evtl. Kostensenkung bei Fixkosten • größeres Know-how	• Kosten • Abhängigkeit • ggf. Qualität • Verlust von Know-how • ggf. schlechterer Standort

7

Konsignationslager

Für C-Artikel wird sehr häufig vom Lieferanten   F 2017 II A5b-c   4 Pt. beim Kunden ein Lager unterhalten, das der Lieferant oft eigenständig nachfüllt. Der Kunde entnimmt bei Bedarf die C-Artikel und erst dann entstehen Kosten für den Kunden. Bis dahin verbleibt die Ware Eigentum des Lieferanten. **Vorteile**: (1) Dies reduziert die Verwaltungsaufwendungen für die relativ unbedeutenden C-Artikel. (2) Sicherung einer einfachen Materialversorgung. (3) Übertragung der Verantwortung auf den Lieferanten. (4) Zudem entfallen die Kapitalbindungskosten. **Nachteile**: Für diesen Service lässt sich der Lieferant entsprechend bezahlen, indem hier nicht die günstigsten Einkaufskonditionen erzielt werden können. Zudem entsteht durch die enge Zusammenarbeit eine gewisse Abhängigkeit vom Lieferanten.

7.2.2.2 Kommissionierung

Die Zusammenstellung der verschiedenen Güter eines Kundenauftrags (bzw. der Rücksendung an Lieferanten) wird als Kommissionierung bezeichnet.

Den Stellenwert der Kommissionierung kann man sich am Besten anhand eines großen Onlineversenders vorstellen, bei dem die Kommissionierung einen erheblichen Anteil der Wertschöpfung des Unternehmens darstellt und deswegen entsprechend optimiert sein muss. Ziele sind dabei einerseits eine kundengerechte Zusammenstellung (mit möglichst wenigen Fehlern) und andererseits möglichst geringe Kosten.

Zeilenniveau Verlag

7

7.3 Wertschöpfungskette

Der Sinn von Unternehmen besteht in der Schaffung eines Mehrwerts für den Kunden, der sich je nach Branche unterscheidet:

- **Handelsbetriebe** kaufen Waren ein und verkaufen diese weiter. Der Mehrwert liegt für den Kunden in der Überbrückung von Raum und Zeit vom Hersteller zum Kunden über die Zwischenstation des Händlers. Zudem bietet der Händler dem Kunden Sortimentsbildung, Präsentation, Information und teilweise Veredelung. Diese Wertschöpfung zeigt sich im höheren Verkaufspreis.

- **Industriebetriebe** kaufen Materialien ein, fertigen aus diesen Endprodukte und verkaufen diese teurer an den Kunden. Dieser Mehrwert stellt die Wertschöpfung des Industriebetriebs dar. Die nächsten Abschnitte konzentrieren sich auf Industriebetriebe.

Fertigungsarten

Zu den wesentlichen Fertigungsarten zählen:

- **Einzelfertigung**: Fertigung einzelner Erzeugnisse (bspw. Sonderanfertigungen)

- **Sortenfertigung**: Fertigung verschiedener Erzeugnisse, die auf einem Grundprodukt basieren und sich nur durch geringe Abweichungen unterscheiden (bspw. Schokoladen-, Joghurtsorten). Die Umstellung der Fertigung auf eine neue Sorte ist mit geringen Kosten der Umrüstung und geringen Umrüstzeiten gekennzeichnet.

- **Serienfertigung**: Es werden bestimmte begrenzte Stückzahlen einzelner Erzeugnisse produziert, die sich nicht ähnlich sein müssen. Die Kosten der Umrüstung und deren Zeiten können höher liegen.

- **Massenfertigung**: Hier werden bestimmte Erzeugnisse in sehr großer Menge (unbegrenzt) produziert.

- **Kuppelfertigung**: Im Rahmen eines Produktionsprozesses entstehen mehrere Produkte gleichzeitig (bspw. Erdölraffinerie).

7

7.3.1 Fertigungsprinzipien

Ziel der industriellen Layoutgestaltung bzw. des Fabriklayouts ist eine möglichst sinnvolle An- F 2015 II A7a   4 Pt. ordnung der Technischen Anlagen (Maschinen, Roboter), der Trans- H 2018 II A5a-c   8 Pt. portwege sowie der Arbeitsplätze.

Zu den verschiedenen Möglichkeiten, den Fertigungsprozess zu organisieren, zählen:

- **Werkstattfertigung**: Konzentration von Mensch und Maschine in einem Raum in der Einzelfertigung (bspw. Kreuzfahrtschiff) oder der Fertigung kleiner Serien (siehe unten).

- **Reihenfertigung**: Anordnung von Mensch und Maschine in der logischen Abfolge der Fertigungsschritte – **ohne** feste Zeittaktung.

- **Fertigungsinseln**: Hier fertigen kleine Fertigungsteams zusammen eine bestimmte Anzahl von Fertigungsschritten gemeinsam (siehe unten).

- **Fließfertigung**: Anordnung von Mensch und Maschine in der logischen Abfolge der Fertigungsschritte – **mit** fester Zeittaktung (siehe nächste Seite).

7.3.1.1 Werkstattfertigung

In der **Werkstattfertigung** werden Maschinen und Mitarbeiter in einem Raum zusammengefasst und die Fertigung dort konzentriert. **Vorteil** ist das gebündelte Know-how und damit der Wissensaustausch. **Nachteile**: Der nicht stetige Fertigungsfluss bremst die Fertigungsgeschwindigkeit und erschwert die Materialversorgung.

7.3.1.2 Fertigungsinseln

Die Nachteile der Fließfertigung (siehe unten) führten dazu, dass ausgehend aus Japan auch in Europa ab den 90er Jahren des letzten Jahrhunderts die großen Automobilhersteller zur Fertigung in Form von

Zeilenniveau
Verlag

7

Fertigungsinseln übergingen. Dabei entspricht es dem Prinzip der Fließfertigung. Nur sind die Mitarbeiter hier nicht in Kette angeordnet und jeder Mitarbeiter nur für einen bestimmten Arbeitsschritt zuständig. Vielmehr übernehmen diese Teams eine bestimmte Anzahl von Arbeitsschritten und erledigen diese zusammen abwechselnd.

7.3.1.3 Fließfertigung

Die Fließfertigung ist eine der wirtschaftlich wichtigsten Errungenschaften des 19. Jahrhunderts. Die Arbeit erfolgt in festen Fertigungsschritten, die zeitlich fest getaktet am Fließband in Kette durch einzelne Mitarbeiter erfolgen. Zwar wird hier gerne Henry Ford als Erfinder genannt, der dieses Prinzip für sein Modell T anwandte und dabei die Produktionskosten enorm senken konnte. Als Vorbild galten ihm aber wohl die riesigen Schlachthöfe Chicagos, in denen die Rinderherden des amerikanischen Mittleren Westens verarbeitet wurden, bevor sie an die Kunden an der Ostküste der USA verkauft wurden. Zu den **Vorteilen** zählen: (1) Senkung der Durchlaufzeiten, (2) Verzicht auf Zwischenlager, (3) Senkung der Kosten und (4) Erhöhung der Produktivität.

Dem stehen wesentliche **Nachteile** gegenüber:

- monotone Arbeit führt zur Demotivation (so musste Henry Ford aufgrund der hohen Fluktuation der Mitarbeiter wesentlich höhere Löhne zahlen, als in der Branche bis dahin in der Werkstattfertigung möglich und nötig war)

- enorme Kosten bei Ausfall einer Kette im Glied

- hoher Organisationsaufwand

- Standardisierung der Produktion notwendig (Modell T)

So wurde das Verfahren noch nach dem 2. Weltkrieg bei uns als »amerikanisches Fertigungsverfahren« bezeichnet. Zur Veranschaulichung der enormen Leistung dieses Verfahren dient der 2. Weltkrieg. Die Amerikaner produzierten wesentlich mehr Flugzeuge, Panzer, Schiffe etc., was letztlich den Krieg maßgeblich entschieden hat.

7

7.3.1.4 Exkurs: Maschinenbelegungspläne

Im Rahmen der zeitlichen Planung sind auch Maschinenbelegungspläne wichtig. Hierin wird festgelegt, wann welche Teile auf bestimmten Maschinen gefertigt werden. Graphisch werden hierfür häufig GANTT-Diagramme/Balkendiagramme verwendet.

F 2019 II A5a   6 Pt.

Fallbeispiel 1: Maschinenbelegungsplan

```
                    E 1
                    M4: 2 h
         ┌───────────────────────┐
       BG 2                     BG 3
    ┌────────┐              ┌────────┐
   M 1      M 2            M 2      M 3
   3 h      2 h            4 h      2 h
```

Aufgabe:

Erstellen Sie einen dazugehörigen **Maschinenbelegungsplan** mit Vorwärtsterminierung für die 4 Maschinen M 1 bis M 4.

Lösungen:

vorwärtsgerichteter Maschinenbelegungsplan: links nach rechts

Masch.	Zeitbedarf	Maschinenbelegungsplan in h (vorwärts)									
Nr.	in Stunden	1	2	3	4	5	6	7	8	9	10
M 1	3 h	✕	✕	BG 2	BG 2	BG 2	✕	✕			
M 2	6 h		BG 3	BG 3	BG 3	BG 3	BG 2	BG 2	✕	✕	✕
M 3	2 h	✕	✕	✕	✕	✕	BG 3	BG 3	✕	✕	
M 4	2 h		✕	✕	✕	✕	✕	✕	E 1	E 1	

Hinweis: Kreuze stehen in der Tabelle für bereits zuvor belegte Zeiten.

© 2020, Zeilenniveau Verlag GmbH

Zeilenniveau Verlag

7

Fallbeispiel 2: Maschinenbelegungsplan

In der FertMod GmbH sind die fünf Aufträge A bis E an den drei Maschinen M1, M2 und M3 (in dieser Reihenfolge) zu bearbeiten. Es muss mit Auftrag A begonnen werden.

Auftrag	Bearbeitungszeiten in h		
Nr.	M1	M2	M3
A	3	2	2
B	5	1	1
C	2	2	2
D	1	1	3
E	3	2	1

Aufgabe:

Erstellen Sie einen dazugehörigen **Maschinenbelegungsplan** mittels eines GANTT-Diagramms für die 3 Maschinen.

Lösung:

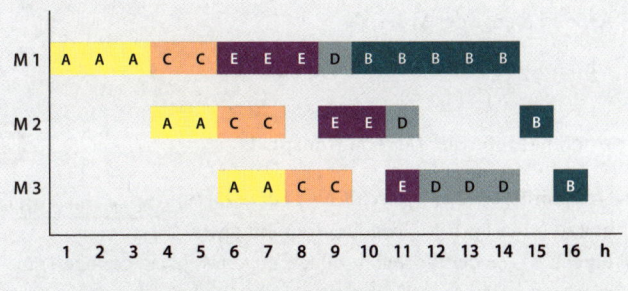

Zeilenniveau Verlag

7

7.3.2 Transportsysteme

7.3.2.1 Intern

Ziele und Zielkonflikte des internen Materialflusses

Zu den **Zielen** des internen Materialflusses zählen:

- Minimierung der Durchlaufzeiten

- Minimierung der Kosten

- möglichst hohe Qualität (Vermeidung von Schäden)

Leider entstehen auch hier **Zielkonflikte**. Je stärker bspw. die Durchlaufzeiten reduziert werden, umso größer wird die Gefahr unsachgemäßer Handhabung der Materialien und Güter.

Die Art des internen Transports hängt von folgenden **Faktoren** ab:

- Fertigungsprinzip (bspw. Fließfertigung erfordert Stetigförderer)

- Art und Menge des Materials

- Distanz des zu transportierenden Materials

Formen des internen Materialtransports

- **Stetigförderer**: Das typische *Fließband* zählt F 2015 II A7b   6 Pt. hierzu (oder auch Rollbänder, Rohrleitungen/ Pipelines). Zu den **Vorteilen** zählen Zuverlässigkeit, geringe Transportkosten und feste Taktzeiten. **Nachteile**: hohe Investitionskosten, geringe Flexibilität, Platzbedarf.

- **Unstetigförderer**: Diese sind nicht ortsgebunden und fixiert, sondern können flexibel eingesetzt werden – bspw. *Gabelstapler*, Kräne, Hubwagen, LKW. **Vorteile**: günstig und flexibel, geeignet für die Werkstattfertigung. **Nachteile**: geringere Förderkapazität, ungeeignet für Fließfertigung.

Zeilenniveau Verlag

7.3.2.2 Extern

Auswahlkriterien

Zu den Auswahlkriterien zählen: F 2018 II A7a-e   17 Pt.

- Zuverlässigkeit und Termintreue (insbesondere bei Just-in-time-Fertigung); Zeit

- Kosten des Transports (Fixkosten und variable Kostenbestandteile)

- Flexibilität

- Sicherheit/Umweltschutzvorschriften bzw. freiwillige Standards

Externe Transportwege

Zu den externen Transportwegen zählen in Ab-   H 2009 II A9a-c   8 Pt.
hängigkeit von der Art der Ware etc.:   H 2010 II A8   8 Pt.

Straßengütertransport	
Vorteile	**Nachteile**
• flexibel	• Zeit: Gefahr aufgrund von Staus und Witterung
• nahezu flächendeckend	• Fahrverbote an Sonn- und Feiertagen
• von Haus-zu-Haus möglich	• Lenk-/Ruhezeiten
• geringe Kosten aufgrund des hohen Wettbewerbs	• Umweltaspekte
• gut für kurze/mittlere Strecken	

Tipps:

1. Zur Berechnung des Kostenvorteils von beauftragtem Frachtführer vs. Eigentransport vgl. Kostenrechnung (RSP 6.4.1.2 *Eigenfertigung vs. Fremdbezug*).

2. **Kostenremanenz** steht für nicht oder nicht sofort abbaubare Fixkosten, bspw. Gehälter bei Kündigungsschutz oder langfristige Mietverträge.

7

Seeverkehr – (Binnen-/Hochsee-) Schifffahrt	
Vorteile	**Nachteile**
• niedrigste Kosten • hohe Kapazität • umweltfreundlich/sicher • gut geeignet für Container oder Schüttgüter	• langsam • Gefahr von Transportschäden: Witterung, Piraterie (Golf von Aden) • Häfen erforderlich

Schienenverkehr	
Vorteile	**Nachteile**
• gut für große/sperrige Güter • kostengünstig bei Massengütern • viele Möglichkeiten • Pünktlichkeit (keine Staus) • Sicherheit/Umwelt	• geringe Flexibilität • wenig Wettbewerb – Abhängigkeit von der Bahn • Bindung ans Schienennetz • international verschiedene Systeme (bspw. Spurbreite)

Luftfrachttransport	
Vorteile	**Nachteile**
• schnell • zuverlässig und sicher • weite Distanzen	• teuer • begrenzte Mengen/Volumina • Umladung ist aufwendiger • Umwelt (Kerosinverbrauch) • Flughäfen erforderlich

7.3.3 Verpackung

Funktionen

Zu den wesentlichen Funktionen der Verpackung zählen:

- **Schutzfunktion**: Schutz des Gutes vor Umwelteinflüssen.

- **Verkaufsfunktion**: Zur Steigerung des Absatzes müssen Güter ansprechend verpackt sein (vgl. Internetvideos zum Thema »Unboxing« von hochwertigen Smartphones etc.).

Zeilenniveau
Verlag

- **Informationsfunktion**: Verpackungen müssen derart gestaltet sein, dass sie Informationen über die Art und Menge des Inhalts sowie sonstige wichtige Informationen anzeigen (bspw. Lithium-Ionen-Batterien beinhaltend). Teilweise spielen gesetzliche Vorgaben eine Rolle: Inhaltsstoffe und Mindesthaltbarkeitsdatum bei Lebensmitteln. Zudem ist zumeist ein maschinenlesbarer Code für die weitere EDV-gestützte Logistik anzubringen.

- **Transportfunktion**: Alleine schon durch die Art der Verpackung (Form, Material, Gewicht, Griffe etc.) kann der Transport der Güter vereinfacht werden.

Arten

Es lassen sich verschieden Formen von Verpackungen unterscheiden: F 2011 II A6   4 Pt.

- **Verkaufsverpackungen**: Hier steht neben dem Schutz und der Information die Verkaufsfunktion im Vordergrund. Der Kunde soll zum Kauf animiert werden (Verpackung für 1 l Milch).

- **Umverpackungen**: Dies sind zusätzliche Verpackungen, die dem Schutz und dem Transport dienen, aber nicht für den Endverbraucher gedacht sind (bspw. Karton für 12 Einzelverpackungen Milch).

- **Transportverpackungen**: Sie dienen dem leichteren Transport (bspw. Palette mit vielen Kartons je 12 Einzelverpackungen). Für bestimmte Transportverpackungen (bspw. Europaletten) besteht eine Rücknahmeverpflichtung durch den Versender.

- **Einwegverpackungen**: Sie werden nicht zum Lieferanten zurückgesandt, haben daher den Nachteil der hohen Umweltbelastung.

- **Mehrwegverpackungen**: Aus ökologischen Gründen empfehlen sich Mehrwegverpackungen, die mehrfach genutzt werden und damit die natürlichen Ressourcen schonen, indem weniger Rohstoffe vergeudet werden und indem die Müllhalden nicht überflüssig wachsen.

7

7.3.4 Warenausgang

Der Warenausgang (= Distributionslogistik) beschreibt den Weg der Ware vom Unternehmen zum Abnehmer. Es werden dabei insbesondere die beiden folgenden Formen unterschieden:

- **einstufige Distribution**: Hier liefert der Hersteller direkt an den Kunden ohne Zwischenlager. Dieser Begriff sollte nicht mit direkten Absatzwegen verwechselt werden. Diese stehen für einen direkten Werksverkauf ohne zwischengeschalteten Handel.

- **mehrstufige Distribution**: Hier liefert der Hersteller über verschiedene Zwischenlager an den Kunden aus. Auch dieser Begriff sollte nicht mit indirekten Absatzwegen verwechselt werden, die für eine Einschaltung des Handels als Zwischenstufe stehen. Es können dabei die folgenden Lager unterschieden werden: (1) Werkslager, (2) Zentrallager und (3) Regionallager

7.3.5 Verladung & Versand

Träger und Verantwortlichkeiten

Zunächst müssen einige wichtige Begriffe definiert werden und dabei jeweils die Verantwortlichkeiten für die Versendung geklärt werden. Wer ist wofür verantwortlich?

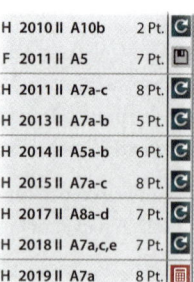

H 2010 II A10b	2 Pt.	
F 2011 II A5	7 Pt.	
H 2011 II A7a-c	8 Pt.	
H 2013 II A7a-b	5 Pt.	
H 2014 II A5a-b	6 Pt.	
H 2015 II A7a-c	8 Pt.	
H 2017 II A8a-d	7 Pt.	
H 2018 II A7a,c,e	7 Pt.	
H 2019 II A7a	8 Pt.	

- **Versender**: Er ist der Auftraggeber des Speditionsvertrags und dürfte im Normalfall dem Absender entsprechen.

- **Absender**: Er (der Lieferant) ist Auftraggeber der Versendung. Dieser ist laut **§ 411/412 HGB** verantwortlich für:

  - ordnungsgemäße Verpackung und Kennzeichnung

  - korrekte Beladung und Entladung beim Empfänger

      © 2020, Zeilenniveau Verlag GmbH   Zeilenniveau Verlag

7

- korrekte Ausstellung des Frachtbriefs (er ist im internationalen Güterkraftverkehr vorgeschrieben) – für fehlerhafte Angaben auf dem Frachtbrief haftet der Absender

- **Verlader**: Er ist der Erfüllungsgehilfe des Absenders. Es handelt sich um die im Unternehmen des Absenders mit der Verladung der Güter verantwortlichen Mitarbeiter.

- **Frachtenvermittler**: Er vermittelt nur gegen Provision einen Vertrag zwischen Absender und Frachtführer. Er ist somit nicht Teil des Frachtvertrags.

- **Spediteur**: Der vom Absender mit der Beförderung der Güter beauftrage Unternehmer. Er kann gleichzeitig Frachtführer sein, muss es aber nicht.

- **Frachtführer**: Der Frachtführer ist der vom Absender oder Spediteur gegen Entgelt Beauftragte für den Versand der Güter gemäß **Frachtbrief** (auch wenn dieser fehlerhaft ist).

- **Fahrzeugführer**: Er ist der Erfüllungsgehilfe des Frachtführers und von diesem als Mitarbeiter zum Transport mit dem Fahrzeug (bspw. LKW) beauftragt.

- **Werkverkehr**: Es handelt sich um einen unternehmensinternen Transport von Gütern mit eigenem Personal zu eigenen Zwecken.

Ablieferungshindernisse

H 2016 II A5a   6 Pt.

- Der Frachtführer ist verpflichtet, bei Ablieferungshindernissen den Absender unverzüglich zu informieren und entsprechende Weisungen einzuholen (**§ 419 (1) HGB**). Versäumt er dies, ist er für die entstehenden Kosten selbst verantwortlich.

- Für eine den Umständen des Falles entsprechende Lade- oder Entladezeit kann der Frachtführer keine besondere Vergütung verlangen (**§ 412 (2) HGB**).

- Sofern der Frachtführer unverschuldet länger als die entsprechende Lade- oder Entladezeit warten muss, hat er Anspruch auf eine angemessene Vergütung (= **Standgeld**; **§ 412 (3) HGB**).

7

Ladungssicherung

- Für die **Ladungssicherung** sind nach **§ 412 HGB** der Absender und der Frachtführer gemeinsam verantwortlich. Der Absender trägt dabei die Verantwortung für die beförderungssichere Verladung, der Frachtführer für den sicheren Transport mit Hilfe eines angemessen ausgestatteten Fahrzeugs (bspw. mit Gurten oder rutschsicheren Matten) und mit einem ordnungsgemäß ausgebildeten Fahrer.

H 2010 II A10a	4 Pt.	
H 2011 II A7d	3 Pt.	
F 2012 II A9a-c	8 Pt.	
H 2013 II A7c	2 Pt.	
H 2015 II A7d	3 Pt.	
F 2016 II A6b	4 Pt.	
H 2017 II A8e	3 Pt.	
F 2018 II A6c	2 Pt.	
H 2018 II A7d	2 Pt.	

Der Fahrzeugführer trägt die Verantwortung für die betriebssichere Verladung, sofern er ordnungsgemäß ausgebildet ist und das Fahrzeug angemessen ausgestattet ist.

- Unter **formschlüssiger Ladungssicherung** wird die gleichmäßige Befüllung des Frachtraums bezeichnet, wodurch ein Verrutschen der Ware verhindert werden soll.

- Die Sicherung gemäß VDI-Richtlinie 2700 muss wie folgt ermittelt werden (Fallbeispiel: Gewicht inkl. Palette = 500 kg): (1) nach unten: $\mu = 1{,}0 \times 500\,kg = 500\,kg$, (2) nach vorne: $\mu = 0{,}8 \times 500\,kg = 400\,kg$, (3) nach hinten: $\mu = 0{,}5 \times 500\,kg = 250\,kg$, (4) zur Seite jeweils: $\mu = 0{,}5 \times 500\,kg = 250\,kg$, (5) zur Seite jeweils bei Kippgefahr: $\mu = 0{,}7 \times 500\,kg = 350\,kg$

CMR

Die **Internationale Vereinbarung über Beförderungsverträge auf Straßen** (franz. CMR) regelt

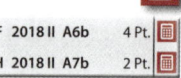

internationale Transporte auf dem Landweg. Die CMR sind in Europa und einigen weiteren Ländern in Afrika und Asien gültig und wurden im Jahre 1956 vereinbart. Darin ist bspw. die Haftung bei Güterschäden auf genau 8,33 **SZR** (**Sonderziehungsrechte**) je kg Brutto-Rohgewicht begrenzt (Art. 23 CMR und **§ 431 (1) u. (2) HGB**). Auf nationalen Transporten ist bei Rahmenverträgen eine Spanne von 2 bis 40 SZR möglich.

Zeilenniveau Verlag

7.3.6 Entsorgung

7.3.6.1 Objekte der Entsorgungslogistik

Zu den Objekten der Entsorgungslogistik (= **Re-distributionspolitik**) bzw. Abfällen zählen:

F 2010 II A5b-c   9 Pt.
F 2013 II A9a   4 Pt.

- **Materialabfall**: Verschnitt, Muster oder Proben

- **Fertigungsausschuss**: Fehlproduktion, Qualitätsmängel

- **nicht-absetzbare Fertigerzeugnisse**: Nachfragemangel aufgrund von technischer Überholung bzw. Trendwechsel

- **Packmittel**: Verpackungsmaterial im Materialeingang und Rücklauf des Verpackungsmaterials von Kunden

- Abfälle aus der Nutzung anderer Güter (bspw. Maschinen): Altöl, vollständig abgenutzte Maschinen und Fahrzeuge

Ziele nach § 6 des Kreislaufwirtschaftsgesetzes (KrWG)

Primäres Ziel des Kreislaufwirtschaftsgesetzes (KrWG) ist die Minimierung des Ressourceneinsatzes je Produktionseinheit. Es gilt dabei folgende **Zielhierarchie** im KrWG. Dabei sind die zuerst genannten Ziele der Abfallbewirtschaftung den darunter liegenden Zielen vorzuziehen (Erläuterungen im Anschluss):

F 2009 II A6a-b   10 Pt.
F 2010 II A5a   2 Pt.
F 2013 II A9b   3 Pt.

1. Abfallvermeidung (inkl. Verminderung)

2. Vorbereitung der Wiederverwendung (Abfallbehandlung)

3. Recycling und sonstige Verwertung (Abfallbehandlung)

4. Abfallbeseitigung

Weitere Gründe für Unternehmen zum Schutz der Umwelt beizutragen: 1. Image des Unternehmens, 2. ein positives Image erhöht die Absatzchancen und 3. Kostensenkung durch Ressourceneinsparung.

7

7.3.6.2 Abfallvermeidung

Zur Vermeidung des Anfalls von Abfall gibt es viele Ansatzpunkte, hierzu zählen bspw.: 1. Mehrwegverpackung, 2. Produktdesign, -konstruktion zur Einsparung von Material.

7.3.6.3 Abfallbehandlung

Formen der Abfallbehandlung bzw. des Recyclings:

- **Wiederverwendung**: Die Ressourcen werden aufbereitet und für den ursprünglichen Zweck genutzt. Bsp.: Recycling von Flaschen, die wieder als Flaschen genutzt werden, indem sie gereinigt werden.

- **Wiederverwertung**: Die Ressourcen werden verarbeitet und für den ursprünglichen Zweck genutzt. Bsp.: Recycling von Flaschen, die wieder als Flaschen genutzt werden, indem sie eingeschmolzen und zu neuen Flaschen transformiert werden.

- **Weiterverwendung**: Die Ressourcen werden für einen anderen Zweck aufbereitet. Bsp.: Essiggurkengläser werden gereinigt und für andere Produkte verwendet.

- **Weiterverwertung**: Die Ressourcen werden für einen anderen Zweck verarbeitet. Bsp.: Essiggurkengläser werden eingeschmolzen und zu anderen Produkten transformiert (Fensterglas).

7.3.6.4 Abfallbeseitigung

Für die **Abfallbeseitigung** stehen ebenfalls verschiedene Möglichkeiten zur Verfügung: 1. Ablagerung auf Mülldeponien, 2. Verbrennung von Müll zur Energiegewinnung und 3. Emission von Stoffen in die Luft bzw. Gewässer (unerwünscht).

Der Grundgedanke der **Zielhierarchie** im Kreislaufgesetz setzt die Abfallbehandlung über die Abfallbeseitigung. Daher sollte eine ordentliche Sammlung und Trennung des Abfalls erfolgen – in solchen, der genutzt werden kann und den Rest, der dann beseitigt werden muss.

© 2020, Zeilenniveau Verlag GmbH

Zeilenniveau Verlag

7.4 Aspekte der Rationalisierung

7.4.1 Optimierung des Produkt-Portfolios

Ziel der Rationalisierung im Bereich der Logistik, der Materialwirtschaft und der Lagerhaltung ist, wie in anderen Bereichen auch, die Kosten zu senken. Da es sich hierbei zumeist um Gemeinkosten handelt, ist eine angemessene Zuordnung einzelner Kostenbestandteile auf die einzelnen Artikel teilweise schwierig. Als Alternative bietet sich die **Prozesskostenrechnung** (vgl. Kap. 6.4.4.2) an.

Rationalisierung mit Hilfe der Portfolioanalyse

Zunächst betrachten wir verschiedene Aspekte, 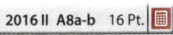 die sich negativ auf die **Versorgungssicherheit** mit den Materialien im Einkauf auswirken:

- lange und gefährliche Transportwege (bspw. Horn von Afrika)

- wenige Ausweichmöglichkeiten auf andere, ähnliche Produkte

- Marktmacht bei den Lieferanten (bspw. China bei »seltenen Erden«)

- Preisschwankungen auf den Weltmärkten

- Abhängigkeit von einem oder wenigen Lieferanten

- Ausfall von Lieferanten bspw. aufgrund von Konkurs

- Beschaffung aus Ländern mit Risiken: Währungsschwankungen, politische Risiken, Naturkatastrophen

Zur Analyse der Rationalisierungspotenziale bietet sich eine eigens zu diesem Zweck angepasste **4-Felder-Portfolioanalyse** an. Hierzu wird auf der Längsachse nach dem **Einkaufsvolumen** zwischen A- und C-Gütern unterschieden (auf die mittleren B-Güter wird verzichtet). Auf der Hochachse werden Güter nach dem **Versorgungsrisiko** unterschieden, d. h. ob ihre Beschaffung frei von Risiken oder risikobehaftet ist. Daraus ergibt sich dann die folgende Matrix:

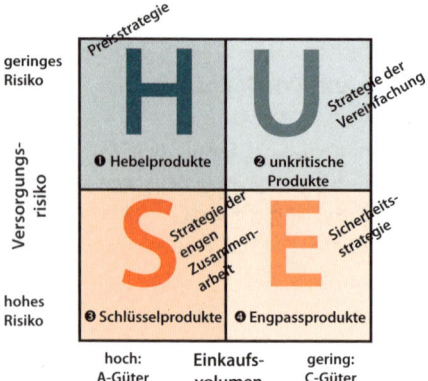

Welche Strategien bieten sich in den 4 Feldern an:

❶ **Hebelprodukte**: Diese Artikel sind mit ihrem hohen Einkaufsvolumen wichtig, haben aber ein nur geringes Risiko bei der Beschaffung:

- Daher kann hier der Einkauf harte Preisverhandlungen führen und einen entsprechenden Hebel zur Senkung der Kosten ansetzen.

- Es sollten kurz-/mittelfristige Verträge mit möglichst guten Konditionen ausgehandelt werden.

- Dabei sollte auf man auf mehrere Lieferanten setzen.

❷ **unkritische Produkte**: Diese Artikel haben zwar ebenfalls ein geringes Risiko, sind aber aufgrund ihres geringen Einkaufsvolumens nebensächlich. Daher besteht hier kein großes Kostensenkungspotenzial:

- Vereinfachung der Abläufe um Kosten relativ niedrig zu halten.

- möglichst nur 2 Lieferanten

- Bestellrhythmusverfahren

Zeilenniveau
Verlag

❸ Schlüsselprodukte: Dies sind die eigentlich entscheidenden Produkte. Sie sind einerseits aufgrund ihres hohen Einkaufsvolumens wichtig und zudem noch mit einem hohen Versorgungsrisiko behaftet. Hierauf muss also unsere Aufmerksamkeit gelenkt werden:

- langfristige und enge Zusammenarbeit mit den Lieferanten
- Suche nach neuen Bezugsquellen (aus anderen Ländern)
- Substitutionsmöglichkeiten ausloten
- Prüfung ob Eigenfertigung möglich ist (nicht bei Rohstoffen)

❹ Engpassprodukte: Zwar haben diese Artikel kein hohes Einkaufsvolumen, sind aber doch mit einem hohen Versorgungsrisiko verbunden und können daher kritisch werden:

- langfristige und enge Zusammenarbeit mit den Lieferanten
- Substitutionsmöglichkeiten ausloten (bspw. bei »seltenen Erden«)
- für ausreichende Sicherheitsbestände sorgen

7.4.2 Weltweiter Einkauf

Die Entscheidung für den weltweiten Bezug (**Global Sourcing**) ermöglicht die Ausnutzung der günstigsten Preise, der besten Qualität oder des besten Services usw. Allerdings steigen auch die Risiken durch bspw. Transport, politische Entwicklungen, Wechselkurse etc. (vgl. Kapitel 7.1.2.2).

7

7.4.3 Prozesse auf Verschwendung prüfen

Wertstromanalyse

Die **Wertstromanalyse** untersucht im 1. Schritt ‾F‾2019‾II‾A5c‾ 4 Pt. alle Prozesse im Rahmen des Materialflusses bzw. der logistischen Ketten hinsichtlich überflüssiger Tätigkeiten und Verschwendung. Ziele sind dabei die Reduzierung dieser im 2. Schritt, um a) die Durchlaufzeiten und b) die Bestände reduzieren zu können. Dabei werden wertschöpfende von nicht-wertschöpfenden Tätigkeiten unterschieden.

Zu den **nicht-wertschöpfenden Tätigkeiten** zählen:

- Verschwendung durch Ausschuss

- Verschwendung durch Überproduktion

- Verschwendung durch unnötige Transportabläufe

- Verschwendung durch überflüssige Lagerbestände

- Verschwendung durch mangelhafte Arbeitsplatzergonomie

- Verschwendung durch fehlerhafte Qualifizierung der Mitarbeiter.

Der Ursprung der Wertstromanalyse liegt beim großen japanischen Automobilhersteller Toyota, der auch maßgeblich zu den folgenden Konzepten beigetragen bzw. die betriebswirtschaftliche Welt um diese Erkenntnisse bereichert hat.

Lean Production/Lean Management

Zu den interessantesten betriebswirtschaftlichen ‾H‾2017‾II‾A2b‾ 7 Pt. Innovationen zählt das Lean Management. Der Ursprung liegt in der Erkenntnis amerikanischer Ökonomen, dass die US-Automobilwirtschaft in den 80er Jahren des letzten Jahrhunderts nicht mit den japanischen Konkurrenten mithalten kann. Daher wurden diese (insbesondere Toyota) näher untersucht. Die wesentlichen Unterschiede wurden im Konzept der **Lean Production** zusammengefasst. Der Grundgedanke

Zeilenniveau Verlag

7

liegt im effizienten Einsatz der Produktionsfaktoren. Zu den wesentlichen Aspekten (bzw. damaligen Neuerungen) zählen:

- **Lieferantenorientierung**: enge Zusammenarbeit mit diesen, Outsourcing und damit geringe Fertigungstiefe.

- **Lieferantenpyramide**: konsequente Reduzierung der Anzahl der Lieferanten. Diese stellen nur die Spitze einer Pyramide von Lieferanten dar.

- **Lean Management**: Reduzierung der Hierarchiestufen im Unternehmen und damit flachere Hierarchien.

- **Kaizen**: **Kontinuierliche Verbesserungsprozesse (KVP)** in kleinen Schritten. Im Gegensatz zum US-amerikanischen »*Business Process Reengineering*«, das ein völliges Umkrempeln des Unternehmens vorsieht, sind hier andauernd kleine oder auch größere Verbesserungsschritte vorgesehen. Dazu zählt auch das **betriebliche Vorschlagswesen** sowie das **Total Quality Management**.

Kanban

Das Kanban (Mehrbehältersystem) ist ein Pull-Prinzip zur verbrauchsgesteuerten Material- H 2009 II A8c   3 Pt. H 2014 II A6a-b   9 Pt. beschaffung mit Hilfe von Bestandskarten in den Transportbehältern des Fertigungsmaterials. Sofern eine bestimmte Menge unterschritten wird, erfolgt eine automatische Meldung zur Auffüllung der Bestände beim Lieferanten – ursprünglich mit Karten, heute mit EDV-Systemen.

Zu den **Vorteilen** zählen:

- kurze Durchlaufzeiten des Materials

- nur kleine Puffer und damit geringe Kosten aufgrund von geringen Lagerbeständen

- geringe Kapitalbindung

- ungehemmter Materialfluss und Versorgungssicherheit

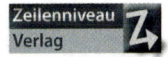

7

Zu den **Nachteilen** zählen:

- aufwendige Einführung und Aufrechterhaltung des Systems

- Einbindung des Lieferanten in das System erforderlich

- Gefahr des Wissensflusses über Lieferanten an Konkurrenten

- Nähe des Lieferanten erforderlich

E-Business

Die Geschäftsprozesse zwischen Lieferanten, Hersteller und Abnehmer werden elektronisch vernetzt.

Vendor Management Inventory

Bei diesem **lieferantengesteuerten Bestandsmanagement** erhält der Lieferant die erforderlichen Daten seiner Abnehmer, um intern eine entsprechende optimierte Ausrichtung seiner Produktion und Lagerhaltung an den Kundenerfordernissen zu betreiben.

RFID

Hier werden funkbasierte Chips an den Artikeln angebracht bzw. integriert. Diese Radio Frequency IDentification-Chips senden über Funkwellen wichtige Informationen über ihren Standort etc. an entsprechende integrierte Warenwirtschaftssysteme.

© 2020, Zeilenniveau Verlag GmbH

Zeilenniveau
Verlag

7.5 Spezielle Rechtsaspekte

7.5.1 Einkaufsverträge

Im letzten Kapitel werden wir uns noch kurz mit bestimmten rechtlichen Aspekten der Beschaffung und des Absatzes beschäftigen.

Rahmenverträge

Für gewöhnlich schließen große Unternehmen mit (wichtigen) Lieferanten grundlegende **Rahmenverträge** ab, in denen vielfältige gleichbleibende Regelungen (Preise, Konditionen sowie AGB) festgelegt werden. Die Details werden je nach Fall in speziellen Einzelverträgen konkretisiert.

Abrufverträge

Zunächst wird eine insgesamt zu liefernde Menge festgelegt, deren Abruf dann je nach Bedarf erfolgt. Somit können entsprechende Mengenrabatte durch große Einkaufsmengen ausgehandelt werden, ohne die Lagerkosten entsprechend zu erhöhen. Die Transportkosten lassen sich dadurch nicht reduzieren.

Sukzessivlieferungsvertrag

Vom Grundprinzip ähnlich wie Abrufverträge, bei dem allerdings schon von vornherein die Liefertermine festgelegt werden.

Spezifikationskaufvertrag

Hier werden zunächst nur die Preise, Konditionen, Mengen und Materialart festgelegt. Die Konkretisierung (Spezifikation) in Bezug auf Form, Farbe etc. erfolgt zu einem späteren Zeitpunkt.

7

Streckengeschäfte

In diesem Fall kauft ein Unternehmen A beim Lieferanten B ein und verkauft an einen Kunden C weiter, wobei die Ware direkt vom Lieferanten B zum Kunden C gesandt wird. Das beauftragende Unternehmen A erhält dabei die Ware gar nicht.

7.5.1.1 Bestellung

Im Rahmen der Bestellung von Gütern ist zu bedenken, dass **offensichtliche Mängel** sofort beim Warenempfang gerügt werden müssen. **Versteckte Mängel** müssen hingegen erst innerhalb von 7 Tagen gerügt werden (vgl. **§ 438 HGB** und Kapitel 7.2.1.2).

Incoterms

Zu den wichtigsten rechtlichen Regelungen bei Außenhandelsgeschäften zählen die Incoterms. Diese **International Commercial Terms** konkretisieren und vereinheitlichen bestimmte rechtliche Aspekte bei Außenhandelsgeschäften. Es werden die folgenden Aspekte geregelt:

H 2011 II A6a-c	10 Pt.	
F 2012 II A5a-c	10 Pt.	
F 2013 II A6	6 Pt.	
F 2016 II A6a+c	7 Pt.	

- Wer übernimmt die Transportkosten?

- Wer trägt die Kosten der Transportversicherungen?

- Wer trägt das Risiko der Beschädigung/des Untergangs der Güter?

Zu den Incoterms zählen u. a. die folgenden Varianten:

- **EXW** (ex works, ab Werk): Der Käufer trägt die gesamten Transportkosten und übernimmt das Risiko ab Werk. Der Verkäufer hat nur einwandfrei zu übergeben.

- **FCA** (free carrier, frei Frachtführer): Der Käufer trägt die Kosten und übernimmt das Risiko ab der Übergabe an den Frachtführer an einem bestimmten Ort.

    © 2020, Zeilenniveau Verlag GmbH

Zeilenniveau
Verlag

7

- **FAS** (free alongside ship, frei Längsseite des Schiffs): Der Käufer trägt die Kosten und übernimmt das Risiko ab der Übergabe an den Frachtführer im Hafen. Der Name resultiert aus der Tatsache, dass Frachtschiffe längsschiffs gelöscht (= entladen) werden.

- **FOB** (free on board, frei an Bord): Der Käufer trägt die Kosten und übernimmt das Risiko nach der Verladung auf das Schiff, d. h. die Verladung der Ware (Kosten und Risiko) zählt noch zu den Aufgaben des Verkäufers.

- **CFR** (cost, freight, Kosten und Fracht): Der Verkäufer trägt das Risiko und zudem die Kosten bis zur Verschiffung und muss zusätzlich die Frachtkosten übernehmen.

- **CIF** (cost, insurance, freight, Kosten, Versicherung und Fracht): Der Verkäufer trägt das Risiko und die Kosten bis zur Verschiffung und muss zusätzlich die Frachtkosten sowie die Kosten der Transportversicherung übernehmen.

- **CPT** (carriage paid to..., frachtfrei bis ...): Der Verkäufer trägt das Risiko und die Kosten bis zur Übergabe an den Frachtführer. Zudem übernimmt er wie beim CFR die Frachtkosten. Diese sind jedoch auf den Seeverkehr beschränkt, während CPT allgemein (LKW, Bahn, Flugzeug) gilt.

- **CIP** (carriage, insurance paid to..., frachtfrei versichert bis ...): Der Verkäufer trägt das Risiko und die Kosten bis zur Übergabe an den Frachtführer. Zudem übernimmt er wie beim CIF die Frachtkosten und Transportversicherung. Diese sind jedoch auf den Seeverkehr beschränkt, während CIP allgemein (LKW, Bahn, Flugzeug) gilt.

7.5.1.2 Feinabruf

Zum Feinabruf vgl. Abrufverträge und Sukzessivlieferungsverträge weiter oben sowie Kapitel 7.1.3.5.

7.5.2 Verkaufsverträge

Ein Kaufvertrag kommt durch zwei übereinstimmende Willenserklärungen zustande. Dies erfolgt für gewöhnlich in zeitlicher Abfolge durch Angebot (bspw. Bestellung) und Annahme (bspw. Auftragsannahme) bzw. Gegenangebot und dessen Annahme. Es ergeben sich die folgenden Rechte und Pflichten für Käufer und Verkäufer:

- **Pflicht des Verkäufers** = Recht des Käufers: Übergabe der Sache und Übertragung der Eigentumsrechte. Die Sache muss dabei frei von Sach- oder Rechtsmängeln sein (**§ 433 (1) BGB**). Nach **§ 929** sind zur Eigentumsübertragung Einigung u. Übergabe erforderlich.

- **Pflicht des Käufers** = Recht des Verkäufers: Zahlung des vereinbarten Kaufpreises zum vereinbarten Termin/Zeitraum (**§ 433 (2) BGB**) und Abnahme der Ware.

- Eine Willenserklärung ist auch dann wirksam, wenn der Erklärende nach der Abgabe stirbt oder geschäftsunfähig wird (**§ 130 (2) BGB**).

Werkvertrag **§ 631 ff. BGB**	
Ziel: entgeltliche Lieferung eines Werkes (bspw. Skriptautor)	
Auftragnehmer	**Auftraggeber**
• Lieferung der versprochenen Leistung (mit Erfolgsgarantie)	• Abnahme des Werkes und Bezahlung

© 2020, Zeilenniveau Verlag GmbH

Zeilenniveau Verlag

7.5.3 Zollrecht bei Im- und Export

Zölle sind Abgaben beim grenzüberschreitenden Güterhandel. Es werden dabei verschiedene Formen von Zöllen unterschieden:

- **Einfuhrzölle** sind Abgaben, die beim Import von Gütern entstehen.

- **Ausfuhrzölle** sind Abgaben, die beim Export von Gütern entstehen.

- **Durchfuhrzölle** entstehen für den Transit von Gütern durch ein Land.

- Wichtig ist auch, worauf sich Zölle beziehen: bspw. **Gewichtszölle** oder **Wertzölle**.

Zudem ist die Frage von Bedeutung, wozu Zölle erhoben werden:

- **Schutzzölle** dienen dem Schutz der einheimischen Wirtschaft,

- **Fiskalzölle** schaffen Einnahmen für den Staat,

- **Vergeltungszölle** und **Antidumpingzölle** können als außenwirtschaftspolitische Instrumente/»Waffen« eingesetzt werden.

Im Laufe der Geschichte waren Zölle eine wichtige Einnahmequelle vieler Staaten, bzw. sind es noch immer (Fiskalzölle). Die Vor- und Nachteile sowie die Wirkungen von Zöllen sind Untersuchungsobjekt der VWL. Das **Zollrecht** befasst sich hingegen mit der faktischen Rechtsnatur der Zölle eines Landes oder Wirtschaftsgebietes.

Das **Zollrecht in Deutschland** wird durch folgende Regelungen bestimmt:

- internationale/supranationale Regelungen im Rahmen der **WTO** (World Trade Organziation) und der **WCO** (World Customs Organization),

- zudem hat der **Zollkodex der EU** zahlreiche Regelungen,

- zusätzliche nationale Regelungen in Deutschland.

7

Regelungswerke im Zollrecht

- **Zollkodex der Union** (UZK) H 2019 II A9a   4 Pt.

- **Durchführungsrecht**:

  - ♦ delegierte Rechtsakte (Delegated Act = DA)

  - ♦ Durchführungsrechtsakte (Implementing Act = IA)

- »Mit dem IT-Verfahren **ATLAS** (Automatisiertes Tarif- und lokales Zollabwicklungssystem) wird die weitgehend automatisierte Abfertigung und die Überwachung des grenzüberschreitenden Warenverkehrs gewährleistet« (www.zoll.de). Es handelt sich demnach um eine Zollsoftware der deutschen Zollverwaltung.

- Zur Ermittlung des Zolltarifs dient der **TARIC** (Integrierter Tarif der Europäischen Gemeinschaft). Er steht als zentrales Auskunftssystem zur Verfügung (ec.europa.eu).

Lohnveredelung

Als Lohnveredelung wird die entgeltliche Weiter- H 2019 II A9b   8 Pt.
verarbeitung von Waren bezeichnet. Der Auftraggeber bleibt Eigentümer der Ware und kann über deren weitere Verfügung bestimmen. Es wird unterschieden:

- **aktive Lohnveredelung**: ausländische Ware wird importiert, bearbeitet (veredelt) und wieder exportiert.

- **passive Lohnveredelung** genau umgekehrt: Hier wird die Ware aus dem Inland ins Ausland ausgeführt, dort bearbeitet (veredelt) und danach wieder ins Inland eingeführt.

7.5.4 Abfallwirtschaft

vgl. zum **Kreislaufwirtschaftsgesetzes** (KrWG) Kapitel 7.3.6.

8

Zur Prüfung in Marketing & Vertrieb

Bei diesem Fach stehen die Masse des zu lernenden Wissens und dessen situationsbezogene Anwendung im Vordergrund:

- **IHK-Prüfung**: Wirtschaftsfachwirte, »Handlungsspezifische Qualifikationen«, Marketing in Situationsaufgabe I – davon ca. 20 Prozent, Vertrieb in Situationsaufgabe II – ebenfalls ca. 20 Prozent.

- **Zeit**: ca. $2 \times 20\,\% = 40\,\%$ von 240 Minuten $\approx$ 100 Minuten.

- **Hilfsmittel**: Taschenrechner.

- **Probleme**: 1. Der Zeitfaktor könnte ein großes Problem werden. Zumal viele Prüflinge bei einzelnen Fragen zu viel bzw. zu wenig schreiben. Bei »Nennen ...« wird zu viel, bei »Erläutern ...« zu wenig geschrieben. 2. Die Masse des Stoffs und die oftmals ähnlich klingenden Begriffe laden zur Verwirrung ein. 3. Vielen Prüflingen fällt es schwer, gelerntes Wissen den gestellten Fragen zuzuordnen. 4. Die Anwendung von Wissen in Situationsaufgaben dürfte häufig schwieriger sein, als reine Wissensabfragen zu beantworten.

- **Lösungsstrategien**: 1. Konzentrieren Sie sich auf die Aufgaben und Ihr vorhandenes Wissen. Lesen Sie die Aufgaben ganz genau. Dazu sollte natürlich entsprechendes Wissen vorhanden sein. Das erforderliche Wissen können Sie in diesem Fachbuch aneignen bzw. wiederholen. 2. Üben Sie anhand von alten Prüfungen und den Prüfungssimulationen in Anhang B die Lösung von wissensorientierten und situationsbezogenen Aufgaben und bekommen Sie ein Gespür dafür, was erwartet wird. 3. Marketing ist ein sehr praxisnahes Fach. Lernen Sie mit eigenen Beispielen. Denken Sie dabei an allgemein bekannte Unternehmen (bspw. BMW) oder an Ihren Arbeitgeber.

© 2020, Zeilenniveau Verlag GmbH

Zeilenniveau Verlag

8 Marketing & Vertrieb

8.1 Marketingplanung

8.1.1 Marketingprozess

Die **Absatzwirtschaft** beschäftigt sich mit der optimalen Gestaltung des Absatzes. Das **Marketing** betrachtet demgegenüber nicht nur Absatzmärkte, sondern auch Beschaffungsmärkte für Material, Waren, Personal, Maschinen und Kapital. Der **moderne Marketing-Gedanke** richtet alle betrieblichen Funktionen am Endziel des Absatzes der Produkte aus.

Verkäufermärkte sind durch eine Überschussnachfrage gekennzeichnet. In der Realität finden sich heutzutage häufiger **Käufermärkte**. Merkmale des Käufermarktes: (1) zu viele Anbieter, (2) Angebot > Nachfrage, (3) die Verkäufer müssen ständig neue Produkte und Dienstleistungen entwickeln und anbieten, (4) es besteht ein intensiver Wettbewerb mit großem Marketingaufwand.

Zudem werden folgende Bereiche des Marketings unterschieden:

- **Konsumgütermarketing**: Hier geht es um den Absatz von Konsumgütern für den Endverbraucher.

- **Dienstleistungsmarketing**: Beim Absatz von Dienstleistungen herrscht oft wesentlich weniger Markttransparenz vor, wodurch die direkten Kundenbeziehungen noch wichtiger werden.

- **Investitionsgütermarketing**: Der Absatz von Investitionsgütern findet gegenüber einer wesentlich besser informierten Käuferschaft statt und bedarf daher anderer Instrumente.

- Zudem kann noch das **Non-Profit-Marketing** betrachtet werden, bei dem es um das Fundraising (bspw. Spenden) der Nicht-Regierungsorganisationen geht.

8.1.2 Marketing-Ziele

Eine vernünftige Marketingstrategie bedarf geeigneter Ziele. Allgemeine Aspekte von Zielen (bspw. Zielmessbarkeit, Zielbeziehungen sowie die SMART-Formel) werden in Kapitel 5.1.1 erläutert.

Konkrete Marketingziele

Zu den konkreten Zielen des Marketings zählen:

F 2012 I A5a	5 Pt.	
F 2018 II A8b	6 Pt.	

- Gewinn, Umsatz, Rentabilität steigern

- Marktanteile erhöhen oder bewahren

- neue Märkte besetzen oder bestehende Märkte erhalten

- Kundenorientierung/-beziehungen verbessern, Image verbessern

- Zusammenarbeit mit Lieferanten verbessern

- verbesserter Einsatz der Marketinginstrumente

8.1.3 Marketingstrategien

8.1.3.1 Arten von Strategien

Unter einer **Strategie** werden langfristig ausgerichtete Verhaltensweisen von Unternehmen zur Erreichung ihrer Ziele verstanden. Entsprechend werden unter **Marketingstrategien** langfristig orientierte Verhaltensweisen zur Erreichung bestimmter Marktziele verstanden. Es werden dabei zwei Schritte unterschieden:

1. **Marktwahlstrategien**: Im ersten Schritt wird festgelegt, welche Teilmärkte bearbeitet werden. Dabei werden strategische Geschäftsfelder (SGF) ausgewählt und daraus strategische Geschäftseinheiten (SGE) gebildet (siehe unten). Innerhalb der SGF erfolgt eine Marktsegmentierung.

Zeilenniveau Verlag

8

2. **Marktbearbeitungsstrategien**: Im zweiten Schritt wird innerhalb der gewählten SGF das strategische Verhalten gegenüber Kunden, Konkurrenten, Absatzmittlern usw. festgelegt.

- **Strategische Geschäftsfelder** (SGF) werden allgemein als »Produkt-Markt-Kombinationen« bezeichnet, die eine gemeinsame Funktion besitzen und sich von anderen unterscheiden. Für gewöhnlich versteht man darunter Produkte (bspw. hochwertige Massivholz-Schreibtische), Märkte (mittelständische Unternehmen in Süddeutschland als Kunden) oder Technologien (bestimmte Kombinationsmöglichkeiten der Schreibtischelemente).

- **Strategische Geschäftseinheiten** (SGE) sind hingegen Teilbereiche der Aufbauorganisation eines Unternehmens, in denen zusammengehörige strategische Geschäftsfelder gebündelt werden (bspw. Büromöbel für Geschäftskunden). Die SGE können in Form von Profit Centern oder Sparten gebildet werden.

Marketingstrategie	Beschreibung
Marktsegmentierung	Der Gesamtmarkt wird in Teilmärkte eingeteilt und bearbeitet.
Marktwachstumsstrategien (Ansoff-Matrix)	Es werden vier Produkt-Markt-Kombinationen für Wachstum unterschieden.
Verhaltensstrategien gegenüber Absatzmittlern	Push- u. Pull-Strategien in Bezug auf die Positionierung gegenüber dem Handel.
Verhaltensstrategien gegenüber Konkurrenten	Ziel ist eine optimale Verhaltensstrategie gegenüber Konkurrenten.
Wettbewerbsstrategien nach Porter	Ziel ist die klare Wettbewerbspositionierung gegenüber Konkurrenten.
Markteintrittsstrategien (vgl. Kapitel 8.2.2.1)	Erfolgt der Markteintritt als Pionier oder als Nachahmer (früh oder spät)?

8

Marktsegmentierung

Sofern ein Gesamtmarkt in Teilmärkte aufgeteilt wird, spricht man von Marktsegmentierung. Hierbei werden 2 Gruppen von Kriterien in Bezug auf Kunden unterschieden:

H 2012 | A4a   5 Pt.

- Zu den **sozio-ökonomischen Kriterien** zählen bspw. Alter, Geschlecht, Schulbildung, Beruf, Einkommen und Vermögen.

- Zu den **psychografischen Kriterien** können Werte, Einstellungen, Normen und Glauben gerechnet werden (bspw. Kosten-, Gesundheits-, Qualitäts- und Nachhaltigkeitsorientierung).

Marktwachstumsstrategien: Ansoff-Matrix

Eine wichtige Darstellung möglicher Marktstrategien kann mit Hilfe der **Ansoff**-Matrix (Produkt-Markt-Matrix) vorgenommen werden. Es werden die beiden Dimensionen Märkte und Produkte unterschieden. Zudem wird bei jeder Dimension die Frage gestellt, inwiefern es sich um neue Märkte/Produkte oder schon vorhande-

F 2011 | A6a-c   10 Pt.
F 2013 | A6   8 Pt.
H 2013 | A5b   6 Pt.
F 2015 | A1   8 Pt.
H 2016 | A5a-b   10 Pt.
F 2018 | A7b   9 Pt.
F 2019 | A5a-b   13 Pt.

ne, alte, entwickelte Märkte/Produkte handelt. Daraus lassen sich dann in einer 4-Felder-Matrix vier Normstrategien ableiten:

Markt Produkt	alt bzw. vorhanden	neu
alt **bzw. vorhanden**	**1. Marktdurchdringung:** bspw. durch Verdrängung	**2. Marktentwicklung:** bspw. neue Regionen, neue Kundengruppen
neu	**3. Produktentwicklung:** bspw. durch Innovationen	**4. Diversifikation:** horizontal, vertikal und diagonal

Zu den einzelnen Normstrategien und möglichen Risiken:

1. Die **Marktdurchdringung** kann bspw. durch Verdrängung bisheriger Konkurrenten erfolgen. Zu den Risiken zählen die möglichen

Zeilenniveau
Verlag

8

Reaktionen der etablierten Konkurrenten: Absprachen, Kooperationen, Fusionen der Konkurrenz, neue Preisstrategien usw.

2. Die **Marktentwicklung** in fremden Märkten kann sich auf neue Regionen/Länder/Kontinente oder neue Kundengruppen beziehen. Problematisch ist immer die mangelhafte Kenntnis dieser Märkte und der dortigen Konkurrenzsituation. Zudem sind gesetzliche Änderungen vor Ort zu bedenken. Vorteilhaft sind die Kostenvorteile durch größere Produktionsmengen (Fixkostendegression).

3. Die **Produktentwicklung** kann durch Innovationen oder einer weiteren Produktdifferenzierung erfolgen. Riskant ist eine Imageschädigung durch ein floppendes Produkt.

4. Die **Diversifikation** kann in die bekannten drei Richtungen erfolgen. Das ist sicherlich die riskanteste Strategie, da neue Märkte mit neuen Produkten nur schwer prognostiziert werden können. Zudem dürften die Investitionskosten sehr hoch sein.

Verhaltensstrategien gegenüber Absatzmittlern

- **Push-Strategie** (»anschieben/anstoßen«): Sie   H 2013 I A5a   4 Pt. besteht in dem Versuch die eigenen Produkte aktiv im Handel zu positionieren und zu fördern.

- **Pull-Strategie** (»ziehen«): Hier wird hingegen versucht, durch bspw. Werbung Einfluss auf den Endverbraucher zu nehmen, so dass dieser den Handel zur Listung der Ware drängt.

Verhaltensstrategien gegenüber Konkurrenten

- **Konfliktstrategie**: Mittels der Wettbewerbsparameter Preis, Qualität, Service, Innovationskraft werden höhere Marktanteile zulasten der Konkurrenz angestrebt.

- **Kooperationsstrategie**: Absprachen zu Lasten der Konsumenten mittels einer gemeinsamen Strategie (Vorsicht: Kartellverbot).

- **Anpassungsstrategie**: Alle Anbieter passen hier ihr Verhalten zweckmäßigerweise aneinander an. Dabei kann der Marktführer als Vorreiter gelten.

8

Wettbewerbsstrategien nach Michael E. Porter

- **Differenzierungsstrategie** (Qualitätsorien- `F 2016 | A4a-b    8 Pt.` tierung): Diese Strategie der Ausrichtung an einer überdurchschnittlichen Qualität kann vor allem durch die Etablierung eines **Alleinstellungsmerkmals** (»**Unique Selling Proposition**«, USP) erreicht werden. Unser Produkt muss sich von der Konkurrenz durch Qualität und Innovation deutlich abheben. Voraussetzung ist ein Fokus auf Forschung & Entwicklung sowie ein etabliertes und funktionierendes Qualitätsmanagement.

  - ◆ Bei einer **echten USP** liegen wirkliche Unterschiede vor.

  - ◆ Bei einer **künstlichen USP** wird nur ein imaginärer Nutzen betont: »bestes Produkt«, »echt schmackhaft« usw.

- **Strategie der Kostenführerschaft**: Das Unternehmen zielt auf die geringsten Kosten am Markt ab. Dieses Ziel kann nur durch Produktion standardisierter Massenprodukte erreicht werden. Die Produktionsprozesse müssen hier ständig optimiert werden.

- **Konzentrationsstrategie** (Nischenstrategie): Hier werden bestimmte Nischen anvisiert, die zu besetzen sind. Dabei sind keine großen Absatzmengen zu erwarten, dafür aber eher hochpreisige Produkte. Erforderlich ist eine klare Identifizierung möglicher Nischen.

8.1.3.2 Strategische Marketingplanung u. -analyse

In diesem Teilkapitel werden verschiedene Analyseinstrumente bzw. Techniken des Marketings vorgestellt. Dazu zählt auch das weite Feld der Marktforschung.

Marktforschung

Zur Analyse der Kundenwünsche bedarf es einer `F 2012 | A6a    4 Pt.` genauen **Marktforschung**:

8

Marktforschung	Primärforschung	Sekundärforschung
Definition	Feldforschung (**field research**) durch erstmalige Ermittlung von Daten durch Befragungen, Interviews, Tests, Beobachtungen und Panels.	Verarbeitung vorhandener Daten (Statistisches Bundesamt, Verbände, Internet, Fachzeitschriften usw.): **desk research**
Vorteile	• aktuelle Informationen • genau an den Wünschen des Unternehmens ausgerichtet	• schnell greifbar • günstig
Nachteile	• Zeitbedarf • teuer	• evtl. veraltet • häufig nicht spezifisch genug an den Erfordernissen ausgerichtet

Zeitbezug der Marktforschung

- **Marktbeobachtung** über einen längeren Zeitraum hinweg.

- **Marktanalyse** zu einem bestimmten Zeitpunkt Märkte intensiv untersuchen.

- **Marktprognose** als erwartete zukünftige Entwicklung.

Marktuntersuchungen

Vorteile externer Marktuntersuchungen sind:

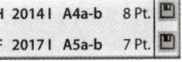

- externe Dienstleister haben mehr diesbezügliches Know-how und die Erhebung dürfte objektiver erfolgen

- zu wenig internes Personal für dieses Vorhaben vorhanden

- da die internen Strukturen fehlen, ist es extern evtl. günstiger

Zu den möglichen Inhalten einer Marktuntersuchung könnten zählen: Trends, Konkurrenzstruktur/-verhalten, Kundeninformationen (Kundenstruktur etc.), technische Neuerungen.

8

Verbraucherpanel

Als (Verbraucher-) Panel werden regelmäßig H 2014 I A4c   2 Pt. wiederholte Befragungen der gleichen Personen zum gleichen Thema verstanden. Zweck ist die Identifikation von Veränderungen im Verbraucherverhalten, der Früherkennung von Trends usw. Nachteilig: Es ist sehr teuer und aufwendig ein solches Verfahren dauerhaft durchzuführen. Die Langzeitmotivation der Teilnehmer ist gering. Zudem führen neue Fragen/Themen zur Entwertung des Panels.

E-Mail-Befragung

Zu den Vor- und Nachteilen zählen: H 2015 I A6c   4 Pt.

- **Vorteile**: kostengünstig und schnell, digitale Weiterverarbeitung ebenfalls schnell und weniger fehleranfällig. Zudem handelt es sich um eine Form der Kundenpflege.

- **Nachteile**: geringe Rücklaufquote, die Befragung muss sehr knapp sein, da sonst eine noch geringere Rücklaufquote zu erwarten ist. Sofern die Rücklaufquote gering ist, dürfte die Befragung auch wenig repräsentativ sein.

Konkurrenzanalyse

Die Konkurrenzanalyse bedarf der Identifikation H 2014 I A5a-b 10 Pt. möglicher Konkurrenten. Diese können anhand der folgenden Aspekte ermittelt werden: (1) gleiche Zielgruppen bei Kunden, (2) vergleichbare Produkte, (3) gleiche Absatzmärkte, (4) ähnliche Produktqualität, (5) vergleichbares Preisniveau, (6) ähnliche Vertriebskanäle und (7) ähnliche Unternehmensgröße.

Im Rahmen einer **Stärken-/Schwächen-Analyse** kann dann ein Vergleich mit den stärksten Konkurrenten anhand der folgenden Kriterien erfolgen: Qualität, Preise, Innovationskraft, Reaktionsgeschwindigkeit auf Marktveränderungen, Sortimentsbreite/-tiefe usw.

© 2020, Zeilenniveau Verlag GmbH

Zeilenniveau Verlag

Produktlebenszyklusanalyse

8

Mittels des **Produktlebenszyklus** lassen sich mögliche Zukunftsaussichten unserer vorhandenen Produkte/Sortimentsbereiche analysieren, um daraus eine optimale Strategie ableiten zu können (vgl. ausführlich in Kap. 5.1.3).

| H 2011 I A4b | 5 Pt. |
| F 2014 I A6a-b | 11 Pt. |

Lebenszyklusphase	Instrument der Marketingpolitik
❶ Einführung	• Aufbau des Distributionssystems • Promotionsstrategie im Verkauf
❷ Wachstum	• Expansionswerbung • breite Käuferschichten bewerben
❸ Reife	• Preissenkungen • Produktvariationen
❹ Sättigung	• Erhaltungswerbung • Sondermodelle und Zugaben
❺ Degeneration	• Produkteliminierung • Abverkaufmaßnahmen

Portfolio-Analyse (BCG)

Die **Portfolio-Analyse** (BCG = Boston Consulting Group) betrachtet weitere Faktoren, die Auskunft über die Lage und zukünftige Entwicklungen unserer Produkte geben könnten. Ziel ist jeweils eine angepasste optimale Strategie (**Normstrategie**) für die einzelnen Produkte (vgl. ausführlich in Kap. 5.1.3).

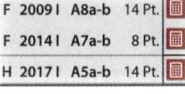

F 2009 I A8a-b	14 Pt.
F 2014 I A7a-b	8 Pt.
H 2017 I A5a-b	14 Pt.

SWOT-Analyse

Die **SWOT-Analyse** ermittelt die internen Stärken (Strengths) und Schwächen (Weaknesses) des Unternehmens, um daraus eine Strategie hinsichtlich möglicher externer Chancen (Opportunities) und Risiken/ Gefahren (Threats) zu entwickeln (vgl. ausführlich in Kap. 5.1.3).

8

Erfahrungskurvenanalyse

Insbesondere aus der Industrie ist der Effekt der **Fixkostendegression** bekannt, der besagt, dass die Fixkosten pro Stück einer Abrechnungsperiode (Monat) sinken, wenn die Kapazitätsauslastung steigt. Die **Erfahrungskurven-Analyse (Lernkurve)** geht noch weiter, und behauptet, dass die Stückkosten durch den Erfahrungsgewinn sinken, je mehr Einheiten im Laufe der Zeit (Monate, Jahre) von einem Produkt produziert werden (vgl. auch Kap. 5.1.3).

Branchenstrukturanalyse

Nach *Michael E. Porter* wird die Wettbewerbsfähigkeit eines Unternehmens auf einem bestimmten Markt maßgeblich durch **fünf Wettbewerbskräfte** bestimmt:

F 2015 I A2a   5 Pt.

- **direkte Konkurrenten** der eigenen Branche: Welche Marktanteile haben die Konkurrenten? Wie ist das Verhalten der Konkurrenten?

- **neue (potenzielle) Konkurrenten**: Besteht die Gefahr, dass neue Konkurrenten auf dem Markt auftreten? Woher könnten diese Konkurrenten stammen (bisherige Märkte, Produkte)?

- **Substitutionsprodukte/Ersatzprodukte**: Welche alternativen Produkte bringen dem Konsumenten den gleichen Nutzen? Sind hier technische Neuerungen zu erwarten?

- **Kunden**: Wie ist die Kundenstruktur? Wie ist die langfristige Zusammenarbeit mit diesen und deren Kundentreue?

- **Lieferanten**: Wie groß ist die Abhängigkeit von einzelnen Lieferanten? Besteht eine enge, langfristige Zusammenarbeit?

© 2020, Zeilenniveau Verlag GmbH

Zeilenniveau Verlag

8.1.4 Marketingplan

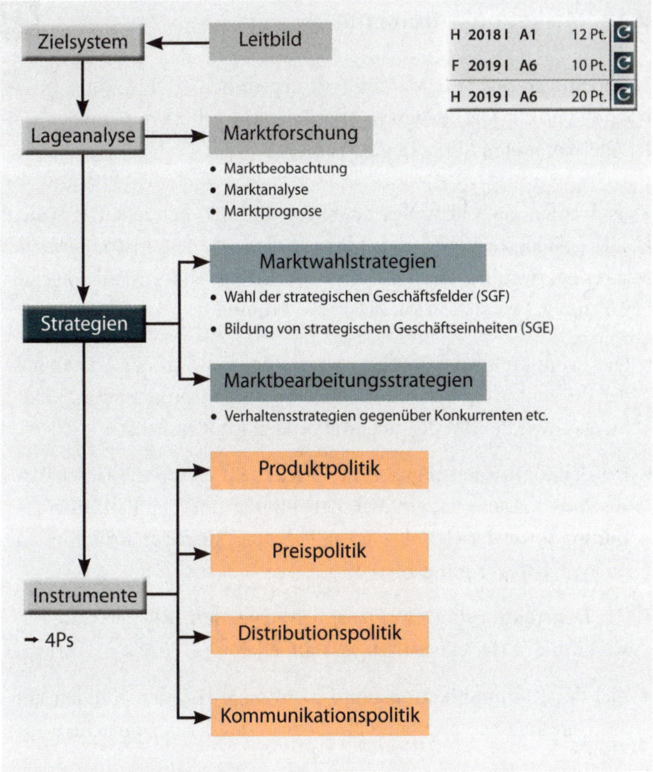

| Zielsystem | ← | Leitbild |

H 2018 I	A1	12 Pt.
F 2019 I	A6	10 Pt.
H 2019 I	A6	20 Pt.

Lageanalyse → **Marktforschung**
- Marktbeobachtung
- Marktanalyse
- Marktprognose

Strategien

Marktwahlstrategien
- Wahl der strategischen Geschäftsfelder (SGF)
- Bildung von strategischen Geschäftseinheiten (SGE)

Marktbearbeitungsstrategien
- Verhaltensstrategien gegenüber Konkurrenten etc.

Instrumente
→ 4Ps

- Produktpolitik
- Preispolitik
- Distributionspolitik
- Kommunikationspolitik

Ein sinnvoller **Marketingplan** bzw. **Marketingkonzept** besteht immer aus den Elementen **Zielsystem** (inkl. Leitbild), der **Lageanalyse/Situationsanalyse** (inkl. Marktforschung), den gewählten **Strategien** zur Umsetzung der Ziele sowie den konkreten **Instrumenten/Maßnahmen** im Sinne des Marketingmix. Zusätzlich wären ein **Marketingbudget/Kostenanalyse** und eine **Erfolgskontrolle** sinnvoll.

8

8.2 Marketinginstrumentarium

8.2.1 Marketinginstrumente

Nachdem verschiedene Marketingstrategien be- F 2016 I A5   8 Pt. trachtet und ein Marketingplan erstellt wurde, geht es nun um den Einsatz der konkreten Marketinginstrumente.

Zwar werden auch bisweilen erweiterte Formen betrachtet, trotzdem ist die geläufigste Variante das Prinzip der 4Ps. Die Instrumente des Marketings werden mit Hilfe des **Marketing-Mix** zusammengefasst (**4P-Prinzip**: Product, Price, Place und Promote):

- Die **Produktpolitik** (Product) beschäftigt sich mit der Gestaltung des Produktes, der Schaffung eines Produktionsprogrammes/Sortiments sowie der Art des zu gewährenden Kundendienstes.

- Bei der **Kontrahierungspolitik** (Price) geht es um die Geschäftsabschlüsse. Diese hängen von den Preisen und der Preisdifferenzierung sowie der Gestaltung von Rabatten, sonstigen Konditionen und ggf. Ratenzahlungskonditionen ab.

- Die **Distributionspolitik** (Place) betrachtet den Weg der Ware hin zum Kunden (Direktvertrieb vs. Handel).

- Ziel der **Kommunikationspolitik** (Promote) ist, den Kunden auf das Unternehmen und seine Produkte aufmerksam zu machen.

Folglich stehen dem Marketing eines Unternehmens zahlreiche Instrumente bzw. Aktionsparameter zur Verfügung, die es sinnvoll zu gestalten gilt.

© 2020, Zeilenniveau Verlag GmbH

Zeilenniveau Verlag

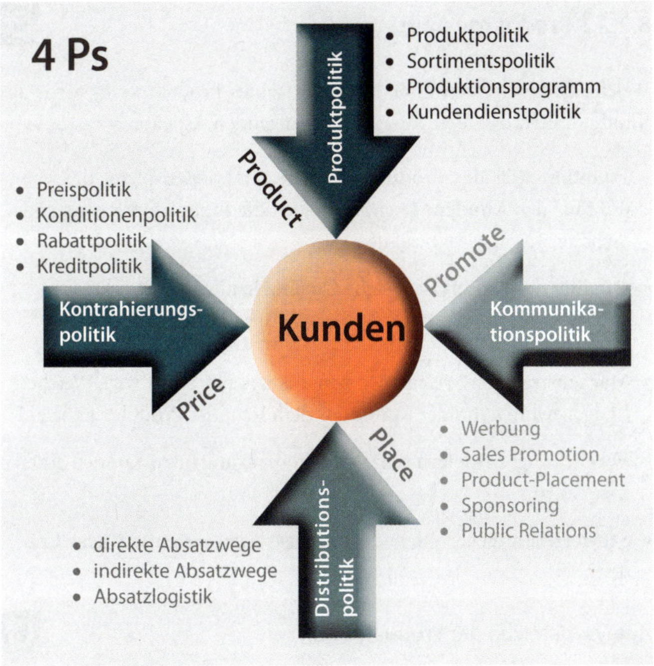

4 Ps

- Produktpolitik
- Sortimentspolitik
- Produktionsprogramm
- Kundendienstpolitik

Produktpolitik

Product

- Preispolitik
- Konditionenpolitik
- Rabattpolitik
- Kreditpolitik

Kontrahierungs-
politik

Promote

Kunden

Price

Kommunika-
tionspolitik

Place

- Werbung
- Sales Promotion
- Product-Placement
- Sponsoring
- Public Relations

- direkte Absatzwege
- indirekte Absatzwege
- Absatzlogistik

Distributions-
politik

8.2.2 Produktpolitik

Im Zentrum der Marketinginstrumente steht die Produktpolitik. Denn dem Kunden geht es vor allem um ein aus seiner Sicht optimales Produkt. Zur Produktpolitik gehören:

- Das Ziel der **Produktgestaltung** ist die grundlegende Gestalt (Funktionalität, Design etc.) des Produkts zu optimieren (Kap. 8.2.2.1).

- In der **Programm- und Sortimentspolitik** werden die verschiedenen Produkte eines Unternehmens sinnvoll zusammengefügt (Kap. 8.2.2.2).

- Neben dem eigentlichen Produkt erhält der Kunde einen Mehrwert durch eine kundenfreundliche **Servicepolitik** (Kap. 8.2.2.3).

8

8.2.2.1 Produktgestaltung

Welche Faktoren bestimmen den Wert eines Produktes aus Sicht des Kunden? Hierzu zählen vor allem die folgenden Aspekte:

- **Funktionalität des Produkts**: Welche Funktionen bietet das Produkt für den Kunden? Hierbei ist auch die Innovationsleistung aus Sicht des Kunden zu beachten.

- **Qualität des Produkts**: Welche Qualität hat unser Produkt?

- **Design des Produkts**: Wie ist das Design zu beurteilen?

- **Markenstrategie**: Welche Markenstrategie betreiben wir? Welchen Imagegewinn kann der Kunde aus dem Kauf des Produkts erzielen?

- **Verpackung**: Inwiefern schafft die Verpackung beim Kunden einen Mehrwert?

- **Serviceleistungen**: Welche Serviceleistungen bieten wir dem Kunden?

Analysebereiche der Produktpolitik

Zu den Analysebereichen, die in der Produkt-   H 2011I A4a   9 Pt.
politik von besonderer Bedeutung sein können, zählen u. a.:

- Lebensalter der Produkte, Altersstruktur des Sortiments

- Kundenstruktur u. Umsatzstruktur

- Zusammensetzung der Deckungsbeiträge

Produktentwicklungsprozess

Die Einführung neuer Produkte besteht aus verschiedenen Phasen: 1. Planungsphase, Konzeptphase, Entwurfsphase und Ausführungsphase (Modell von Pahl/Beitz). 2. Ideenfindung, Ideenbewertung, Produktentwicklung im engeren Sinne, Modelle/Prototypen, Testreihen, Serienreife, Fertigung und Markteinführung.

Produktnutzen

In Bezug auf den Produktnutzen werden verschiedene Dimensionen unterschieden:

- **Grundnutzen**: Das sind die grundlegenden Eigenschaften, die Kunden beim Kauf des Produkts erwarten (bspw. können mit einer externen Festplatte Daten gespeichert werden).

- **Zusatznutzen**: Alle zusätzlichen Formen der Funktionalität bzw. der Qualität werden als Zusatznutzen bezeichnet (bspw. kann die Festplatte einen besonderen Datenschutz durch Passwortschutz oder eine besondere Datensicherheit durch eine besonders stabile Bauweise gewähren).

- **Erbauungsnutzen**: Das Design kann das ästhetische Empfinden des Käufers erfreuen (bspw. könnte sich die Festplatte besonders formschön zu einem passenden Designerlaptop ergänzen).

- **Geltungsnutzen**: Hierdurch erlangt der Käufer soziale Anerkennung bzw. Aufwertung durch die öffentliche, zur Schau gestellte Nutzung (in unserem Beispiel ist das bei einer externen Festplatte schwer vorstellbar, bei einem Smartphone hingegen schon).

Innovation

Im Rahmen des Wettbewerbs stehen einem Unternehmen grundsätzlich die folgenden Strategien zur Verfügung:

- Zunächst wird ein Produkt von einem **Innovator** (Pionier) neu entwickelt (Innovation).

- Der **Imitator** (Nachahmer) kopiert (imitiert) das Produkt. Gegebenenfalls kann er das Produkt weiterentwickeln und damit ein neuer **Innovator** werden. Dabei holt er den alten Innovator nicht nur ein, sondern überholt diesen.

8

Markenstrategie

Der Zweck einer Markenstrategie ist die Unter- <u>H 2011 I A5b   7 Pt.</u> scheidung und Differenzierung der eigenen Produkte und Produktgruppen von denjenigen anderer Unternehmen. Der Kunde soll sich mit den Marken identifizieren können. Teilweise werden in größeren Unternehmen auch miteinander konkurrierende Marken aufgebaut, um damit unterschiedliche Kundengruppen anzusprechen und internen Wettbewerb zu schaffen. Eine Marke hebt sich von anderen Produkten durch ihr Produktdesign, die Qualität, den Service usw. ab.

Folgende Elemente dienen zur **Definition einer Herstellermarke**:

- Firma des Herstellers

- Logo, Schriftart, Farben des Unternehmens

- Image und Bekanntheitsgrad des Herstellers

- Qualitäts-/Serviceniveau des Herstellers

Zu den **Vorteilen** einer erfolgreichen **Markenstrategie** zählen:

- Etablierung eines Kundenvertrauens durch überzeugende Qualität

- dadurch Festlegung höherer Verkaufspreise

- höhere Gewinnmargen und damit eine höhere Rentabilität

- zunehmender Bekanntheitsgrad, Wiedererkennungseffekt

- Marken als Basis der Werbung

Es werden folgende **Formen von Markenstrategien** unterschieden:

- **Einzelmarkenstrategie**: Für jedes Produkt/jeden Markt werden eigene Marken geführt. Diese haben oft keinen Bezug zum Unternehmensnamen (bspw. Nutella und Hanuta als Marken von Ferrero). *Vorteil*: Unabhängigkeit der Marken (zur Differenzierung

Zeilenniveau Verlag

hoher/niedriger Preise oder Qualität). *Nachteil*: Kosten zur Herausbildung der verschiedenen Marken.

- **Mehrmarkenstrategie**: Dabei werden in einem Markt zwei oder mehr Marken konkurrierend geführt (bspw. Seat und Skoda im VW-Konzern). *Vorteile*: interne Konkurrenz, bessere Marktabschöpfung, hohe Markteintrittsbarrieren für Konkurrenzmarken. *Nachteile*: gegenseitige Kannibalisierung (Investitionen in eine Marke gehen zu Lasten einer anderen Marke und nicht der Konkurrenz), Synergieeffekte werden nicht oder weniger genutzt.

- **Markenfamilienstrategie**: Hier werden einheitliche Marken für unterschiedliche Märkte/Produkte genutzt (bspw. Nivea als Markennamen für viele unterschiedliche Produkte). *Vorteile*: geringere Kosten für neue Produkte gegenüber einer Einzelmarkenstrategie, bekannte Marken erhöhen den Umsatz für neue Produkte innerhalb der Markenfamilie. *Nachteile*: negative Schlagzeilen eines Produktes treffen auch die anderen Produkte der Markenfamilie, es kann nicht so leicht differenziert werden (hoher/niedriger Preis etc.).

- **Dachmarkenstrategie**: In diesem Fall werden alle Marken eines Unternehmens unter einer Marke zusammengefasst (bspw. Ferrero). *Vor- und Nachteile* wie bei Markenfamilienstrategie.

Kennzeichen eines Markennamens

Folgende Kennzeichen sollte ein Markenname erfüllen:

- deutlicher Unterschied zu Konkurrenzmarken/sonstigen Marken

- Schutzfähigkeit durch gewerbliche Schutzrechte

- attraktiv, einprägsam sowie gute Aussprachemöglichkeit in möglichst vielen Ländern

- internationale Nutzbarkeit

- Bedeutung der Marke aus Sicht der Kunden

© 2020, Zeilenniveau Verlag GmbH

8

Produktvariation und Produktdifferenzierung

Die **Produktvariation** (manchmal als »Facelift« <u>F 2013 I A4a-b   4 Pt.</u> bezeichnet) steht für eine Anpassung oder Veränderung eines schon auf dem Markt vorhandenen Produktes, das danach etwas verändert weiterhin angeboten wird (bspw. Anpassung der Rezeptur eines Getränks oder die neue Generation eines technischen Geräts).

Die **Produktdifferenzierung** (zunehmende **Sortimentstiefe**) steht für eine Erweiterung bzw. Ergänzung eines vorhandenen Produktes hinsichtlich technischer Ausstattung, Design (Farbe, Form) usw. Es gibt dann **verschiedene Ausführungsvarianten eines Produktes**. Hier sollen durch die verschiedenen Formen des Produktes verschiedene Kundenwünsche erfüllt werden.

Die **Produktmodifikation** wird als Oberbegriff für die beiden Begriffe Produktvariation und Produktdifferenzierung verwendet.

Produktdiversifikation

Sofern das Sortiment um neue Produkte erwei- <u>F 2013 I A4a-b   4 Pt.</u> tert wird (zunehmende **Sortimentsbreite**), spricht man von **Produktdiversifikation**. Hierbei werden verschiedene Formen unterschieden:

- Die **horizontale Diversifikation** steht für eine Ausdehnung auf der gleichen Wirtschaftsstufe mit ähnlichen Produkten (bspw. könnte der Hersteller externer Festplatten auch interne Festplatten oder USB-Sticks produzieren).

- Bei der **vertikalen Diversifikation** werden vor- oder nachgelagerte Produkte integriert (bspw. durch Kauf eines Herstellers von Speicherbausteinen oder Verkauf von Laptops inkl. Festplatten).

- Die **laterale Diversifikation** steht für eine Produktpalette ohne inneren Zusammenhang (bspw. Festplatten und Taschenlampen).

© 2020, Zeilenniveau Verlag GmbH

Zeilenniveau Verlag

8.2.2.2 Programm- und Sortimentspolitik

8

Kunden erwarten zumeist nicht nur ein bestimmtes Produkt, sondern eine ganze Produktlinie. Für gewöhnlich bezeichnen Hersteller dies als Programm. Der Handel spricht hingegen von Sortiment.

Sortimentsbreite und -tiefe

Es sind besonders die folgenden beiden Dimensionen der Sortiments-gestaltung zu beachten:

- **Sortimentsbreite**: Sie steht für die Vielzahl der Produkte (bspw. externe/interne Festplatten, USB-Sticks, Speicherkarten, Adapter-lösungen usw.).

- **Sortimentstiefe**: Hier geht es um die Varianten innerhalb einer Produktart (bspw. Speicherumfang der externen Festplatten 256 GB, 512 GB, 1 TB, 2 TB oder die Farbvariationen bzw. Größe und Technik: SSD vs. herkömmliche Festplatten).

Produktelimination/Sortimentsbereinigung

Erfolglose Produkte könnten zu einem bestimm-   H 2012 I A4d   6 Pt. ten Zeitpunkt eliminiert werden. Zunächst stellt sich dabei die Frage nach den möglichen **Analysetechniken**. Hier könnten bspw. die schon beschriebene Produktlebenszyklusanalyse oder die Portfolio-Analyse verwendet werden. Zudem wären Deckungsbeitragsanalysen oder eine ABC-Analyse denkbar:

- **Produktlebenszyklusanalyse**: Produkte am Ende eines Zyklus in der Sättigungs- oder Degenerationsphase könnten eliminiert wer-den, sofern kein Relaunch Erfolg verspricht.

- **Portfolio-Analyse**: Insbesondere Poor dogs stehen mit ihren gerin-gen Erfolgsaussichten zur Eliminierung frei. Zudem könnten auch abgelehnte Fragezeichen ausgesondert werden.

8

- **ABC-Analyse:** Eine auf die Absatzprodukte angewandte ABC-Analyse könnte zur Aussonderung von C-Artikeln führen.

- **Deckungsbeitragsanalyse:** Produkte die im Rahmen einer möglichst mehrstufigen Deckungsbeitragsanalyse negative Deckungsbeiträge erwirtschaften, stehen ggf. zum Abschuss frei.

Zu den möglichen **Kriterien bei der Selektion** könnten zählen:

- **Umsätze**, Umsatzanteile an den Gesamtumsätzen

- **Marktanteile** absolut in € oder relativ im Verhältnis zu den stärksten Konkurrenten

- **Deckungsbeiträge** absolut in € oder relativ in Bezug auf Umsätze oder Fertigungsengpässe

- **Lagerumschlagshäufigkeiten**

Zum Schluss muss geprüft werden, ob die ausgewählten Produkte überhaupt eliminiert werden können. Folgende Gründe sprechen gegen eine Elimination bestimmter Produkte:

- **Sortimentsnotwendigkeit:** Die Eliminierung bestimmter Produkte reduziert auch den Verkauf verbundener Produkte.

- **Imageschaden:** Das Image kann nachhaltig geschädigt werden, wenn bestimmte Produkte aus dem Sortiment verbannt werden.

- **Nachkaufgarantien:** Sofern dem Kunden versprochen wurde, dass er jederzeit zur Ergänzung nachkaufen könne, ist es nicht ratsam, die Produkte zu eliminieren (bspw. bei Geschirr & Besteck).

- **Fixkostenproblematik:** Zumindest kurzfristig lassen sich bestimmte Fixkosten nicht abbauen, weshalb diese die Erfolgszahlen der anderen Produkte reduzieren.

- **Bestellkostenproblem:** Da Vorprodukte nun in ggf. geringeren Mengen bezogen werden, steigen deren Bezugskosten pro Einheit.

 © 2020, Zeilenniveau Verlag GmbH

Zeilenniveau Verlag

8.2.2.3 Servicepolitik

Ein wesentlicher Aspekt der Produktpolitik ist die Servicepolitik. Diese Zusatzleistungen sind   H 2009 I   A6a   4 Pt. H 2018 I   A5a   3 Pt. bisweilen wichtig, um Neukunden zu gewinnen oder bestehende Kunden halten zu können. Es wird unterschieden zwischen Serviceleistungen:

- vor der Nutzung: Beratung, Planung (bspw. Küchen)

- während des Nutzungszeitraums: Wartung, Hotline etc.

- nach dem Ende der Nutzung: bspw. Entsorgung

Es gibt zahlreiche Gründe und damit auch Vorteile, eine **kundenorientierte Servicepolitik** zu betreiben:

- Neukundengewinnung, Bestandskunden halten

- Imagesteigerung

- die Kunden wünschen verstärkt Problemlösungen und nicht nur Produkte

- zunehmendem Wettbewerbsdruck kann durch bessere Serviceleistungen begegnet werden bzw. Schaffung von Wettbewerbsvorteilen gegenüber der Konkurrenz

8

Serviceangebote

Zu den Serviceangeboten zählen:

H 2009	A6b	4 Pt.
F 2010	A3b	3 Pt.
H 2010	A6a-b	7 Pt.
F 2015	A2b	3 Pt.
H 2015	A6a	4 Pt.
H 2018	A5b	8 Pt.

- **Garantie**: Neben der gesetzlich vorgeschriebenen **Gewährleistung** kann der Unternehmer eine freiwillige Garantie anbieten.

- **Hotline** (Telefon/Internetchat): persönlicher Ansprechpartner für Kundenfragen.

- **Kundendienst**: Ein eigener Kundendienst (oder von Subunternehmen) löst Probleme beim Kunden vor Ort bzw. unterstützt diese. Es wird zwischen **technischem** (bspw. Beratung, Ersatzteile vorhalten) und **kaufmännischem Kundendienst** (bspw. Unterstützung des Kunden bei Projektkalkulation und Finanzierung) unterschieden.

- **Ersatzteillieferungen**: Möglichst zeitnahe Ersatzteillieferungen machen das Produkt nicht nur für gewerbliche Kunden wesentlich attraktiver.

- **Schulungen**: Die Mitarbeiter der Kunden werden an den Geräten durch unsere Schulungsabteilung oder durch von uns beauftragte Bildungsträger geschult.

- **Wartungsarbeiten**: Zusicherung freiwilliger zusätzlicher kostenfreier Wartungsarbeiten.

- **Lieferungen zur Probe**: Der Endverbraucher kann die Ware vor dem endgültigen Kauf ausprobieren.

- **Hilfe bei der Warenpräsentation**: Dem Handel werden Vorschläge zur besseren Präsentation der Waren (bspw. Schaufenster) gegeben.

Grundsätzlich muss hier danach unterschieden werden, ob es um Serviceangebote für den Handel oder für Endverbraucher geht.

Zu den **Entscheidungskriterien** bei der Auswahl und Implementierung (= Umsetzung) der Serviceangebote zählen bspw. Kosten, Qualität, Zeitumfang, Mengen und Region.

Zeilenniveau Verlag

8.2.3 Preispolitik

Ziel der Preispolitik (**Kontrahierungspolitik**) ist die angemessene Preisgestaltung. Hierzu zählen neben den eigentlichen Preisen auch sonstige Konditionen wie bspw. Rabatte, Skonti und Konsumentenkredite. Die Preisgestaltung hängt u. a.

F 2009 I	A7a	4 Pt.	C
H 2010 I	A5a-b	8 Pt.	C
H 2013 I	A6a-b	7 Pt.	C
H 2015 I	A5a-b	6 Pt.	C
H 2017 I	A6	8 Pt.	C

von den Kosten, der Konkurrenz, der Nachfrage, Trends usw. ab:

- **kostenorientierte Preisgestaltung** (Kap. 8.2.3.1): Die Preise orientieren sich an den hierfür notwendigen Kosten.

- **konkurrenzorientierte Preisgestaltung** (Kap. 8.2.3.2): Die Höhe der Preise wird an der Preisgestaltung der Konkurrenz ausgerichtet.

- **nachfrageorientierte Preisgestaltung** (Kap. 8.2.3.3): Die Preise werden an der vorhandenen Nachfrage der Konsumenten ausgerichtet.

Zudem können für das gleiche Produkt verschiedene Preise veranschlagt werden (**Preisdifferenzierung/-variation**: Kap. 8.2.3.4/5). Zum Abschluss werden die sonstigen **Konditionen** (Kap. 8.2.3.6) besprochen. Zuvor betrachten wir einige grundsätzliche **preispolitische Strategien**:

■ Strategien der Preispositionierung (= statische Preisstrategien)	
beziehen sich auf die Höhe des Preises	
1.	**Hochpreisstrategie** (dauerhaft: **Premiumpreisstrategie**, vorübergehend: **Abschöpfungsstrategie**)	Einen besonders hohen Preis können bspw. Premiummarken setzen (bspw. BMW).
2.	**Mittelpreisstrategie**	Ein mittleres Preisniveau bei Standardqualität und -service (bspw. VW).
3.	**Niedrigpreisstrategie** (dauerhaft: **Promotionspreisstrategie**, vorübergehend: **Penetrationsstrategie**)	Um einen Massenmarkt bedienen zu können, müssen meist niedrige Preise gewählt werden (bspw. Seat). Nachteilig: Könnte Preiskampf auslösen und Kunden erwarten zukünftig immer niedrige Preise.

■ Strategien der Preisabfolge (= dynamische Preisstrategien)		
beziehen sich auf die Position im Lebenszyklus		
4.	**Penetrationsstrategie** (Marktdurchdringungsstrategie bei Newcomern)	Einführungsphase durch niedrige Preise. Schrittweise können in der Wachstumsphase die Preise erhöht werden. Durch die anfänglich niedrigen Preise werden Wettbewerber ferngehalten. Voraussetzungen: Image, Qualität oder Exklusivität.
5.	**Skimmingstrategie** (Abschöpfungsstrategie bei innovativen Produkten)	Es wird versucht durch hohe Preise in der Einführungsphase einen möglichst großen Gewinn zu Beginn abzuschöpfen – bis entsprechend Konkurrenten auf den Markt kommen. Voraussetzungen: Massenmarkt, Stückkostendegression.

■ Strategien des Preiswettbewerbs (Konkurrenzstrategien)		
beziehen sich auf das Verhalten gegenüber der Konkurrenz		
6.	**Preisführerschaft**	Durch die Qualität, das Image, Service oder Innovationskraft kann eine Vorreiterrolle bei der Preisgestaltung gespielt werden, an der sich die Konkurrenten orientieren.
7.	**Preiskampf**	Hier wird versucht, durch Preisunterbietungen gegenüber Konkurrenten Marktanteile zu gewinnen (bspw. bei Discountern).
8.	**Preisfolgerschaft**	Hier orientiert man sich an der Preisgestaltung der Konkurrenz.

8.2.3.1 Kostenorientierte Preisgestaltung

- Die **Vollkostenrechnung** rechnet zur Bestimmung der Preisuntergrenze sämtliche Kosten (Einzel- und Gemeinkosten) in die Preise ein. Die resultierenden Selbstkosten stellen die langfristige Preisuntergrenze dar.

  `F 2010 I A2a-b    4 Pt.`

- In der **Teilkostenrechnung** werden nur die entscheidungsrelevanten Kosten betrachtet. In der Deckungsbeitragsrechnung sind das die variablen Stückkosten, die dabei als kurzfristige Preisuntergrenze gelten (auch absolute Preisuntergrenze genannt).

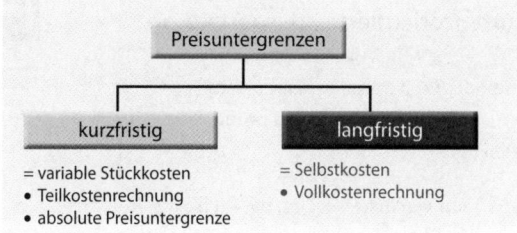

Da beide Ansätze nicht in jeder Situation überzeugen können, gibt es auch andere Ansätze, wie bspw. die **Prozesskostenrechnung**, die jedoch auch eigene Probleme haben. Die perfekte Lösung gibt es nicht, da grundsätzlich die folgenden Probleme niemals perfekt gelöst werden: (1) Problematik der Einzel- und Gemeinkosten. (2) Problematik der Fixkosten vs. variable Kosten

Zu den grundsätzlichen **Vorteilen** der kostenorientierten Preisgestaltung zählen:

- Die Preise können kostendeckend gestaltet werden.

- Es kann eine differenzierte Preisgestaltung vorgenommen werden.

- Immer dann sinnvoll, wenn es für individuelle Produkte keine vergleichbaren Marktpreise gibt.

Zu den **Nachteilen** zählen:

- Es ist aufgrund der oben genannten Probleme schwierig, die korrekten Kosten zu ermitteln.

- Sofern die Kosten annähernd korrekt bestimmt werden können, kann es jedoch trotzdem sein, dass die Konkurrenz wesentlich günstiger ist oder die Nachfrager grundsätzlich nicht bereit sind, diese Preise zu bezahlen.

8

8.2.3.2 Konkurrenzorientierte Preisgestaltung

Alternativ können die Preise an der Konkurrenz ausgerichtet werden. Hier bieten sich drei grundlegende Strategien an:

| F 2010 I | A2a-b | 4 Pt. |
| F 2015 I | A2c | 3 Pt. |

- **Preiskampf**: Es kann versucht werden, die Preise der Konkurrenten zu unterbieten, um diese vom Markt zu verdrängen.

- **Preisabsprachen**: Es werden gemeinsame Preise festgelegt.

- **Parallelverhalten**: Bei dieser wirtschaftsfriedlichen Koexistenz werden bspw. aus Kosten- oder Nachfragegründen grundsätzlich ähnliche Preise veranschlagt, ohne dass dies auf einer Absprache beruht.

Zu den **Vorteilen** der konkurrenzorientierten Preisgestaltung zählen:

- Man orientiert sich an der Konkurrenz (ob Preiskampf, Absprache oder Parallelverhalten) und hat dabei die Konkurrenz besser im Blick.

- Es werden nicht marktunübliche Preise verlangt und somit können Kunden gehalten oder gar gewonnen werden.

Zu den **Nachteilen** der konkurrenzorientierten Preisgestaltung zählen:

- Es wäre denkbar, dass die Konkurrenz aufgrund geringerer Kosten mit geringeren Preisen gut leben kann und wir daher bei einer Orientierung an deren Preisen zugrunde gehen. In diesem Fall müssten die Kosten gesenkt oder ein höherer Preis durch bspw. eine bessere Qualität gerechtfertigt werden.

- Sofern man sich allzu sehr an den Preisen der Konkurrenz orientiert, erfolgt evtl. aus Sicht des Kunden keine klare Abgrenzung gegenüber der Konkurrenz.

- Die Gewinne/Renditen können gering ausfallen.

- Nicht durchführbar, sofern es keine vergleichbaren Konkurrenzprodukte gibt.

Zeilenniveau Verlag

8.2.3.3 Nachfrageorientierte Preisgestaltung

Die nachfrageorientierte Preisgestaltung orientiert sich an Konsumenten und deren Kaufkraft und Kaufwillen. Hierfür ist eine möglichst realitätsnahe **Marktforschung** erforderlich, die uns die Kundenwünsche offenbart.

Als **Vorteil** kann die Ausrichtung an den Kundenvorstellungen angebracht werden. **Nachteilig** ist dabei die evtl. nicht vorhandene Kostendeckung. Sowohl eine nachfrageorientierte als auch konkurrenzorientierte Preisgestaltung erfordern häufig eine **Mischkalkulation**. Sofern für bestimmte Produkte aus Konkurrenz- oder Nachfragegründen keine kostendeckenden Preise durchgesetzt werden können, muss dies durch entsprechend höhere Preise bei anderen Produkten ausgeglichen werden. Dies ist sowohl bei der Industrie als auch im Handel sehr gebräuchlich. Dabei werden häufig Zubehör oder Service übermäßig teuer angeboten.

8.2.3.4 Preisdifferenzierung

Im Fach Volkswirtschaftslehre lernten wir den | H 2013 I A6c | 4 Pt. | Begriff **Konsumentenrente** kennen. Dieser steht für die Kaufbereitschaft der unterschiedlichen Kunden.

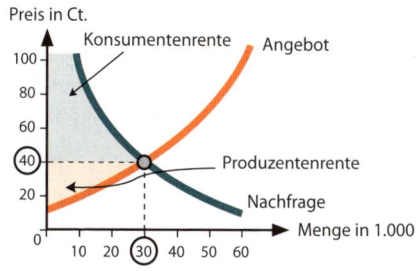

So gibt es immer Kunden, die auch bereit wären, einen höheren Preis zu bezahlen. Bei einem einheitlichen Marktpreis ersparen sich diese Kunden den höheren Preis – sie erzielen eine Konsumentenrente.

8

Das **Ziel der Preisdifferenzierung** (bzw. Preisdiskriminierung) ist nun die **Abschöpfung dieser Konsumentenrente**. Zu diesem Zweck werden für das gleiche Produkt unterschiedliche Preise verlangt. Es muss jedoch gegenüber dem Kunden eine halbwegs sinnvolle Begründung für diese Diskriminierung gegeben werden. **Voraussetzungen**: (1) geringe Markttransparenz, (2) Durchsetzbarkeit, (3) unterscheidbare Kundengruppen. Dabei werden die folgenden **Strategien der Preisdifferenzierung** unterschieden:

- **mengenbezogene Preisdifferenzierung**: Wer entsprechend größere Mengen kauft, erhält Mengenrabatt und zahlt pro Einheit weniger.

- **räumliche Preisdifferenzierung**: Die Preise unterscheiden sich in den verschiedenen Staaten, Regionen und Städten oder zwischen Stadt und Land (bspw. bei Wohnungsmieten).

- **zeitliche Preisdifferenzierung**: Hier werden je nach Tageszeit (bspw. Benzin an Tankstellen, Cocktails in Bars), Wochentag (bspw. Kino-Eintrittskarten) oder Jahreszeiten (bspw. Haupt-/Nebensaison in Hotels und Restaurants) unterschiedliche Preise angesetzt.

- **personelle Preisdifferenzierung**: Bestimmte Personengruppen erhalten unterschiedliche Preise (bspw. Geschäftskunden vs. Privatkunden, Schüler/Studenten/Rentner vs. gewöhnliche Kunden, Mitglieder eines Klubs vs. Außenstehende).

- **leistungsbezogene Preisdifferenzierung**: Sofern das Produkt durch geringe Abweichungen abgewandelt wird, können ebenfalls unterschiedliche Preise angesetzt werden (bspw. Taschenbücher vs. gebundene Ausgaben, 1. und 2. Klasse der Deutschen Bahn).

- **Preisbündelung**: Wenn Produkte nur oder auch zusammen mit anderen Produkten gebündelt werden, können auch unterschiedliche Preise angesetzt werden (bspw. Mobilfunkverträge).

Der ideale Zustand wäre für Unternehmen natürlich dann erreicht, wenn jeder Kunde genau den Preis bezahlen würde, der exakt seiner Zahlungsbereitschaft entspricht und somit die gesamte Konsumentenrente abgeschöpft würde. Dies bedürfte eines »gläsernen Kunden«.

© 2020, Zeilenniveau Verlag GmbH

Zeilenniveau Verlag

8.2.3.5 Preisvariation

Die Preisvariation ist eng mit der Preisdifferen- H 2010 I A5c-d 4 Pt. zierung verwandt. Sie zielt weniger auf die Abschöpfung der Konsumentenrente. Vielmehr möchte sie aufgrund kurzfristiger Veränderungen der Preise möglichst hohe Gewinne erzielen. Es werden zwei Formen von **Preisnachlässen** unterschieden:

- Bei einem **direkten Preisnachlass** wird der Verkaufspreis reduziert.

- Sofern es stattdessen beim gleichen Preis sonstige Vergünstigungen gibt (bspw. zusätzliche Leistungen, Zugaben, mehr Service, längere Garantiezeiten), spricht man von **indirekten Preisnachlässen**.

- Zu den **Vorteilen der indirekten Preisnachlässe** zählen: (1) Spätere Rücknahmen der Preisnachlässe sind einfacher als direkte Preiserhöhungen. (2) Der Preis wird weniger transparent, wodurch Änderungen ebenfalls leichter durchsetzbar sind. (3) Die Zusatzleistungen werden ggf. als wertvoller eingeschätzt als sie tatsächlich sind.

- Zu den **Gefahren von direkten und indirekten Preissenkungen** zählen: (1) Preissenkungen lassen sich nur schwer wieder zurücknehmen, (2) Konkurrenten könnten Preissenkungen nachahmen und damit einen Preiskampf fortführen und (3) die Qualität der Produkte wird aufgrund der Preissenkungen geringer eingeschätzt.

8.2.3.6 Konditionenpolitik

Neben der eigentlichen Preisgestaltung gehören F 2009 I A7b 8 Pt. zur Preispolitik/Kontrahierungspolitik auch ver- H 2015 I A5c 2 Pt. schiedene Elemente der Konditionenpolitik:

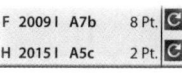

- **Mengenrabatte**: Bei Abnahme größerer Mengen werden Mengenrabatte gewährt.

- **Zeitrabatte**: Bei entsprechender frühzeitiger Bestellung gibt es entsprechende Rabatte (bspw. bei der Deutschen Bahn).

8

- **Lieferbedingungen**: Versandkosten, Liefertermine, Umtauschregelungen, Gefahrenübergang.

- **Zahlungsbedingungen**: Skonto (Ziel: Liquidität, Kundenbindung), Zahlungsfristen, Zahlungsweise (bar, Überweisung etc.).

- **Kreditpolitik**: Ratenzahlung, Leasing etc. um die Nachfrage anzuregen.

8.2.4 Distributionspolitik

Die Distributionspolitik beschäftigt sich mit dem H 2010 II A11a   4 Pt.
konkreten Absatz der Güter. Eine wichtige Unterscheidung ist hinsichtlich der Absatzwege zu treffen. Dabei wird zwischen direkten und indirekten Absatzwegen unterschieden:

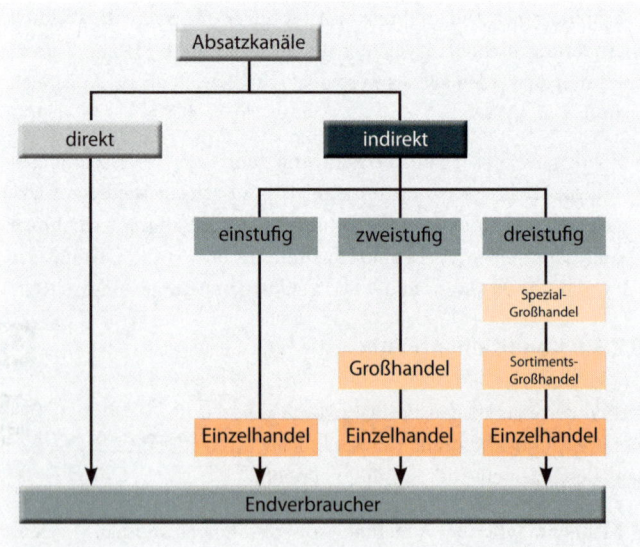

Bei **direktem Absatz** verkauft der Hersteller seine Güter direkt an den Endverbraucher. Beim **indirekten Absatz** werden verschiedene Zwischenstufen (insbesondere der Handel) eingeschaltet.

Zeilenniveau Verlag

Direkter Absatz

8

H 2010 II A11b	2 Pt.
H 2011 II A10a	4 Pt.
F 2013 II A10a-b	6 Pt.

Beim direkten Absatzes können wiederum verschiedene Formen unterschieden werden:

- **Werksverkauf**: Der Hersteller verkauft seine Waren direkt ab Werk in speziell hierfür eingerichteten Verkaufsräumen.

- **Vertriebsmitarbeiter (Handelsreisender)**: Außendienstmitarbeiter verkaufen die Waren an die Kunden vor Ort.

- **Versandhandel**: Die Waren werden über den traditionellen Versandhandel vertrieben.

- **Internethandel**: Die Waren werden direkt über eine Online-Plattform vertrieben.

- **Messehandel**: Verkauf der Waren auf Messen.

direkter Absatz	
Vorteile	**Nachteile**
• durch die Ausschaltung des Handels geringere Kosten (Wegfall der Handelsspanne)	• zusätzliche Vertriebskosten (insbesondere höhere Fixkosten)
• direkter Kontakt zu Kunden fördert Kundenbindung	• die Reichweite des Vertriebes ist geringer
• direkte Informationen von Kunden können gesammelt werden	• geringere Verkaufserfahrung als der etablierte Handel
• keine Abhängigkeit vom Handel	• Sortimentsbildung des Handels fördert den Absatz, was hier entfällt

Indirekter Absatz

Zu den verschiedenen Formen zählen:

H 2010 II A11b   2 Pt.

- **Einzelhandel und Großhandel**: Traditionell kauft der Handel die Waren an und verkauft sie selbstständig in eigenem Namen und auf eigene Rechnung.

8

- **Vertragshändler**: Hier handelt es sich um rechtlich selbstständige Unternehmen, die jedoch per Vertrag eng an den Hersteller gebunden sind (bspw. Automobil-Vertragshändler).

- **Franchisenehmer**: Sie betreiben selbstständig und auf eigenes Risiko ein Unternehmen, dessen Konzept und Marketingstrategie vom Franchisegeber gegen Entgelt übernommen werden. Somit sind sie wirtschaftlich sehr abhängig.

Franchising aus Sicht des Franchisegebers	
Vorteile	**Nachteile**
• schnellere Expansion möglich • einheitlicher Marktauftritt • geringerer Kapitalbedarf	• Kontrollen notwendig • ggf. Imageschaden • Abhängigkeit

Franchising aus Sicht des Franchisenehmers	
Vorteile	**Nachteile**
• Imageübernahme • kein komplettes Geschäftskonzept erforderlich • schnell umsetzbar	• Abhängigkeit • geringere Flexibilität • Imageschaden durch Fehler anderer

- **Kommissionäre**: Diese handeln in eigenem Namen auf fremde Rechnung.

- **Handelsvertreter**: Diese vermitteln Vertragsabschlüsse auf fremden Namen und fremder Rechnung.

Akquisitorische & physische Distribution

- Bei der **akquisitorischen Distribution** geht es um die Absatzwege und Vertriebssysteme, also wie Kunden gewonnen werden. F 2017 II A10a-b 9 Pt.

- Die **physische Distribution** (Absatzlogistik) beschäftigt sich mit dem wirklichen Warentransport zum Kunden und ist damit Teil der Logistik.

 © 2020, Zeilenniveau Verlag GmbH

Zeilenniveau Verlag

Handelsreisender vs. Handelsvertreter

8

In Prüfungen wird gerne der Unterschied zwischen Handelsreisenden u. Handelsvertretern abgefragt:

F 2010 I	A12a-b	7 Pt.
F 2013 I	A5c	3 Pt.
H 2015 I	A6b	4 Pt.
F 2016 II	A5c-d	9 Pt.

Kriterium	Handelsreisender	Handelsvertreter
Stellung zum Hersteller	intern: angestellter Mitarbeiter	extern: selbstständiger Unternehmer
Arbeitsrecht	als Angestellter mit allen Rechten & Pflichten eines Arbeitsvertrags gebunden	selbstständig und daher keine arbeitsrechtliche Basis, Vertragsauflösung ist einfacher
Spezialisierung	verkauft nur die Produkte des Herstellers und daher loyaler	verkauft Produkte verschiedener Hersteller, bessere Marktkenntnisse
Weisungsgebundenheit	ist weisungsgebunden	als Selbstständiger nicht weisungsgebunden
Motivation	für gewöhnlich geringer	höher, Ausnahme bei Umsatzflauten
Entlohnung	fixes Gehalt (hohe Fixkosten) + Umsatzprovision	lediglich (höhere) Umsatzprovision (hohe variable Kosten)
Kosten: Vor-/Nachteile	Vorteil bei hohen Umsätzen, da geringe Provision. Nachteil bei geringen Umsätzen, da trotzdem das Fixum zu bezahlen ist.	Vorteil bei geringen Umsätzen, da kein Fixum zu zahlen ist. Nachteil bei hohen Umsätzen, da eine hohe Provision anfällt.
Mögliche Konflikte	<ul><li>allgemeine Konkurrenzsituation</li><li>Fokus auf Großkunden bei Handelsvertretern</li><li>unterschiedliche Provisionssätze</li><li>Rosinenpicken bei den Produkten</li><li>geringere Loyalität bei Handelsvertretern</li><li>Know-how-Abfluss bei Handelsvertretern</li></ul>	

8

Fallbeispiel Handelsreisender/-vertreter

F 2013 I	A5a-b	3 Pt.
F 2016 II	A5a-b	5 Pt.

Angaben:

- Handelsreisender: Gehalt = 3.000 €/Monat, 3 % Umsatzprov.

- Handelsvertreter: 5,5 % Umsatzprovision

- erwarteter durchschnittlicher Umsatz pro Monat = 100 T€

Aufgaben:

a) Berechnen Sie für beide die monatlichen Kosten.

b) Ermitteln Sie den monatlichen Umsatz, bei dem die Kosten gleich groß sind.

Lösungen:

a) Handelsreisender = 3.000 € + 0,03 · 100.000 € = 6.000 €

Handelsvertreter = 0,055 · 100.000 € = 5.500 €

Folglich ist der Handelsvertreter in diesem Fall günstiger!

b) 3.000 € + 0,03 · U = 0,055 · U

$\longleftrightarrow$ 3.000 € = 0,055 · U - 0,03 · U

$\longleftrightarrow$ 0,025 · U = 3.000 € → U = 120.000 €

Folglich sind die Kosten bei 120.000 € gleich!

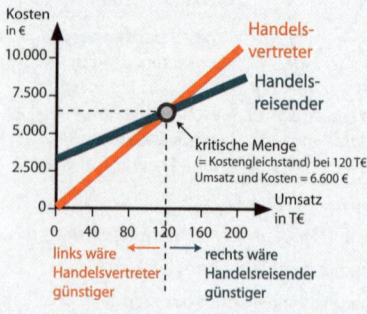

© 2020, Zeilenniveau Verlag GmbH

Zeilenniveau
Verlag

8.2.5 Kommunikationspolitik

Ziel der Kommunikationspolitik

Die Kommunikationspolitik beschäftigt sich mit
dem Auftritt des Unternehmens nach außen. Dabei werden sehr unterschiedliche Mittel eingesetzt: Neben der klassischen Werbung oder Öffentlichkeitsarbeit sind auch Formen der Verkaufsförderung denkbar.

F 2011 I	A7a	2 Pt.
H 2016 I	A7a	6 Pt.

Ziel ist allgemein das Unternehmen nach außen so zu präsentieren, dass die allgemeinen Unternehmensziele (Umsatz, Gewinn) erreicht werden.

Image ist das subjektive Bild, das sich in der Öffentlichkeit und bei den Kunden vom Unternehmen und dessen Produkten bildet. Es prägt das Kaufverhalten der Kunden und wirkt langfristig. Ein gutes Image rechtfertigt eher höhere Preise und steigert daher die Rendite.

8.2.5.1 Werbung

Es dürfte klar sein, dass die Form der Werbung sehr stark davon abhängt, um welchen Bereich des Marketings es sich handelt.

Werbung im Konsum-/Investitionsgütermarketing

Zu den möglichen Instrumenten der Werbung
können gerechnet werden:

F 2010 I	A3a	4 Pt.
F 2017 I	A4a	9 Pt.
F 2018 I	A8	3 Pt.

- Inserate in Publikums-/Fachzeitschriften

- Infostände auf Besucher-/Fachmessen, interne Messen für das Fachpublikum

- Anschreiben/E-Mail an Bestandskunden/Newsletter

- Kino, Radio & Fernsehen nur im Konsumgütermarketing

- Internetwerbung (Webseite, Links etc.)

8

Werbegrundsätze

Zu den Grundsätzen der Werbung (sollten) zäh- | H 2011 I A5a   4 Pt. | 💾
len:

- **Klarheit**: Werbung sollte klar und verständlich sein, nur so kann ihre Aussage überzeugen und zum Kauf anregen.

- **Wahrheit**: Langfristiger Erfolg basiert auf Vertrauen der Kunden, und dieses kann nur durch wahre Werbeaussagen erreicht werden.

- **Wirksamkeit**: Werbung muss zum dauerhaften Kauf anregen. Daher muss sie einprägsam, von anderen Unternehmen abhebend, mit einem Erinnerungswert und stetig wiederholend sein.

- **Wirtschaftlichkeit**: Die Kosten der Werbekampagnen müssen im angemessenen Verhältnis zum Werbeerfolg liegen (ökonomisches Prinzip).

- **soziale und ökologische Verantwortung**: In zunehmendem Maße muss die Werbung der gesellschaftlichen Verankerung des Unternehmens Rechnung tragen, um dauerhaft glaubwürdig zu bleiben.

Werbeplanung

Eine erfolgreiche Werbekampagne muss zuvor ordentlich geplant werden. Externe Dienstleister (bspw. Marktforschungsinstitute, Unternehmensberater) und interne Stellen/Abteilungen (bspw. Produkt-, Key-Account-Manager) können hierbei dienen. Zu den wesentlichen Elementen eines Werbeplans zählen:

H 2009 I A7a	6 Pt.
H 2012 I A4c	6 Pt.
H 2016 I A7b	4 Pt.

- **Werbeziel**: Produkteinführung, Gewinnung neuer Kunden, Umsatzsteigerung, Erhaltung des Kundenstamms usw.

- **Werbeobjekt**: ein Produkt, eine Produktgruppe oder das gesamte Sortiment.

© 2020, Zeilenniveau Verlag GmbH

Zeilenniveau Verlag

- **Zielgruppe** bzw. **Streukreis**: Großhändler, Einzelhändler, Endverbraucher, Singlehaushalte, Familien.

- **Werbebotschaft/-inhalt**: Welche Aussage soll verbreitet werden? Ist das Produkt gesund, modisch, innovativ usw.?

- **Werbeträger**: Zeitung, Zeitschriften, Internet, Fernsehen, Radio, Litfaßsäulen usw. **Werbemittel**: Inserate, Weblinks, Fernsehspots, Plakate usw.

- **Werbegebiet**: Europa, Deutschland, Bayern, Regierungsbezirk Schwaben, Landkreis Oberallgäu, Marktgemeinde Oberstdorf usw.

- **Werbezeit**: Zeitraum der Werbung sowie Tageszeiten.

- **Werbeetat**: in Abhängigkeit vom Produktlebenszyklus

Werbeträger vs. Werbemittel

Die jeweiligen Medien zur Vermittlung der Werbebotschaften werden als Werbeträger bezeichnet. Die darin genutzte Form der Darstellung nennt man Werbemittel.

F 20111 A7b-c   8 Pt.
F 20181 A7a   6 Pt.

Werbeträger	Werbemittel
Zeitung, (Fach-) Zeitschriften	Inserate, Anzeigen
Fernsehen, Radio, Kino	Fernseh-, Radio-, Kinospots
Plakatwände, Litfaßsäulen	Plakate
Internet	Weblinks, Anzeigen
Verkaufsverpackungen	Werbeaufdruck
Fahrzeuge (Busse, Bahn ...)	Werbebeschriftungen
Gebäude	Werbebeschriftungen
Verkaufswerbung am Point of Sale	Display, Plakate, Poster, Visitenkarten, Verkaufsgespräche

Der Einsatz der Werbeträger und -mittel ist stark vom jeweiligen Produkt und vom Markt abhängig. Insbesondere die Kosten und der Streukreis der Werbung sind zu berücksichtigen. So sind bspw. Fernsehspots sehr teuer, sprechen viele Menschen an, haben aber eine breite Streuung.

8

Zudem ist von Bedeutung, inwiefern der mögliche Kunde die Werbung wahrnehmen kann oder eher ignorieren wird (so besteht bei Fernsehwerbung die Gefahr des »wegzappens«).

Zum **Vergleich verschiedener Werbeträger** kann bspw. ein **Tausend-Kontakt-Preis** berechnet werden:

■	Ziel: Berechnung des Tausend-Kontakt-Preises			Ergebnis
Nr.	Werbeträger	Nettoreichweite	Gesamtpreis	Tausend-Kontakt-Preis
1	Fachzeitschrift	50.000	10.000	200 €
2	Kino	150.000	24.000	160 €
3	Radio	200.000	50.000	250 €
4	Tageszeitung	100.000	18.000	180 €
5	Werbebroschüren	80.000	12.000	150 €

Folgende Begriffe sind hierbei von Bedeutung:

- **Bruttoreichweite**: Sie misst die Anzahl der Kontakte auch bei mehreren Ausgaben. Somit erhält man Doppelzählungen, wenn eine Person doppelt oder mehrfach erreicht wird.

- **Nettoreichweite**: Sie misst die tatsächliche Anzahl verschiedener Personen, die erreicht wurden. Somit ist diese Größe die relevante Entscheidungsgröße.

- Der **Tausend-Kontakt-Preis** ermittelt sich durch eine Division des Gesamtpreises mit der Nettoreichweite und anschließender Multiplikation mit 1.000.

- In unserem Fall liegen Werbebroschüren vorne, da sie das günstigste Ergebnis liefern. Trotzdem könnten bspw. Fachzeitschriften **vorzuziehen** sein, wenn hier a) ein kleinerer Streuverlust erzielt wird, b) eher die gewünschten Zielgruppen erreicht werden oder c) eine bessere Orientierung am Image des Unternehmens erfolgt.

© 2020, Zeilenniveau Verlag GmbH

Zeilenniveau Verlag

Ausbildungsmarketing

In zunehmendem Maße haben Ausbildungs- | F 2017 I A10a-b | 9 Pt.
betriebe Probleme, geeignete Auszubildende zu
finden. Daher müssen Unternehmen ein angemessenes Ausbildungs-
marketing betreiben.

Zu den **Zielen des Ausbildungsmarketings** zählen:

- Imagesteigerung als geeigneter Ausbildungsbetrieb
- Erhöhung des Bekanntheitsgrades als Ausbildungsbetrieb
- Darstellung der Vorteile gegenüber Mitbewerbern in der Ausbildung
- als finales Ziel gilt dann die Heranbildung geeigneter Fachkräfte

Als **Maßnahmen des Ausbildungsmarketings** gelten bspw.:

- direkte Ansprache von Jugendlichen in Schulen und Vereinen
- Stellenanzeigen in der regionalen Presse, im Kino
- Internetanzeigen
- Social Media
- betriebsinterne Stellenanzeigen am Schwarzen Brett
- Tag der offenen Tür und Ausbildungstag
- Präsentation auf regionalen Ausbildungsmessen/Fachmessen
- betriebliche Praktika anbieten und interessant durchführen

8

8.2.5.2 Verkaufsförderung

Als verkaufsfördernde Maßnahmen gelten alle die Werbung unterstützenden Maßnahmen zur Steigerung des Absatzes. Hierzu zählen bspw.:

F 2012 I	A6b	5 Pt.	
F 2014 I	A5a-b	6 Pt.	
F 2018 I	A8	3 Pt.	

- **Produktvorführungen**: Prototypen, Probierportionen in Supermärkten, spezielle Sonderverpackungen.

- **Messen**: Fachmessen, Frühjahrs-/Herbstmessen.

- **Händlerpromotion**: Werbematerialien für den Handel, Verkaufsschulungen der Handelsmitarbeiter, Sonderrabatte.

- **Außendienstpromotion**: Handelsreisende, Handelsvertreter, Kommissionäre schulen, unterstützen etc.

8.2.5.3 Public Relations

H 2010 I	A6c-d	5 Pt.	

Die Öffentlichkeitsarbeit (Public Relations) beschäftigt sich mit dem Aufbau und der Pflege der Beziehungen zur Öffentlichkeit. Dabei geht es um Informationen für die Öffentlichkeit und um einen Dialog mit dieser. Ziel ist dabei der Aufbau von Verständnis und Vertrauen, was den Unternehmenserfolg nachhaltig fördert. Zu bedenken ist jedoch, dass dies ein langwieriger Prozess ist und durch einzelne Skandale ruiniert werden kann.

Grundsätzlich muss dabei zwischen internen (Mitarbeiter und deren Familienangehörige) und externen Zielgruppen (Öffentlichkeit, Presse, Politiker, Verbände, Behörden, Kunden, Lieferanten, Banken, Aktionäre) unterschieden werden.

Zu den **Maßnahmen des Public Relations** zählen:

- **Pressearbeit**: Pressekonferenzen/-mitteilungen, Infobroschüren, Geschäftsberichte.

Zeilenniveau
Verlag

- **persönlicher Dialog**: Pflege der Beziehungen zu Journalisten, Politkern, Verbänden, Aktivisten usw. (Lobbyarbeit).

- **bestimmte Zielgruppen ansprechen**: Betriebsbesichtigungen für bspw. Schulen, Förderung von Kultur, Ausschreibung von Preisen und Stiftungen.

- **Inserate**: Anzeigen zur Einstellung zur Umwelt etc.

- **Tag der offenen Tür** für Mitarbeiter und die Allgemeinheit.

8.2.5.4 Sponsoring

Sponsoring steht für die Förderung einzelner Personen, bestimmter Organisationen, Vereine, Veranstaltungen oder Aktionen im Bereich des

H 2009	A7b	6 Pt.	
H 2015	A7a	8 Pt.	
F 2018	A8	3 Pt.	

Sports, der Kultur oder der Ökologie durch finanzielle Zuwendungen oder aber auch durch Sachleistungen. Man spricht hier gerne von einer Win-win-Situation für beide Seiten: Der Gesponsorte erhält (finanzielle) Zuwendungen und der Sponsor kann dafür sein Image verbessern bzw. eine alternative, weniger direkte und aufdringliche Form der Werbung betreiben.

Zu den Vor- und Nachteilen bzw. Chancen/Risiken aus Sicht des Sponsors vgl. die folgende Tabelle:

Sponsoring	
Vorteile/Chancen	**Nachteile/Risiken**
• Imagesteigerung	• hohe Kosten
• Bekanntheitsgrad steigt	• Erfolgsbeurteilung nur schwer möglich
• neue Zielgruppen erschließen	• evtl. wird Sponsor nicht erkannt
• größere Medienpräsenz	
• Zunahme der Kundenzufriedenheit	• bei Misserfolg des Gesponsorten evtl. schlecht für das Image
• langfristige Kundenbindung	• ggf. Schädigung des Rufs bei Fehlverhalten des Gesponsorten (bspw. bei Doping)
• Mitarbeitermotivation steigt	

8

8.2.6 Marketing-Mix

Nachdem die einzelnen Instrumente des Marketing-Mix vorgestellt wurden, muss an dieser Stelle nochmals klar hervorgehoben werden, dass das Ziel nicht die Auswahl einzelner Aspekte ist. Erst das schlüssige **Zusammenwirken** kann einen nachhaltigen Erfolg gewährleisten:

- Eine perfekte Produktpolitik bringt wenig, sofern die Kunden davon nicht im Rahmen der Kommunikationspolitik Kenntnis erlangen.

- Ebenso ist eine durchdachte Preispolitik nicht erfolgreich, sofern die Absatzwege der Distributionspolitik schlecht angelegt werden.

Marketing-Mix für B2B und B2C

Der Marketing-Mix hängt auch davon ab, ob die `F 2012 I A5b     6 Pt.` Kunden Geschäftskunden oder private Endverbraucher sind: (1) **B2B = Business to Business**: Hier handelt es sich um den Verkauf an Geschäftskunden (Investitionsgütermarketing). (2) **B2C = Business to Consumer**: Verkauf an Endverbraucher (Konsumgütermarketing).

Instrument	B2C	B2B
Produkt-politik	• Massenmarkt • Innovationen ohne Einbezug des Kunden • keine persönliche Zusammenarbeit	• persönlicher Ansprechpartner • oft persönliche Zusammenarbeit auf Vertrauensbasis
Preispolitik	• Vorgabe der AGB • Preisfestlegung für Kunden • oft einmalige Transaktionen	• Kunden geben ihre AGB vor • Kunde verhandelt Preis • oft langfristige Rahmenverträge
Distributions-politik	• zumeist indirekter Absatz • Vorratslieferung • keine direkten Ansprechpartner bei uns im Verkauf für den Kunden	• häufig direkter Absatz • oft Just-in-time-Lieferung erwünscht • fester Ansprechpartner im Verkauf
Kommunika-tionspolitik	• Massenwerbung • keine personalisierte Werbung • Sponsoring fördert Image	• keine Massenwerbung • direkte Ansprache möglicher Kunden • Sponsoring eher nicht

     © 2020, Zeilenniveau Verlag GmbH   Zeilenniveau Verlag

8.3 Vertriebsmanagement

8.3.1 Vertriebsorganisation

In diesem Kapitel analysieren wir die optimale Gestaltung der Aufbauorganisation des Vertriebs (vgl. Fach Unternehmensführung).

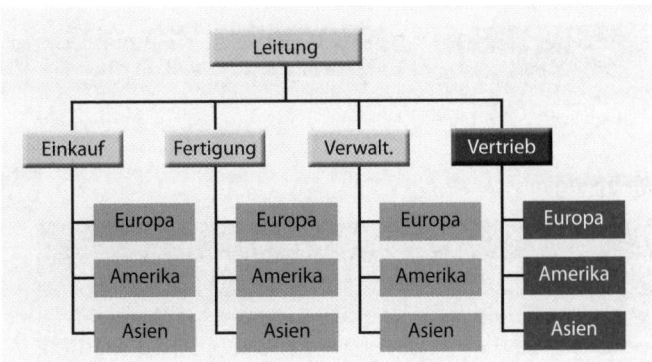

Formen der Vertriebsorganisation

Zur Auswahl stehen die folgenden Formen:

H 2009 II A2a	2 Pt.	
H 2010 II A12	6 Pt.	
F 2011 II A9a-b	12 Pt.	
H 2011 II A10b	4 Pt.	
H 2012 II A11a	6 Pt.	
H 2013 II A10	5 Pt.	
H 2014 II A10a	6 Pt.	
H 2018 II A8a-d	15 Pt.	
H 2019 II A5a-b	12 Pt.	

- Einteilung nach **Produkten/-gruppen (sortiments-/produktorientiert)**: PKW, LKW usw.

- Eine **Regionalorganisation (gebietsorientiert)** ist räumlich bzw. geografisch gegliedert (bspw. Bayern, Hessen).

- **Funktionsbereiche des Vertriebs (funktionsorientiert)**: Gliederung des Vertriebs nach Verrichtungen, die zusammengefasst werden, bspw. Werbung, Vertriebscontrolling, Produktpräsentation in Verkaufsräumen, Außendienst und Service.

- Es kann nach **Kundengruppen (kundenorientiert)** geordnet werden (bspw. Privat-/Geschäftskunden, Key-Account-Management).

8

Für eine regionale Einteilung würde das Organigramm für den Vertrieb wie folgt aussehen. Entsprechende Organigramme können für die anderen drei Varianten gestaltet werden.

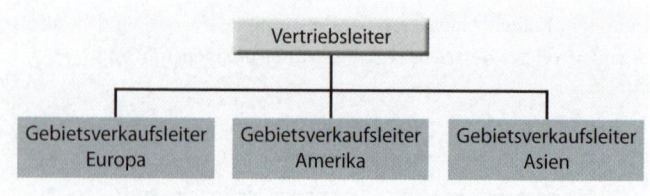

Matrixorganisation

Matrixorganisation	
Vorteile	**Nachteile**
• flachere Hierarchien • kurze Informations- und Kommunikationswege • Spezialisierung der Führungskräfte auf Funktionsbereiche/Produkte • höhere Kompetenz der Führungskräfte	• Abstimmungsprobleme • Kompetenzüberlagerung • Konflikte • Zeitaufwand der Koordination/Schlichtung

Stabliniensystem

Zu den Vor- und Nachteilen des **Stabliniensystems** zählen ebenso im Vertriebsbereich:

H 2014 II A10b   4 Pt.

- **Vorteile**: Entlastung der Instanzen, Expertenwissen der Stäbe, sorgfältigere Entscheidungsvorbereitung.

- **Nachteile**: inoffizielle Macht der Stäbe, Koordinationsprobleme zwischen Stäben u. Instanzen sowie Stäben/Mitarbeitern, Abstimmungsprobleme, Trägheit der Entscheidungsfindung, Konflikte.

© 2020, Zeilenniveau Verlag GmbH

Zeilenniveau Verlag

8

Verkaufsorgane

- **unternehmenseigene Verkaufsorgane**: Verkauf Außendienst, Innendienst, Verkaufs- und Geschäftsleitung.

| F 2011 II A11a-b | 6 Pt. |
| H 2017 II A7a | 8 Pt. |

- **unternehmensfremde Verkaufsorgane**: Vertragshändler, Makler, Handelsvertreter, Kommissionäre, Franchisenehmer.

Handelsvertreter

Zu den grundlegenden Unterschieden zwischen externen Handelsvertretern u. internen Handelsreisenden vgl. Kap. 8.2.4.

| H 2009 II A2b | 4 Pt. |

Handelsvertreter	
Vorteile	**Nachteile**
• Zugriff auf bestehenden Kundenkreis des Handelsvertreters	• geringere Produktkenntnisse oder hoher Schulungsbedarf
• Zugriff auf Branchen-Know-how des Handelsvertreters	• sind selbstständig und daher nicht weisungsgebunden
• zu Beginn eines Produktlebenszyklus sind Handelsvertreter günstiger	• bei hohen Umsätzen hohe variable Kosten
• es entstehen keine Fixkosten	• Konkurrenz zu internen Vertriebsmitarbeitern
• im Ausland: kein eigenes Distributionssystem erforderlich, keine Sprachbarrieren, Akzeptanz, Kundennähe, -stamm	• bevorzugen Absatz von Produkten mit hoher Provision

Bausteine einer erfolgreichen Vertriebsorganisation

- **Vertriebsstrategie** mit passenden Vertriebskanälen

| F 2018 II A8a | 4 Pt. |

- **Vertriebsplanung** mit Orientierung an Zielgruppen und Märkten

- Einsatz hochmotivierter **Vertriebsmitarbeiter**

- **Vertriebscontrolling** mit regelmäßigen Erfolgsanalysen

8

Formen der Vertriebsschulung

- **Verkaufsschulung**: Mitarbeiter werden insbesondere in der Verkaufspsychologie geschult.

F 2010 II A9	6 Pt.
H 2013 II A9a-b	4 Pt.

- **Produktschulung**: Mitarbeiter erhalten entsprechende vertiefte Produktinformationen – insbesondere hinsichtlich des Nutzens des Produkts aus Sicht des Kunden.

- **Telefontraining**: Schulung im professionellen Telefonieren.

- **Zeitmanagement**: Schulung zur besseren Zeiteinteilung.

Motivationsmöglichkeiten für Außendienstmitarbeiter

Zu den **monetären Anreizen** zählen:

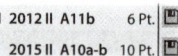

H 2012 II A11b	6 Pt.
F 2015 II A10a-b	10 Pt.

- Umsatzprovision; Betriebsrenten, Abschlussprämien bei der Neukundenakquisition

- Zielvereinbarungen: Prämien bei Erreichung von Umsatzzielen

umsatzbezogene Prämien	
Vorteile	**Nachteile**
• steigert den Umsatz • erhöht die Auslastung • es handelt sich um ein für alle Seiten gut nachvollziehbares System	• ggf. geringere Rentabilität aufgrund hoher Rabatte • ggf. Fokus auf A-Kunden und Vernachlässigung von B- und C-Kunden • ggf. unzufriedene Kunden

Nicht-monetäre Anreize könnten sein:

- Verkaufs- und Produktschulungen,

- kooperativen Führungsstil einführen

- Incentives (Anreize): Lob/Anerkennung, Karrierechancen eröffnen, gehobener Dienstwagen, Betriebskindergarten usw.

Zeilenniveau Verlag

Sonstige Aspekte des Vertriebs/Internetvertrieb

Zu den **Voraussetzungen bei der Schaffung neuer Vertriebswege** gehören:

| F 2009 II A8a-b | 12 Pt. |
| H 2015 II A9c | 3 Pt. |

- Vertriebsstruktur schaffen, rechtliche Aspekte berücksichtigen (bspw. AGB gestalten)

- Planung der Vertriebswege

| Direktvertrieb via Internet ||
Vorteile	Nachteile
• zeitgemäß	• notwendige Kapazitäten
• Kundenkreis kann erweitert werden	• interne Konkurrenz/Kannibalisierungseffekt
• steigende Umsätze	• keine nachhaltigen Kundenbeziehungen
• jüngere Käuferschaft für die Zukunft des Unternehmens	• keine direkte Warenpräsenz
• schnelle Abwicklung	• höhere Retourenquoten
	• mehr Zahlungsausfälle
	• hohe Versandkosten

Maßnahmen zur Steigerung des Umsatzes

Zu den unterschiedlichen **Maßnahmen zur Steigerung des Umsatzes** zählen:

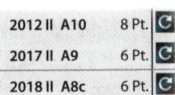

F 2012 II A10	8 Pt.
F 2017 II A9	6 Pt.
F 2018 II A8c	6 Pt.

- Verkaufs- und Produktschulungen

- Optimierung der Vertriebsstrukturen – schnellere Entscheidungen

- Einführung eines erfolgsorientierten Entlohnungssystems

- Einstellung zusätzlicher Vertriebsmitarbeiter

- Einführung eines Key-Account-Managements (besondere Behandlung von Schlüsselkunden)

8

Multi-Channel-Sale

Beim Multi-Channel-Sale werden die Produkte <u>H 2014 II A9a-b   10 Pt.</u> über mehrere Absatzwege gleichzeitig verkauft (bspw. Einzel-/Groß-handel, Handelsvertreter usw.). Zu den Absatzwegen vgl. Kapitel 8.2.4.

Multi-Channel-Sale	
Vorteile	**Nachteile**
• größere Zielgruppe erreichbar • unterschiedliche Zielgruppen können angesprochen werden • Konkurrenz der Vertriebskanäle fördert die Leistung • Neuerungen können zunächst auf bestimmten Kanälen getestet werden • Abschöpfen der Konsumentenrente	• bisweilen schwierige Abstimmung • klarer Fokus fehlt • Kannibalisierungseffekt der verschiedenen Kanäle • möglicherweise Imageverlust • Rosinenpicken bei denjenigen, die Provision erhalten (bspw. Handelsvertreter)

Key-Account-Management

Das Key-Account-Management betreibt zur <u>F 2019 II A7a-b   15 Pt.</u> langfristigen Kundenbindung (oder Steigerung von Umsatz/Gewinn) eine intensive Betreuung von Großkunden/Schlüsselkunden – bspw. durch einen direkten Ansprechpartner, Unterstützung von Kunden bei internen Prozessen, Schaffung von Schnittstellen.

Key-Account-Management	
Vorteile	**Nachteile**
• individuelle Kundenberatung schafft Wettbewerbsvorteile • dauerhafte Zusammenarbeit mit Kunden auf Vertrauensbasis • hohe Kundenbindung • fester Kundenstamm	• sonstige Kunden fühlen sich ggf. benachteiligt • starke Abhängigkeit von Mitarbeitern mit persönlichem Kontakt zu den Großkunden • Sonderkonditionen der Großkunden senken Rendite • stärkere Abhängigkeit von wenigen Großkunden

          © 2020, Zeilenniveau Verlag GmbH   Zeilenniveau Verlag

Customer-Relationship-Management (CRM)

8

Ziel des Customer-Relationship-Managements (CRM) bzw. Kundenbindungsmanagement ist die langfristige Bindung des Kunden an das Unternehmen durch bspw. Servicemaßnahmen, kundenorientiertem/innovativem und individualisiertem Sortiment. Es wird dabei unterschieden zwischen:

F 2014 II A9a-b   8 Pt.
H 2016 II A9a-c 16 Pt.

- **kommunikatives CRM** durch Internet, Direktmailing, Telefon usw.

- **operatives CRM** durch bspw. Produktschulung.

- **analytisches CRM** durch Erfassung u. Auswertung von relevanten Kunden- und Marktinformationen.

4 Stufen bzw. Aufgaben eines CRM-Systems:

1. **Interessenten** für unsere Produkte finden

2. Interessenten zu **Kunden** machen

3. Kunden zu **begeistern**

4. begeisterte Kunden zu **Stammkunden** machen

Zu den **Voraussetzungen der Einführung eines CRM** zählen:

- vollständige Kundenhistorie in einer Kundendatenbank mit Daten zu Kunden und Aufträgen

- alle Informationen aller Bestandskunden: Umsätze etc.

- Identifikation der Mitarbeiter mit dem CRM-System

- verwertbare Informationen für Kundenanalysen etc.

Hinweis:

In diesem Kapitel wurden Themen aus Kapitel 8.2 teilweise (ähnlich) wiederholt. Dies ergibt sich leider zwingend aus dem Rahmenplan.

8

8.3.2 Vertriebscontrolling

Ganz allgemein umfasst Controlling die folgenden Aspekte:

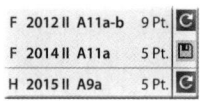

- **Planung**

- **Lenkung/Steuerung/Koordination und**

- **Kontrolle im Unternehmen**

- Zur Erfüllung dieser Aufgaben benötigt das Controlling **Informationen,** die es beschafft, aufbereitet, analysiert, weiterreicht.

Controlling kann in unterschiedlichen **Funktionsbereichen** stattfinden: bspw. Finanz-, Personalcontrolling – aber eben auch im Absatzbereich durch das **Vertriebscontrolling.**

Zu den **Aufgaben des Vertriebscontrollings** gehören dabei:

- Implementierung (= Einführung) eines **Frühwarnsystems** um rechtzeitig auf Krisen reagieren zu können.

- **Überprüfung der Vertriebswege**: aktuelle und alternative Wege beurteilen.

- **Kundenanalysen**: Auswertung von Kundeninformationen.

- **Marktanalysen**: Einschätzung der Marktchancen und -risiken.

- **Konkurrenzanalysen**: Beurteilung der Stärken/Schwächen.

Es wird zwischen dem strategischen und operativen Controlling unterschieden:

- Das **strategische Controlling** beschäftigt sich mit der grundlegenden, langfristigen Richtung der Entwicklung, also der Frage, wo das Unternehmen in fünf oder zehn Jahren stehen möchte.

- Das zahlenlastige **operative Controlling** versucht diese vorgegebene Zielrichtung im Detail umzusetzen. Dazu werden für die einzelnen Bereiche konkrete kurzfristige Pläne (bspw. Budgets) erstellt.

8

- Die **Kontrolle** erfolgt dabei mit Soll-Ist-Vergleichen (am Ende), Soll-Wird-Vergleichen (zwischendurch), Branchenvergleichen (mit den stärksten Konkurrenten), Zeitvergleichen (letztes Jahr vs. dieses Jahr) und bei größeren Unternehmen mit Vergleichen zwischen einzelnen Betriebsstätten oder zwischen einzelnen Filialen.

Kontrolle der Vertriebsaktivitäten

Die Kontrolle ist ein wesentlicher Teil des Controllings. Die folgenden Vorschläge könnten dabei
helfen, das Vertriebscontrolling eines Unternehmens zu verbessern:

F 2015 II A9a	4 Pt.

- **Management durch Zielvereinbarungen** (Management by Objectives) und damit zusammenhängend geeignete **Beurteilungssysteme** für Vertriebsmitarbeiter.

- **Kennzahlen zur Kontrolle von Außendienstaktivitäten**: Soll-/ Ist-Vergleich für den Umsatz je Außendienstmitarbeiter, je Kunde oder je Verkaufsbezirk.

- **Coaching** oder Mentoring durch erfahrene Außendienstmitarbeiter. Dabei können die Nachwuchskräfte im Außendienst auch besser kontrolliert werden.

- **Intensität der Kundenkontakte** der Außendienstmitarbeiter kontrollieren.

Kennzahlen des operativen Vertriebscontrollings

Zu den für uns bedeutsamen **Kennzahlen des**
operativen Vertriebscontrollings zählen:

F 2010 II A10	6 Pt.
F 2014 II A11b	4 Pt.
F 2015 II A9b	6 Pt.
H 2015 II A9b	4 Pt.
F 2016 II A5e	2 Pt.
H 2017 II A7b	8 Pt.

- Absatzmengen, Umsatz, Deckungsbeitrag und Gewinn je Verkaufsgebiet, je Filiale, je Produkt/Produktgruppe oder je Kunde oder Kundengruppe. Zu den jeweiligen Zielen siehe die folgende Tabelle.

- Durchschnittliche **Auftragssumme je Kunde**.

8

Zielobjekt	Absatzmengen, Umsatz, Deckungsbeitrag, Gewinn
Verkaufsgebiet oder Filiale	Ziel: Erfolg der einzelnen Verkaufsgebiete ermitteln und vergleichen.
Produkt oder Produktgruppe	Ziel: Erfolg der einzelnen Produkte/Produktgruppen ermitteln und vergleichen.
Kunde oder Kundengruppe	Ziel: Erfolg, der mit den einzelnen Kunden/Kundengruppen erzielt wird, ermitteln und vergleichen.

- **Anzahl Neukunden** (ggf. in Relation zum Gesamtbestand an Kunden).

- **Auftragseingänge** je Zeiteinheit (Jahr, Quartal, Monat).

- **Kundenstruktur** durch ABC-Kundenanalyse ermitteln, um A-Kunden zu fördern und ggf. C-Kunden herauszufiltern.

- **Reklamationsquoten** (Anzahl der Reklamationen in Relation zu den Gesamtaufträgen) ermitteln, mit dem Ziel größere Probleme identifizieren zu können. Diese Kennzahl kann auch als Frühindikator für die Zufriedenheit der Kunden gelten.

- Der Erfolg einer Marketingmaßnahme kann durch ein Vergleichen von Kosten der Aktion mit dem erzielten **Mehrumsatz** beurteilt werden.

Methoden zur Messung der Kundenzufriedenheit

Die Zufriedenheit der Kunden ist für den langfristigen Erfolg entscheidend. Zur Messung dienen:

F 2017 | A4b   5 Pt.

- Interview

- Telefonumfrage

- Reklamationsanalysen und Vergleich mit Konkurrenzunternehmen

- Beschwerdetelefon

- Panel-Untersuchungen

          © 2020, Zeilenniveau Verlag GmbH   Zeilenniveau Verlag

8.4 Internationale Geschäftsbeziehungen

8.4.1 Einführung in den Außenhandel

Freihandel & Protektionismus

Die deutsche Wirtschaft ist intensiv in die Weltwirtschaft eingebunden. Kaum ein Land der Welt exportiert so viele Güter wie Deutschland. Davon hängen viele Millionen Arbeitsplätze direkt und indirekt ab. Daher ist Deutschland in zahlreichen internationalen Wirtschaftsorganisationen eingebunden. Dazu zählen die Europäische Union und die Welthandelsorganisation (WTO).

Auf **Freihandel** zielt eine Politik ab, die dem internationalen Handel möglichst wenige Hemmnisse in den Weg legen möchte. Eine Politik des **Protektionismus** versucht hingegen die heimische Wirtschaft vor ausländischen Konkurrenten zu schützen (zu protegieren). Zu den protektionistischen Maßnahmen zählen:

- **Zölle** als Einfuhr- oder Ausfuhrabgaben

- **nicht-tarifäre Handelshemmnisse** sind alle sonstigen Handelshemmnisse: Dazu zählen insbesondere **Kontingente** in Form von mengen- oder wertmäßiger Beschränkung des internationalen Handels aber auch zahlreiche bürokratische Hindernisse.

Europäischer Binnenmarkt

Der Europäische Binnenmarkt bzw. gemeinsame Markt der Europäischen Union (EU) basiert auf **vier Grundfreiheiten**:

- **freier Warenverkehr**: Es gibt keine Zölle und sonstige Handelsbeschränkungen innerhalb der EU.

- **freier Dienstleistungsverkehr**: Dies gilt auch für Dienstleistungen.

- **freier Kapitalverkehr**: Ebenso darf (legal versteuertes) Kapital innerhalb der EU problemlos angelegt und investiert werden.

Zeilenniveau Verlag

8

- **freier Personenverkehr**: Es besteht Beschäftigungs-, Niederlassungs- und Reisefreiheit innerhalb der EU.

Globalisierung

Globalisierung bezeichnet den Prozess der zunehmenden weltweiten wirtschaftlichen Verflechtung.

Gerade die wirtschaftliche Globalisierung bedurfte verschiedener **Voraussetzungen**, dazu zählen:

- die **technologischen Entwicklungen** in verschiedenen Bereichen

- der **Abbau von Grenzkontrollen und Zöllen** (vgl. EG/EU, WTO)

Zu den **Risiken** bzw. Nachteilen **der Globalisierung** gehören:

- Die jüngsten Finanz- und Wirtschaftskrisen zeigen, wie anfällig die Weltwirtschaft für Krisen ist, die von einzelnen Ländern ausgehen.

- Durch »Lohn- und Sozialdumping« können sich Entwicklungs-/ Schwellenländer Standortvorteile gegenüber den Industrieländern sichern und Arbeitsplätze in Deutschland gefährden.

- Ökologische und soziale Aspekte werden vernachlässigt.

Insgesamt dürften die Vorteile bzw. **Chancen der wirtschaftlichen Globalisierung** die Nachteile aber überwiegen:

- Es gibt eine größere Auswahl an Produkten/-varianten.

- Der Wettbewerb und damit auch der Fortschritt wird gefördert.

- Wettbewerb führt zu besserem Service oder günstigeren Preisen.

- Vor allem niedrige Löhne und Sozialstandards sind eine Methode, damit rückständige Länder ökonomisch aufholen können.

© 2020, Zeilenniveau Verlag GmbH

Zeilenniveau Verlag

8.4.2 Kooperationen im Außenhandel **8**

Kooperationen sind Formen der Zusammenarbeit im Bereich Beschaffung, Forschung & Entwicklung, Absatz, Logistik, Produktion usw. Davon wird die *rechtliche Selbstständigkeit* nicht berührt und bleibt erhalten. Die *wirtschaftliche Selbstständigkeit* wird nur im Bereich der Zusammenarbeit aufgegeben/eingeschränkt.

Zu den Formen der Kooperation zählen:

- **Kartelle** stellen Vereinbarungen zwischen Unternehmen dar. So werden bei einem Preiskartell einheitliche Preise der Kartellmitglieder vereinbart. Eine eigenständige Preispolitik ist nicht mehr möglich. Folgende Formen von Kartellen sind u. a. denkbar:

    - Preiskartelle – Absprachen über Preise

    - Mengenkartelle/Quotenkartelle – Absprachen über Mengen

    - Gebietskartelle – Absprachen über Gebiete/Regionen

- **Joint Ventures** (= gemeinsames Wagnis) sind gemeinsam gegründete Tochterunternehmen von zwei unabhängig bleibenden Unternehmen. Dies ist sehr geläufig im Bereich der internationalen Rohstoffexploration. Dabei kommt das Know-how zweier Unternehmen zusammen und das Risiko wird gemeinsam getragen.

- **Franchising**: Die Franchisenehmer betreiben selbstständig und auf eigenes Risiko ein Unternehmen, dessen Konzept und Marketingstrategie vom Franchisegeber angekauft wird (siehe unten).

Export und Import sowie Handelsmittler

Unter **Export** und **Import** werden grenzüberschreitende Geschäfte mit Waren und Dienstleistungen verstanden. Zu unterscheiden sind:

F 2011 II A10a-b	7 Pt.	
H 2011 II A9a-b	12 Pt.	
F 2014 II A10a-b	7 Pt.	
H 2015 II A10a-b	8 Pt.	

- **direkter Vertrieb/Export**: Der Exporteur verkauft ohne Mittler direkt an ausländische Abnehmer.

- **indirekter Vertrieb/Export**: Zwischen dem Exporteur und dem ausländischen Importeur ist ein Handelsmittler zwischengeschaltet.

Vorteile	
direkter Vertrieb/Export	**indirekter Vertrieb/Export**
• Zunahme an Erfahrungen • direkter Kundenkontakt • schnelle Reaktion bei unzufriedenen Kunden • mehr Verhandlungsspielraum (Preise, Konditionen) gg. Kunden	• Auslandskenntnisse des Absatzmittlers vorhanden • vorhandener Kundenstamm • Kostenersparnis, da kein Vertriebsnetz im Ausland notwendig • geringerer Kapitalbedarf

Zu den **Handelsmittlern im Außenhandel** zählen:

- **Franchisepartner**: Im Ausland tätige Unternehmen, die unser Geschäftskonzept (gemeinsame Warenzeichen, Marken, Symbole und Gestaltung der Verkaufsräume) dort nach strengen Vorgaben umsetzen. Der Franchisegeber unterstützt, berät und beliefert während der Franchisenehmer hierfür bezahlt. Zu den Vor- und Nachteilen des Franchisings vgl. auch Kapitel 8.2.4.

internationales Franchising aus Sicht des Franchisegebers	
Vorteile	**Nachteile**
• schnellere Expansion möglich • einheitlicher Marktauftritt • geringerer Kapitalbedarf • Risikostreuung • Vorort-Kenntnisse des Franchisenehmers	• Kontrollen notwendig • ggf. Imageschaden • Abhängigkeit • unterschiedliche Rechtssysteme • Wissens-/Technologietransfer • Kommunikationsprobleme

- **Exportkommissionäre/Verkaufskommissionäre im Ausland**: Sie verkaufen im eigenen Namen und auf fremde Rechnung Waren ins/ im Ausland. Vorteile: Kenntnisse von Landessprache, Gebräuchen, Gesetzen/Bürokratie; vorhandener Kundenstamm im Ausland.

© 2020, Zeilenniveau Verlag GmbH

Zeilenniveau
Verlag

- **Importkommissionäre**: Sie kaufen im eigenen Namen und auf fremde Rechnung Waren im Ausland.

- **Handelsmakler**: Sie haben eine rein vermittelnde Funktion in fremdem Namen und auf fremde Rechnung.

Sowohl bei der Kooperation als auch der Konzentration kann national wie international zwischen drei Formen/**Richtungen des Zusammenschlusses** unterschieden werden:

- Ein **horizontaler** Zusammenschluss liegt vor, wenn zwei oder mehr Unternehmen derselben Branche kooperieren oder fusionieren. Dazu zählt bspw. die Fusion zweier Banken.

- Der **vertikale** Zusammenschluss steht für eine Kooperation oder Konzentration aufeinanderfolgender Wirtschaftsstufen (Lieferant und Abnehmer).

- Von einem **diagonalen, anorganischen, konglomeraten** oder **lateralen** Zusammenschluss spricht man genau dann, wenn die Kooperation oder Konzentration zwischen Unternehmen stattfindet, die aus fremden Branchen kommen, die nichts miteinander zu tun haben – bspw. die Fusion einer Bank mit einem Spielwarenhersteller.

8.4.3 Interkulturelle Kommunikation

Schon im Fach »Betriebliches Management« wurden in Kapitel 5.4.4 Kommunikationsprobleme besprochen. Diese Probleme werden natürlich noch verstärkt, wenn es um Kommunikation mit Geschäftspartnern anderer Länder in Europa oder gar anderen Kulturkreisen geht. Neben Sprachproblemen werden Gesten, Mimik, kulturelle Besonderheiten und Einstellungen beidseitig nicht verstanden. Dies kann den Geschäftserfolg nachhaltig beeinträchtigen. Daher gilt es hier auf einige grundlegende Aspekte einzugehen, die das gegenseitige Verständnis verbessern können:

8

Individualismus	Kollektivismus
In westlichen Gesellschaften steht das Individuum, der einzelne Mensch im Vordergrund.	In den meisten anderen Ländern (bspw. in China) wird die Gemeinschaft in den Vordergrund gestellt.

Maskulinität	Feminität
Viele Gesellschaften sind maskulin geprägt. Männliche Werte wie beruflicher und materieller Wert sind entscheidend. Konflikte werden ausgetragen (bspw. in den USA).	Einige Gesellschaften sind eher feminin geprägt (bspw. Skandinavien, aber auch in zunehmendem Maße Dtld.). Hier werden Kommunikation und Beziehungen mehr geschätzt.

Risikobereitschaft	Risikominimierung
Manche Menschen neigen zu riskanten Aktionen und Entscheidungen. Diese tätigen schneller Geschäftsabschlüsse, auch wenn die Erfolgsaussichten zweifelhaft sind.	Andere Menschen sind eher risikoscheu und werden daher einen Geschäftsabschluss nur tätigen, wenn sie sich recht sicher in Bezug auf den Erfolg sind.

Hierarchie	Distanz
In manchen traditionellen Kulturen (bspw. in China) herrschen nach wie vor starke gesellschaftliche Hierarchien, die oft auf Alter und beruflicher Stellung basieren.	Ebenso neigen manche Gesellschaften zu Distanz in der Kommunikation mit fremden Menschen. Wir Deutschen sagen häufig hemdsärmelig, was wir denken. Das ist schon in der benachbarten Schweiz sehr unbeliebt.

Universalismus	Partikularismus
Insbesondere in den USA werden Geschäftsverträge und allgemeine Regelungen als sehr wichtig empfunden.	In vielen anderen Ländern (bspw. Südeuropa) gilt ein Handschlag ebenfalls, und nicht alles muss schriftlich festgelegt werden.

Grundsätzlich muss festgehalten werden, dass nicht alle hier genannten Beispiele auf alle Menschen in den genannten Ländern zutreffen. Es ist eher so, dass Menschen in manchen Ländern eher zu bestimmten Verhaltensweisen neigen als andere.

© 2020, Zeilenniveau Verlag GmbH

Zeilenniveau
Verlag

8.5 Spezielle Rechtsaspekte

8.5.1 Wettbewerbsrecht

Wettbewerb ist ein zweischneidiges Schwert: Aus Sicht der Konsumenten ist der Wettbewerb der Anbieter vorteilhaft (niedrigere Preise, Innovationen, höhere Qualität usw.). Demgegenüber ist Wettbewerb für die konkurrierenden Unternehmen eine Qual sich anzupassen, Kosten zu senken, zwangsweise immer neue Produkte auf den Markt zu bringen, ständig die Qualität zu sichern usw. Folglich streben die Konkurrenten an, den Wettbewerb zu beschränken (**Formen von Wettbewerbsbeschränkungen**):

- Verhaltensabstimmung in Form von **Kartellen**.

- **Internes Wachstum** und Verdrängung (bspw. Aldi).

- Externes Wachstum durch Unternehmenszusammenschlüsse (**Fusionen**).

Zu den **Gründen** für Wettbewerbsbeschränkungen zählen: 1. Umgehung der Konkurrenz, 2. Steigerung der Gewinne (Kosten senken, Umsätze steigern), 3. bessere Finanzierungsmöglichkeiten (als Großunternehmen), 4. Beschleunigung des technischen Fortschritts (Forschung und Entwicklung), 5. Risikostreuung durch breiteres Sortiment usw.

Das **Ziel** der staatlichen Wettbewerbspolitik ist daher die Erhaltung bzw. Sicherung des Wettbewerbs. Zu den hierfür dienlichen **Institutionen** der staatlichen Wettbewerbspolitik zählt in Deutschland zuvorderst das **Bundeskartellamt**. Zu den wettbewerbspolitisch wichtigen Regelungen in Europa und Deutschland zählen:

- **AEUV Art. 101-109** (Vertrag über die Arbeitsweise der EU).

- **Gesetz gegen den unlauteren Wettbewerb (UWG)**

- **Gesetz gegen Wettbewerbsbeschränkungen (GWB)**

8

8.5.1.1 Verbot des unlauteren Wettbewerbs (UWG)

Laut der **Generalklausel des UWG in § 3** sind alle unlauteren geschäftlichen Handlungen zu unterlassen, sofern sie die Interessen von Mitbewerbern (= Konkurrenten), Verbrauchern oder sonstigen Marktteilnehmern (bspw. Lieferanten) spürbar beeinträchtigen. Konkret:

H 2009 II A3	4 Pt.
F 2013 II A11	2 Pt.
H 2013 II A11	4 Pt.

- **irreführende Werbung** (**§ 5 UWG**) durch a) unwahre Angaben oder b) das Verschweigen von wesentlichen Tatsachen, bspw.:
  - ohnehin vorhandene Rechte als Besonderheit bewerben
  - Gratisangaben, die sehr wohl Kosten beinhalten
  - Teilnahme an einem Glückspiel vom Erwerb von Gütern abhängig machen.
  - Qualitätskennzeichnung ohne Genehmigung hierzu

- **vergleichende Werbung** (**§ 6 UWG**) ist seit dem letzten Jahrzehnt zwar erlaubt, aber nur sofern sie nicht unlauter ist. Weiterhin verboten sind Verunglimpfungen, Lügen, Verschleierungen, Verwechselungsversuche usw. Die Durchsetzung der diesbzgl. Ansprüche erfolgt durch Abmahnung über Verbände und Kammern oder Beantragung einer einstweiligen Verfügung vor Gericht. Es bestehen folgende **Ansprüche**:
  - Unterlassung der unlauteren Werbung
  - Beseitigung der unlauteren Werbung
  - Schadensersatz und ggf. Gewinnabschöpfung

- **unzumutbare Belästigung** (**§ 7 UWG**) ist verboten bei Werbung, die der Angesprochene offensichtlich nicht erwünscht (bspw. Telemarketing ohne vorherige Einwilligung, Briefkastenwerbung).

- Achtung: **Räumungsverkäufe** und sonstige Sonderveranstaltungen sind seit über einem Jahrzehnt nicht mehr im UWG geregelt und damit zulässig, sofern keine sonstigen unlauteren Handlungen (bspw. irreführende Werbung) vorliegen.

8.5.1.2 Kartellverbot (GWB)

Das Gesetz gegen Wettbewerbsbeschränkungen (**GWB**) aus dem Jahr 1957 beinhaltet u. a.:

H 2010 II A13	6 Pt.	
F 2013 II A11	2 Pt.	

- **Kartellverbot**: Grundsätzlich sind Kartelle verboten. Hiervon gibt es allerdings Ausnahmen – bspw. Mittelstandskartelle. Im Missbrauchsfall kann das Bundeskartellamt (BKartA) a) Bußgelder verhängen, b) auf Unterlassung oder c) auf Schadensersatz klagen.

- **Zusammenschlusskontrolle:** Sofern eine marktbeherrschende Stellung vorliegt oder vermutet wird, …

  - müssen beabsichtigte Zusammenschlüsse beim Bundeskartellamt angezeigt werden.

  - kann das Bundeskartellamt bei einer tatsächlichen oder vermuteten Entstehung oder Verstärkung einer marktbeherrschenden Stellung den Zusammenschluss untersagen.

  - kann der Bundesminister für Wirtschaft in Ausnahmefällen einen vom Bundeskartellamt untersagten Zusammenschluss genehmigen (Ministererlaubnis).

- **Missbrauchsaufsicht**: Marktmachtmissbrauch ist generell untersagt (**§ 19 GWB**). Zu den weiteren diesbzgl. Verboten zählen:

  - **Gebietsschutz/Exklusivität, Bezugsbindungen**

  - **Boykott, Diskriminierung** (**§ 20 GWB**), **Ausschließlichkeitsbindungen** (**§ 21 GWB**).

  - **Preisbindungen der zweiten Hand** (des Handels) sind grundsätzlich verboten (Ausnahme bspw. Bücher).

Zu den ggf. erlaubten Formen der Wettbewerbsbeschränkungen zählen:

- **Unverbindliche Preisempfehlungen** sind erlaubt, sofern kein Wettbewerbsdruck ausgeübt wird.

- **Höchstpreisbindungen** für den Handel sind unter bestimmten Bedingungen erlaubt.

8

8.5.2 Markenrecht

8.5.2.1 Schutz von Marken etc.

H 2009 II A2c	3 Pt.	
F 2010 II A11a	3 Pt.	
H 2012 II A12a	3 Pt.	
F 2013 II A12	6 Pt.	
H 2018 II A9a	4 Pt.	

Eine **Marke** ist die geschützte Bezeichnung von Produkten, Dienstleistungen und Unternehmen. Zu unterscheiden sind dabei:

- Wort-Marken: Hier wird die Bezeichnung durch ein Wort geschützt.

- Wort-Bild-Marke: Bestimmte Wörter/Buchstaben/Ziffern werden in Verbindung mit einer grafischen Abbildung geschützt.

Die konkreten Regelungen finden sich im Gesetz über den Schutz von Marken und sonstigen Kennzeichen (Markengesetz – MarkenG). Nach § 1 MarkenG werden Marken, geschäftliche Bezeichnungen und geografische Herkunftsangaben geschützt.

§ 3 (1) MarkenG: »Als **Marke** können Zeichen, insbesondere Wörter einschließlich Personennamen, Abbildungen, Buchstaben, Zahlen, Hörzeichen, dreidimensionale Gestaltungen einschließlich der Form einer Ware oder ihrer Verpackung sowie sonstige Aufmachungen einschließlich Farben und Farbzusammenstellungen geschützt werden, die geeignet sind, Waren oder Dienstleistungen eines Unternehmens von denjenigen anderer Unternehmen zu unterscheiden.«

Neben Marken gibt es **weitere wichtige gewerbliche Schutzbereiche**:

- **Patente**: Sofern eine herausragende technische Erfindung getätigt wird, kann diese beim Patentamt in München angemeldet werden (bzw. EU/international). Dadurch erhält der Patentinhaber das exklusive Verwertungsrecht seiner Erfindung für 20 Jahre.

- **Gebrauchsmuster**: Hierbei handelt es um das sogenannte »kleine Patent« für unbedeutende Neuerungen (Schutzdauer nur 10 Jahre).

- **Geschmacksmuster**: Sie dienen dem Schutz von Design.

© 2020, Zeilenniveau Verlag GmbH

Zeilenniveau Verlag

8.5.2.2 Beginn und Ende des Markenschutzes

8

Zunächst sollte geprüft werden, ob es ähnliche, ältere Markenrechte gibt, die einer Anmeldung entgegenstehen. Eine **Anmeldung von Marken** kann dann auf folgenden Ebenen erfolgen:

F 2009 II A7	6 Pt.	
H 2009 II A2c	2 Pt.	
F 2010 II A11b	5 Pt.	
H 2012 II A12b	3 Pt.	
H 2013 II A12	6 Pt.	
H 2018 II A9b	2 Pt.	

- Auf nationaler Ebene erfolgt die Anmeldung beim Deutschen Patentamt in München (DPMA).

- Zumeist ist jedoch eine Ausdehnung auf alle Länder innerhalb der EU (noch 28 Länder) durch die gemeinsame **Unionsmarke** (bis 23.03.2016 Gemeinschaftsmarke bzw. EU Trademark genannt) sinnvoll. Hierfür ist eine Eintragung beim Amt der Europäischen Union für Geistiges Eigentum (**EUIPO**) in Alicante (Spanien) notwendig. Bis zum 23.03.2016 hieß diese Behörde Harmonisierungsamt für den Binnenmarkt (HABM). Eine Ausdehnung auf weitere Länder kann durch eine internationale Marke (IR) erfolgen. Dies betrifft bspw. auch die Schweiz.

Durch die kostenpflichtige Anmeldung und Eintragung einer Marke ins Markenregister erhält der Inhaber Anspruch auf Unterlassung der Nutzung durch andere Unternehmen. Zudem erhält er ggf. Schadensersatzanspruch und das Anrecht auf die Vernichtung widerrechtlich mit der Marke gekennzeichneter Gegenstände.

Zur Eintragung einer Marke sind u. a. folgende Angaben erforderlich:

- Identität des anmeldenden Unternehmens, Liste bzw. Verzeichnis der anzumeldenden Produkte

- Darlegung der Marke an sich

Die Schutzdauer der Unionsmarke beträgt 10 Jahre und kann unbegrenzt verlängert werden. Zu bedenken ist auch die **Verfahrensdauer**, die 6, 12 oder mehr Monate dauern kann. Unberechtigte Nutzer von eingetragenen Marken können abgemahnt werden. Hierzu ist eine ständige Prüfung nötig, ob die Marke widerrechtlich genutzt wird.

8

8.5.3 Verbraucherschutz

8.5.3.1 Besonderheiten des Verbrauchsgüterkaufs

- **§ 13 BGB**: »**Verbraucher** ist jede natürliche Person, die ein Rechtsgeschäft zu Zwecken abschließt, die ... weder ihrer gewerblichen noch ihrer selbständigen Tätigkeit zugerechnet werden können.«

- **§ 14 (1) BGB**: »**Unternehmer** ist eine natürliche oder juristische Person oder eine rechtsfähige Personengesellschaft, die bei Abschluss eines Rechtsgeschäfts in Ausübung ihrer gewerblichen oder selbständigen beruflichen Tätigkeit handelt.«

- **Zweck** dieser Unterscheidung ist der **Schutz des Verbrauchers**, der gegenüber Unternehmen für gewöhnlich weniger Informationen und Erfahrung besitzt und sich daher in einer schlechteren Verhandlungsposition befindet. Der Schutz des Verbrauchers zeigt sich bspw. im **BGB** in: (1) **§ 312** Besonderheiten bei Verbraucherverträgen, (2) **§ 355** Widerrufsrecht bei Verbraucherverträgen, (3) **§ 474** Verbrauchsgüterkauf.

Sofern ein (privater) Verbraucher von einem Unternehmer eine bewegliche Sache oder eine Dienstleistung kauft, spricht man von einem **Verbrauchsgüterkauf** (**§ 474 (1) BGB**). Im Marketing spricht man hier gerne von **B2C-Geschäften** (Business-to-Consumer-Geschäft)

- **Beweislastumkehr** beim Verbrauchsgüterkauf (**§ 476 BGB**): Zeigt sich innerhalb von sechs Monaten ab Übergabe ein Sachmangel, so wird davon ausgegangen, dass die Sache schon bei der Übergabe mangelhaft war. In diesem Fall liegt die Beweislast für die mangelfreie Lieferung beim Unternehmer. Nach Ablauf der 6 Monate liegt die Beweislast beim Käufer.

- Diese Beweislastumkehr gilt dann nicht, wenn sie mit der Art der Sache oder des Mangels unvereinbar ist.

© 2020, Zeilenniveau Verlag GmbH

Zeilenniveau Verlag

8.5.3.2 Widerrufsrecht bei Verbraucherverträgen

Bei bestimmten Geschäften hat der Verbraucher ein Widerrufsrecht (**§ 312g** `BGB` u. **§ 355** `BGB`): a) Fernabsatzgeschäfte (14-tägig), b) Haustürgeschäften, c) Verbraucherdarlehen.

8.5.3.3 Einbeziehung und Inhaltskontrolle von AGB

Bei den *Allgemeinen Geschäftsbedingungen* handelt es sich um in Verträgen vorformulierte, standardisierte Vertragsbedingungen, die eine Vertragspartei der anderen bei Vertragsabschluss vorgibt (**§ 305 (1) 1.** `BGB`). Hierzu zählen bspw.: Liefer- und Zahlungsbedingungen, Vereinbarungen über Gerichtsstand und Erfüllungsorte. Für gewöhnlich ist es der Verkäufer, der dem Privatkäufer AGB (»das Kleingedruckte«) vorgibt. Im BGB sind die Regelungen hierzu aber relativ streng (**§ 305 (2)** `BGB`):

- Es dürfen keine Individualvereinbarungen sein.

- Hinweis bei Vertragsabschluss erforderlich.

- Es muss die Möglichkeit bestehen, in zumutbarer Weise von den AGB Kenntnis zu nehmen.

- Die andere Seite muss ihr Einverständnis zu den AGB geben.

In den folgenden Fällen sind AGB-Klauseln unwirksam:

- überraschende Klauseln (Handy-Kauf mit Zeitschriften-Abo)

- Klauseln, die gegen Treu und Glauben verstoßen

- ausdrücklich in den **§§ 308, 309** `BGB` genannte Klauseln

Sofern eine Klausel unwirksam wird, gilt der Vertrag, aber die entsprechende Klausel wird durch die entsprechende gesetzliche Regelung ersetzt. *Grundsätzlich sind Einzelvereinbarungen den AGB vorzuziehen.*

9 | Zur Prüfung in Führung & Zusammenarbeit

Bei diesem Fach stehen die Masse des zu lernenden Wissens und dessen situationsbezogene Anwendung im Vordergrund:

- **IHK-Prüfung**: Wirtschaftsfachwirte, »Handlungsspezifische Qualifikationen«, Situationsaufgabe I – davon ca. 40 Prozent.

- **Zeit**: ca. 40 % von 240 Minuten ≈ 100 Minuten.

- **Hilfsmittel**: Taschenrechner.

- **Probleme**: 1. Der Zeitfaktor könnte ein großes Problem werden. Zumal viele Prüflinge bei einzelnen Fragen zu viel bzw. zu wenig schreiben. Bei »Nennen ...« wird zu viel, bei »Erläutern ...« zu wenig geschrieben. 2. Die Masse des Stoffs und die oftmals ähnlich klingenden Begriffe laden zur Verwirrung ein. 3. Vielen Prüflingen fällt es schwer, gelerntes Wissen den gestellten Fragen zuzuordnen. 4. Die Anwendung von Wissen in Situationsaufgaben dürfte häufig schwieriger sein, als reine Wissensabfragen zu beantworten.

- **Lösungsstrategien**: 1. Konzentrieren Sie sich auf die Aufgaben und Ihr vorhandenes Wissen. Lesen Sie die Aufgaben ganz genau. Dazu sollte natürlich entsprechendes Wissen vorhanden sein. Das erforderliche Wissen können Sie in diesem Fachbuch aneignen bzw. wiederholen. 2. Üben Sie anhand von alten Prüfungen und den Prüfungssimulationen in Anhang B die Lösung von wissensorientierten und situationsbezogenen Aufgaben und bekommen Sie ein Gespür dafür, was erwartet wird.

© 2020, Zeilenniveau Verlag GmbH

Zeilenniveau
Verlag

9   Führung & Zusammenarbeit

9.1 Zusammenarbeit

9.1.1 Persönlichkeit u. berufliche Entwicklung

Schon im Fachbereich »Betriebliches Management« wurden wesentliche Managementtechniken betrachtet. Hier geht es nun noch spezieller um Fragen der Führung und Zusammenarbeit. Der Mensch mit seinem Verhalten und seiner Persönlichkeitsstruktur (sowohl der Führungskräfte als auch der zu führenden Mitarbeiter) rückt in den Mittelpunkt:

- Die **Persönlichkeit** eines erwachsenen Menschen ist kein fest definierter Zustand. Die Persönlichkeit entwickelt sich durch private Erlebnisse aber auch durch die **berufliche Entwicklung**.

- Somit können Unternehmen Einfluss auf die Persönlichkeit und damit die **Zusammenarbeit** der Mitarbeiter nehmen.

9.1.2 Entwicklung des Sozialverhaltens

- Die **Psychologie** stellt die Frage, ob das Verhalten des Menschen durch seine Anlagen (auch die Gene) oder durch die Umwelteinflüsse bestimmt wird. Natürlich gilt beides, nur in welchem Umfang? Hier geht es also um das tatsächliche Verhalten.

- In der Realität wird der Mensch wohl von seinen Anlagen und seiner Umwelt beeinflusst. Nachhaltig prägend sind die frühe Kindheit, aber auch die Übergangsphasen zum Erwachsenensein, in denen der Mensch seine Orientierung und seine Rolle in der Gesellschaft findet.

- Aber auch als Erwachsener ist der Mensch ständigen **Reifungs- und Lernprozessen** ausgesetzt, die von Unternehmen positiv beeinflusst werden sollten. Die **Einstellungen und das Verhalten der Mitarbeiter** können damit von der Personalführung beeinflusst werden.

9

9.1.3 Psychologische u. soziologische Aspekte

Für **bestimmte Personengruppen** sind unter- H 2014 | A8   6 Pt. schiedliche psychologische und soziologische Aspekte zu berücksichtigen:

- **Jugendliche, Auszubildende**: Sie stellen eine besonders schützenswerte Gruppe im Unternehmen dar, da Ihre Persönlichkeit noch nachhaltig beeinflusst werden kann (vgl. Kapitel 9.5).

- **Frauen und Männer**: Natürlich gibt es auch hier bestimmte Unterschiede zu berücksichtigen – bspw. Mutterschutz. Zudem ist nach wie vor die Gleichberechtigung der beiden Geschlechter verbesserungswürdig. Auch ist es für Frauen nicht selbstverständlich in einem belästigungsfreien Umfeld zu arbeiten (»#MeToo«).

- **Integration ausländischer Mitarbeiter**: Gegen den Fachkräftemangel ist qualifizierte Migration eine mögliche Lösung. Doch die Mitarbeiter aus anderen Kulturkreisen oder Klimazonen müssen an die Lebensweise in Deutschland schrittweise herangeführt werden (zuerst Sprachkurse).

- **Betreuung inländischer Mitarbeiter im Ausland**: Dieselben Probleme betreffen Inländer, die im Auftrag des Unternehmens im Ausland tätig sind. Zur Unterstützung wären denkbar: (1) Sprachkurse und interkulturelle Kommunikation, (2) Hilfe bei der Wohnungssuche und beim Aufbau sozialer Kontakte, (3) organisatorische Regelungen für die Rückkehr. Zudem im Falle einer Familie auch Hilfe bei der Suche geeigneter Kindergärten/Schulen.

- **Einbezug körperlich behinderter Mitarbeiter:** Nicht nur aufgrund der Rechtslage ist es wünschenswert, körperlich behinderten Menschen die Arbeit im Unternehmen zu ermöglichen bzw. zu erleichtern (bspw. durch rollstuhlgerechte Gebäude).

- **Stellung älterer Mitarbeiter**: Aufgrund ihrer Erfahrungen und aufgrund des demografischen Wandels (»Alterung der Gesellschaft«) wird es immer bedeutsamer, ältere Menschen im Berufsalltag zu halten bzw. diesen zu ermöglichen.

          © 2020, Zeilenniveau Verlag GmbH   Zeilenniveau Verlag

Zu den beiden Wissenschaften:

- Die **Psychologie** analysiert und erklärt das menschliche Erleben und Verhalten. Es geht also um die Psyche/den Geist des Einzelnen.

- Die **Soziologie** beschäftigt sich hingegen mit dem sozialen = gesellschaftlichen Verhalten der Menschen. Hier geht es also um das Zusammenleben der Menschen in Gruppen – auch in Unternehmen.

9.1.4 Zielorientiertes Führen

9.1.4.1 Grundsätze für zielorientiertes Führen

Führung kann grundsätzlich auf 2 Ebenen erfolgen:

- **Sachebene**: Die Erfüllung einer bestimmten Aufgabe oder eines bestimmten Zieles stehen im Vordergrund. Die Führung versucht diese Aufgaben/Ziele zu erreichen.

- **Personenebene**: Der Mitarbeiter mit seinen Bedürfnissen und Fähigkeiten steht im Vordergrund. Die Führungskraft versucht diese bestmöglich einzusetzen.

Wie wir noch sehen werden, hängt es von der Situation ab, welche Form bzw. Ebene gewählt wird. Somit sollte ein **situatives Führen** erfolgen. So schön das klingt, erfordert dies jedoch in der Praxis eine größere Anforderung an die Führungsleistung, zu der nicht jede Führungskraft bereit oder fähig ist. Wesentliches Erfolgsrezept ist dabei die individuelle Motivation und das gemeinsame Betriebsklima.

Zu den **Führungsgrundsätzen** zählen bspw.: (1) Wahl eines einheitlichen Führungsstils bzw. (2) Führungsmethode, (3) Konfliktbewältigung vereinheitlichen (bspw. zeitnah) und offener Informationsaustausch.

9

Vorteile: (1) einheitliches Image, (2) klare Orientierung für MA und Vorgesetzte, (3) Motivation und (4) ggf. besseres Betriebsklima.

Motivation

- Ein wesentliches Ziel der Führung ist die **Motivation** der Mitarbeiter, d. h. die *zielorientierte Handlungsbereitschaft zur Erledigung von Aufgaben.*

F 2011 I A8a-b	10 Pt.	
H 2012 I A5	6 Pt.	
H 2014 I A2c	5 Pt.	

- Folgende **Symptome** deuten auf eine **geringe Motivation** der Mitarbeiter hin: (1) Zunahme von Fehlzeiten, (2) Dienst nach Vorschrift, (3) nicht rational erklärbare sinkende Arbeitsleistung, (4) Mitarbeiter beteiligen sich nicht mehr an betrieblichen Diskussionen, (5) Klagen von Kollegen bzgl. des Verhaltens des Mitarbeiters.

- Zudem gibt es auch **Faktoren**, die zu einer **Senkung der Motivation** der Mitarbeiter führen: schlechter Führungsstil und ungeeignete Managementtechniken, fehlende Wertschätzung der Mitarbeiter durch die Vorgesetzten, geringe Anerkennung der Leistungen, schlechte Informationspolitik durch Vorgesetzte, schlechtes Betriebsklima (siehe unten) usw.

Betriebsklima

Das Betriebsklima trägt zur Motivation bei. Faktoren zur Beeinflussung des Betriebsklimas:

- Arbeitsbelastung

- Entlohnungsniveau und Verteilung der Löhne/Gehälter

- Kollegen, Umgangston

- Führungsstil

- organisatorische Regelungen

9.1.4.2 Führungsstile

Führungsstile beziehen sich auf das Verhalten der Führungskraft gegenüber den Mitarbeitern. Dabei hängt es u. a. von den Wertvorstellungen, dem Menschenbild, den Erfahrungen und dem Charakter der Führungskraft ab, wie sie ihre Mitarbeiter führt. Je nachdem wie viele Aspekte hierbei berücksichtigt werden, wird unterschieden zwischen:

- **eindimensionale Führungsstile** unterscheiden nur hinsichtlich eines Aspektes – bspw. der Integration der Mitarbeiter in die Entscheidungsprozesse.

- **zwei-** oder **mehrdimensionale Führungsstile** betrachten zwei oder mehr Aspekte.

Führungsstile-/grundsätze dienen zur Orientierung von Mitarbeitern und Vorgesetzten. Zudem haben sie ggf. eine positive Außenwirkung und sind aufgrund einheitlicher Vorgehensweise zielorientierter.

Eindimensionale Führungsstile

Nach *Kurt Lewin* werden verschiedene (*klassische*) Führungsstile danach unterschieden, inwiefern die Führungskraft bereit ist, ihre Mitarbeiter in die Entscheidungsprozesse miteinzubeziehen. Zu den grundsätzlichen Typen von Führungsstilen zählen:

H 2011 I	A8a	5 Pt.
H 2012 I	A6a-b	6 Pt.
H 2013 I	A7a-b	8 Pt.
F 2014 I	A10a-b	7 Pt.
F 2015 I	A7a-b	7 Pt.

- **autoritärer Führungsstil**: Die Führungskraft entscheidet alleine und bezieht die Mitarbeiter nicht mit ein. *Vorteile* sind schnelle und klare Entscheidungen (bspw. in Sicherheitsfragen oder Notfällen), geregelte Zuständigkeiten sowie eine klare Orientierung für die Mitarbeiter. *Nachteilig* sind dabei die geringe Motivation der Mitarbeiter und die möglichen Fehlentscheidungen der einzelnen Führungskraft sowie deren Überlastung. Zudem entsteht bei einem Ausfall der Führungskraft (bspw. bei Krankheit) ein Machtvakuum. In der Praxis wird dieser Führungsstil immer seltener.

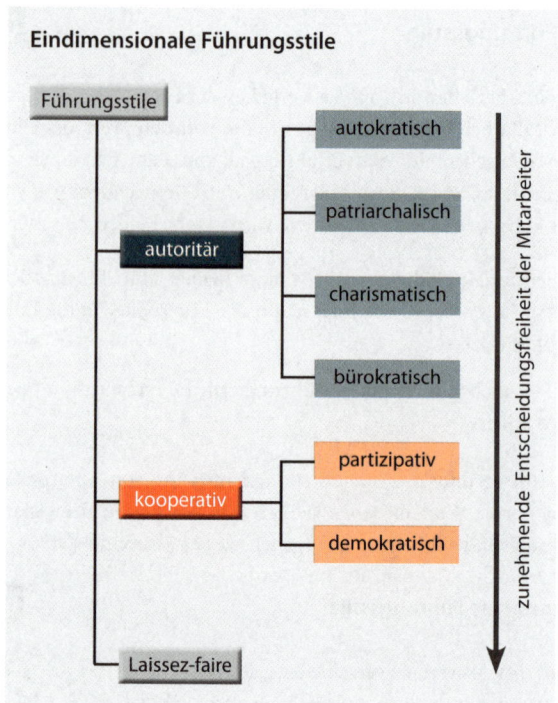

Eindimensionale Führungsstile

Es werden verschiedene Varianten des autoritären Führungsstils unterschieden:

- **autokratischer/despotischer Führungsstil**: Diese Variante steht für einen betont autoritären Führungsstil.

- **patriarchalischer Führungsstil:** Der Patriarch (der »Vater«) führt das Unternehmen fürsorglich. Er interessiert sich auch für die persönlichen Probleme seiner Mitarbeiter, geht aber von seiner naturgegebenen Führungsrolle aus. Diese bei Familienunternehmen der 1. Generation häufig anzutreffende Variante führt zu einer starken Identifikation der Mitarbeiter mit dem Patriarchen, die auch eine hohe Motivation erbringen kann.

Zeilenniveau Verlag

9

- ◆ **charismatischer Führungsstil:** Die Autorität des alleinigen Entscheiders beruht auf seiner besonderen Ausstrahlung (= Charisma).

- ◆ **bürokratischer Führungsstil:** Die Führung bezieht ihre Autorität aus Regeln, Vorschriften und der Hierarchie. Diese Form nutzen insbesondere Führungskräfte ohne jegliche Ausstrahlung.

- **kooperativer Führungsstil:** Hier werden die Mitarbeiter aktiv in die Entscheidungsprozesse mit einbezogen. Die *Vorteile* hiervon sind zahlreich: So werden die Mitarbeiter motivierter sein und ihr kreatives Potenzial entfalten, die Führungskräfte werden entlastet und ausgewogenere und damit bessere Entscheidungen treffen. *Nachteilig* sind dabei die relativ langen Entscheidungsprozesse und die höheren Anforderungen an die Mitarbeiter (ggf. Überforderung) sowie die bisweilen als lästig empfundenen Diskussionen. Zu den Varianten zählen:

  - ◆ **partizipativer Führungsstil:** Die Führungskraft bezieht die Mitarbeiter in die Entscheidung mit ein, behält sich aber letztlich die Entscheidung vor.

  - ◆ **demokratischer Führungsstil:** Die Führungskraft behandelt die Mitarbeiter als wirklich Mitentscheidende.

- **Laissez-faire Führungsstil:** Hier lässt die Führungskraft den Mitarbeitern weitgehend freie Hand und greift kaum in die Arbeitsabläufe ein, nur die Ziele sind vorgegeben. Zunächst greifen hier die Vorteile der **Theorie Y** (Motivation, Kreativität und Arbeitsleistung der motivierbaren, interessierten Mitarbeiter steigen, wenn ihnen Freiheitsspielräume gewährt werden). Allerdings ist dies nicht für alle Mitarbeiter geeignet. Manche Mitarbeiter benötigen Führung (**Theorie X**). Zudem entstehen leicht Chaos, Desorientierung, mangelnde Disziplin und Kompetenzstreitigkeiten der Mitarbeiter untereinander.

9

Zweidimensionale Führungsstile

Die bisherigen Führungsstile unterscheiden jeweils nur hinsichtlich einer Dimension der Führung (Einbezug der Mitarbeiter in die Entscheidungen bei *Kurt Lewin*). Zweidimensionale Führungsstile versuchen eben zwei verschiedene Aspekte zu berücksichtigen. Hier ist insbesondere der **richtungsbezogene Führungsstil nach** *Blake und Mouton* von Bedeutung, der die folgenden beiden Dimensionen besitzt (1 = gering, 9 = hoch):

- **Mitarbeiterorientierung** der Führungskraft: Inwiefern kümmert sich die Führungskraft um ihre Mitarbeiter (Hochachse)?

- **Aufgabenorientierung**: Wie stark ist die Führung an der Leistung der Mitarbeiter ausgerichtet? (Längsachse)

Hieraus lässt sich ein zweidimensionales, grafisches **Verhaltensgitter** ableiten. Als Ergebnis lassen sich fünf wichtige Führungsstile ableiten:

- **Feld 1.1 (Minimalmanagement)**: Eine geringe Mitarbeiterorientierung und eine geringe Aufgabenorientierung führen zu einer geringen Motivation und geringen Arbeitsleistung.

- **Feld 9.1 (Aufgabenorientiertes-Management)**: Sofern eine hohe Arbeitsleistung erwartet wird, aber eine geringe Mitarbeiterorientierung erfolgt, werden die Mitarbeiter wenig motiviert sein und lediglich ihre Arbeit wie vorgeschrieben erledigen. Bei Akkordarbeit kann dies durchaus erfolgreich sein. Bei kreativeren Tätigkeiten dürfte der Erfolg bescheiden sein.

- **Feld 1.9 (Management mit Samthandschuhen)**: Eine hohe Mitarbeiterorientierung mit einer geringen Leistungserwartung wird ein angenehmes Umfeld für die Mitarbeiter sein, aber für ein marktorientiertes Unternehmen eher wenig bringen.

- **Feld 9.9 (Teammanagement)**: Eine hohe Arbeitsleistung mit einer intensiven Betreuung der Mitarbeiter kann zu einer Win-win-Situation führen. Dies ist die beste Lösung.

© 2020, Zeilenniveau Verlag GmbH

Zeilenniveau Verlag

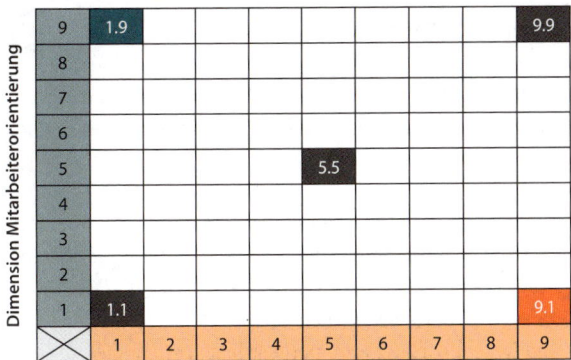

- **Feld 5.5 (Kompromissmanagement)**: In diesem Bereich finden sich eher ausgewogenere Situationen zwischen Leistung und Mitarbeiterorientierung. Die Ergebnisse werden aber für Unternehmen, die in hartem Wettbewerb stehen, nicht überzeugend sein.

Mehrdimensionale (situative) Führungsstile

Zu den mehrdimensionalen Führungsstilen zählt insbesondere der **situative Führungsstil**. Dieser ist gekennzeichnet durch einen nicht konsequent und einheitlich umgesetzten Führungsstil. Stattdessen muss sich der Stil der Führung der jeweiligen Situation anpassen. Der richtige Führungsstil hängt von der jeweiligen Situation, den zu führenden Menschen und von der Führungskraft ab. Zudem versagt ein einheitlicher Führungsstil dann, wenn die Mitarbeiter innerhalb einer Gruppe uneinheitlich sind oder eine spezifische Situation ein sehr schnelles oder durchdachtes Verhalten verlangt. In diesem Fall muss die Führungskraft in der Lage sein, sich je nach Mitarbeiter einen zur jeweiligen Situation passenden (= situativen) Führungsstil zu wählen (autoritär oder kooperativ). Grundsätzlich sind in bestimmten Situationen bestimmte Führungsstile anderen vorzuziehen. Der autoritäre Führungsstil wäre bspw. dann anzuwenden, wenn eine schnelle Entscheidung nötig ist, die Mitarbeiter klare Regelungen bevorzugen oder die Gruppe uneinheitlich ist.

9

9.1.4.3 Führungsmethoden

Hinweis: Die Begriffe Führungstechniken, Führungsprinzipien, Führungsmethoden und Managementtechniken werden nicht einheitlich verwendet und bezeichnen oft das gleiche Thema.

Die **Führungsmethoden/Führungsmodelle** bzw. **Managementtechniken** (Management-by-Techniken) sind Verfahren zur konkreten Führung von Mitarbeitern. Gemeinsamkeiten: (1) Ziel der Entlastung der Führungskräfte von Routinetätigkeiten, (2) Führungskräfte übertragen Aufgaben und Verantwortung an untergeordnete Mitarbeiter, (3) Ziel der steigenden Motivation der Mitarbeiter, (4) Problem der Überforderung der Mitarbeiter, (5) Kontrollprobleme. Es werden die folgenden Arten unterschieden:

Management by Objectives

Das Management durch Zielvereinbarungen **(Management by Objectives, MbO)** besteht in regelmäßigen (bspw. jährlichen) **Zielvereinbarungsgesprächen** zwischen Führungskraft und

F 2009	A1a-c	14 Pt.
F 2010	A6	6 Pt.
H 2013	A8a-b	9 Pt.
F 2016	A8c-d	6 Pt.

Mitarbeiter. (Verlauf: Ziele der Führung, Ziele des MA, Abgleich, Umsetzungsmöglichkeiten, Kontrollsystem).

- **Zielfindungsprozess**: Die Ziele können a) gemeinsam von Mitarbeiter und Vorgesetztem erarbeitet oder b) vom Mitarbeiter ausgearbeitet und mit dem Vorgesetzten abgestimmt werden.

- **Ziele/Vorteile**:

  ◆ Entlastung der Vorgesetzten und Feedback für Mitarbeiter

  ◆ Motivation der Mitarbeiter durch den Einbezug in die Zielformulierung und stärkere Identifikation mit dem Unternehmen

  ◆ Leistungssteigerung der MA durch höhere Motivation

  ◆ Grundlage für eine leistungsgerechte Bezahlung

© 2020, Zeilenniveau Verlag GmbH

Zeilenniveau Verlag

9

- **Probleme/Nachteile**: (1) Zeitaufwand, (2) Verwaltungsaufwand, (3) angemessene Zielformulierung, Fokus auf quantitative/kontrollierbare Ziele. (4) Zwischenzeitlich kann es zu Fehlentwicklungen kommen und eine Korrektur zu spät erfolgen. (5) Zudem können die Mitarbeiter durch zu unrealistische Ziele überfordert werden.

Entscheidend ist daher die Qualität der gemeinsamen Zielfindung, die sich an der **Smart**-Formel ausrichten sollte.

SMART-Formel

Ziele sollten allgemein folgenden Anforderungen genügen:

- **S** (spezifisch) ➜ konkrete, präzise und eindeutige Ziele

- **M** (messbar) ➜ Ziele müssen messbar und kontrollierbar sein

- **A** (akzeptiert/anspruchsvoll) ➜ attraktives und akzeptiertes Ziel, das anspruchsvoll und motivierend sein sollte

- **R** (realistisch) ➜ die Ziele sollten mit gegebenen Ressourcen realisierbar sein

- **T** (terminiert) ➜ die Ziele sollten zeitlich klar definiert sein

---

Management by Delegation

Hier werden **Kompetenzen** und die **Handlungs-**   F 2011 I A9a+c   7 Pt.
verantwortung an Mitarbeiter übertragen, während die **Führungsver-antwortung** beim Vorgesetzten verbleibt. Im Gegensatz zu MbO ist dieses einfache Prinzip unvollständig. Grundsätze bei der Delegation von Aufgaben sollten sein: (1) Nicht nur Aufgaben, sondern auch hierfür erforderliche Verantwortung/Kompetenzen delegieren. (2) Der Mitarbeiter muss alle relevanten Informationen erhalten. (3) Eine Über- oder Unterforderung der Mitarbeiter ist zu vermeiden. (4) Inhalt und Kompetenzen schriftlich fixieren. (5) Die Aufgaben sollten dauerhaft übertragen werden. Zu den **organisatorischen Änderungen** zählen: (1) Übertragung von Aufgaben, Kompetenzen und Verantwortung sowie (2) Klarstellung, wo die Grenzen der Eigenverantwortung für den MA

liegen. Als Folge dürfte die **Motivation der MA** durch a) mehr Eigen-verantwortung und b) mehr selbständigem Handeln steigen.

Management by Exception

Den Mitarbeitern wird ein Entscheidungsspiel-raum eingeräumt, innerhalb dessen sie selbst-ständig agieren können. Nur in Ausnahmefällen (exceptions) wenden sie sich an die Vorgesetzten. Dieses Prinzip ist kein eigenständiges Ma-nagementmodell, sondern ist ein Element eines ausgebauten Manage-mentsystems.

| H 2011 I A8b | 6 Pt. | |
| H 2012 I A6d | 2 Pt. | |

9.1.4.4 Führungsdefizite und Maßnahmen der Abhilfe

Auch Führungskräfte können unzureichende Leistungen erbringen. Zu den Führungsdefiziten zählen:

| F 2013 I A10a | 6 Pt. | |

- **Defizite bei der Persönlichkeit** der Führungskraft bzw. charakter-liche Schwächen (bspw. Stolz, Überheblichkeit, Jähzorn etc.).

- **Defizite im Bereich des Verhaltens** der Führungskraft (bspw. schlechtes Zeitmanagement, Unordentlichkeit, unangemessener Umgangston gegenüber Mitarbeitern).

- **Defizite im Bereich der fachlichen Kompetenz** der Führungskraft (bspw. mangelndes Fachwissen).

Selbsterkenntnis ist der erste Schritt zur Besserung. Daher müssen diese Führungsdefizite ermittelt werden. Zu diesem Zweck gibt es u. a. die fol-genden beiden Instrumente, die anschließend näher erläutert werden: (1) Johari-Fenster, (2) HR-Portfolio.

Sofern Führungsdefizite erkannt werden, gilt es Abhilfe zu schaffen. **Die Führungskraft muss aus Erfahrungen und Fehlern lernen.** Führung kann auch in Seminaren geschult werden, bedarf aber der ständigen praktischen Anwendung und kritischen Hinterfragung.

Zeilenniveau
Verlag

Johari-Fenster

9

Das von **Jo**seph Luft und **Har**ry **I**ngham ent- F 2013 I A10b-c   5 Pt.
wickelte Johari-Fenster veranschaulicht in der
Psychologie ganz allgemein, inwiefern meine Persönlichkeits- und Verhaltensmerkmale mir und anderen Personen bekannt oder unbekannt sind. Daraus lassen sich vier Möglichkeiten ableiten.

	mir bekannt	mir unbekannt
anderen bekannt	**öffentliche Person** = kleiner Teil der Merkmale, die mir **und** anderen bekannt sind	**blinder Fleck** = mir unbekannte Merkmale, die anderen bekannt sind ❷ **andere teilen mir mit**
anderen unbekannt	**mein Geheimnis** = mir bekannte Merkmale, die aber anderen unbekannt sind	**Unbekanntes** = Merkmale, die mir und anderen unbekannt sind

❶ selbst preisgeben

Ziel ist die Zusammenarbeit transparenter zu machen. Zu diesem Zweck gibt es zwei Möglichkeiten:

❶ **Ich gebe etwas von mir preis** und sorge dafür von meiner Seite für Vertrauen. Andere geben etwas von sich preis und erhalten mein Vertrauen.

❷ **Die anderen teilen mir Beobachtungen mit**, wodurch ich meinen problematischen blinden Fleck entdecke. Umgekehrt kann ich auch anderen helfen, ihre blinden Flecken zu erkennen.

Das Johari-Fenster lässt sich entsprechend auf die Analyse von Führungsdefiziten übertragen.

9

HR-Portfolio (HR = Human Resources)

Es handelt sich hierbei um eine Abwandlung der
Portfolio-Analyse der Boston-Consulting-Group
bezogen auf das Mitarbeiterpotenzial (Human Resources):

F 2013 | A10b   3 Pt.

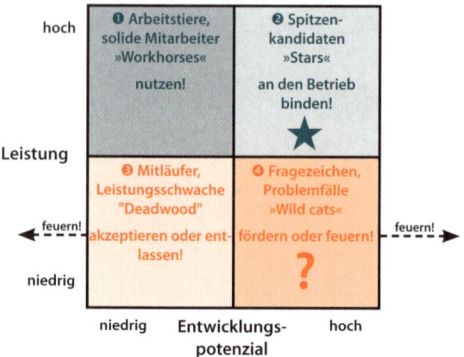

Wie bei der Portfolio-Analyse lassen sich **Normstrategien** ableiten:
❶ **Arbeitstiere** (»**Workhorses**«): Diese Führungskräfte müssen genutzt
werden, benötigen aber keine bedeutende Förderung, da sie wenig Ent-
wicklungspotenzial besitzen. ❷ **Spitzenkandidaten** (»**Stars**«): Diese
Führungskräfte müssen durch Personalentwicklungsmaßnahmen kräftig gefördert und an den Betrieb gebunden werden. ❸ **Leistungsschwa-
che** (»**Deadwood**«): Es muss geprüft werden, ob diese Führungskräfte,
sofern es keine besseren Alternativen gibt, akzeptiert werden müssen.
Ansonsten müssen sie entlassen werden. ❹ **Fragezeichen** (»**Wild
cats**«): Hier muss durch geeignete Maßnahmen (bspw. Potenzialanalyse) geprüft werden, ob diese Führungskräfte entlassen oder gefördert
werden sollten.

9.1.5 Grundsätze der Zusammenarbeit

Die Grundsätze der Zusammenarbeit werden im ganzen bisherigen Kapitel erläutert und bedürfen daher keiner zusätzlichen Erläuterung.

          © 2020, Zeilenniveau Verlag GmbH   Zeilenniveau Verlag

9.2 Mitarbeitergespräche

Mitarbeitergespräche stellen ein wesentliches Element der Personalführung dar. Zunächst werden allgemeine Aspekte von Mitarbeitergesprächen besprochen und in Kap. 9.2.1 und 9.2.2 konkretisiert:

Zeitpunkte von Mitarbeitergesprächen

Sie finden regelmäßig (bspw. beim Management durch Zielvereinbarung, MbO) oder nur zu bestimmten Anlässen statt.

Anlässe für Mitarbeitergespräche

- Anerkennungsgespräche (Kap. 9.2.1)

- Kritikgespräche (Kap. 9.2.1)

- Beurteilungsgespräche (Kap. 9.2.2)

- Maßnahmen zur Konfliktvermeidung (Kap. 9.3.2)

- Krankenrückkehrgespräche (Kap. 9.2)

- Ende von zeitlich befristeten Verträgen, Praktika, Trainee-Programmen etc.

- Personalentwicklungsmaßnahmen

Funktionen/Vorteile u. Inhalte von Mitarbeitergesprächen

Zu den **Funktionen/Vorteilen** zählen: (1) Verbesserung des Betriebsklimas, (2) Motivation der Mitarbeiter, (3) bessere Zusammenarbeit, (4) Leistungssteigerung (bspw. bei MbO), (5) Früherkennungssystem für mögliche Konflikte und (5) Abstimmung der Vorstellungen von Mitarbeitern und Führungskraft. **Inhalte** gibt es zahlreiche, bspw.: a) Zufriedenheit der MA erfragen und Verbesserungsschritte einführen, b) Veränderungen besprechen, c) neue Arbeitsinhalte und d) Motivation ermitteln und zu verbessern versuchen.

9

Organisatorische Vorbereitungen

Für gewöhnlich sollten Mitarbeitergespräche nicht spontan erfolgen, sondern vorbereitet werden. Hierzu notwendige Schritte wären:

F 2010 I	A8a	3 Pt.
H 2010 I	A9a	3 Pt.
F 2014 I	A9a	3 Pt.
H 2017 I	A4a	7 Pt.

- relevante Informationen sammeln (Personalakte etc.)
- zur Gesprächsvorbereitung ggf. Fragenkatalog für die Mitarbeiter
- Termin vereinbaren, Räumlichkeiten bestimmen und buchen
- für ungestörte Atmosphäre sorgen, ausreichend Zeit einplanen (Puffer)

Gesprächsgrundsätze

In Mitarbeitergesprächen sollten ganz allgemein folgende Grundsätze berücksichtigt werden:

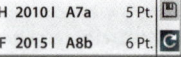

H 2010 I	A7a	5 Pt.
F 2015 I	A8b	6 Pt.

- respektvoller Umgang miteinander
- sach- und zielorientierte Gesprächsführung: gemeinsam Lösungen erarbeiten
- Ich-Botschaften, aktives Zuhören und ausreden lassen
- Mitarbeiter einbeziehen und keinen Monolog halten

Allgemeiner Ablauf von Mitarbeitergesprächen

Zwar unterscheiden sich die verschiedenen Formen und die individuellen Gespräche, trotzdem sollte ein grundsätzlicher Ablauf eingehalten werden:

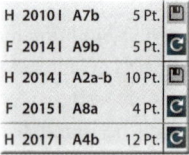

H 2010 I	A7b	5 Pt.
F 2014 I	A9b	5 Pt.
H 2014 I	A2a-b	10 Pt.
F 2015 I	A8a	4 Pt.
H 2017 I	A4b	12 Pt.

- **Kontaktphase**: Begrüßung und Eröffnung des Gesprächs mit ggf. kurzem Smalltalk
- **Orientierungsphase**: Gesprächsthema nennen und Ziele des Gesprächs festlegen

© 2020, Zeilenniveau Verlag GmbH

Zeilenniveau
Verlag

- **Analysephase**: gemeinsame Analyse/Auswertung der wesentlichen Themen

- **Lösungsphase**: gemeinsame Erarbeitung von Lösungen/Maßnahmen

- **Abschlussphase**: Zusammenfassung des Gesprächs, Fazit ziehen, ggf. weitere Treffen planen und positiver Abschluss

- Eine spezielle Variante sind **Krankenrückkehrgespräche** bei einem außergewöhnlich hohen Krankenstand. **Ziele**: Informationsgewinnung, Grundlage für Lösungsansätze, zukünftige Fehlzeiten vermindern, Personalkosten einsparen und Mitarbeiter motivieren.

9.2.1 Anerkennungs- und Kritikgespräche

Sicherlich sind Anerkennungsgespräche für beide Seiten angenehmer als Kritikgespräche und stärken die Motivation der Mitarbeiter. Sollten die Anerkennung oder das Lob aber beliebig und zu häufig erfolgen, stumpft das Instrument ab und verliert an Wert.

Ablauf von Kritikgesprächen

- **Begrüßung** mit Auflockerung und positivem Start: Erwähnung positiver Leistungen

F 2010 I A8b	10 Pt.
F 2011 I A11a-b	9 Pt.

- konkrete **Kritikpunkte** auflisten (jeweils mit Hinweis, welche Regelungen nicht eingehalten wurden)

- **Stellungnahme** des Mitarbeiters (Gründe diskutieren)

- gemeinsames **Vorgehen** ausarbeiten

- positiver **Abschluss** mit Ausblick und Verabschiedung – dem Mitarbeiter ggf. Unterstützung anbieten

- Zu den möglichen **Fehlern** zählen: (1) schlechte Organisation (bspw. Störungen), (2) Kritik vor anderen Mitarbeitern, (3) Monologe, (4) keine konkreten Kritikpunkte, sondern nur Verallgemeinerungen, (5) dem Mitarbeiter keine Stellungnahme ermöglichen.

9

9.2.2 Beurteilungen/Beurteilungsgespräche

Für Beurteilungsgespräche gelten ebenfalls die allgemeinen Aspekte für Mitarbeitergespräche – bspw. hinsichtlich der Organisation. Es geht hier allerdings nicht nur um die Beurteilungsgespräche, sondern auch um **Beurteilungen als Personalführungsinstrument** an sich.

9.2.2.1 Ziele, Anlässe und Grundsätze

Zu den **Zielen der Beurteilung** der Mitarbeiter zählen: (1) Die **Leistung** der Mitarbeiter soll möglichst **objektiv bestimmt werden.** Dies ist u. a. als Basis für die **Entlohnung** wichtig. (2) Die Motivation und **Leistung** der Mitarbeiter soll gesteigert werden. (3) Es soll das **Potenzial** der Mitarbeiter offenbart werden, um gezielt Personalentwicklungsmaßnahmen durchzuführen. (4) Als **Instrument der Personalführung** soll es diese verbessern. (5) Es soll weiterhin der **gerechten Entlohnung** und Behandlung der Mitarbeiter dienen.

| F 2009 | A6a-b | 7 Pt. |
| H 2012 | A7a | 3 Pt. |

Es gibt zahlreiche **Anlässe/Gründe der Beurteilung** von Mitarbeitern:

- **Potenzialanalyse**: Ermittlung des Potenzials der Mitarbeiter.

- **Entgeltüberprüfung**: Werden die Mitarbeiter angemessen entlohnt?

- **regelmäßige Überprüfung**: Diese Form findet sich insbesondere beim Management durch Zielvereinbarungen (MbO).

- **Zeugniserstellung**: In diesem Fall ist eine Beurteilung erforderlich, um ein angemessenes Zeugnis erstellen zu können.

- **Fehlverhalten** analysieren: Dies dient als Basis für Abmahnungen oder gar Kündigungen.

Schließlich sind bei Beurteilungen bestimmte **Grundsätze** einzuhalten:

- Die **Beurteilungsbögen** sollten möglichst objektiv und einheitlich verwendet werden.

Zeilenniveau Verlag

9

- Es sollte eine klare Struktur der **Beurteilungskriterien** verwendet werden.

- Die Ergebnisse sind zu dokumentieren.

- Die Mitarbeiter sollten die Beurteilungen einsehen können.

- Die Beurteilungen müssen mit den Mitarbeitern besprochen werden. Das Beurteilungsgespräch ist dann quasi die Krönung der Beurteilung.

Schritte zur Einführung eines Beurteilungssystems

- Entscheidung für ein bestimmtes Beurteilungssystem

- Mitspracherecht (Zustimmungsverweigerungsrecht) nach **§ 94 BetrVG** des **Betriebsrates**

- zeitgerechte Information des Betriebsrats und der Mitarbeiter

- Schulung der Beurteilenden zur Beurteilung

- entsprechende Unterlagen bereitstellen (Beurteilungsbögen etc.)

- konkrete Termine für die Beurteilungen festlegen

9.2.2.2 Beurteilungskriterien und -systeme

Bei der Einführung von Beurteilungssystemen müssen bestimmte Aspekte berücksichtigt werden, die teilweise anschließend näher erläutert werden:

F	2012	A9	7 Pt.	C
H	2013	A9a	10 Pt.	C
F	2016	A9	8 Pt.	C

- Ziele aus Sicht des Unternehmens/der Mitarbeiter

- zeitlicher/organisatorischer Rahmen

- Schritte des Beurteilungsverfahrens

- mögliche Widerstände der Führungskräfte oder der Mitarbeiter

- Art des Beurteilungssystems

9

- Kriterien der Beurteilung und Bewertung der Kriterien
- Art der Dokumentation
- Beurteilungsgespräch

Eine Sonderform ist die **360°-Beurteilung (360°-Feedback)**, bei der die Beurteilung aus dem Blickwinkel verschiedener Beobachter erfolgt (Mitarbeiter, Führungskräfte, Kollegen, Kunden und Projektteammitgliedern). *Vorteile*: (1) Objektivität, (2) mehr Informationen sowie (3) neue Aspekte, *Nachteile*: (1) hoher Aufwand, (2) evtl. wird nicht objektiv beurteilt, wenn bspw. Kunden pauschal Kritik üben wollen, (3) Leistungen lassen sich (bspw. aus Sicht der Kunden) oft nicht einer einzelnen Person zuordnen.

Zur Beurteilung müssen bestimmte **Beurteilungskriterien** ausgewählt werden: (1) Leistungskriterien (Arbeitsmenge, -qualität, Ausdauer, Belastbarkeit), (2) Persönlichkeitskriterien (Zuverlässigkeit, Umgangsformen, Auffassungsgabe, Verantwortungsbereitschaft), (3) Sozialverhalten (Teamfähigkeit, Toleranz, Zusammenarbeit) und (4) Entwicklungspotenziale (Lernbereitschaft).

Es wird bei den **Formen der Beurteilungsbögen** unterschieden:

- **freie Form**: Es sind keine standardisierten Kriterien und Bewertungsstufen vorgegeben. Die Beurteilung erfolgt frei in Form von Sätzen. *Vorteile* liegen in der individuellen Beurteilung und der möglichen Ergänzung um weitere Kriterien. *Nachteilig* sind die mangelnde Vergleichbarkeit, Vollständigkeit und Aussagefähigkeit.

- **gebundene Form**: Hier sind die Kriterien und deren Bewertungsstufen vorgegeben. Zwar erlaubt das keine individuelle Beurteilung, jedoch liegt der *Vorteil* in der besseren Vergleichbarkeit (und ist damit eher objektiv) und dem geringeren Zeit- und Kostenaufwand.

- **gemischte Form**: Diese Mischform ermöglicht es, bestimmte Kriterien frei und andere gebunden zu wählen.

Zeilenniveau Verlag

9

Zur **Bewertung** dienen die folgenden Verfahren:

- **Skalen**: Es gibt Noten A, B, C … oder 1, 2, 3 … oder Prozent oder sehr gut, gut, …

- **Rangfolgeverfahren**: Hier werden die Mitarbeiter in eine Rangliste gebracht und damit verglichen.

9.2.2.3 Ablauf des Beurteilungsgesprächs

Der Ablauf entspricht weitgehend demjenigen von Kritikgesprächen:

- **Begrüßung** mit Auflockerung und positivem Start

- **Ergebnisse** besprechen (positive und negative Aspekte)

- **Stellungnahme** des Mitarbeiters (Gründe diskutieren)

- gemeinsames **Vorgehen** ausarbeiten

- positiver **Abschluss** mit Ausblick und Verabschiedung – dem Mitarbeiter ggf. Unterstützung anbieten

9.2.2.4 Beurteilungsfehler, Beobachtungsfehler

Zu den **Lösungsansätzen bei Beurteilungsfehlern (Beobachtungsfehlern)** zählen bspw.:

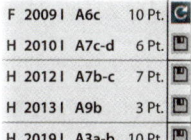

- Schulung der Beurteilenden/Beobachtenden

- einheitliche Beurteilungssysteme

- standardisierte Beurteilungsbögen

- Selbstreflexion

- klare Kriterien, Vergleichsgrößen hinterfragen

Es dürfte jedoch offensichtlich sein, dass dadurch die Fehler nur reduziert werden, aber niemals ganz eliminiert werden können.

9

Ziel sollten möglichst objektive Beurteilungen sein. Aber Menschen neigen zu Fehlern. Hierfür gibt es zahlreiche Gründe:

Fehler der Beurteilung	Beschreibung
1. Primäreffekt (Primacy-Effect)	Der erste Eindruck überwiegt andere Eigenschaften.
2. Halo-Effekt	Bestimmte Eigenschaften einer Person (bspw. Kleidungsstil) überstrahlen alle anderen Eigenschaften.
3. Logische Fehler	Aus bestimmten Eigenschaften ergeben sich <u>nicht</u> zwangsläufig andere. Pünktliche Mitarbeiter müssen nicht unbedingt zuverlässiger sein.
4. Kontrastfehler	Es hängt vom Beobachter ab. Sofern er bestimmte Eigenschaften stark ausgeprägt besitzt (oder gar nicht) wird er diese auch bei einer geringen Ausprägung beim Beobachteten hervorheben – als Kontrast zur eigenen Person.
5. Ähnlichkeitsfehler	Sofern der Beurteilende eine Ähnlichkeit zu anderen Personen sieht, werden leicht deren positiven oder negativen Eigenschaften übertragen.
6. Klebeeffekt/Übernahmefehler	Der Mitarbeiter wird anhand vorheriger Beurteilungen beurteilt und kommt so nicht voran.
7. Sympathieeffekt	Sofern der Beurteilte sympathisch (unsympathisch) wirkt, wird er besser (schlechter) beurteilt.
8. Hierarchieeffekt	Mitarbeiter einer höheren Hierarchiestufe werden meistens besser beurteilt.
9. Tendenz zur Mitte	Der Beurteilende wählt vorwiegend mittlere Noten, um harte Entscheidungen zu umgehen.
10. Tendenz zur Milde/Strenge	Die Mitarbeiter werden zu gut (bzw. zu schlecht) bewertet.
11. Nikolauseffekt	Die Tage vor Nikolaus sind Kinder artig. Sofern Mitarbeiter wissen, dass sie bewertet werden, wird Ihre Leistung steigen.
12. Lorbeereffekt	Gute Leistungen der Vergangenheit gehen unabhängig von der aktuellen Leistung in die Bewertung ein.

© 2020, Zeilenniveau Verlag GmbH

Zeilenniveau
Verlag

9.3 Konfliktmanagement

9.3.1 Konflikte und Ursachen

In Unternehmen gibt es zahlreiche Konfliktarten sowie Gründe für Konflikte, die wir anschließend näher betrachten werden. Zu den **Konfliktarten** zählen:

H 2012 I	A6c	4 Pt.	
F 2013 I	A9a	8 Pt.	
F 2014 I	A11a	3 Pt.	
H 2015 I	A8a-b	13 Pt.	
F 2017 I	A6b	3 Pt.	

- **Zielkonflikte**: Es bestehen unterschiedliche Zielsetzungen der Beteiligten. So mag die Geschäftsführung am Gewinn orientiert sein, während die Abteilungsleiter und Mitarbeiter die Sicherung der Arbeitsplätze vorziehen.

- **Bewertungskonflikte**: Bestimmte Sachverhalte werden sehr unterschiedlich interpretiert oder bewertet. Der eine Mitarbeiter sieht in der Entwicklung neuer Technologien Risiken, der andere Chancen.

- **Verteilungskonflikte**: Auch die Verteilung der Ressourcen ist nicht immer konfliktfrei. Dies zeigt sich deutlich beim Prozess der Budgetierung: Wer bekommt welchen Anteil des Kuchens?

- **Beziehungskonflikte**: Abgesehen von sachlichen Differenzen, können Konflikte auch auf persönlicher Ebene stattfinden, sofern sich die Kontrahenten nicht ausstehen können.

- **Rollenkonflikte**: Schließlich kann es auch zu Konflikten in der hierarchischen Rolle kommen.

Die **Konfliktursachen** für diese Konfliktarten können sehr unterschiedlicher Natur sein und hängen von der jeweiligen Situation im Unternehmen ab: Alter, Herkunft, Bildung, Neid, fehlende Akzeptanz, fehlende Informationen, fehlende Wertschätzung für andere Mitarbeiter können jeweils zu den oben genannten Konfliktarten führen. So kann bspw. das unterschiedliche Alter zu unterschiedlichen Zielen, Bewertungen etc. und damit zu einem **Generationenkonflikt** führen.

9

Grundsätzlich hängt es beim Konfliktmanagement davon ab, welche Rolle der Betroffene einnimmt bzw. der Beziehung zum Konflikt:

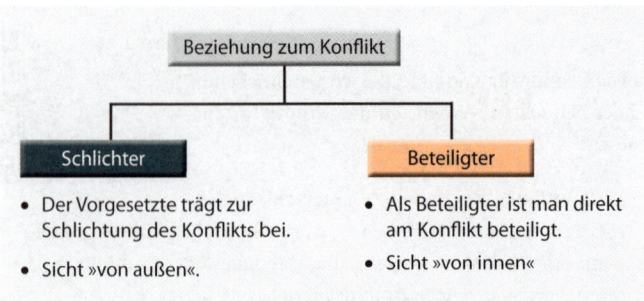

Nach *Friedrich Glasl* werden die folgenden 9 Stufen der Konflikteskalation (**Phasenmodell der Eskalation**) unterschieden: 1. Verhärtung, 2. Debatte/Polemik, 3. Taten statt Worte, 4. Koalitionen bilden, 5. Gesichtsverlust, 6. Drohstrategien, 7. begrenzte Vernichtungsschläge, 8. Zersplitterung der Unterstützung des Gegners und 9. gemeinsam in den Abgrund. In den ersten drei Stufen können noch beide Konfliktparteien gewinnen, in den nächsten drei Stufen kann nur noch eine Partei gewinnen und schließlich verlieren in den letzten drei Stufen beide Konfliktparteien.

9.3.2 Maßnahmen zur Vermeidung von Konflikten

Nachdem wir die verschiedenen Konfliktarten, -ursachen u. -bewältigungsstrategien knapp erläutert haben, geht es nun ausführlicher um die Vermeidung von (Kap. 9.3.2) oder den richtigen Umgang mit Konflikten (Kap. 9.3.3). Zudem basieren Konflikte oft auch auf Ängsten vor Veränderungen (Kap. 9.3.4).

| F 2013 I A9b | 6 Pt. | C |
| F 2019 I A4 | 16 Pt. | C |

Für die **Beteiligten** ist die Konfliktvermeidung oft nur ein Zeichen der Schwäche. Sie wird häufig von schwachen Mitarbeitern angewandt, die sich wenig Chancen zur Durchsetzung ihrer Position ausrechnen. Die zugrunde liegenden Ursachen bzw. Probleme sind nicht gelöst und

Zeilenniveau Verlag

der Konflikt schwelt im Hintergrund weiter. Aus Sicht des Schlichters bzw. des Vorgesetzten sieht es gleich ganz anders aus. Hier bieten sich verschiedene **vorbeugende Instrumente** an:

- **Transparenz** schaffen durch offene Kommunikationskultur

- **regelmäßige Besprechungen**/Teamtreffen (»Jour fixe«)

- **klare Regelungen** schaffen, wer wofür verantwortlich und zuständig ist

- in **Workshops**/Seminaren gemeinsame Ziele, Werte etc. erarbeiten und verbindlich festlegen

- **vorbeugende Mitarbeitergespräche**

9.3.3 Maßnahmen im Umgang mit Konflikten

Für die Beteiligten stehen folgende **Strategien der Konfliktbewältigung** zur Auswahl:

H 2011 I	A6a-b	6 Pt.	↻
F 2012 I	A7a	6 Pt.	↻
F 2014 I	A11b	8 Pt.	↻
H 2015 I	A4a-b	5 Pt.	↻
F 2017 I	A6c	3 Pt.	↻

- **Anpassung**: Sofern wenig Aussicht auf Erfolg besteht, kann man sich an die Position des Konfliktgegners anpassen.

- **Konfrontation**: Diejenige Seite hingegen, die von einem Erfolg ausgeht, kann auf Konfrontation und damit hemmungslose Durchsetzung der eigenen Position setzen.

- **Kompromiss**: Es wird der kleinste gemeinsame Nenner für eine oberflächliche Lösung gewählt. Der eigentliche Konflikt ist häufig nicht gelöst.

- **Kooperation**: Gemeinsame Erarbeitung einer für beide Seiten tragbaren (dauerhaften) Lösung.

- **Konfliktvermeidung**: Es wird vermieden, den Konflikt offen auszutragen. Diese Strategie kann in Situationen entstehen, bei denen beide Seiten nicht sonderlich optimistisch sind. Da der Konflikt nicht bewältigt ist, und im Hintergrund weiterhin existiert, ist diese Strategie für alle schlecht.

9

Zwar könnten Konflikte von Führungskräften auch einfach ignoriert werden. Dies ist aber aufgrund der folgenden Aspekte für gewöhnlich nicht sinnvoll, da der **Prozess der Konfliktbewältigung folgende Vorteile** bietet:

- **Problemlösung**: Im Rahmen der Konfliktbewältigung werden ggf. die vorhandenen Probleme gelöst.

- **Problembewusstsein**: Erst durch Konflikte werden den Beteiligten bestimmte Probleme bewusst.

- **Persönlichkeitsentwicklung**: Im Rahmen der Konfliktbewältigung entwickelt sich die Persönlichkeit der Beteiligten. Einerseits wird die Fähigkeit geschult, die Sichtweise anderer Menschen zu verstehen und andererseits steigert sich durch das zunehmende Argumentationsgeschick das Selbstbewusstsein.

- **Veränderungsbereitschaft**: Bei Konflikten erkennen die Beteiligten häufig die Notwendigkeit zur Veränderung und sind dann erst bereit, diese umzusetzen.

- **Früherkennung**: Früh erkannte und bewältigte Konflikte werden häufig gar nicht so dramatisch.

Zu den **Instrumenten der Konfliktbewältigung** bzw. **Deeskalationsmaßnahmen** zählen:

- **Mitarbeitergespräche** (vgl. Kap. 9.2) bzw. **Konfliktbewältigung auf Gesprächsebene**: Diese Form ist insbesondere in frühen Phasen des Konfliktes möglich, wenn die Fronten noch nicht verhärtet sind und eine gemeinsame Gesprächsbasis für den Moderator denkbar ist.

- Als kurzfristige Maßnahmen könnten **Workshops** oder **Seminare** für den nötigen Wissenstransfer sorgen oder zur Erarbeitung von Kommunikationsgrundsätzen dienen. Zudem wären **Konflikthotlines** denkbar.

- Schaffung eines **Konfliktmanagementsystems**.

- Einbezug eines **Mediators** bzw. **Mediation**.

        © 2020, Zeilenniveau Verlag GmbH   Zeilenniveau Verlag

9

Ziel der Mediation ist eine für beide Seiten akzeptable Lösung. Der Mediator muss dabei eine neutrale, vermittelnde Rolle einnehmen, der schlichtet und eine Lösung herbeiführt. Der Vorgang der Mediation kann in **fünf Phasen** untergliedert werden: (1) **Vorbereitung**, (2) **Beteiligte einladen** (3) **Stellungnahme der Konfliktparteien**, (4) **Lösungsfindung** und (5) **Schluss**.

Zum Schluss hier noch eine Übersicht, welche Instrumente in welchen Situationen hilfreich sein könnten:

Konfliktursache	Instrumente der Konfliktbewältigung
mangelnde Wertschätzung der Kollegen	regelmäßige Teamtreffen Bildung von Arbeits- oder Qualitätszirkeln
mangelnde Gesprächsbereitschaft	in Workshops/Seminaren gemeinsame Kommunikationsgrundsätze gemeinsam erarbeiten
fehlende Informationen	in Workshops oder Seminaren für Wissenstransfer sorgen
mangelnde Akzeptanz oder Neid	gemeinsame Aktivitäten oder Kommunikationsstätten (bspw. Betriebsferien, -ausflüge, -kantine, -kindergarten, -sport)

Handlungsprinzipien bei der Konfliktbewältigung

- **Diskussionen sachbezogen**: Hier geht es nicht   H 2016I A4c   8 Pt. C
  um die im Konflikt stehenden Personen, sondern deren sachliche Konfliktbasis.

- **Objektivität**: Ziel ist, die Konfliktparteien zu einer möglichst objektiven Sichtweise zu bewegen. Insbesondere objektive Entscheidungskriterien sollten gewählt werden.

- **Interessen identifizieren**: Die Konfliktparteien und mögliche Schlichter sollten die Interessen der jeweiligen Parteien kennen und berücksichtigen.

- **Schaffung von Wahlmöglichkeiten**: Es kann nicht nur jeweils einen Lösungsansatz geben (den die jeweilige Gegenseite ausschließt). Ziel ist die Suche nach (kreativen) Alternativen, damit sich die Konfliktparteien doch noch auf eine Alternative einigen können.

9

9.3.4 Überwindung von Widerständen

Veränderungen werden besonders von Mitarbeitern kritisch beäugt, die ...

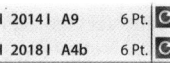

- lange im Betrieb sind und

- die immer gleichen Tätigkeiten vollbringen.

Diese **Widerstände bei Veränderungen durch bestimmte Mitarbeiter** müssen überwunden werden.

Zur **Überwindung dieser Widerstände** (bspw. in der Ablauforganisation) sollten folgende Aspekte berücksichtigt werden:

- **Transparenz**: Die Entscheidungen sollten den Mitarbeitern klar dargelegt werden.

- **Plausibilität**: Die Veränderungen sollten vernünftig bzw. plausibel sein.

- **Partizipation**: Die Mitarbeiter sollten möglichst in den Entscheidungsprozess miteinbezogen werden, so dass sie im Detail Änderungen vornehmen können, die es ihnen erlauben, sich eher mit den Veränderungen zu arrangieren.

- **Identifikation**: Mögliche Argumente gegen die Veränderungen sowie mögliche Rädelsführer gegen diese sollten identifiziert werden, um eine entsprechende Gegenstrategie zu entwerfen.

© 2020, Zeilenniveau Verlag GmbH

Zeilenniveau Verlag

9.4 Mitarbeiterförderung

9.4.1 Personalentwicklung (PE)

Personalentwicklung steht für die gezielte Entwicklung/Verbesserung der Fertigkeiten, Fähigkeiten und Kenntnisse von Mitarbeitern. Hierfür werden für gewöhnlich verschiedene Formen der Schulung eingesetzt.

Einführung einer systematischen PE

Zu den Maßnahmen bei der Einführung einer systematischen Personalentwicklung zählen:

- Ziele und Grundsätze durch Unternehmensleitung festlegen

- zur Orientierung des PE-Bedarfs grobe Personalplanung

- geeignete PE-Maßnahmen vergleichen und auswählen

- Budget planen und bereit stellen

- konkrete Instrumente einführen (bspw. Ausbildung, Seminare)

- Controllingsystem zur Beurteilung der PE-Maßnahmen einführen

Personalentwicklungsmaßnahmen

Zu den konkreten Formen der Personalentwicklungsmaßnahmen vgl. Kapitel 5.2.3.5.

H 2011 I A8c   2 Pt.

Zielvereinbarungen in der PE

Zielvereinbarungen im Rahmen des Managements durch Zielvereinbarungen (bzw. Management by Objectives/MbO) stellen ein wichtiges Instrument dar, um Personalentwicklungsziele zwischen Mitarbeitern und Vorgesetzten zu vereinbaren. Im Anschluss können konkrete PE-Maßnahmen geplant werden.

9

Laufbahnplanung

Personalentwicklungsmaßnahmen sind insbesondere für zwei Gruppen von Mitarbeitern wichtig:

`F 2016I A7`   8 Pt.

- **Fachlaufbahn**: Hier steht der Facharbeiter/der Fachexperte im Vordergrund, dessen Wissen entsprechend geschult werden soll.

- **Projektlaufbahn**: Von zukünftigen (aber auch aktuellen) Führungskräften werden zeitlich befristete Projekte mit Führungsverantwortung übernommen. Ziel ist die Schulung der Führungsfähigkeit und der Flexibilität des zukünftigen Einsatzes.

Zu den **Kosten der Laufbahnplanung** zählen:

- direkte Kosten der Laufbahnplanung durch Planung, Seminare etc.

- Kosten des Ausfalls des Mitarbeiters am Arbeitsplatz

- organisatorische Kosten durch die Neubesetzung der frei werdenden Stellen

- höhere Entlohnung nach jeder erfolgreichen Stufe

- sonstige Kosten bei höherwertigen Stellen (größeres Büro etc.)

Als Vorteile bzw. **Nutzen der Laufbahnplanung** gelten:

- höhere Qualifikation der Mitarbeiter und damit bessere Leistung

- steigende Motivation der Mitarbeiter

- geringere Fluktuationsrate

- sinkende Abhängigkeit von externen Dienstleistern der Personalvermittlung

- Das Risiko einer Fehlbesetzung ist bei bekannten Mitarbeitern geringer als bei externen Zugängen.

© 2020, Zeilenniveau Verlag GmbH

Zeilenniveau Verlag

Einarbeitungsprogramme

Neue Mitarbeiter sollten möglichst schnell ihre produktive Arbeit aufnehmen können. Hierzu bieten sich die folgenden Einarbeitungsprogramme an:

- **Patenmodell** bzw. auch Mentoring: Erfahrene Mitarbeiter begleiten die neuen Mitarbeiter bei formellen und informellen Fragestellungen. Dies hat sich auch bei Schulen und Universitäten bewährt.

- **Einarbeitungsplan** mit einem konkreten Plan, wann der Mitarbeiter in welcher Abteilung welche Position und welche Tätigkeiten übernehmen sollen. Zudem sollten die Betreuung und der Zeitraum vorab geklärt werden.

- **Welcome-Package** mit Begrüßung/Empfang, Vorstellung der Kollegen und des Einarbeitungsplans, Einführung in die ersten Formalitäten. Der Mitarbeiter soll sich gleich willkommen fühlen.

Beitrag der Mitarbeiter zum PE-Erfolg

Die Mitarbeiter können u. a. durch die folgenden Maßnahmen zum Erfolg von PE-Maßnahmen beitragen: (1) MA erkennen und formulieren Schulungsbedarf, (2) setzen sich selbst PE-Ziele und streben diese an, (3) nutzen die angebotenen Entwicklungsmaßnahmen, sofern sie passen, (4) Lern- und Anwendungsbereitschaft und (5) versuchen das Erlernte in der Praxis umzusetzen (Lerntransfer).

Beitrag sonstiger Personengruppen zum PE-Erfolg

Neben dem betroffenen Mitarbeiter haben noch die folgenden Personengruppen Einfluss auf den Erfolg von PE-Maßnahmen:

- Die **Geschäftsführung** gibt ein Budget und die Ziele vor.

- Der **Betriebsrat** nimmt seine Beteiligungsrechte wahr und vertritt die Anliegen der Mitarbeiter.

9

- Das **Personalwesen** ermittelt den PE-Bedarf und organisiert die PE-Maßnahmen.

- Die **Fachvorgesetzten** erkennen den abteilungsbezogenen Schulungsbedarf und fördern die Mitarbeiter beim Lernprozess.

- Die **Trainer** setzen ein Schulungskonzept zielorientiert um und gehen dabei auf die spezifischen Probleme der Mitarbeiter ein.

Schulungsinhalte für Auslandseinsätze von Mitarbeitern

Zu den konkreten Schulungsinhalten für Außendienstmitarbeiter im Ausland zählen bspw. (inkl. möglichen Schulungsmethoden):

- **Kultur** der Gastländer (Traditionen, Sitten, Geschichte, Verhandlungstaktiken).

- **Marktsituation** (Branche, Konkurrenz, staatliche Eingriffe).

- **Staat/Rechtslage** (Gesetze, Verordnungen, Korruption, Bürokratie).

- **Unternehmenskultur** (Geschichte, Marktpräsenz, Unternehmensphilosophie usw. des eigenen Unternehmens).

Als mögliche Schulungsmethoden könnten bspw. Erfahrungsberichte erfahrener Mitarbeiter, Kurzvorträge und Rollenspiele bzgl. der Verhandlungstaktik eingesetzt werden.

Hinweis:

Die folgende Potenzialanalyse wird ebenfalls schon in den Fächern »Unternehmensführung« in Kapitel 4.3.2 und »Betriebliches Management« in Kapitel 5.2.3.3 behandelt.

© 2020, Zeilenniveau Verlag GmbH

Zeilenniveau Verlag

9.4.2 Potenzialanalyse

H 2013	A3d	6 Pt.	C
F 2018	A3a-b	14 Pt.	C
H 2019	A2	12 Pt.	C

Die Potenzialanalyse analysiert systematisch die Qualifizierung der Mitarbeiter. Dabei wird geprüft, inwiefern sie den gegenwärtigen oder zukünftigen unternehmerischen Erfordernissen entspricht. Sofern dies nicht gegeben ist, sind Maßnahmen der PE erforderlich. Zur **Auswahl** kommen Mitarbeiter auf Vorschlag von Führungskräften oder Kollegen, als Folge von Mitarbeitergesprächen/Personalbeurteilungen.

Zu den **Kompetenzbereichen** bei einer Potenzialanalyse zählen:

- **Fachkompetenz**: Fachwissen im jeweiligen Tätigkeitsbereich, Fremdsprachenkenntnisse, Allgemeinwissen.

- **Methodenkompetenz**: Anwendung der richtigen Methoden der Organisation, der Führung und der Umsetzung des Wissens.

- **Sozialkompetenz**: Kommunikations-, Team-, Kritik- und Kontaktfähigkeit, Einfühlungsvermögen.

- **Persönlichkeitskompetenz**: Lernbereitschaft, Leistungsfähigkeit, Belastbarkeit, Selbstorganisation, analytisches Denkvermögen.

Für eine Potenzialanalyse werden folgende **Verfahren/Methoden** genutzt: Assessment-Center, Online-Self-Assessment, Leistungsbeurteilung, Persönlichkeits-, Intelligenztests und Gespräche zur Personalentwicklung. Sinnvoll ist ein **Mix der Verfahren**, um Schwächen einzelner Verfahren auszugleichen.

Als **Ziele/Vorteile** einer Potenzialanalyse (bspw. bei der Personalauswahl) zählen: (1) vorhandene Kompetenzen ermitteln, (2) Grundlage für richtigen Personaleinsatz schaffen und (3) ggf. durchzuführende Schulungen erkennen. **Nachteilig** sind der hohe Zeitaufwand und die Kosten.

9

Zur Beurteilung der Mitarbeiter im Rahmen einer Potenzialanalyse kann bspw. ein **Stärken-Schwächen-Profil** erstellt werden. Zu den zu beurteilenden Eigenschaften zählen die oben genannten Kompetenzen:

Kriterium / Noten	1	2	3	4	5
Fachkompetenz					x
Methodenkompetenz				x	
Sozialkompetenz		x			
Persönlichkeitskompetenz			x		

In der Praxis sollten diese Kompetenzen konkretisiert/aufgeschlüsselt werden. Zudem muss geklärt werden, wofür die Noten stehen (hier: 5 = sehr gut). In unserem Beispiel hätten wir einen Fachexperten, der aber kaum Führungsqualitäten besitzt.

9.4.3 Personaleinschätzung

Zwar wurde nun geklärt, welche Kompetenzen F 2016I A10a-b 11 Pt. in einer Potenzialanalyse betrachtet werden und wie diese dargestellt werden können. Es stellt sich nun die Frage, wie man die Ergebnisse der Potenzialanalyse erhält. Welche Instrumente helfen uns, für die einzelnen Kompetenzen eines Mitarbeiters entsprechende Noten zu vergeben. Als **Instrumente der Personaleinschätzung** werden u. a. verwendet:

- **Interviews**: Die persönliche Befragung des Mitarbeiters lässt insbesondere Rückschlüsse auf die Sozial- und Persönlichkeitskompetenzen zu. Schritte der Vorbereitung: (1) Vorgespräch, (2) Zeitplanung, (3) Ort auswählen, (4) Ziele und Inhalte definieren, (5) Auswertungsregeln.

- **Beratungsgespräche** (Coaching): Coaching dient nicht nur der Unterstützung der Mitarbeiter, sondern ermöglicht auch eine bessere Personaleinschätzung. Hier lassen sich eher alle Kompetenzbereiche einschätzen. Beratungsgespräche können von externen oder internen Coaches durchgeführt werden. Externe Coaches haben den Vorteil der objektiveren Beurteilung, sind aber für gewöhnlich mit höheren Kosten verbunden.

          © 2020, Zeilenniveau Verlag GmbH   Zeilenniveau Verlag

- **Betreuungsgespräche**: Im Gegensatz zu Beratungsgesprächen finden Betreuungsgespräche regelmäßig statt und ermöglichen damit eine noch bessere Personaleinschätzung, da sich der Mitarbeiter auf Dauer weniger leicht verstellen kann.

- **Beurteilungsgespräche** (vgl. Kap. 9.2.2): Hier steht eben nicht die für den Mitarbeiter sehr positive Beratung oder gar Betreuung im Vordergrund, sondern hier wird der Mitarbeiter beurteilt – und dies ist ihm auch bewusst. Vorteilhaft ist die konkrete Ausrichtung des Gesprächs an der Personaleinschätzung, nachteilig ist die mögliche Befangenheit des Mitarbeiters.

Anforderungsprofil

Im nächsten Schritt kann das Stärken-Schwächen-Profil eines Mitarbeiters mit dem Anforderungsprofil einer Stelle/Aufgabe verglichen werden, um zu erkennen, ob der Mitarbeiter hierfür geeignet ist.

F 2010 I A7a-b   8 Pt.
F 2015 I A5a-b   9 Pt.

Zuerst müssen die relevanten Kriterien gewählt werden (das kann sehr detailliert erfolgen) und anschließend erfolgt eine Gewichtung der Kriterien. Schließlich erfolgt ein Abgleich mit den Stärken-Schwächen-Profilen der möglichen Kandidaten. In Prüfungen könnte hier bspw. das Anforderungsprofil für einen Projektmanager im Auslandseinsatz zu erstellen sein, das dann als Grundlage für die Rekrutierung dient:

Anforderungsprofil	Gewichtung (5 = hoch)				
Kriterium	1	2	3	4	5
Berufserfahrung				x	
technisches Fachwissen		x			
Sprachkenntnisse					x
Organisationsfähigkeiten					x
Führungsfähigkeiten			x		

In unserem Fall würde eine 5 für ein sehr wichtiges Kriterium und eine 1 für ein eher nebensächliches Kriterium stehen.

9

Grundsätzlich kann ein solches Anforderungsprofil in verschiedenen Bereichen des Personalwesens eingesetzt werden: (1) Personalentwicklung, (2) Personalbeschaffung, (3) Personaleinsatzplanung, (4) Personalfreisetzung und (5) Personalentlohnung.

Fallbeispiel zur Auswertung eines **Anforderungsprofils**:

Kriterium / Noten	Gew.	Note A	Erg. A	Note B	Erg. B
Berufserfahrung	4	5	20	2	8
technisches Fachwissen	2	2	4	5	10
Sprachkenntnisse	5	1	5	5	25
Organisationsfähigkeiten	5	3	15	3	15
Führungsfähigkeiten	3	5	15	3	9
Summe			**59**		**67**

Als Ergebnis erhält man je Kandidat eine Gesamtnote. Im Prinzip handelt es sich um eine **Nutzwertanalyse** (vgl. Kapitel 5.4.2.3). Hier würde der Kandidat B gewinnen, der zwar weniger Berufserfahrung und Führungsfähigkeiten besitzt, dafür aber die nötigen Sprachkenntnisse und technisches Fachwissen mitbringt.

Zu den **Vorteilen eines Anforderungsprofils** gehören:

- Es ist ein Abgleich mit dem Stärken-Schwächen-Profil der Bewerber möglich.

- Es sorgt für eine objektivere Beurteilung der Kandidaten.

- Es ist ein transparentes und standardisiertes Verfahren.

Wie die Nutzwertanalyse ist diese Methode auch manipulierbar bzw. nicht völlig objektiv aufgrund der folgenden Aspekte und somit **problematisch**:

- Wahl der Kriterien

- Gewichtung der Kriterien und Notenvergabe

© 2020, Zeilenniveau Verlag GmbH

9.5 Ausbildung

9.5.1 Rechtliche Rahmenbedingungen

Das Duale System der beruflichen Ausbildung, das zweigeteilt im Betrieb und in der Berufsschule stattfindet, ist ein außerordentliches Erfolgsmodell. Gerade auch deswegen ist die Jugendarbeitslosigkeit in Deutschland im Vergleich mit Konkurrenzländern sehr niedrig. Zur Sicherung des hohen Standards der Ausbildung gibt es in Deutschland zahlreiche Regelungen in Gesetzen und Verordnungen. Zu diesen **relevanten Gesetzen** zählen (die anschließend näher erläutert werden):

- Betriebsverfassungsgesetz

- Berufsbildungsgesetz/Verordnung über die Berufsausbildung

- Jugendarbeitsschutzgesetz

Betriebsverfassungsgesetz (BetrVG)

Der Betriebsrat hat in vielerlei Hinsicht Einfluss auf die Berufsausbildung in einem Unternehmen. So besitzt er in den **§§ 96 bis 98** `BetrVG` teilweise ein Mitwirkungsrecht und teilweise ein Mitbestimmungsrecht.

Berufsbildungsgesetz (BBiG)

Zunächst wird in **§ 1 (1)** `BBiG` der **Begriff Berufsbildung** definiert: »*Berufsbildung im Sinne dieses Gesetzes sind die Berufsausbildungsvorbereitung, die Berufsausbildung, die berufliche Fortbildung und berufliche Umschulung.*« Anschließend wird

H 2010	A8b	5 Pt.	
H 2012	A8b-c	4 Pt.	
F 2018	A4b-c	11 Pt.	
F 2018	A5a	2 Pt.	
F 2019	A7a	6 Pt.	

der Begriff **Berufsausbildung** in **§ 1 (3)** `BBiG` beschrieben: »*Die Berufsausbildung hat die für die Ausübung einer qualifizierten beruflichen Tätigkeit in einer sich wandelnden Arbeitswelt notwendigen beruflichen Fertigkeiten, Kenntnisse und Fähigkeiten (berufliche Handlungsfähigkeit) in einem geordneten Ausbildungsgang zu vermitteln. Sie hat ferner den Erwerb der erforderlichen Berufserfahrungen zu ermöglichen.*«

9

Weiterhin werden u. a. die folgenden Themen im BBiG geregelt:

- **§ 5 BBiG**: In der **Ausbildungsverordnung** sind geregelt:

  - die **Bezeichnung** der anerkannten Ausbildungsberufe,

  - die **Ausbildungsdauer** (zwischen 2 und 3 Jahren),

  - die zu erlangenden **Fertigkeiten, Kenntnisse und Fähigkeiten des jeweiligen Ausbildungsberufs**,

  - eine Anleitung zur **sachlichen** (Fertigkeiten, Kenntnisse, Probezeit, Ausbildungseinheiten in Funktionsbereichen oder Abteilungen) und **zeitlichen Gliederung** (nach sachlichen und pädagogischen Kriterien, überschaubare Abschnitte, Reihenfolge der Prüfungen berücksichtigen) der Vermittlung der beruflichen Fertigkeiten etc. (**Ausbildungsrahmenplan**),

  - die **Prüfungsanforderungen**.

- **§ 7 BBiG**: Anrechnung beruflicher Vorbildung auf die Ausbildungszeit

- **§ 10 ff. BBiG**: Ausbildungsvertrag

- **§ 12 BBiG** Nichtige Vereinbarungen: Zu den nichtigen Vereinbarungen zählen bspw. vorzeitige Bindungen der Auszubildenden an die Ausbildungsbetriebe nach Ausbildungsende (nur in den letzten 6 Monaten der Ausbildung erlaubt).

- **§ 17 BBiG** Vergütungsanspruch und Mindestvergütung: angemessene Ausbildungsvergütung, muss zumindest 1 × pro Jahr steigen.

- **§ 20 BBiG** Probezeit: Sie liegt ohne Ausnahmen bei 1-4 Monaten.

- **§ 21 BBiG**: Beendigung; **§ 22 BBiG**: Kündigung

- **§ 28 BBiG**: Ausbildende und Ausbilder (vgl. Kap. 9.5.2 - 9.5.4)

- **§ 37 ff. BBiG**: Prüfungswesen

- **§ 45 (2) BBiG**: Zur Abschlussprüfung wird auch zugelassen, wer mindestens das 1,5-fache der Ausbildungszeit in dem Beruf praktisch tätig war (Externenprüfung).

   © 2020, Zeilenniveau Verlag GmbH   Zeilenniveau Verlag

Verkürzung der Ausbildungsdauer

9

- **§ 8 (1)** BBiG: »*Auf gemeinsamen Antrag der Auszubildenden und Ausbildenden hat die zuständige Stelle die Ausbildungszeit zu kürzen, wenn zu erwarten ist, dass das Ausbildungsziel in der gekürzten Zeit erreicht wird.*

| H 2011 I | A7a | 6 Pt. |
| H 2013 I | A10a | 2 Pt. |

- **§ 7 a** BBiG: Bei berechtigtem Interesse kann sich der Antrag auch auf die Verkürzung der täglichen oder wöchentlichen Ausbildungszeit richten (*Teilzeitberufsausbildung*).

- **§ 71 (1) u. (2)** BBiG: Als **zuständige Stellen** gelten grundsätzlich die **Handwerkskammer** bei Berufen der Handwerksordnung und die **IHK** bei nichthandwerklichen Gewerbeberufen.

- Sofern ein Auszubildender einen Realschulabschluss (bzw. Allgemeine Hochschulreife) hat, kann die Ausbildung um 6 Monate (bzw. 1 Jahr) verkürzt werden.

Beendigung des Ausbildungsverhältnisses

- **§ 21 (1)** BBiG: »*Das Berufsausbildungsverhältnis endet mit dem Ablauf der Ausbildungszeit.*«

| H 2011 I | A7b | 6 Pt. |

- **§ 21 (2)** BBiG: »*Bestehen Auszubildende vor Ablauf der Ausbildungszeit die Abschlussprüfung, so endet das Berufsausbildungsverhältnis mit Bekanntgabe des Ergebnisses durch den Prüfungsausschuss.*«

- **§ 21 (3)** BBiG: »*Bestehen Auszubildende die Abschlussprüfung nicht, so verlängert sich das Berufsausbildungsverhältnis auf ihr Verlangen bis zur nächstmöglichen Wiederholungsprüfung, höchsten um 1 Jahr.*«

Zeugnisse

- Nach **§ 16 (1)** BBiG muss der Ausbildende dem Auszubildenden ein Zeugnis ausstellen.

| H 2017 I | A8a-b | 8 Pt. |

  Nach **§ 16 (2)** BBiG kann der Auszubildende auf Wunsch anstelle eines einfachen Zeugnisses (Art, Dauer und Ziel der Ausbildung, erworbene Fertigkeiten und Kenntnisse) auch ein qualifiziertes Zeugnis erhalten (zusätzlich Leistung und Verhalten).

9

- Im Anschluss an die Abschlussprüfung erhält der Auszubildende von der IHK oder HWK ein entsprechendes Zeugnis (**§ 37 (2) BBiG**). Zudem stellt die Berufsschule dem Auszubildenden ein Zeugnis über die schulischen Leistungen aus.

Jugendarbeitsschutzgesetz

Ziel ist es die Auszubildenden möglichst umfassend vor Gefahren und Unfällen zu schützen:

| H 2012 I A8a | 4 Pt. |
| H 2016 I A9 | 12 Pt. |

- **§ 1 (1) JArbSchG** Geltungsbereich: »*Dieses Gesetz gilt ... für die Beschäftigung von Personen, die noch nicht 18 Jahre alt sind, 1. in der Berufsausbildung ...*«

- **§ 8 (1) JArbSchG** Arbeitsdauer: Jugendlich dürfen täglich maximal 8 Stunden und wöchentlich maximal 40 Stunden arbeiten.

- **§ 12 (1) JArbSchG** Schichtzeit: »*Bei der Beschäftigung Jugendlicher darf die Schichtzeit ... 10 Stunden ... nicht überschreiten.*«

- **§ 14 (1) JArbSchG** Nachtruhe: »*Jugendliche dürfen nur in der Zeit von 6 bis 20 Uhr beschäftigt werden.*«

- **§§ 16-18 JArbSchG** Arbeitsverbot: am Wochenende und an Feiertagen (mit Ausnahmen).

- **§ 11 JArbSchG** Pausen: (1) täglich 4,5 bis 6 Std. Arbeitszeit = 30 min., (2) täglich mehr als 6 Std. Arbeitszeit = 60 min.

- **Ausnahmen** für bestimmte Berufszweige: bspw. **§ 20 JArbSchG**

- **§ 19 (1) JArbSchG**: Anspruch auf mehr **Urlaubstage**:

  - mindestens 30 Werktage, wenn der Jugendliche zu Beginn des Kalenderjahres noch nicht 16 Jahre alt ist,

  - mindestens 27 Werktage, wenn der Jugendliche zu Beginn des Kalenderjahres noch nicht 17 Jahre alt ist,

  - mindestens 25 Werktage, wenn der Jugendliche zu Beginn des Kalenderjahres noch nicht 18 Jahre alt ist.

Zeilenniveau Verlag Z

- **§ 7 (1) BUrlG** (Bundesurlaubsgesetz): Ab 18 Jahren stehen jedem Arbeitnehmer mindestens 24 Werktage Urlaub zu. Nach **§ 3 (2) BUrlG** gelten als Werktage alle Kalendertage (inkl. Samstagen), aber ohne Sonn- und Feiertage.

Fallstudie zum Urlaubsanspruch

Hans Musterbube, geboren am 30.12.2000, Ausbildung vom 01.09.2017 bis zum 29.02.2020

H 2014 I A7   4 Pt.

Fallstudie	Anspruch	Erklärung
2017	9 Tage	4 Monate = 1/3 Jahr v. 27 Tagen (= 16 Jahre alt)
2018	25 Tage	volles Jahr und 17 Jahre alt
2019	24 Tage	volles Jahr und 18 Jahre alt
2020	4 Tage	2 Monate = 1/6 Jahr v. 24 Tagen (= 19 Jahre alt)

Ausbildungsvertrag

Ein Ausbildungsvertrag beinhaltet u. a. die folgenden **Einträge**:

H 2014 I A7   9 Pt.

- Name, Adresse, Geburtsdatum, Staatsangehörigkeit und bei Minderjährigkeit die gesetzlichen Vertreter des Auszubildenden

- Ausbildungsbetrieb mit Ausbildungsverantwortlichem

- Ausbildungsberuf ggf. mit Fachrichtung

- Ausbildungsdauer mit genauem Datum (Anfang/Ende) ggf. mit Anrechnung vorangegangener Ausbildung/Vorbildung

- Dauer der Probezeit

- Ausbildungsort und außerbetriebliche Maßnahmen

- Ausbildungsvergütung für die einzelnen Ausbildungsjahre (ansteigend!), ggf. öffentliche Förderung der Ausbildung

- regelmäßige tägliche und wöchentliche Ausbildungszeit

- Anzahl der zustehenden Urlaubstage pro Kalenderjahr (siehe Fallstudie oben)

9

9.5.2 Ausbilder-Eignungsverordnung (AEVO)

Ziel der **Ausbilder-Eignungsverordnung**   H 2019 | A4a-c   8 Pt. | (AEVO) sind zur Ausbildung ausgebildete und geeignete Ausbilder:

- Zu diesem Zweck gibt es die **Ausbilder-Eignungsprüfung** (AdA). Sie besteht aus einem schriftlichen und einem praktischen Teil + Fachgespräch. Durch Bestehen dieser Prüfung wird dem Ausbilder die **Ausbildungsbefähigung** bescheinigt (vgl. Kapitel 9.5.3). Die AdA wird in 4 **Handlungsfelder** unterteilt: (1) Ausbildungsvoraussetzungen prüfen und Ausbildung planen, (2) Ausbildung vorbereiten und bei der Einstellung der Auszubildenden mitwirken, (3) Ausbildung durchführen und (4) Ausbildung abschließen.

- Die **Ausbildungsberechtigung** bekommt man nur durch eine abgeschlossene Berufsausbildung oder ein abgeschlossenes Studium sowie einen Eintrag des Ausbildungsbetriebs bei der zuständigen Kammer (IHK oder HWK).

9.5.3 Anforderungen an die Eignung der Ausbilder

Anforderungen an einen **Ausbildungsbeauftragter/Ausbilder** nach **§ 28 BBiG**:

- Er benötigt nach **§ 30 (1) BBiG** eine entsprechende **fachliche Eignung**. Demnach muss er die erforderlichen beruflichen Fertigkeiten, Kenntnisse und Fähigkeiten durch eine abgeschlossene Berufsausbildung in diesem Berufsfeld oder ein abgeschlossenes Hochschulstudium dieser Fachrichtung nachweisen können. Zudem ist eine angemessene Berufserfahrung in diesem Bereich erforderlich.

H 2009	A10a-b	10 Pt.	
F 2010	A9	4 Pt.	
H 2010	A8a	2 Pt.	
F 2013	A1a	2 Pt.	
H 2013	A10b-c	8 Pt.	
H 2016	A8a	2 Pt.	
F 2018	A4a	4 Pt.	
H 2018	A7a	2 Pt.	
H 2018	A8c	8 Pt.	
F 2019	A7c	6 Pt.	
H 2019	A4d	2 Pt.	

- Zudem muss der Ausbilder auch **pädagogisch** in der Lage zur Ausbildung sein. Nicht jeder Mensch mit erforderlichem Fachwissen kann dieses auch Auszubildenden vermitteln. In diesem Sinne muss

Zeilenniveau Verlag

9

er in der Lage sein, die Ausbildung selbständig zu planen, durchzuführen und zu kontrollieren.

- Schließlich muss er auch **persönlich geeignet** sein (**§ 29** **BBiG**). Diese persönliche Eignung liegt dann vor, wenn er sich nichts zuschulden kommen ließ, wie bspw. wiederholte oder schwere Verstöße gegen das **BBiG** oder das **JArbSchG**. Besonderes Einfühlungsvermögen ist bei Auszubildenden mit Behinderungen/Lernschwierigkeiten nötig.

Zu den **drei Voraussetzungen**, damit ein Unternehmen ausbilden darf, zählen (vgl. **§ 28** **BBiG**):

- persönliche Eignung des **Ausbildenden** (Geschäftsführer/Inhaber)

- persönliche und fachliche Eignung des **Ausbilders** (der im Namens des Ausbildenden die Ausbildung durchführt)

- Eignung der **Ausbildungsstätte** nach Art und Einrichtung

9.5.4 Beteiligte u. Mitwirkende an der Ausbildung

Zu den Beteiligten/Mitwirkenden zählen:

- Berufsschule, Handwerkskammer oder IHK

- Auszubildender (sowie zumeist die Eltern), Ausbildungsbetrieb inkl. Betriebsrat u. Ausbildungsbeauftragten

F 2009	A4a	5 Pt.	
F 2013	A1d	4 Pt.	
H 2016	A8c	6 Pt.	
H 2018	A8b	5 Pt.	
H 2019	A5a	5 Pt.	

- in besonderen Fällen die Bundesagentur für Arbeit

Zu den **Aufgaben des Ausbilders am Einführungstag** gehören:

- persönlich den Auszubildenden pünktlich empfangen

- Sicherheitsunterweisung

- Räumlichkeiten zeigen und Mitarbeiter vorstellen

- die erste Zeit der Ausbildung besprechen

- die Erstellung der Ausbildungsnachweise erläutern

9

9.5.5 Ergänzende Bildungsmaßnahmen

In Ergänzung zur eigentlichen Ausbildung können vom Ausbilder weitere **externe oder interne Bildungsmaßnahmen** vorgesehen sein. Hierbei kann es sich bspw. um bestimmte ergänzende **Seminare** handeln.

| F 2019 | A7b | 4 Pt. |
| H 2019 | A4e | 2 Pt. |

9.5.6 Prüfungsdurchführung

Ein wesentliches Ziel der Ausbildung ist natürlich das Bestehen der Abschlussprüfung. Wesentliche Regelungen zum Prüfungswesen finden sich wiederum im BBiG in den **§§ 37 bis 50a**. Zu den wesentlichen Regelungen zählen:

- **§ 37 (1)** BBiG: *»In den anerkannten Ausbildungsberufen sind Abschlussprüfungen durchzuführen. Die Abschlussprüfung kann im Falle des Nichtbestehens zweimal wiederholt werden.«*

- **§ 37 (2)** BBiG: *»Dem Prüfling ist ein Zeugnis auszustellen.«*

- **§ 43 (2)** BBiG: *»Zur Abschlussprüfung ist zugelassen, 1. wer die Ausbildungszeit beendet hat oder wessen Ausbildungszeit nicht später als zwei Monate nach dem Prüfungstermin endet, 2. wer an den vorgeschriebenen Zwischenprüfungen teilgenommen hat ...«*

- Der Ausbildungsbetrieb meldet die Prüflinge bei der zuständigen Stelle (bspw. IHK) an und trägt Verantwortung für die Vorbereitung der Auszubildenden auf die Abschlussprüfung.

9.5.7 Ausstattung der Arbeitsumgebung

Der Ausbildungsbetrieb hat für eine angemessene Arbeitsumgebung zu sorgen. Der Arbeitsplatz ist den Erfordernissen des Menschen anzupassen (**Ergonomie**). Dies betrifft neben der Sicherheit auch die Bewegungsabläufe.

© 2020, Zeilenniveau Verlag GmbH

Zeilenniveau
Verlag

9.5.8 Unterweisung

F 2009 I	A4b	6 Pt.
F 2013 I	A1b	4 Pt.
F 2014 I	A8a	6 Pt.
H 2016 I	A8b	2 Pt.
H 2018 I	A8a	6 Pt.
F 2019 I	A7d	4 Pt.

Im Rahmen der Ausbildung müssen den Auszubildenden die nötigen beruflichen Fertigkeiten, Kenntnisse und Fähigkeiten beigebracht werden. Zur Vermittlung dieser werden verschiedene **Methoden** verwendet (die ersten 4 Methoden werden anschließend erläutert): Leittextmethode, Modell der vollständigen Handlung, Vier-Stufen-Methode, Rollen- und Planspiele, Lehrgespräche, Brainstorming etc. Dabei wird unterschieden zwischen: (1) **erarbeitende Methoden**: Der Auszubildende erarbeitet ein Thema selbständig. Der Ausbilder gibt Rahmenbedingungen und Informationen vor (bspw. Leittextmethode). (2) **darbietende Methoden**: Das zu vermittelnde Wissen wird vom Ausbilder vorgetragen/vorgemacht. Der Auszubildende macht es unter Aufsicht nach (bspw. Vier-Stufen-Methode).

Leittextmethode

F 2011 I	A10b	5 Pt.
F 2015 I	A9b	3 Pt.
H 2015 I	A10a-b	10 Pt.

Es handelt sich hierbei um schriftliche Anleitungen zum selbständigen Lernen. Anhand von Leitfragen und Aufgaben werden die Auszubildenden zur eigenständigen Suche (auch zusammen in Gruppen) nach einer Lösung und der Umsetzung dieser motiviert. Ziel der Leittextmethode ist die Auszubildenden zum eigenständigen Lernen anzuleiten. Zum Abschluss bedarf es einer Kontroll- und Auswertungsphase, die sowohl vom Auszubildenden als auch dem Ausbilder erfolgen sollte. Voraussetzung zur Anwendung dieser Methode ist allerdings das Vorhandensein bestimmter Grundkenntnisse. Zu den **Vorteilen** zählen:

- Motivation und Zusammenarbeit in der Gruppe
- selbständiges Arbeiten mit eigenem Tempo wird gelernt
- Verknüpfung von Theorie und Praxis
- Auszubildende lernen eigenverantwortliches Arbeiten
- Standardisierung der Aufgaben erlaubt einen wiederholten Einsatz

9

Modell der vollständigen Handlung

Es stellt das Grundmodell dar:

H 2010 l A8c   6 Pt.
F 2015 l A9a   12 Pt.

6 Stufen	Auszubildender	Ausbilder
1. Informieren	informiert sich selbständig	Ziel und Rahmenbedingungen vorgeben
2. Planen	strukturiert die Informationen	berät
3. Entscheiden	Entscheidung für einen Lösungsweg	hinterfragt ggf. die Entscheidung
4. Ausführen	Ausführung der erforderlichen Arbeitsschritte	beobachtet, steht beratend zur Seite
5. Kontrollieren	Kontrolle der Ergebnisse	beobachtet die Kontrolle
6. Auswerten	Auswertung der Ergebnisse	bespricht mit dem Auszubildenden den Prozess

Vier-Stufen-Methode

Eine Kurzform des Modells der vollständigen Handlung stellt die Vier-Stufen-Methode dar:

F 2010 l A10   7 Pt.
F 2011 l A10b   4 Pt.
F 2014 l A8b   8 Pt.

Vier-Stufen-Methode	Erklärung
1. Vorbereitung	Der Ausbilder bereitet hier den Arbeitsplatz, die Tätigkeit sowie den Auszubildenden vor. Er erläutert das Ziel der Unterweisung und fragt den Auszubildenden nach Vorkenntnissen.
2. Vormachen und erklären	Der Ausbilder macht die Arbeitsschritte zur Erreichung des Lernziels vor. Er muss dabei die einzelnen Schritte erklären und auch den Grund hierfür. Fragen an den Auszubildenden führen zu einer interaktiven Vorführung mit größerem Lerneffekt.
3. Nachmachen und erklären lassen	Anschließend machen die Auszubildenden die Tätigkeit nach und erklären dabei ihr Vorgehen. Der Ausbilder muss beobachten und ggf. korrigierend eingreifen.
4. Üben	Damit der Lerninhalt gefestigt wird, übt der Auszubildende an weiteren Fällen/Beispielen.

Zeilenniveau
Verlag

Rollenspiele

9

Die Vermittlung von berufsspezifischen Abläufen kann auch in Form von Rollenspielen erfolgen.

H 2017 I A7a-b   10 Pt.

Zu den **Voraussetzungen der erfolgreichen Durchführung** von Rollenspielen zählen:

- Die Rollenspiele sollten berufstypische Situationen simulieren und auf diese vorbereiten bzw. die Reaktion darin verbessern.

- Die jeweiligen Rollenspieler müssen genau über die jeweilige Rolle informiert werden.

- Es sollte eine ungestörte Atmosphäre geschaffen werden.

- Die Auszubildenden müssen sich mit den Rollen des Rollenspiels identifizieren können.

- Die Teilnehmer sollten sich frei in der Rolle entfalten dürfen.

Ein **Ablaufplan** für ein Rollenspiel könnte wie folgt aussehen:

- **Einführungsphase**: Zunächst sollten die Zielsetzung, die Idee sowie die Rahmenbedingungen des Rollenspiels dargelegt werden.

- **Durchführungsphase**: Anschließend wird das Rollenspiel durchgeführt. Wichtig ist dabei eine Protokollierung (bspw. auch durch Videoaufzeichnung).

- **Kontrollphase**: Im Anschluss an das Rollenspiel sollen die Teilneh-
mer zur Reflexion und Einordnung des Verhaltens animiert werden. Gemeinsam sollten die Eindrücke besprochen werden. Die anderen Teilnehmer sollten dabei jeweils ein Feedback geben.

- **Lernphase**: Aus dem Verhalten während des Rollenspiels sollten Handlungsanweisungen für reale Situationen gewonnen werden.

9

9.5.9 Außer- und überbetriebliche Ausbildung

Neben der gewöhnlichen Ausbildung, die in einem Ausbildungsbetrieb und der Berufsschule stattfindet, gibt es noch folgende **Sonderformen**:

F 2011 I A10a	2 Pt.	C
F 2012 I A8b	3 Pt.	C
H 2018 I A7b	4 Pt.	💾

- Eine **außerbetriebliche Ausbildung** wird von beruflichen Bildungsträgern durchgeführt. Eine praktische Ergänzung erfolgt in realen Betrieben. Allerdings sind diese nicht für die Ausbildung verantwortlich und zahlen auch nicht die Ausbildungsvergütung. Die Kosten der Ausbildung werden für gewöhnlich von der Bundesagentur für Arbeit übernommen. Diese Form der Ausbildung ist für diejenigen Auszubildenden gedacht, die am regulären Arbeitsmarkt keinen Ausbildungsplatz erhalten.

- Eine **überbetriebliche Ausbildung** ist dann erforderlich, wenn der Ausbildungsbetrieb nicht alle beruflichen Fertigkeiten, Kenntnisse und Fähigkeiten im vollen Umfang vermitteln kann. Sofern er dies durch externe Maßnahmen ergänzen kann, ist dies nach **§ 27 (2) BBiG** statthaft. Zu den externen Maßnahmen könnten bspw. Blockseminare in Lehrwerkstätten der Handwerkskammer zählen.

- Eine Alternative stellen auch **Verbundausbildungen** dar (**§ 10 (5) BBiG**). Hier erfüllen mehrere Unternehmen zusammen die Voraussetzungen für eine Ausbildung (bspw. unterschiedliche technische Einrichtungen). Die Verantwortung übernimmt ein Lehrbetrieb.

- **Fazit**: In allen drei Fällen könnte trotz fehlender/unvollständiger Voraussetzungen des Betriebs eine Ausbildung stattfinden.

© 2020, Zeilenniveau Verlag GmbH

Zeilenniveau
Verlag

9.5.10   Maßnahmen der Personalentwicklung

Die Berufsausbildung zählt auch zu den Formen   `F 2012 I A8a`   `6 Pt.`
der Personalentwicklung. Unternehmen müssen hier Entwicklungsziele
formulieren, die sie mit der Ausbildung bezwecken. Um die Mitarbeiter
optimal an die Erfordernisse des Unternehmens anzupassen, sollten folgende Schritte unternommen werden:

- richtige Wahl der Ausbildungsberufe, hierzu müssen entsprechende
  Informationen eingeholt werden

- Motivation der Auszubildenden zum langfristigen Verbleib im
  Unternehmen

- während der Ausbildung ggf. externe Bildungsmaßnahmen zur zusätzlichen Qualifizierung der Mitarbeiter

Generationenkonflikt

Der Generationenkonflikt ist nicht neu, sondern   `F 2015 I A10a-b`   `8 Pt.`
immer neu wirkend. Es werden im beruflichen   `F 2017 I A9a-b`   `8 Pt.`
Umfeld heute insbesondere 4 Generationen unterschieden:

- **Babyboomer** (1955 bis 1969): geburtenstarke Jahrgänge im Wirt-
  schaftswunder

- **Generation X** (1969 bis 1980): abnehmende Geburtenraten, erstes
  Abflauen der Wirtschaft in den Rezessionen der 70er/80er.

- **Generation Y** (1980 bis 2000): Globalisierung und Digitalisierung,
  sehr gut ausgebildet. Sie lehnen traditionelle Hierarchien ab. Stellen
  alles in Frage »Why?« (Y englisch ausgesprochen). Selbstbewusst
  auf Bildung setzend. Lösungen hier sind flexiblere Organisationen.

- **Generation Z** (2000 bis heute): vollständige Digitalisierung

Zudem ergeben sich besondere Probleme und Vorteile bei der Beschäftigung älterer Mitarbeiter.

9

Bedeutung der Ausbildung für Unternehmen

Zu den Gründen, warum Unternehmen ausbilden, zählen:

- qualifizierten Mitarbeiternachwuchs heranbilden – gerade in Zeiten eines Mangels an qualifizierten Facharbeitern

- Zukunftssicherung durch Anpassung an den demografischen Wandel, wenn dieser zu einem massiven altersbedingten, zukünftigen Ausscheiden von Mitarbeitern führt.

- Image verbessern

- langfristige Bindung von Mitarbeitern an den Betrieb

- Stärkung der regionalen Bindung des Unternehmens und damit die Akzeptanz durch die Bevölkerung.

Vorteile eines Ausbildungsplans

Mit Hilfe eines Ausbildungsplans können die Auszubildenden noch spezifischer für die Erfordernisse des Unternehmens geschult werden. Sowohl zeitlich als auch sachlich können Auszubildende geschult werden, die den jetzigen und zukünftigen Erfordernissen dienen.

Probezeit in der Ausbilung

Zu den wesentlichen Elementen einer erfolgrei- | H 2019 I   A5b   6 Pt. |
chen **Probezeit** zählen:

- Zusammenarbeit mit unterschiedlichen Mitarbeitern

- Durchlauf möglichst vieler Bereiche/Abteilungen

- Lösung selbständiger Aufgaben

- Zusammenarbeit mit der Berufsschule

- regelmäßiges Feedback zwischen Auszubildenden und Auszubildendem

© 2020, Zeilenniveau Verlag GmbH

Zeilenniveau Verlag

9.6 Moderation von Projektgruppen

9.6.1 Arbeitsgruppen, Teams und Projektgruppen

In der Praxis finden sich verschiedene Begriffe für die Zusammenarbeit von Mitarbeitern in Gruppen:

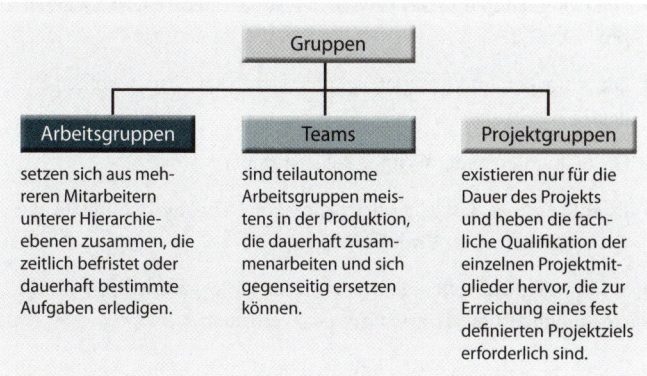

Folgende **Merkmale** kennzeichnen/definieren ein Projekt:

- klares Ziel bzw. Aufgabe

- zeitliche Befristung (häufig fester Anfangs- und Endzeitpunkt)

- vorgegebene Mittel (bspw. in Form eines Budgets)

- untypische Tätigkeit (entspricht nicht dem Tagesgeschäft)

- einmaliger Vorgang

- in die Organisation eingebunden

- Zusammenarbeit von Mitarbeitern unterschiedlicher Abteilungen

Hinweis:

Das Thema Projektmanagement wird ausführlich im Fach »Betriebliches Management« (RP 5.4.3) behandelt. Überschneidungen/Doppelungen zwischen »Projektmanagement« und »Moderation von Projektgruppen« lassen sich weder in Fachbüchern/Skripten noch in Prüfungen vermeiden.

9

Zusammensetzung von Projektgruppen

- Es sollte eine handlungsfähige **Größe der Gruppe** gewählt werden (häufig 5 bis 10 Personen). Natürlich gibt es keine optimale Gruppengröße. Es hängt von der Art der Arbeit bzw. des Projektes ab.

F 2012 I A2c	4 Pt.
H 2018 I A4a	10 Pt.

- Die **Fähigkeiten und das Wissen** der Mitarbeiter sollten sich ergänzen.

- Die **Aufgaben und Kompetenzen** innerhalb der Gruppe sollten eindeutig zugeordnet werden.

- Die »**Chemie« in der Gruppe** sollte stimmen.

- Es sollte zumindest ein Mitarbeiter mit **Führungsqualität** in der Gruppe sein und als **Projektleiter** dienen.

- Sofern möglich, sollte die Mitarbeit im Projekt **freiwillig** sein, um eine möglichst **motivierte Gruppe** zu erhalten.

- Zudem sind die folgenden Kriterien bei der Zusammenstellung von Arbeits-/Projektgruppen wichtig: Hierarchiestufe der Mitglieder, Zeit, Budget, Räumlichkeiten, Betriebsrat und rechtliche Aspekte.

Tipp:

Das Thema Projektmanagement bietet sich natürlich geradezu an bei handlungsorientierten Aufgaben. Hier gibt es Aufgaben, die nicht allgemein gelernt werden können, sondern immer sehr fallbezogen sind (bspw. im Herbst 2015).

Phasen der Gruppenbildung bei Projekten

Hinweis:

Dieses Phasenmodell der Gruppenbildung passt auch zum Fach »Betriebliches Management« im RSP 5.4.3 und wird in Kapitel 5.4.3 behandelt. In alten Prüfungen wird es auch nicht einheitlich zugeordnet. Zudem ist es auch Teil des Fachs »Unternehmensführung« (RSP 4.2.4) der WQ-Prüfungen.

Zeilenniveau Verlag

9

Ein wesentliches Erfolgsrezept von Projektgruppen ist eine effektive **Kommunikation**. Hierzu dienen **Gruppengespräche**, in denen Probleme und gemeinsame Lösungen diskutiert werden können. Schließlich können sich die Projektmitglieder gegenseitige Hilfe gewähren. Die Kommunikation kann dabei in regelmäßigen Treffen aller Mitglieder oder nur von bestimmten Projektmitgliedern erfolgen. Daneben erfolgt ein erheblicher Teil der Kommunikation elektronisch (bspw. durch E-Mail). Dabei ist festzulegen, wer welche Informationen erhalten soll. Transparenz fördert dabei die Motivation, kann aber auch zu einer Informationsflut führen.

Vorteile der Zusammenarbeit in Projekten

(1) Zusammenarbeit von Spezialisten aus unterschiedlichen Bereichen. (2) Klare Ziel- und Ressourcenvorgabe fördert zielorientiertes Vorgehen. (3) Durch die Zusammenarbeit von Mitarbeitern unterschiedlicher Abteilungen wird dem *Abteilungsdenken* entgegengewirkt.

9.6.2 Moderation von Arbeits-/Projektgruppen

Moderation

Nachdem im Fach »Betriebliches Management« | H 2014 I A6a   2 Pt. | mehr auf die Projektorganisation eingegangen wurde, geht es nun um die Durchführung von Projekten. Dabei müssen stets die Ziele des Projekts (**Zielorientierung**) berücksichtigt und darauf hingearbeitet werden. Der **Projektleiter** muss dafür sorgen, dass möglichst einvernehmliche, zielorientierte Entscheidungen getroffen werden. Daher ist die Zusammensetzung des Projekts von großer Bedeutung.

Moderation ist ein wesentlicher Aspekt der Gruppenarbeit in Arbeits- oder Projektgruppen. Hierbei unterstützt der **Moderator** die Gruppe bei der Suche nach Lösungen. Er ist nicht (unbedingt) der Leiter, der die Entscheidungen trifft und die Verantwortung trägt, sondern er organisiert und lenkt die Gruppe immer wieder hin zur Lösungssuche.

9

Geteilte Moderation

Eine Variante der Moderation ist die **geteilte Moderation**. Hier sind zwei oder mehr Moderatoren im Einsatz, die durch unterschiedliche Blickwinkel die Suche nach Lösungen vorantreiben (guter und böser Cop). Allerdings darf dies nicht chaotisch erfolgen, sondern muss abgestimmt werden.

Verhaltensgrundsätze eines Moderators

- er nimmt eine neutrale Position ein   F 2010 | A11a   3 Pt.

- er besitzt die Methodenkompetenz, um Argumente zu visualisieren

- er vermittelt eine positive, sachliche Stimmung im Raum

- er versucht alle Teilnehmer zu integrieren; er ist aktiver Zuhörer, der bei Konflikten eingreift, er bringt Struktur in die Debatten

Moderationszyklus

Eine Moderation sollte planmäßig erfolgen. Üblicherweise erfolgt der **Moderationszyklus** in sechs Phasen:

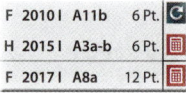

F 2010 | A11b   6 Pt.
H 2015 | A3a-b   6 Pt.
F 2017 | A8a   12 Pt.

1. **Einstieg**: Diese Phase dient der Orientierung. Nach der Begrüßung und ggf. einer Vorstellungsrunde werden Ziele definiert und alle notwendigen Schritte unternommen um die Gruppenarbeit fortzuführen. Die Motivation der Gruppenmitglieder sollte gestärkt werden. Zudem könnte schon ein erster Projektplan einen möglichen Ablauf visualisieren.

2. **Themensammlung**: Nun werden durch verschiedene Methoden (bspw. Kartenabfrage) die relevanten Themen gesammelt, für die eine Lösung gesucht werden soll.

3. **Themenreihenfolge** wählen (bzw. Gewichtung der Themen): Die Themenreihenfolge mit Hilfe der Mehrpunktabfragen bestimmen.

© 2020, Zeilenniveau Verlag GmbH

Zeilenniveau
Verlag

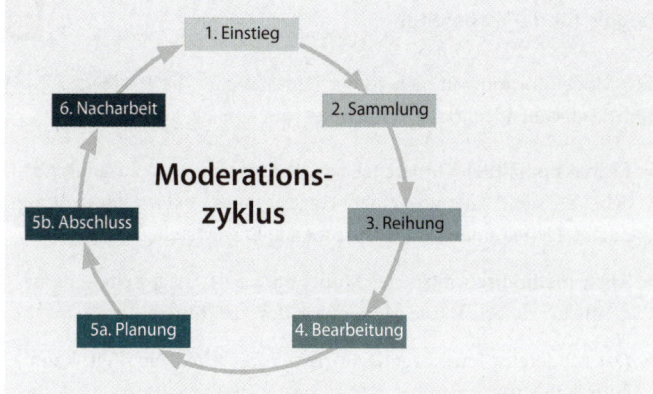

4. **Bearbeitung der Themen nach Rangfolge**: In Form von Kleingruppen und Miniworkshops werden die Themen bearbeitet.

5. **Planung und Abschluss**: Die Arbeitsgruppen präsentieren ihre Ergebnisse. Die gesamte Arbeits-/Projektgruppe plant nun die weitere Vorgehensweise zur Lösung der Probleme gemeinsam. Dabei wird eine To-do-Liste erstellt (Wer macht was?). Zum Abschluss wird ein Fazit gezogen und es erfolgt die Verabschiedung.

6. **Nachbereitung**: Der Moderator visualisiert die Ergebnisse, erstellt eine Dokumentation für die Gruppenmitglieder. Evtl. werden Feedbackbögen genutzt.

In Prüfungen wird gerne der Zusammenhang zwischen den Phasen des Moderationszyklus und dazu passenden **Arbeitsmethoden** abgefragt:

Moderationszyklusphase	Arbeitsmethode / Instrument
1. Einstieg	kurze Begrüßung oder Vorstellungsrunde
2. Sammlung	Kartenabfrage oder Mindmapping
3. Reihung	Einpunkt- oder Mehrpunktabfragen
4. Bearbeitung	Kleingruppenarbeit oder Brainstorming
5. Planung/Abschluss	To-do-Liste und Verabschiedungsrunde
6. Nachbereitung	Dokumentation oder Feedbackbögen

9

Regeln für die Vorbereitung

Ein Moderator muss in mehrfacher Hinsicht gut H 2014 I A6c   3 Pt. für die anstehende Sitzung vorbereitet sein:

- Er muss **inhaltlich** vorbereitet sein. Auch wenn es nicht seine Aufgabe ist, seine Meinung einzubringen, muss er der Unterhaltung doch folgen können und entsprechende Fragen stellen.

- Auch **methodisch** muss der Moderator in der Lage sein, eine ordentliche, zielorientierte Moderation durchzuführen.

- Der Moderator muss **organisatorisch** vorbereitet sein: Zeit, Raum, Hilfsmittel usw.

- Schließlich muss er auch **persönlich** in der Lage sein, die Moderation durchzuführen (geistig und körperlich fit sein).

Kreativitätstechniken und Methoden der Ideenfindung

Im Fach »Betriebliches Management« werden verschiedene Methoden der Ideenfindung bzw. Kreativitätstechniken vorgestellt (Kap. 5.4.2.2):

- Brainstorming

- Brainwriting

- 6-3-5-Methode

- Mind-Mapping

- Morphologischer Kasten

- Bionik

Neben diesen werden im Rahmen einer Moderation vor allem auch die folgenden **Methoden** verwendet:

- **Pinnwand-Methode:** Zunächst eine recht banale Methode, bei der die Ideen/Lösungsvorschläge mit Hilfe von Pinnwandkarten erfasst und strukturiert werden.

© 2020, Zeilenniveau Verlag GmbH

Zeilenniveau Verlag

- **Kartenabfrage:** Bei dieser Form der Pinnwand-Methode werden Fragen auf Karten geschrieben und dann entsprechend Ideen/Lösungen gesucht und strukturiert.

- **Einpunkt-/Mehrpunktabfragen**: Zur Reihung bzw. Gewichtung der Themen können die Teilnehmer entweder jeder nur einen oder auch mehrere Punkte für die Alternativen vergeben.

- **I/O-Methode** (Input-Output-Methode; Black-Box-Methode): Zunächst werden die gegebenen Ausgangsbedingungen (Input) und das gegebene Ziel (Output) vorgegeben. Wie wir vom Input zum Output kommen, ist zunächst unklar (wie in einer schwarzen Schachtel bzw. Black Box einer Zaubershow, in die wir nicht sehen können).

Black-Box-Methode am Beispiel Kalkulationsschema

Ein Beispiel aus der Kostenrechnung soll das verdeutlichen: Der BAB liefert die Gemeinkostenzuschlagssätze (MGKZ, FGKZ usw.). Diese sind der Input in die Black Box »Kalkulationsschema«. Ziel bzw. Output ist die Ermittlung der Verkaufspreise.

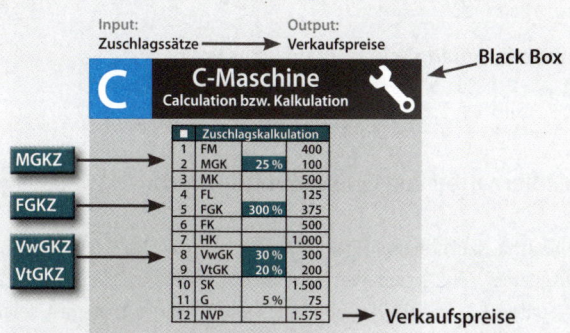

Für diejenigen, die das Kalkulationsschema verstanden haben, ist es keine Black Box mehr. Entsprechend ist auch der BAB eine Black Box (oder halt nicht).

9

- Im Anschluss gilt es zu erklären, was dazwischen bzw. in der Black Box passiert bzw. passieren muss, damit wir das erwünschte Ziel erreichen (vgl. Beispiel Kalkulationsschema auf der vorherigen Seite).

Nachbereitung der Moderation

Jede Moderation muss persönlich und organisatorisch nachbereitet werden. Der Moderator wird sich fragen, inwiefern die Ziele erreicht wurden und der Ablauf harmonisch war. Zudem müssen ggf. Feedbackbögen etc. verteilt und ausgewertet werden.

Visualisierung von Moderationen

Zum Einsatz könnten a) Beamer, b) Flipchart, c) | H 2010 | A9c   2 Pt. |
Pinnwand oder d) Overhead-Projektoren (veraltet) kommen.

9.6.3 Steuern von Arbeits- und Projektgruppen

9.6.3.1 Phasen der Prozesssteuerung

Zeitlicher/chronologischer Ablauf eines Projekts

- vgl. ausführlich Kapitel 5.4.3

9.6.3.2 Verhalten von Gruppenmitgliedern

Es ist nicht auszuschließen, dass einzelne Grup- | H 2010 | A9b   6 Pt. |
penmitglieder den Ablauf der Arbeits-/Projekt- | F 2017 | A8b   3 Pt. |
gruppensitzungen negativ beeinträchtigen. Daher gilt es mit solchen Störungen zurecht zu kommen, indem auf die einzelnen Typen von Störungen eingegangen wird. Nur ein vorbereiteter Moderator kann diese Einwände und Störungen bändigen. Dazu muss er in der Lage sein den Gruppenbildungsprozess zu verstehen. Zu den besonderen Typen von Gruppenmitgliedern zählen bspw.:

Zeilenniveau Verlag

- **notorische Verweigerer**: Der Moderator sollte nach den Motiven der Verweigerungshaltung fragen. Einwände muss der Verweigerer grundsätzlich (ausführlich) begründen. Er sollte aktiv eingebunden werden.

- **aggressiver Meinungsführer**: Er sollte gebremst und zur Einhaltung von Verhaltensregeln aufgefordert werden.

- **unsachlicher Störer**: Zu den Lösungsansätzen zählen Zeitlimits, unsachliche Argumente auseinandernehmen, Bremsen, Visualisierung der Argumente.

- **zurückhaltender Spezialist**: Er sollte intensiv mit einbezogen werden und aus der Reserve gelockt werden. Der Moderator könnte ihn als Ko-Moderator einsetzen.

9.6.4 Projektabschluss durch Projektleitung

Nach Abschluss eines Projektes hat der Projektleiter noch folgende Aufgaben zu erledigen:

- Ein **Abschlussbericht** dient der Dokumentation des Projektablaufs und der erreichten Ziele.

- Dieser dient zur Vorbereitung zukünftiger Projekte mit **Empfehlungen**, wie diese noch erfolgreicher zu absolvieren sind.

9

9.7 Präsentationstechniken

9.7.1 Ziel und Gegenstand einer Präsentation

In der beruflichen Praxis sind Präsentationen allgegenwärtig. Da es unzählige, sehr unterschiedliche Anlässe für Präsentationen gibt (bspw. Vorstellung eines neuen Produkts, einer neuen Verfahrensweise, Entwicklung von Absatzzahlen) kann man auch nicht davon sprechen, dass es ein Ziel und einen Gegenstand von Präsentationen gibt. Doch jede Präsentation bezweckt eine akustische und visuelle Vorstellung/Darlegung eines Themas und möchte jemanden überzeugen.

9.7.2 Voraussetzungen einer Präsentation

Zunächst gilt es einige **Selbstverständlichkeiten** zu berücksichtigen:

- **angemessene Kleidung** (in Unternehmen oder Prüfungen keine Schildmützen, keinen zu tiefen Ausschnitt oder zu kurze Röcke)

- **gepflegtes Äußeres** (ordentliche Frisur, Körperreinlichkeit)

- **höfliches Benehmen** (kein zu forsches, freches Auftreten)

- **angemessene Körpersprache** (offene, zurückhaltende Mimik und Gestik: problematisch ist immer die Haltung der Hände – Lösung: bspw. Karten oder Stift festhalten)

- **Körperhaltung** (aufrechte Körperhaltung)

- **Blickkontakt** (abwechselnder Blickkontakt mit Zuhörern, keinen Punkt fixieren)

Hinweis:

Das Thema Präsentation ist für Sie natürlich auch insofern wichtig, als Sie im letzten Teil der Prüfung »Präsentation & Fachgespräch« ebenfalls eine Kurzpräsentation durchführen müssen.

Zeilenniveau Verlag Z

9.7.2.1 Rhetorik (Redekunst)

- Die **Vortragsweise** sollte ruhig und nicht zu hektisch sein. Weder ein zu schnelles noch ein zu langsames Tempo sind wünschenswert. Der Ton sollte moduliert werden, d. h. nicht immer die gleiche Tonhöhe, die einschläfernd wirkt. Die Sprache sollte verständlich und nicht mit überflüssigen Fremdwörtern/Fachbegriffen versehen werden.

- Zu den rhetorischen **Techniken** könnte der Einbezug des Publikums zählen (weniger bei Prüfungen), durch bspw. rhetorische Fragen mit Pause, die zum Nachdenken anregen, mit wirklichen Fragen oder kleinen Diskussionsrunden.

- Äußerst problematisch sind für viele Menschen **improvisierte Präsentationen**. Hier gilt es trotzdem eine sinnvolle Reihenfolge einzuhalten und auf die Ziele der Präsentation hinzuarbeiten.

9.7.2.2 Gestaltungselemente

Präsentationen leben von der visuellen Gestaltung. Auch für diese gibt es bestimmte Grundregeln, die einzuhalten sind (bezogen auf eine Präsentation mit Beamer):

H 2009 I	A8	3 Pt.
H 2015 I	A7b	1 Pt.

- Das **Grundprinzip** schlechthin ist: »Weniger ist mehr!« Viele Anfänger sind der Ansicht, dass möglichst viele unterschiedliche Merkmale benutzt werden sollten. Das ist meistens falsch.

- Es sollten a) nur maximal 2 bis drei 3 verschiedene, zueinander passende **Schriftarten** eingesetzt werden, die b) eher zurückhaltend sind (**keinesfalls Comic Sans**). Optimal ist, eine Schrift mit Serifen (= »Schnörkel«; bspw. Times New Roman) mit einer Schrift ohne Serifen (bspw. Arial) zu kombinieren.

- Auch **Schriftschnitte** sollten zurückhaltend eingesetzt werden: **Halbfett** oder **fett**, *kursiv*, GROSSBUCHSTABEN oder mit Kapitälchen hervorheben. Wer (beinahe) alles hervorhebt, hebt gar nichts hervor.

9

Wichtige Gestaltungselemente einer Präsentation

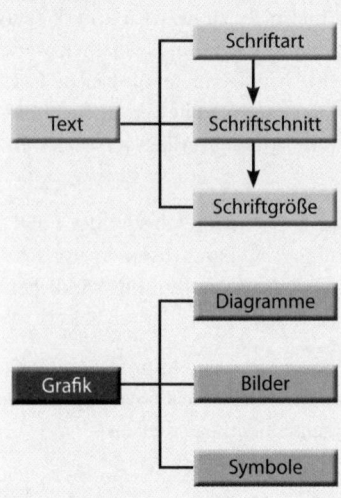

- Die **Schriftgrößen** sollten ein Kompromiss zwischen Lesbarkeit, Übersichtlichkeit und Informationsgehalt sein. Die Größe hängt vom Verhältnis der Größe des Raums (bzw. der Distanz der Teilnehmer) zu der Größe der Projektionsfläche ab. Je weiter entfernt die Zuschauer sind oder je kleiner die Projektionsfläche eines Beamers ist, umso größer müssen die Schriften sein. Auch hier gilt: Es sollten nicht zu viele Schriftgrößen verwendet werden (2 bis 3 sind optimal).

- **Diagramme** stellen ein wichtiges Element zur Verdeutlichung von Zahlen dar. Dabei ist einiges zu berücksichtigen:

  - **Größe**: Diagramme sollten ausreichend groß sein.

  - **Beschriftung**: Diagramme sollten vollständig beschriftet sein.

- Es gibt verschiedene **Diagrammtypen**. Je nach Aussage/Thematik sind bestimmte Diagrammtypen auszuwählen:

  - **Liniendiagramme** für die zeitliche Entwicklung von Zahlen (bspw. Umsatzentwicklung).

© 2020, Zeilenniveau Verlag GmbH

Zeilenniveau Verlag **Z**

- **Säulendiagramme** (stehende Rechtecke) für unterscheidbare Werte (bspw. Mitarbeitervergleich einzelner Abteilungen).

- **Balkendiagramme** (liegende Rechtecke übereinander gestapelt) haben die gleiche Anwendung wie Säulendiagramme.

- **Kreisdiagramme** für eine Grundgesamtheit und deren Aufteilung (bspw. Umsatzanteile einzelner Produkte). Leider werden von Laien zu häufig Kreisdiagramme falsch eingesetzt (bspw. bei einer zeitlichen Entwicklung).

- **Bilder** dienen vor allem zur Auflockerung einer ansonsten zu trockenen Präsentation. Sie sollten aber thematisch oder optisch passen. Leider verwenden Laien auch hier zu häufig Karikaturen, die wohldosiert bspw. zum Abschluss sinnvoll sein können.

- **Symbole** verdeutlichen Begriffe und Zusammenhänge. Auch hier gilt: Zu viele Symbole vermindern die Übersichtlichkeit.

- Ein wesentliches Gestaltungselement von Präsentationen stellen auch **Farben** dar. Auch hier gilt: Weniger ist mehr!

  - Es sollten nur **wenige verschiedene Farben** verwendet werden.

  - **Farben sollten zum Thema** passen. Bei der Vorstellung neuer Grabsteine wäre rosa nicht allzu geeignet.

  - Die **Farben sollten zueinander passen** (Stichwort: Farbharmonien).

  - Durch Farben sollte die **Lesbarkeit** nicht vermindert werden.

- Schließlich gilt es auch den **Gesamtaufbau** einer Seite zu berücksichtigen. Die Hervorhebung der wesentlichen Aussagen. Die Reihung und die Dynamik der Elemente müssen beachtet werden. Auch das bei Präsentationssoftware beliebte »Einfliegen« von Elementen oder »Animationselemente« sollten nur sehr zurückhaltend bis gar nicht verwendet werden.

9

Zu den schlimmsten Fehlern bei der Gestaltung (**Gestaltungsfehler**) einer Präsentation zählen:

Fehler	Beschreibung
1. zu viele Schriftarten	Zu viele Schriftarten wirken unprofessionell. Insbesondere dann, wenn es innerhalb eines Satzes/Absatzes ist.
2. ungeeignete Schriften	Viele Schriftarten wirken bei gewöhnlichen Präsentationen geradezu lächerlich - insbesondere Schreibschriften.
3. zu viele Schriftschnitte	SCHRIFTSCHNITTE passen auch nicht immer. Eine HÄUFUNG ist meist schlecht.
4. zu kleine/große Schriftgrößen	Mit großen Schriftgrößen können Dinge hervorgehoben werden. Nebenaspekte können klein bleiben. Doch man sollte es nicht übertreiben und nicht zu viele Größen verwenden.
5. falsche Diagramm-typen	Kreisdiagramme bei einer Umsatzentwicklung sind sinnfrei und damit peinlich.
6. nicht vollständig beschriftete Diagramme	Diagramme ohne Achsenbeschriftung sind aussagelos.
7. zu viele Symbole oder Bilder	Symbole verdeutlichen ✓ eine Aussage ✿. Eine Häufung ♣ wirkt schnell kindisch 🐾 oder unlesbar ✳. Das gilt auch für eine Häufung überflüssiger Bilder 🏚.
8. zu viele, unpassende Farben	Zu viele Farben sorgen für Unruhe, zudem müssen Farben zum Thema passen. Oftmals werden zu grelle Farben verwendet.
9. zu geringer Farbkontrast zwischen Vorder- und Hintergrund	Zwar mögen manche Farben am Bildschirm zuhause lesbar wirken; für einen Beamer in einem hellen Raum muss das nicht gelten. Gelbe Schriftfarbe auf weißem Hintergrund ist bspw. schlecht.

© 2020, Zeilenniveau Verlag GmbH

Zeilenniveau Verlag

9.7.3 Präsentation vorbereiten

9

9.7.3.1 Thema und Ziel der Präsentation

Am Anfang sollte ein **klar formuliertes Thema** stehen. So banal das klingt, so schwierig kann es bisweilen in der Realität sein, das Thema korrekt und trotzdem knapp zu benennen (sofern es nicht wie in einer mündlichen Prüfung vorgegeben wird).

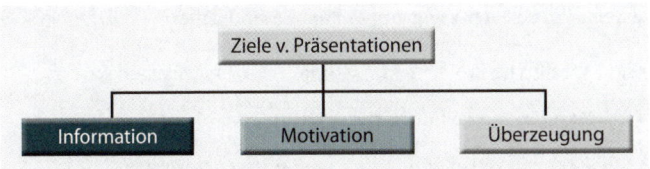

Zu den **Zielen einer Präsentation** zählen:

- **Information**: Die Zuhörer sollten über ein bestimmtes Thema informiert werden. Hierfür sind insbesondere Statistiken in Form von Diagrammen hilfreich.

- **Motivation**: Die Zuhörer sollen zu bestimmten Handlungen motiviert werden. Das könnte bspw. bei einer Präsentation eines Projektleiters zu Beginn eines Projekts sein, um die Projektmitglieder einzustimmen und zu motivieren. Hier geht es weniger um reine Informationen, sondern um das Wecken von Interesse an der Mitarbeit am Projekt.

- **Überzeugung**: Die Zuhörer sollen von etwas überzeugt werden. Das könnte bei der Vorstellung eines neuen Produktes vor der Presse sein.

Zeilenniveau Verlag

9

9.7.3.2 Zielgruppenanalyse

In Abhängigkeit vom Ziel der Präsentation muss auch auf die **Zielgruppe der Präsentation** einge-gangen werden. Sowohl die Zusammensetzung

H 2009 I	A8	3 Pt.	
H 2011 I	A9a	3 Pt.	
H 2015 I	A7b	1 Pt.	

der Gruppe als auch deren Merkmale sind von Bedeutung. Wenn die Zielgruppe analysiert ist, kann eine effektive Form der Präsentations-vorbereitung erfolgen. So wird bspw. ein Polizist eine Präsentation zur Kriminalitätsvorbeugung in einer Schule anders als im Altersheim ge-stalten. **Vorteile der Zielgruppenanalyse** sind daher:

- auf spezifische Probleme der Gruppe kann eingegangen werden

- die Aufmerksamkeit der Gruppe steigt

- die Gruppe kann eher motiviert und überzeugt werden

Zu den Merkmalen einer Zielgruppenanalyse zählen:

- Größe der Gruppe

- Gemeinsamkeiten und Interesse

- Alter, Religion und Geschlecht

- Fachwissen und Berufserfahrung

- Vorwissen zum Thema

Hinweis:

Bei der Zielgruppenanalyse und den folgenden Teilkapiteln »Inhaltliche Vor-bereitung« und »Organisatorische Vorbereitung« werden in Prüfungen sehr fallbezogene Aufgaben gestellt. Hier müssen Sie Ihre Antworten natürlich sehr genau auf den dargestellten Fall beziehen.

9.7.3.3 Inhaltliche Vorbereitung

9

Nachdem die Zielgruppe identifiziert ist, gilt es ` H 2011 I  A9b        3 Pt. ` das Thema zielgruppenspezifisch aufzubereiten. Dabei kann man sich am **Fünf-Phasen-Modell** orientieren:

1. **Stoff sammeln und auflisten** aller für das Thema und die Zielgruppe wichtigen Informationen.

2. **Sortieren** der Informationen in Kategorien. Grundsätzlich gibt es meist unzählige Informationen, die es zu filtern gilt (**Komprimierung**).

3. **Gliederung** der gefilterten Informationen zu einer sinnvollen Struktur.

4. **Überarbeitung und Visualisierung** der gegliederten Informationen zur Übertragung in eine zielführende Präsentation.

5. **Notizen erstellen** um in der Präsentation nicht den roten Faden und die einzelnen Aspekte zu verlieren bzw. zu vergessen. Zudem können kleine Ergänzungen notiert werden.

9.7.3.4 Organisatorische Vorbereitung

Neben dem Inhalt der Präsentation sind auch ` H 2011 I  A9c        3 Pt. ` zahlreiche organisatorische Fragen zu stellen. Zu den organisatorischen Rahmenbedingungen einer Präsentation zählen:

- **Ort**: Wo findet die Präsentation statt (im Unternehmen, in externer Tagungsstätte)? Externe Räume müssen angemietet werden.

- **Raum**: Welcher Raum ist vorgesehen? Dieser muss reserviert werden.

- **Einladungen**: Wie werden die Teilnehmer eingeladen, per E-Mail, Post oder Anruf?

- **Zeiten**: Welcher Zeitraum ist geplant? Wie sieht es mit der Pausenregelung aus.

9

- **Unterlagen für Teilnehmer**: Ist ein Handout für die Teilnehmer vorgesehen? Dann muss es kopiert/gebunden und bereitgestellt werden.

- **Medieneinsatz**: Welche Medien stehen zur Verfügung bzw. welche könnten/sollten zusätzlich organisiert werden? Sie sollten, sofern vorhanden, moderne **Präsentationstechnik** nutzen (bspw. Beamer und Präsentationssoftware).

Tipp:

Technik ist aber nicht alles. Wer sich zu sehr auf seine eingesetzten technischen Hilfsmittel verlässt, kann zumindest 2 Probleme bekommen: a) Die Technik mag blenden, wirkt aber schnell langweilig. Und eine noch so technisch beeindruckend gemachte Präsentation kann einen schwachen Inhalt nur schwer verbergen. b) Wenn es technische Probleme gibt, sollte man in der Lage sein, durch Improvisation doch noch weitermachen zu können.

9.7.4 Präsentation umsetzen

9.7.4.1 Einleitung, Hauptteil und Abschluss

Zwar liegt der inhaltliche Schwerpunkt der Präsentation im Hauptteil, trotzdem sollten die Einleitung und der Abschluss nicht unterschätzt werden:

| H 2009 | A8 | 6 Pt. |
| H 2015 | A7b | 2 Pt. |

Einleitung

In der Einleitung soll Aufmerksamkeit erzielt und Interesse geweckt werden. Wer die Einleitung vergeigt, wird es auch bei einem noch so guten Hauptteil schwer haben, seine Präsentationsziele zu erreichen. Zu einer gelungenen Einleitung gehören:

- **Begrüßung** der Teilnehmer und **Vorstellung** des Referierenden (dies kann durch den Veranstalter erfolgen oder selbst gemacht werden).

- **Einführung** in das Thema bspw. durch einen aktuellen Bezug, ein interessantes Zitat oder eine Frage, die zum Nachdenken anregt.

© 2020, Zeilenniveau Verlag GmbH

Zeilenniveau Verlag

- **Zentrale Thesen**, Ziele und das Anliegen vorstellen.

- Anschließend sollten eine **Inhaltsübersicht** und der **zeitliche Ablauf** der Präsentation vorgestellt werden.

Tipp:
In der Prüfung ist bisweilen eine fallbezogene Gliederung zu erstellen.

Hauptteil

Im Hauptteil wird der eigentliche Inhalt der Präsentation ausgeführt. Nachdem die Ziele/Thesen in der Einleitung präsentiert wurden, geht es hier um die Erläuterung und die Details. Im Hauptteil sollten folgende Aspekte berücksichtigt werden:

- Hier werden ggf. die Zahlen, Statistiken und Diagramme vorgestellt.

- Die Spannung muss für die Zuhörer erhalten werden. Dies kann bspw. durch Einbezug der Zuhörer mittels Fragen oder kleinen Diskussionen erfolgen.

- Es haben sich verschiedene Methoden bewährt, bspw. die **dialektische Methode**: 1. These erläutern, 2. Gegenthese in Form von Gegenargumenten darlegen und schließlich 3. eine Synthese als Mix der beiden erstellen. Alternativ wäre auch ein **chronologischer Aufbau** mit »Vergangenheit – Gegenwart – Zukunft« denkbar.

- Dabei muss der Hauptteil eine **klare Struktur** besitzen. Unterbrechungen sind nicht auszuschließen (bspw. Zwischenfragen, Störungen). Trotzdem muss der Präsentierende immer wieder zu dieser Struktur zurückfinden.

Schluss

Im Schlussteil fasst der Vortragende nochmals seine zentralen Thesen und Aussagen zusammen und zieht ein Fazit. Gegebenenfalls präsentiert er einen Ausblick. Nach dieser eigentlichen Präsentation sollten gezielt Feedback-Techniken eingesetzt werden (Fragen zum Schluss, Feedbackbögen etc.).

9

Maßnahmen zur Steigerung der Erfolgschancen

Zu den **Maßnahmen**, die die Erfolgschancen einer Präsentation erhöhen, zählen:

- auf Zielgruppe einstellen und eingehen

- klare Struktur (roter Faden) und genaue Zeitplanung, nicht unnötig lange Präsentationen

- Bilder/Symbole/Diagramme integrieren

- nicht zu viele Folien/Zielgruppe nicht mit Informationen »erschlagen«, allgemein: angemessene Medienwahl

- nicht Einleitung und Schluss unterschätzen

- negative Aspekte mit Lösungsansätzen verbinden sowie positive Aspekte hervorheben

- Präsentation möglichst proben, Körpersprache/Mimik beachten

Mit den folgenden »Kniffen« können **typische Fehler vermieden werden**:

- motivierenden Einstieg bieten

- klare Gliederung und Vorgehensweise

- nicht zu viele Informationen, komplexe Sachverhalte visualisieren

- nicht zu langsam oder zu schnell sprechen, Stimme modulieren

- mit Beispielen und ggf. Humor vortragen

- klaren Abschluss mit Zusammenfassung/Ausblick

9.7.4.2 Umgang mit unvorhergesehenen Tatsachen

Grundsätzlich sind Unterbrechungen durch bspw. Zwischenfragen oder Störungen nicht auszuschließen. Hier gilt es möglichst souverän zu wirken. Nur wer sinnvolle (!) Zwischenfragen sicher beantwortet und auf unsinnige Fragen geschickt reagiert, wirkt glaubwürdig und souverän.

          © 2020, Zeilenniveau Verlag GmbH   Zeilenniveau Verlag

Störungen können durch den Ablauf am Ort (bspw. Lärm, Besucher, zu spät kommende Teilnehmer, Tagungsstättenpersonal) oder durch Teilnehmer erfolgen. Hierfür ist insbesondere ein eingeplanter Zeitpuffer wichtig. Zudem sollten störende Teilnehmer höflich aber bestimmt beruhigt werden.

9.7.4.3 Nachbereitung einer Präsentation

Nach dem Ende der eigentlichen Präsentation sind noch einige Arbeiten zu erledigen:

- Fragen Auswertung von **Feedbackbögen** bzw. Kriterien zur Beurteilung der **Qualität einer Präsentation**: (1) klare Struktur/Gliederung? (2) angemessener Vortragsstil (Mimik, Gestik)? (3) war der Vortrag inhaltlich verständlich? (4) roter Faden vorhanden? (5) geeignete Medien gewählt? (6) Spannungsbogen vorhanden oder monoton? (7) angemessene Gestaltungselemente (»weniger ist mehr«)?

- **Reaktionen** per E-Mail, Telefon etc. beantworten

- mögliche **Wünsche der Teilnehmer** berücksichtigen (sofern sie im Rahmen bleiben), wie bspw. Zusendung bestimmter Materialien

- **Dokumentationen/Protokoll**e erstellen und verteilen

Die Erfahrungen aus der Auswertung sollten gezielt zur **Verbesserung zukünftiger Präsentationen** genutzt werden. Zu diesem Zweck sollten folgende **Fragen** gestellt werden:

- Sind die Ziele erreicht worden?

- War die Präsentation zur Zielgruppe passend?

- Ist der Ablauf der Präsentation gelungen?

- Funktionierte der Medieneinsatz reibungslos?

- Wie war die persönliche Beziehung zu den Teilnehmern?

Zum Inhalt der Anhänge:

- Zu Beginn finden Sie **einige Tipps in** Anhang A.

- Für alle fünf Prüfungsfächer sind in Anhang B jeweils zwei **vollständige Prüfungssimulationen** (je 40 Punkten) mit ausführlichen Lösungen in Anhang C enthalten. Die Aufgaben orientieren sich dabei vom Schwierigkeitsgrad, der Formulierung, der Punkte- und Stoffverteilung an den realen Prüfungsaufgaben.

- Zum Schluss ist in **Anhang D** eine ausführliche Prüfungsstatistik beigefügt. Hier werden die einzelnen Aufgaben der letzten 22 Prüfungen (Frühjahr 2009 bis Herbst 2019) den einzelnen Rahmenstoffplanpunkten der IHK zugeordnet und statistisch in Bezug auf die Themen ausgewertet.

Anhang A: Tipps zur Prüfung

A

Was sollte ich in der Prüfung beachten?

- Suchen Sie vor der Prüfung einen ruhigen Platz im Vorraum und versuchen Sie **innere Ruhe** zu finden. Lassen Sie sich nicht von den unruhigen Zeitgenossen nerven, die vor der Prüfung alle stressen.

- Gehen Sie **entspannt** und ruhig an den Ihnen zugewiesenen Platz.

- Zunächst sollten Sie die **gesamte Prüfung durchblättern**. Es kommt immer wieder vor, dass Prüflinge einzelne Aufgaben auf der letzten Seite nicht lösen, da sie diese übersehen haben – kein Scherz!

- Lösen Sie die Aufgaben eine nach der anderen. Die **Reihenfolge** hierfür ist jedoch egal.

- Alle Aufgaben sollten in den Lösungsblättern **zusammenhängend** gelöst werden.

- Sollten Sie nach der Bearbeitung weiterer Aufgaben noch etwas in eine zuvor gelöste Aufgabe einfügen wollen und es fehlt der nötige Platz, können Sie das natürlich weiter hinten einfügen. **Wichtig:** Sie müssen aber unbedingt in der vorderen Lösung einen Verweis auf die weitere Lösung mit deren Seitenzahl einfügen. Der Korrektor ist eher wohlwollend gestimmt. Sie sollten ihn aber nicht unnötig verärgern.

- Es sollte eigentlich klar sein, dass Sie sich keinen Gefallen tun, wenn Sie dem Korrektor die Arbeit durch **unlesbare oder schlecht strukturierte Lösungen** erschweren.

- Verwenden Sie für jede neue Aufgabe jeweils eine neue Seite.

- Sie müssen die Aufgabennummern auf das jeweilige Blatt schreiben.

- Für gewöhnlich besteht eine Prüfungsaufgabe aus **Teilaufgaben** (a, b, ...). Sie müssen Ihre Lösungen genau diesen Teilaufgaben zuordnen und nicht einfach Aufgabe 3 hinschreiben und alle Teillösungen ohne Teilnummerierung aneinanderreihen. Das wird leider zu häufig gemacht und kann zu Punktabzug führen.

A

11 Tipps zur Fehlervermeidung in Prüfungen

1. **Gehen Sie nur auf den gestellten Arbeitsauftrag ein.**

   Zusätzliches Wissen, das nicht zur Frage passt, interessiert nicht.

2. **Achten Sie auf die Signalworte des Arbeitsauftrags.**

   Die Fragestellung beinhaltet neben sachlichen Informationen auch Signalworte zur Bearbeitung:

   a) »*Nennen Sie ...*«, »*Zählen Sie folgende ... auf ...*« usw.: Sie müssen die Begriffe nur auflisten, ohne diese zu erläutern/beschreiben.

   b) »*Erläutern Sie ...*«, »*Beschreiben Sie ...*«, »*Erörtern Sie ...*« usw.: Hier müssen Sie eben in ganzen Sätzen erläutern, beschreiben usw.

   c) »*Ermitteln Sie ...*«, »*Berechnen Sie ...*« usw.: In diesen Fällen müssen Sie Ihr Wissen anwenden.

3. **Beispiele sind keine Erläuterung.**

4. **Vergessen Sie den zweiten Arbeitsauftrag nicht.**

   Es kommt vor, dass in Aufgaben mehrere Teilaufgaben innerhalb eines Aufgabenteils zu lösen sind. Es erstaunt immer wieder, wie viele Prüfungsteilnehmer den zweiten Teil bei solchen Fragen vergessen.

5. **Achten Sie bei Fragen nach Vor- und Nachteilen darauf, auf wen sich diese beziehen sollen.**

6. **Sie müssen Abbildungen immer vollständig benennen/zeichnen.**

7. **Sie müssen korrekte Begriffe verwenden.**

   Häufig werden ähnlich klingende, aber falsche Begriffe verwendet.

8. **Geben Sie allgemein verständliche Lösungen.**

   Sie dürfen nicht davon ausgehen, dass der Korrektor ohnehin weiß, was gemeint ist, wenn Sie irgendwelche Stichworte geben.

9. **Arbeiten Sie mit Rechenschemen.**

10. **Vermeiden Sie leichtsinnige Zahlenfehler (bspw. Zahlendreher).**

11. **Nutzen Sie unbedingt Tausendertrennzeichen (12.175,- €).**

© 2020, Zeilenniveau Verlag GmbH

Zeilenniveau Verlag

Anhang B: Prüfungssimulationen

5   Betriebliches Management (BM)

Fallstudie bzw. Ausgangssituation zu allen Aufgaben:

Die *KempELEK GmbH* ist ein innovativer Hersteller von hochwertigen elektronischen Komponenten in Kempten/Allgäu. Das Unternehmen strebt nach hoher Produkt- und Prozessqualität und wurde 1995 von zwei Ingenieuren der Elektrotechnik gegründet:

- Zu den Kunden zählen zahlreiche mittelständische Automobilzulieferer im In- und Ausland (vorwiegend in Ostasien).

- Insgesamt hat das Unternehmen 450 Mitarbeiter (davon 35 Vertriebsmitarbeiter im Ausland).

- Die beiden Gründer und Geschäftsführer sind von ihrer Führungsqualität überzeugt und lassen den Abteilungsleitern wenig Spielraum.

- Für Investitionsvorhaben stehen 5 Mio. € an zusätzlichem Eigenkapital, das die beiden Eigner zuschießen würden, und ein möglicher Kredit der Hausbank mit 10 Mio. € zur Verfügung.

- In jüngster Zeit nimmt die Konkurrenz aus Ostasien zu, die einige Produkte weitgehend kopiert, jedoch günstiger produzieren kann.

5.1 Prüfungssimulation 1

1. Die zunehmenden Probleme beim Absatz im Wachstumsmarkt in Ostasien führen auch bei den beiden Geschäftsführern zu einem Umdenken. Sie werden als Projektleiter mit der Aufgabe betraut, ein neues Unternehmensleitbild auszuarbeiten. **(Σ = 10 Punkte)**

   a) Erläutern Sie jeweils zwei Chancen und zwei Gefahren, die sich aus einem Unternehmensleitbild ergeben könnten. **(4 Pt.)**

   b) Formulieren Sie drei mögliche Leitsätze eines Unternehmensleitbildes für die *KempELEK GmbH*. **(3 Pt.)**

   c) Leiten Sie für die *KempELEK GmbH* drei konkrete Ziele aus dem Unternehmensleitbild ab. **(3 Pt.)**

2. Zur Ausdehnung der Geschäftsaktivitäten stehen drei alternative Strategien zur Auswahl: **(Σ = 12 Punkte)**

   • Strategie I: neues Werk in Memmingen für Kunden in Europa.

   • Strategie II: neues Werk in der VR China für dortige Kunden.

   • Strategie III: neues Werk in Bulgarien für Kunden in Osteuropa.

   Zur Entscheidungsfindung liegen folgende Informationen vor:

Merkmal	Strategie I	Strategie II	Strategie III
Investitionsvolumen	10 Mio. €	6 Mio. €	4 Mio. € (wegen EU-Subventionen)
Vorlaufzeit	12 Monate	10 Monate	18 Monate
zusätzlicher Umsatz/Jahr	15 Mio. €	6 Mio.	10 Mio. €
Konkurrenz	stark	mittel	schwach
logistischer Aufwand	gering	mittel	hoch
Einschätzung der Gründer	mittel	Erfolg versprechend	schlecht

Erstellen Sie eine Nutzwertanalyse und gewichten Sie dabei die genannten Kriterien anhand eines geeigneten Schemas. Fällen Sie eine begründete Entscheidung für eine der drei Strategien.

 © 2020, Zeilenniveau Verlag GmbH Zeilenniveau Verlag Z

3. Die zunehmenden Probleme beim Absatz im Wachstumsmarkt in Ostasien führen zur Suche nach neuen Ideen. Zu diesem Zweck sollen Kreativitätstechniken eingesetzt werden. **(Σ = 11 Punkte)**

   a) Stellen Sie zwei Kreativitätstechniken vor. **(4 Pt.)**

   b) Erläutern Sie jeweils zwei Vor- und zwei Nachteile einer von Ihnen beschriebenen Kreativitätstechnik. **(4 Pt.)**

   c) Beschreiben Sie drei betriebliche Funktionsbereiche mit jeweils einem Ziel in denen die Kreativitätstechniken eingesetzt werden könnten, um Lösungsideen für die Problemlage zu finden. **(3 Pt.)**

4. In der Entwicklungsabteilung der *KempELEK GmbH* ist die Stelle des Abteilungsleiters neu zu besetzen. Der langjährige Mitarbeiter *Lars Müller* mit ausgewiesenem Expertenwissen und Personalführungspotenzial bewirbt sich auf diese Stelle. **(Σ = 7 Punkte)**

   a) Erläutern Sie jeweils zwei Vor- und Nachteile der internen Personalbeschaffung. **(4 Pt.)**

   b) Beschreiben Sie drei mögliche Aspekte, die bei der Bewertung und Auswahl der Bewerbungsunterlagen von Bedeutung sein können. **(3 Pt.)**

   (insgesamt 40 Punkte)

5.2 Prüfungssimulation 2

5. Die zunehmenden Probleme beim Absatz im Wachstumsmarkt in Ostasien veranlassen die Geschäftsführung eine SWOT-Analyse durchzuführen. **(Σ = 14 Punkte)**

   a) Beschreiben Sie die grundsätzliche Vorgehensweise bei der SWOT-Analyse. **(2 Pt.)**

   b) Nennen Sie jeweils zwei interne und zwei externe Faktoren, die bei einer SWOT-Analyse untersucht werden könnten. **(4 Pt.)**

B

c) Untersuchen Sie die Situation der *KempELEK GmbH* mit Hilfe der SWOT-Analyse. Fügen Sie für jedes der vier Felder eine betriebsspezifische Analyse ein. **(8 Pt.)**

6. In der *KempELEK GmbH* wird nach Meinung der beiden Geschäftsführer zu viel Wissen der verschiedenen Abteilungen nicht weitergereicht und entsprechend genutzt. Daher sollen ein Wissensmanagementsystem und zugleich ein digitales Dokumentenmanagementsystem installiert werden. **(Σ = 10 Punkte)**

   a) Beschreiben Sie vier grundsätzliche Vorteile der Einführung von Wissensdatenbanken. **(4 Pt.)**

   b) Erläutern Sie die grundlegende Anwendung und die Zielsetzung eines Dokumentenmanagementsystems. **(4 Pt.)**

   c) Beschreiben Sie zwei interne Informationsquellen. **(2 Pt.)**

7. Zur Umsetzung der Expansionsstrategie in Europa mit dem Aufbau eines neuen Werkes wird ein geeigneter Projektleiter gesucht. Sie sollen in der Personalabteilung ein Anforderungsprofil in Form einer Entscheidungsmatrix erstellen. **(Σ = 9 Punkte)**

   a) Gestalten Sie ein tabellarisches Anforderungsprofil mit sechs nachvollziehbaren gewichteten Kriterien. **(6 Pt.)**

   b) Erläutern Sie drei Vorteile der Entscheidungsfindung mit Hilfe eines Anforderungsprofils speziell im Personalbereich. **(3 Pt.)**

8. Die Personalentwicklung ist von großer Bedeutung. **(Σ = 7 Punkte)**

   a) Erläutern Sie drei Ziele der Personalentwicklung aus Sicht des Unternehmens. **(3 Pt.)**

   b) Nennen Sie jeweils zwei Vor- und Nachteile der beiden folgenden Formen der innerbetrieblichen Förderung: Job-Rotation und Job-Enlargement. **(4 Pt.)**

(insgesamt 40 Punkte)

Zeilenniveau Verlag

6 Finanzwirtschaft

6.1 Prüfungssimulation 1

(insgesamt 40 Punkte)

1. Eine Investition mit einer Laufzeit von 5 Jahren verursacht zu Beginn des Jahres 2018 eine Anfangsauszahlung von 850.000 €. Der Restwert wird mit 250.000 € veranschlagt (Kalkulationszinsfuß: 7 %). Während des Investitionszeitraums fallen nachschüssig folgende Zahlungsströme an: **(Σ = 12 Punkte)**

in EUR	2018	2019	2020	2021	2022
Einzahlungen	200.000	200.000	200.000	200.000	200.000
Auszahlungen	40.000	45.000	50.000	55.000	60.000

   a) Ermitteln Sie den Kapitalwert der Investition. **(4 Pt.)**

   b) Berechnen Sie den internen Zinsfuß. **(6 Pt.)**

   c) Wie hoch darf die Anfangsauszahlung maximal sein, um keinen negativen Kapitalwert zu erzielen? **(2 Pt.)**

2. Zur Sicherung der Logistik zwischen der Heimat und dem neuen moldawischen Standort plant die Zett AG die Anschaffung eines eigenen LKWs. Der Listenpreis beträgt 224.000 EUR. Hierfür bietet unsere Hausbank eine vollständige Finanzierung mit einem 5-jährigen Annuitätendarlehen an. Dafür sind 2 Prozent Disagio sofort fällig, der Nominalzinssatz liegt bei 6 % p. a. Der Vorteil dieser Fremdfinanzierung besteht in der Möglichkeit, bei sofortiger Bezahlung 12,5 % Prozent Rabatt bei unserem Lieferanten in Anspruch zu nehmen. **(Σ = 12 Punkte)**

   a) Berechnen Sie den notwendigen Kreditbetrag. **(2 Pt.)**

   b) Erstellen Sie eine Tabelle, in der die Zins- und Tilgungsentwicklung über die fünf Jahre dargestellt wird. **(8 Pt.)**

   c) Ermitteln Sie die gesamten Kreditkosten. **(2 Pt.)**

B

3. Für die Kostenstelle K27 stehen für März 2019 die folgenden Daten zur Verfügung. Die Planbeschäftigung liegt bei 1.200, die Istbeschäftigung bei 1.400 Maschinenstunden. **(Σ = 12 Punkte)**

Kostenstelle: K27	Plankosten (€)			Istkosten (€)
Kostenarten	gesamt	variabel	fix	gesamt
Energiekosten	11.000	9.000	2.000	12.500
kalk. Abschr.	10.000	0	10.000	10.000
Hilfsstoffe	8.000	4.800	3.200	8.500
Gehälter	55.000	30.000	25.000	54.000
Summe	84.000	43.800	40.200	85.000

a) Berechnen Sie für die Kostenart Hilfsstoffe die Verbrauchsabweichung. Nennen Sie zwei mögliche Ursachen hierfür. **(4 Pt.)**

b) Ermitteln Sie Beschäftigungsabweichung für die gesamte Kostenstelle K27 und erläutern Sie eine mögliche Ursache für diese Abweichung. **(6 Pt.)**

c) Leiten Sie die Gesamtabweichung für die gesamte Kostenstelle K27 ab. **(2 Pt.)**

4. Die Gähn AG plant eine Intensivierung des strategischen Controllings. Unterscheiden Sie jeweils anhand von zwei Merkmalen zwischen strategischem und operativem Controlling. **(Σ = 4 Punkte)**

6.2 Prüfungssimulation 2

(insgesamt 40 Punkte)

5. Die Antitrend AG möchte ein Gebäude im Wert von 5 Mio. € erwerben. Als Alternative zur Darlehensaufnahme bietet uns eine Finanzierungsgesellschaft ein »Sale-and-lease-back«-Angebot. Dabei würden wir einen Teil unseres Maschinenparks im Wert von 10 Mio. € verkaufen. Die jährlichen Leasingraten betragen 500 T€. Dieses Angebot soll von Ihnen eingehend geprüft werden. Sofern nicht benötigte Mittel übrig bleiben, sollen sie zum Abbau der langfristigen

Zeilenniveau Verlag

B

Bankverbindlichkeiten dienen. Diese werden bisher im Schnitt mit 8 Prozent verzinst.   (Σ = 16 Punkte)

a) Berechnen Sie die Eigenkapitalquote, die Liquiditätsgrade I bis III, sowie das »Working capital ratio«.   (5 Pt.)

b) Beschreiben Sie die für den Kauf des Patents vorgeschlagene Finanzierungsform anhand dieses Beispiels.   (5 Pt.)

c) Die Antitrend AG nimmt das Angebot an. Erläutern Sie die Auswirkungen auf die einzelnen Bilanzpositionen sowie den Gewinn, der bisher 500 T€ beträgt.   (4 Pt.)

d) Stellen Sie vier Möglichkeiten dar, wie die Liquidität 1. Grades kurzfristig verbessert werden könnte.   (2 Pt.)

A		Bilanz in T€	P
Anlagevermögen	200	**Eigenkapital**	125
Grundstücke/Gebäude	120		
Maschinen	80		
Umlaufvermögen	300	**Fremdkapital**	375
Eiserner Bestand	25	Darlehen (langfristig)	100
Vorräte	75	Rückstellungen (langfr.)	75
Forderungen	100	Lieferantenschulden	150
Wertpapiere	50	Kontokorrentkredit	25
Kasse, Bank	50	Sonstiges kurz. FK	25
Gesamtvermögen	**500**	**Gesamtkapital**	**500**

6. Die Gähn AG erwägt die Anschaffung einer neuen Produktionsanlage (Nutzungsdauer jeweils 10 Jahre; Kalkulationszinssatz von 8 %). Hierfür stehen zwei Alternativen zur Auswahl: (Σ = 12 Punkte)

in EUR	Anlage I	Anlage II
Anschaffungskosten	500.000	275.000
Restwert	100.000	25.000
Fixkosten p. a.	150.000	100.000
variable Kosten pro St.	500	550
Nettoverkaufspreis	750	700

Die durchschnittlich jährlich absetzbare Produktionsmenge beträgt 1.000 Stück. In den fixen Kosten sind die kalkulatorischen Kosten noch nicht berücksichtigt.

a) Vergleichen Sie die Kosten der beiden Anlagen.   **(5 Pt.)**

b) Ermitteln Sie die kritische Menge.   **(2 Pt.)**

c) Berechnen Sie den Gewinn der beiden Anlagen.   **(2 Pt.)**

d) Vergleichen Sie die Rentabilität der beiden Anlagen.   **(3 Pt.)**

7. Die Gesellschaft für mobile Musik mbH stellt verschiedene MP3-Player her. Bei der Herstellung sind zwei Fertigungsanlagen zu durchlaufen. Die Anlage A hat eine monatliche Kapazität von 750 Stunden und die Anlage B von 500 Stunden.   **(Σ = 10 Punkte)**

Zusätzliche Angaben	Modern	Robust	Ruhig
NVP pro Stück	50 EUR	40 EUR	38 EUR
variable Stückkosten	30 EUR	20 EUR	20 EUR
Fertigungszeit/St. Anlage A	5 min	3 min	2 min
Fertigungszeit/St. Anlage B	4 min	5 min	3 min
maximale Absatzmenge	5.000 St.	4.000 St.	3.000 St.
monatl. Lieferverpflichtung	1.250 St.	3.000 St.	0 St.

Bei der Umstellung von einem Produkt auf ein anderes entstehen Rüstzeiten von 4 Stunden und 10 Minuten bei Anlage A und von 5 Stunden bei Anlage B. Dabei ist die jeweilige Anlage für das erste Produkt zu Beginn des Monats bereits umgestellt.

a) Berechnen Sie, ob es zu betrieblichen Engpässen kommt.   **(4 Pt.)**

b) Bestimmen Sie das optimale Produktionsprogramm.   **(6 Pt.)**

8. Die Gähn AG plant eine Intensivierung des strategischen Controllings. Erläutern Sie zwei Ziele des Controllings.   **(Σ = 2 Punkte)**

Zeilenniveau Verlag Z

7 Logistik

7.1 Prüfungssimulation 1

1. Im Laufe der vergangenen Monate wurden bei der *FS Druck AG* mehrfach Probleme bei der Beschaffung und der Verfügbarkeit der Materialien festgestellt. Insbesondere die Druckfarben bereiteten dabei größere Sorgen. **(Σ = 10 Punkte)**

   a) Beschreiben Sie die einzelnen Schritte eines idealtypischen Ablaufs des Beschaffungsprozesses in einem Unternehmen. **(4 Pt.)**

   b) Erläutern Sie zwei grundlegende Beschaffungsstrategien für unser Unternehmen. Gehen Sie dabei jeweils konkret auf eine zu beschaffende Materialart ein. **(4 Pt.)**

   c) Unterscheiden Sie zwischen »Just-in-time-Fertigung« und »Just-in-sequence-Fertigung«. **(2 Pt.)**

2. Die Geschäftsführung der *FS Druck AG* zeigt sich aufgeschlossen gegenüber Neuerungen. In diesem Zusammenhang wird auch über das Kanban-System diskutiert. **(Σ = 6 Punkte)**

   a) Erläutern Sie kurz das Kanban-System. **(2 Pt.)**

   b) Nennen Sie jeweils zwei Vor- und Nachteile des Systems. **(4 Pt.)**

3. Die *FS Druck AG* beauftragt, wie häufig zuvor, die Spedition SchNELLer GmbH mit dem Versand einer großen Menge Drucksachen zur Yep GmbH. Der Versand erfolgt auf 6 großen Paletten, die aber irrtümlich mit einem falsch ausgestellten Frachtbrief an den Fahrer der SchNELLer GmbH übergeben wird. Als Lieferort wird fälschlicherweise eine 55 km von der Zentrale der Yep GmbH entfernte Zweigniederlassung genannt. Der Fahrer liefert entsprechend an die falsche Adresse. **(Σ = 4 Punkte)**

   a) Erläutern Sie, wer nun die Verantwortung für den falsch ausgestellten Frachtbrief trägt. **(2 Pt.)**

    b) Erläutern Sie, an welche Adresse der Frachtführer die Ware zu liefern hat. **(2 Pt.)**

Hinweis: Eine Nennung der Paragrafen ist nicht erforderlich.

4. Die *FS Druck AG* ist eine mittelständische Druckerei mit Sitz in der oberschwäbischen Stadt Ravensburg. Das dynamisch wachsende Unternehmen ist seit kurzer Zeit bestrebt, die logistischen Prozesse zu optimieren. Zu diesem Zweck werden alle bestehenden Prozesse einer Prüfung unterzogen. **(Σ = 8 Punkte)**

    a) Beschreiben Sie drei Funktionsbereiche der Logistik. **(3 Pt.)**

    b) Nennen Sie drei internationale Trends der Logistik. **(3 Pt.)**

    c) Erläutern Sie den Begriff Outsourcing. **(2 Pt.)**

5. Für den Papiertypus XR25P möchte die *FS Druck AG* die optimale Bestellmenge ermitteln. **(Σ = 12 Punkte)**

    a) Erläutern Sie die grundsätzliche Zielsetzung bei der Ermittlung der optimalen Bestellmenge. **(3 Pt.)**

    b) Ermitteln Sie die optimale Bestellmenge sowie die Anzahl der dann notwendigen jährlichen Bestellungen: **(3 Pt.)**

- Jahresbedarf = 750 Paletten
- Bezugspreis pro Palette = 300 € je Palette
- Bestellkosten je Bestellvorgang = 27 €
- Lagerhaltungskostensatz = 15 %

    c) Berechnen Sie das Kosteneinsparpotenzial bei Nutzung der optimalen Bestellmengen verglichen mit der bisherigen Situation, in der alle 2 Monate bestellt wird. **(6 Pt.)**

(insgesamt 40 Punkte)

© 2020, Zeilenniveau Verlag GmbH

Zeilenniveau
Verlag

7.2 Prüfungssimulation 2

(insgesamt 40 Punkte)

6. Zwar lag der Schwerpunkt der *FS Druck AG* bisher sowohl in der Beschaffung als auch im Absatz im Inland. Längerfristig soll beides auch international erfolgen. Sie werden als Controller beauftragt, eine Analyse der Incoterms vorzunehmen. **(Σ = 10 Punkte)**

   a) Erläutern Sie zwei grundlegende Aspekte bei der Frage nach der Auswahl verschiedener Incoterms. **(2 Pt.)**

   b) Erläutern Sie drei verschiedene Incoterms, die sich auf den internationalen Schiffsverkehr beziehen. **(6 Pt.)**

   c) Die *FS Druck AG* druckt Schulbücher für das Sultanat Oman. Schildern Sie den Transportweg von Ravensburg nach Oman und die dabei verwendeten Transportmittel. **(2 Pt.)**

7. Die Materialbeschaffung der *FS Druck AG* konzentrierte sich bisher je nach Material auf einen oder zwei regionale Lieferanten. Zudem lässt das Unternehmen bisher die Buchbindung durch einen externen Dienstleister durchführen. **(Σ = 12 Punkte)**

   a) Erläutern Sie jeweils zwei Vor- und zwei Nachteile der Konzentration auf einen Lieferanten. Nennen Sie den diesbezüglichen Fachbegriff für diese Strategie. **(4 Pt.)**

   b) Erläutern Sie jeweils zwei mögliche Vor- und Nachteile der Fremdvergabe der Buchbindung. **(4 Pt.)**

   c) Nennen und erläutern Sie zwei weitere mögliche Sourcingstrategien für unser Unternehmen. **(4 Pt.)**

8. Für den derzeitigen unzuverlässigen Hauptlieferanten der *FS Druck AG* im Bereich der Druckmaterialien wird eine langfristige Alternative gesucht. Die Geschäftsleitung beauftragt Sie, anhand einer Nutzwertanalyse eine Entscheidung vorzubereiten. Zu Auswahl stehen drei Lieferanten, die anhand der Kriterien der folgenden Tabelle beurteilt werden sollen. **(Σ = 10 Punkte)**

B

Für die Gewichtung der Kriterien gelten folgende Regeln:

- Die Qualität und der Service zählen jeweils doppelt so stark wie die Flexibilität.

- Zusammen gehen der Service und die Flexibilität mit 36 % Prozent in die Wertung ein.

- Der Preis steht zu den Kontrollkosten im Verhältnis 3 : 1.

a) Ermitteln Sie anhand einer Nutzwertanalyse für welchen Lieferanten sich die *FS Druck AG* entscheiden sollte. Dabei sind die Punkte in der Tabelle schon vorgegeben. Verwenden Sie hierfür die Tabelle auf der nächsten Seite.   **(6 Pt.)**

b) Berechnen Sie, inwiefern die beiden folgenden Vorgaben des Einkaufsleiters erfüllt werden: **(4 Pt.)**

- Der Bestplatzierte sollte mindestens 10 Prozent besser als der Zweitplatzierte sein.

- Es wird ein Ergebnis von mindestens 65 Prozent der möglichen Punkte erwartet.

Nutzwertanalyse		Lieferant N		Lieferant M		Lieferant O	
Kriterium	Gew.	Note	Wert	Note	Wert	Note	Wert
Preis		9		5		7	
Kontrollkosten		3		8		6	
Qualität		3		10		7	
Service		5		8		6	
Flexibilität		8		2		5	
Gesamtnote							

9. Für die Erstellung eines komplexen Endprodukts (E1) im Bereich der werbewirksamen Stellwände benötigt die *FS Druck AG* insgesamt 3 Baugruppen (BG 1 bis BG 3) sowie die 4 Teile (T1-T4). Es liegen zudem die Angaben unten vor.   **(Σ = 8 Punkte)**

a) Erstellen Sie eine Mengenstückliste für die Teile 1 bis 4.   **(2 Pt.)**

Zeilenniveau Verlag

b) Ermitteln Sie sowohl den Bruttobedarf als auch den Nettobedarf der Teile T1 bis T4 bei einem Bruttobedarf von 100 Stück des Endprodukts E1. **(6 Pt.)**

Bezeichnung	Lagerbestände	Mindestbestand	Reservierung
E 1	0	–	–
BG 1	50	–	–
BG 2	0	–	–
BG 3	50	10	15
T 1	500	150	–
T 2	500	150	50
T 3	1.000	300	150
T 4	1.000	300	50

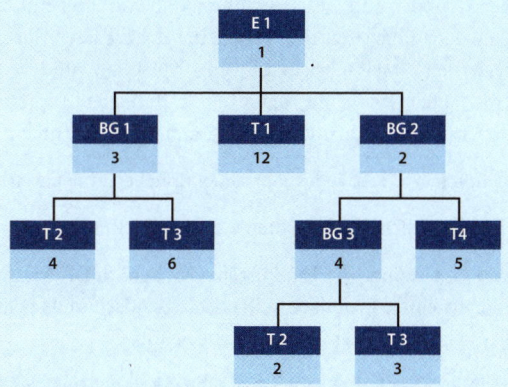

B

8   Marketing & Vertrieb (M&V)

Fallstudie bzw. Ausgangssituation zu allen Aufgaben:

Die *Skifuntech GmbH* ist ein Hersteller hochwertiger und trendiger Skier aus Oberstdorf im Allgäu. Das Unternehmen strebt nach hoher Produkt- und Prozessqualität und wurde 1997 von den beiden befreundeten Ingenieuren Joachim Huber & Nils Bernauer gegründet:

- Zu den Kunden zählen große Handelsketten, aber auch zahlreiche kleine und mittelgroße Sportgeschäfte (vorwiegend in Europa).

- Insgesamt hat das Unternehmen ca. 150 Mitarbeiter (davon 35 Vertriebsmitarbeiter).

- Die beiden Gründer und Geschäftsführer sind von ihrer Entscheidungskompetenz überzeugt und gerade der 5 Jahre ältere Joachim Huber lässt den Abteilungsleitern wenig Spielraum und vertritt einen strikt autoritären Führungsstil. Nils Bernauer plädiert für einen kooperativeren Führungsstil im gesamten Unternehmen.

- Für gewöhnlich kommen jedes Jahr neue Modelle auf den Markt.

- In allen Tests zur Sicherheit erhalten die Skier Bestnoten.

- In jüngster Zeit nimmt die Konkurrenz aus benachbarten Alpenländern zu, die einige Produkte weitgehend identisch und ebenfalls auf qualitativ hochwertigem Niveau fertigen können.

- Joachim Huber strebt eine möglichst schnelle Expansion des Vertriebs in die USA an. In den USA zählt das Label »Made in Germany« viel, jedoch ist dort die Konkurrenz trendiger Hersteller groß.

- Nils Bernauer sieht günstige Chancen eher in einer Ausdehnung des Sortiments auf Snowboards, Langlaufskier und Skibindungen. Teilweise fehlt hier das Expertenwissen. Es könnte aber zu vielen Synergieeffekten kommen.

Zeilenniveau
Verlag

8.1 Prüfungssimulation 1

(insgesamt 40 Punkte)

Situationsaufgabe 1

1. Zu lange hat sich die *Skifuntech GmbH* auf ihre Kernkompetenz verlassen – den Vertrieb hochwertiger Skier in Europa. Die zunehmende Konkurrenz bereitet große Sorgen und erfordert ein radikales Umdenken. Sie werden im Unternehmen damit beauftragt, mögliche alternative Strategien zu erarbeiten. **(Σ = 12 Punkte)**

   a) Stellen Sie unter Zuhilfenahme der Produkt-Markt-Matrix nach Ansoff mögliche Strategien des Unternehmens vor. Erläutern Sie, inwiefern die vier Strategien für die *Skifuntech GmbH* geeignet sind. **(8 Pt.)**

   b) Bevor wir uns endgültig für eine geeignete Strategie entscheiden können, bedarf es einer genauen Marktforschung. Erläutern Sie den Unterschied zwischen primärer und sekundärer Marktforschung und nennen Sie jeweils ein Beispiel. **(4 Pt.)**

2. Wenn sich die *Skifuntech GmbH* für eine neue Strategie entschieden hat, bedarf es geeigneter Werbemaßnahmen. In unserer Fallstudie gehen wir davon aus, dass sich die Geschäftsführung für eine Marktentwicklungsstrategie in den USA entschieden habe. **(Σ = 8 Punkte)**

   a) Erläutern Sie jeweils zwei geeignete Werbeträger und -mittel für eine Marktentwicklungsstrategie in den USA. **(4 Pt.)**

   b) Stellen Sie vier Elemente eines Werbeplans für die *Skifuntech GmbH* vor. **(4 Pt.)**

B

Situationsaufgabe 2

3. Für die anstehende Expansion des Unternehmens strebt die *Skifuntech GmbH* eine Umgestaltung der Vertriebsorganisation an. Bisher erfolgt die Einteilung des Vertriebs anhand der verschiedenen Absatzländer Deutschland, Österreich und Schweiz.   **(Σ = 12 Punkte)**

   a) Bestimmen Sie die bisherige Form der Vertriebsorganisation und ergänzen sie diese um zwei alternative Formen. Entscheiden Sie sich für eine Variante bei einer Ausdehnung des Sortiments um Snowboards, Skibindungen etc.   **(6 Pt.)**

   b) Die anstehende Expansion des Sortiments erfordert einen höheren Anspruch an die Außendienstmitarbeiter. Erläutern Sie drei verschiedene Möglichkeiten, die Außendienstmitarbeiter zu motivieren.   **(6 Pt.)**

4. Sofern die geplante Expansion der *Skifuntech GmbH* auf ein wesentlich breiteres Sortiment stattfindet, wird ein funktionierendes Vertriebscontrolling benötigt.   **(Σ = 8 Punkte)**

   a) Beschreiben Sie drei Vertriebskennzahlen, die zukünftig eingesetzt werden könnten.   **(4 Pt.)**

   b) Erläutern Sie im Hinblick auf die geplante Expansion der *Skifuntech GmbH* den Unterschied zwischen der strategischen und der operativen Absatzplanung.   **(4 Pt.)**

© 2020, Zeilenniveau Verlag GmbH

Zeilenniveau Verlag

8.2 Prüfungssimulation 2

(insgesamt 40 Punkte)

Situationsaufgabe 1

5. Zur Steigerung der Rentabilität werden in der Geschäftsführung der *Skifuntech GmbH* verschiedene Preisstrategien diskutiert. Neben Formen der Preisdifferenzierung stellt sich die Frage nach der Preisgestaltung bei der Einführung neuer Produkte. **(Σ = 8 Punkte)**

   a) Stellen Sie vier realisierbare Formen der Preisdifferenzierung für die *Skifuntech GmbH* vor. **(4 Pt.)**

   b) Die Einführung eines neuen hochwertigen Skis steht bevor. Sie sollen der Geschäftsführung nun eine Abwägung zwischen der *Penetrationsstrategie* und der *Skimmingstrategie* vorlegen. **(4 Pt.)**

6. Für den Vertrieb der *Skifuntech GmbH* in den USA wird der Einsatz von Handelsreisenden oder Handelsvertretern diskutiert. Es wird im ersten Jahr ein Umsatz von 1,2 Mio. $ erwartet. Langfristig wird ein deutlich höherer Umsatz (> 2 Mio. $) erwartet. **(Σ = 12 Punkte)**

   • Handelsreisende würden ein Monatsgehalt von 4.000 $ + 1 % Umsatzprovision erhalten.

   • Handelsvertreter würden hingegen eine Umsatzprovision von 3,5 % bekommen.

   a) Erläutern Sie anhand von 4 Aspekten den Unterschied zwischen Handelsreisenden und Handelsvertretern. **(4 Pt.)**

   b) Berechnen Sie die durchschnittlichen monatlichen Kosten für die beiden Varianten im 1. Jahr und treffen Sie eine begründete Entscheidung für das 1. Jahr. **(4 Pt.)**

   c) Ermitteln Sie anhand einer nachvollziehbaren Berechnung den jährlichen Umsatz, bei dem die Kosten der beiden Varianten gleich wären. **(3 Pt.)**

   d) Erläutern Sie, wen Sie langfristig vorziehen würden. **(1 Pt.)**

B

Situationsaufgabe 2

7. Nicht erst durch die mögliche Expansion in die USA wird sich die Geschäftsführung der *Skifuntech GmbH* der möglichen Probleme des Wettbewerbs- und Markenrechts bewusst. **(Σ = 10 Punkte)**

   a) Ein österreichischer Konkurrent behauptete unlängst in einem Inserat einer deutschen Fachzeitschrift, dass die Verletzungsgefahr mit unseren Skiern um 200 % größer sei, als mit den eigenen Fabrikaten. Nehmen Sie hierzu kritisch Stellung. **(4 Pt.)**

   b) Erläutern Sie drei Formen der gewerblichen Schutzrechte. **(6 Pt.)**

8. Es zeigt sich in zunehmendem Maße, wie wichtig eine enge Zusammenarbeit sowohl mit den gewerblichen Abnehmern als auch mit den Endverbrauchern ist. **(Σ = 10 Punkte)**

   a) Erläutern Sie die Zielsetzung des »Customer-Relationship-Managements (CRM)«. **(3 Pt.)**

   b) Stellen Sie die vier Stufen eines CRM-Systems vor. **(4 Pt.)**

   c) Erläutern Sie den Begriff »Multi-Channel-Sale« und nennen Sie jeweils einen Vor- und einen Nachteil. **(3 Pt.)**

© 2020, Zeilenniveau Verlag GmbH

Zeilenniveau Verlag

9 Führung & Zusammenarbeit (F&Z)

Fallstudie bzw. Ausgangssituation zu allen Aufgaben:

Die *KempELEK GmbH* ist ein innovativer Hersteller hochwertiger elektronischer Komponenten aus Kempten im Allgäu. Das Unternehmen strebt nach hoher Produkt- und Prozessqualität und wurde 1991 von zwei befreundeten Ingenieuren (Fachrichtung: Elektrotechnik) gegründet – Hajo Kemperer & Josef Veith:

- Zu den Kunden zählen zahlreiche mittelständische Automobilzulieferer im In- und Ausland (vorwiegend in Ostasien).

- Insgesamt hat das Unternehmen ca. 750 Mitarbeiter (davon 55 Vertriebsmitarbeiter im Ausland).

- Die beiden Gründer und Geschäftsführer sind von ihrer Entscheidungskompetenz überzeugt und gerade der 15 Jahre ältere Hajo Kemperer lässt den Abteilungsleitern wenig Spielraum und vertritt einen strikt autoritären Führungsstil. Josef Veith plädiert für einen kooperativeren Führungsstil im gesamten Unternehmen und versucht davon auch Hajo Kemperer zu überzeugen.

- In jüngster Zeit nimmt die Konkurrenz aus Ostasien zu, die einige Produkte weitgehend kopiert, jedoch günstiger produzieren kann.

- Insbesondere Hajo Kemperer strebt eine möglichst schnelle Expansion des Vertriebs nach Indien an. Mittel- bis langfristig soll dort auch produziert werden.

9.1 Prüfungssimulation 1

1. Die beiden Unternehmensgründer und -lenker Hajo Kemperer & Josef Veith sehen inzwischen durchaus die Probleme ihres autoritären Führungsstils. Folglich wollen sie den Führungsstil im Unternehmen ändern, um anhand eines verbesserten Betriebsklimas die Motivation der Mitarbeiter zu steigern. **(Σ = 10 Punkte)**

a) Erläutern Sie den grundlegenden Unterschied zwischen dem autoritären und kooperativen Führungsstil. **(2 Pt.)**

b) Wie in jedem anderen Unternehmen auch, dürfte es indessen Situationen geben, in denen einerseits der autoritäre und andererseits der kooperative Führungsstil vorzuziehen sind.

Erläutern Sie jeweils zwei typische Situationen, in denen die beiden Führungsstile geeigneter erscheinen. **(4 Pt.)**

Der ältere der beiden Unternehmensgründer – Hajo Kemperer – tut sich indessen mit dieser neumodischen Art des Einbezugs der Mitarbeiter in die Entscheidungen sehr schwer. Der 15 Jahre jüngere Josef Veith hebt die Vorteile des kooperativen Führungsstils hervor.

c) Erläutern Sie zwei Merkmale des hier vorliegenden Generationenkonflikts. Nennen Sie jeweils einen Vor- und Nachteil. **(4 Pt.)**

2. In Zukunft möchte die Führung der *KempELEK GmbH* die Personalentwicklung intensivieren. Zu diesem Zweck werden Führungskräfte aller Ebenen darin geschult, Personalbeurteilungen durchzuführen. Ihre Aufgabe ist die Durchführung der Schulungen. **(Σ = 10 Punkte)**

a) Nennen Sie ganz allgemein drei Gründe zur Durchführung von Personalbeurteilungen. Nennen Sie jeweils auch ein dazu passendes Ziel. **(3 Pt.)**

b) Beschreiben Sie fünf typische Beurteilungsfehler. **(5 Pt.)**

c) Erläutern Sie zwei Maßnahmen zur Reduzierung von Beurteilungsfehlern. **(2 Pt.)**

3. Die beiden Geschäftsführer betrachten Indien als einen der wichtigsten zukünftigen Märkte. Zu diesem Zweck findet ein Meeting der Geschäftsführer mit dem Vertriebsleiter A. Meyer statt. Diesen halten die beiden Geschäftsführer eher für zögerlich und mit zu wenig Durchsetzungsvermögen ausgestattet. Sie würden ihn lieber heute als morgen durch einen geeigneteren Kandidaten ersetzen.

Herr Meyer empfindet die großen Pläne der Unternehmensgründer oft als zu »auftrumpfend« und »angeberisch«. Er äußerst seine Bedenken, dass die personellen und finanziellen Kapazitäten noch

Zeilenniveau Verlag

durch die Expansion nach Ostasien arg strapaziert seien und die Markterschließung in Indien zudem aufgrund der kulturellen Besonderheiten nicht so einfach sei. Er nennt als Beispiele hierfür das Kastensystem, die vielen Sprachen/Dialekte und die religiösen Spannungen im Lande.

Hajo Kemperer entgegnet: »*Das mag stimmen. Wenn wir allerdings den Anschluss in diesem so wichtigen Markt der Zukunft versäumen, verspielen wir unsere Zukunft. Sie werden als Vertriebsleiter wohl in der Lage sein, Ihren Fokus und Ihre Kapazitäten auf mehrere Standorte zu verteilen. Das mag mehr Arbeit für Sie und Ihre Mitarbeiter bedeuten. Das erwarten wir aber auch von Ihnen.*«   **(Σ = 10 Punkte)**

a) Beschreiben Sie vier Konfliktarten, die sich im oben beschriebenen Meeting aufzeigen lassen.   **(4 Pt.)**

b) Erläutern Sie drei grundlegende Verhaltensmöglichkeiten, die sich für den Vertriebsleiter Herrn Meyer ergeben.   **(4 Pt.)**

c) Der Prozess der Konfliktbewältigung kann auch vorteilhaft sein. Erläutern Sie zwei mögliche Vorteile.   **(2 Pt.)**

4. Für die Markteinführung unserer Produkte im Zukunftsmarkt Indien soll eine Projektgruppe die nötigen Planungen durchführen. Da die Unternehmensführung sehr viel Wert auf diese Markteinführung legt, werden Sie beauftragt, ein Anforderungsprofil für einen möglichen Projektmanager zu erstellen. Anhand dieses Anforderungsprofils wird die Personalabteilung dann einen entsprechend geeigneten Kandidaten zu rekrutieren versuchen.   **(Σ = 10 Punkte)**

a) Entwerfen Sie ein Anforderungsprofil für den Projektleiter des Projekts »Planung der Markteinführung Indien«. Sie müssen dabei sieben verschiedene und klar nachvollziehbare Kriterien unter Zugrundelegung entsprechender Gewichtungsfaktoren verwenden.   **(7 Pt.)**

b) Beschreiben Sie drei Vorteile eines Anforderungsprofils für den Fachbereich Personal.   **(3 Pt.)**

(insgesamt 40 Punkte)

B

9.2 Prüfungssimulation 2

5. In jüngster Zeit kommt es zunehmend zu Beschwerden unserer Auszubildenden. Ihre Unzufriedenheit richtet sich einerseits gegen die Ausbilder, aber auch die Ausbildungsinhalte werden heftig kritisiert. Es werde ihrer Meinung nach zu wenig handlungsorientiertes Wissen vermittelt. Oftmals seien die Auszubildenden nur als Handlanger für einfachste Tätigkeiten gedacht (bspw. Ablage) und würden gar nicht die typischen Tätigkeiten des Ausbildungsberufs erlernen. Eine Folge dieser Versäumnisse zeigt sich in der geringen Bereitschaft der Auszubildenden, im Betrieb zu verbleiben. Da die Unternehmensführung die Personalentwicklung nachhaltig intensivieren möchte, werden Sie damit beauftragt, die Ausbilder entsprechend auf Ihren Auftrag hinzuweisen und zum Umdenken und zu anderem Handeln zu bewegen.   **(Σ = 10 Punkte)**

   a) Erläutern Sie zwei Anforderungen, die an die Eignung der Ausbilder in rechtlicher Hinsicht (laut BBiG) gestellt werden.   **(2 Pt.)**

   b) Gerade die bemängelte Handlungsorientierung unserer Auszubildenden bedarf einer Korrektur. Unterbreiten Sie zwei Vorschläge, wie Ausbilder selbständiges und handlungsorientiertes Arbeiten vermitteln können.   **(2 Pt.)**

   c) Zur Sicherung einer zukünftig hohen Qualität unserer beruflichen Ausbildung sollte schon am Einführungstag mit einem professionellen Einstieg begonnen werden. Erstellen Sie für den Einführungstag einen Ablaufplan mit sechs Punkten, an dem sich die Ausbilder künftig orientieren sollten.   **(6 Pt.)**

6. Nachdem die Personalführung der Stärkung der Handlungsorientierung der Ausbildung hohe Priorität zuweist, werden Sie beauftragt diesbezügliche Möglichkeiten zu erarbeiten.   **(Σ = 10 Punkte)**

   a) Erläutern Sie zwei Methoden, die der selbständigen Aneignung von Handlungskompetenzen des Auszubildenden dienen.   **(2 Pt.)**

   b) Erläutern Sie den Ablauf einer Unterweisung nach der Vier-Stufen-Methode.   **(8 Pt.)**

Zeilenniveau
Verlag   Z

7. Die Unternehmensführung zeigt ihre Unzufriedenheit mit der Situation der Ausbildung und erwartet schnellstmögliches Handeln. Zu diesem Zweck werden Sie beauftragt, die Moderation eines Treffens der Ausbildungsbeauftragten des Unternehmens zu übernehmen. Sie bereiten sich daher intensiv darauf vor. **(Σ = 10 Punkte)**

   a) Erläutern Sie die sechs Phasen des Moderationszyklus ausführlich. **(6 Pt.)**

   b) Nennen Sie für vier Phasen Ihrer Wahl jeweils eine geeignete Arbeitsmethode. **(4 Pt.)**

8. Die Personalführung hat beschlossen, kaufmännische Auszubildende regelmäßig Präsentationen selbständig vorbereiten und durchführen zu lassen. **(Σ = 10 Punkte)**

   a) Erläutern Sie unseren kaufmännischen Auszubildenden die Zielgruppenanalyse. Nennen Sie dabei 3 Merkmale. **(5 Pt.)**

   b) Beschreiben Sie die inhaltliche Vorbereitung auf eine Präsentation anhand des Fünf-Phasen-Modells. **(5 Pt.)**

(insgesamt 40 Punkte)

B

Finanzmathematische Faktoren

In IHK-Prüfungen und Formelsammlungen werden häufig entsprechende Tabellen gedruckt. Hier können dann die finanzmathematischen Faktoren herausgesucht und für die entsprechenden Rechnungen verwendet werden. Wie werden diese Tabellen nun verwendet? Zu Veranschaulichung berechnen wir für den Kapitalwert unseres Kopierers »L7750« in Höhe von 1.118,63 € die dazugehörige Annuität:

$$(6.22) \quad \text{Annuität} = \frac{\text{Kapitalwert}}{\text{BWF}}$$

❶ Zunächst benötigen wir den Zinssatz. Für 7,5 Prozent wählen wir die entsprechende Tabelle. ❷ Dann wählen wir den gesuchten Faktor aus – hier den Barwertfaktor (BWF) in der vierten Spalte. ❸ Schließlich benötigen wir noch die Laufzeit n. Bei 4 Jahren suchen wir demnach in der 4. Zeile und der 4. Spalte. Damit können wir aus der Tabelle den entsprechenden Wert herauslesen (BWF = 3,349326).

■ Finanzmath. Faktoren		7,50 % ❶	
n	q^n	$1/q^n$	BWF ❷
1	1,075000	0,930233	0,930233
2	1,155625	0,865333	1,795565
3	1,242297	0,804961	2,600526
4	1,335469	0,748801	3,349326 ❸
5	1,435629	0,696559	4,045885
6	1,543302	0,647962	4,693846
7	1,659049	0,602755	5,296601
8	1,783478	0,560702	5,857304
9	1,917239	0,521583	6,378887
10	2,061032	0,485194	6,864081

BWF $= 3,349326 \qquad \rightarrow$ lt. Tabelle bei p = 7,5 % und n = 4 Jahren

$$\text{Annuität} = \frac{1.118,63 \, €}{3,349326} = 333,99 \, €$$

© 2020, Zeilenniveau Verlag GmbH

Zeilenniveau
Verlag

Anhang C: Lösungen

5 Lösungen zu BM

5.1 Prüfungssimulation 1 (insgesamt 40 Punkte)

1. RSP 5.1.1   **(10 Punkte)**

a) Zu den Chancen zählen: (1) zunehmende Identifikation der Mitarbeiter mit dem Unternehmen, (2) steigendes Image, (3) Abgrenzung von Konkurrenten möglich. Gefahren: (1) unrealistisch, (2) dadurch demotivierend, (3) unglaubwürdig.

b) Mögliche Leitsätze könnten sein:

- Wir bieten unseren Kunden die innovativste Technologie am Markt an.

- Der Kunde mit seinem Qualitätsverständnis steht im Zentrum unseres Strebens.

- Es wird eine offene Führungskultur angestrebt. Jeder kann Ideen und Vorschläge einbringen.

- Ziel der Unternehmensleitung ist auch ein angenehmes und förderliches Betriebsklima für alle zu schaffen.

c) Zu den konkreten Zielen könnten zählen:

- Zur Sicherung der Technologieführerschaft werden jährlich 5 % des Umsatzes in Forschung und Entwicklung investiert.

- Es muss eine engere Zusammenarbeit zwischen der Fertigung und der Schnittstelle zu den Kunden – den Außendienstmitarbeitern stattfinden.

- Installation eines betrieblichen Vorschlagswesens.

- Wir minimieren die Fehler in der Fertigung durch Einführung eines konsequenten Qualitätsmanagements.

Zeilenniveau Verlag

C

2. RSP 5.4.2.3   (12 Punkte)

Die Gewichtung muss sinnvoll sein, die Benotung von der Richtung klar (hier: 1 ist schlecht, 5 ist sehr gut).

■		Strategie I		Strategie II		Strategie III	
Merkmal	Gewicht	Note	Wert	Note	Wert	Note	Wert
Investitionsvolumen	0,10	2	0,20	4	0,40	5	0,50
Vorlaufzeit	0,10	4	0,40	5	0,50	2	0,20
zusätzlicher Umsatz	0,35	5	1,75	1	0,35	3	1,05
Konkurrenz	0,25	1	0,25	3	0,75	5	1,25
Logistik	0,15	5	0,75	3	0,45	1	0,15
Wertung der Gründer	0,05	3	0,15	5	0,25	1	0,05
Gesamtnote	1,00	20	3,50	21	2,70	17	3,20

Zwar müssen nicht die exakt gleichen Ergebnisse herauskommen. Folgende Aspekte sollten berücksichtigt sein:

- Das Investitionsvolumen sollte unproblematisch sein, da keine neuen Investoren notwendig sind.

- Vorlaufzeit ist auch nicht so kritisch zu betrachten, da kein Fall allzu lange dauert.

- Sowohl der zusätzliche Umsatz als auch die Konkurrenzsituation sind als sehr bedeutsam einzuschätzen.

- Logistik etwas bedeutsamer, Einschätzung der Gründer nebensächlich.

Folglich müssten je nachdem Strategie I oder III herauskommen, aber nicht die von den Gründern bevorzugte Strategie II.

3. RSP 5.4.2.2   (11 Punkte)

a) Vorstellung von bspw. Brainstorming und Brainwriting.

b) Vorteile des Brainstormings: (1) in der Sammlung vieler Ideen, (2) in kurzer Zeit. Nachteile: (1) Es ist ungeeignet für komplexe Fragestellungen. (2) Zurückhaltende Teilnehmer kommen evtl.

Zeilenniveau
Verlag

nicht zu Wort. Die Antwort ist auch von der Lösung zu a) abhängig.

c) Der Einsatz von Kreativitätstechniken wäre bspw. in den folgenden Funktionsbereichen denkbar:

- Ziel Forschung & Entwicklung: Entwicklung neuer Produkte mit Technologievorsprung gegenüber den ostasiatischen Konkurrenten.

- Ziel Fertigung: Einsparung von Kosten im Fertigungsbereich.

- Ziel Vertrieb: bessere Marktdurchdringung unserer Außendienstmitarbeiter.

4. RSP 5.4.4   **(7 Punkte)**

a) Zu den Vor- und Nachteilen der internen Personalbeschaffung zählen:

Vorteile	Nachteile
• geringeres Risiko, da Bewerber bekannt sind	• eingeschränkte Auswahl an internen Bewerbern
• geringere Einarbeitungszeit, da der Bewerber das Unternehmen und dessen betrieblichen Abläufe kennt	• ggf. geringe Akzeptanz des Bewerbers als neuen Vorgesetzten der Mitarbeiter der Entwicklungsabteilung
• interne Aufstiegschancen wirken sich positiv auf die Motivation der Belegschaft aus	• Betriebsblindheit des internen Mitarbeiters

b) Zuerst sollte die Form berücksichtigt werden: Sauberkeit, Vollständigkeit. Hat der Bewerber einen lückenlosen Lebenslauf? Wie sieht es mit der Fachkompetenz laut Zeugnissen aus? Passt der Bewerber auf die vorgesehene Stelle? usw.

5.2 Prüfungssimulation 2

5. RSP 5.2.3   **(14 Punkte)**

a) Die SWOT-Analyse ermittelt die internen Stärken (Strengths) und Schwächen (Weaknesses) des Unternehmens, um daraus zusätzlich eine Strategie hinsichtlich möglicher externer Chancen (Opportunities) und Risiken/Gefahren (Threats) zu entwickeln.

b) Zu den internen Faktoren zählen: Qualifikation der Mitarbeiter, Finanzkraft, Image, Innovationsstärke. Externe Faktoren sind u. a.: technologischer Wandel, Gesetzgebung, Konkurrenten.

c) Eine Analyse könnte bspw. wie folgt aussehen:

	positiv	negativ
interne Faktoren	❶ Strengths = interne Stärken bspw. die Technologieführerschaft, hochqualifizierte Mitarbeiter	❷ Weaknesses = interne Schwächen bspw. Marktferne zu den Wachstumsmärkten in Ostasien
externe Faktoren	❸ Opportunities = ext. Gelegenheiten bspw. Konzentration auf Hochpreissegment	❹ Threats = ext. Bedrohungen bspw. wenn Technologievorsprung gegenüber China sinkt

(Perspektive — Einschätzung: positiv / negativ)

6. RSP 5.3.1   **(10 Punkte)**

a) Vorteile der Einführung von Wissensdatenbanken:

- schneller Zugriff auf relevante Informationen

- Wissen geht bei ausscheidenden Mitarbeitern (Rente, Tod, Kündigung usw.) nicht verloren – »das Wissen wird nicht in Rente geschickt«

- einfachere Einarbeitung für neue Mitarbeiter

- zielgerichtete Nutzung von Wissen anderer Mitarbeiter

© 2020, Zeilenniveau Verlag GmbH

Zeilenniveau Verlag

C

- Vernetzung des Wissens

b) Anwendungsbereich von Dokumentenmanagementsystemen:

- In einem Dokumentenmanagementsystem werden Dokumenten zentral gespeichert und es kann von Mitarbeitern mit entsprechenden Zugriffsrechten darauf zugegriffen werden.

- Dabei kann die Erstellung/Digitalisierung, Archivierung, Suche und Weiterleitung von Dokumenten einfach, schnell und kostengünstig erfolgen.

Zielsetzungen der Einführung von Dokumentenmanagementsystemen:

- Es werden die Kosten gesenkt gegenüber einer analogen Archivierung (bspw. Raum- und Personalkosten). Dem stehen die Kosten des Dokumentenmanagementsystems gegenüber, die aber regelmäßig geringer sein dürften.

- Die Zugriffszeiten auf die Dokumente verringern sich erheblich bzw. sind u. U. erst dadurch möglich (wenn es sich um weit entfernte Standorte handelt).

- Es wird eine einheitliche Archivierung im gesamten Unternehmen möglich, dies erleichtert die Suche bestimmter Dokumente.

c) Die internen Informationsquellen stellen Informationen aus dem Unternehmen selbst zur Verfügung. Hier wären bspw. das Warenwirtschaftssystem, Management-Informationssysteme, Unternehmenssoftware und allgemeine Betriebsstatistiken zu nennen.

C

7. RSP 5.4.2.3   (9 Punkte)

a) Es sollten nachvollziehbare Kriterien und Gewichte gewählt werden. Die Bewertung ist hingegen nicht notwendig.

■	Gewichtung		
Kriterien	niedrig	mittel	hoch
Führungserfahrung		x	
Projektleitungserfahrung			x
Flexibilität		x	
Teamfähigkeit			x
Organisationsgeschick			x
technisches Grundwissen	x		

b) Zu den Vorteilen zählen: (1) Abgleich von Anforderungen und Qualifikation der Bewerber. (2) Entscheidungen im Personalbereich werden objektiver und weniger von Sympathie geprägt. (3) Es führt zu standardisierten und transparenten Entscheidungen.

8. RSP 5.2.3   (7 Punkte)

a) Zu den Zielen der PE zählen: (1) Die Ausrichtung der Qualifizierung der Mitarbeiter an den aktuellen und prognostizierten betrieblichen Erfordernissen. (2) Ein höheres Qualifizierungsniveau der Mitarbeiter erhalten. (3) Die Fluktuationsrate senken/niedrig halten. (4) Erhöhung der Motivation der Mitarbeiter.

b) Job-Rotation: Als Vorteil gilt die höhere Motivation und Leistungsbereitschaft sowie die steigende Flexibilität und Übersicht der Mitarbeiter. Nachteilig sind die Einarbeitungszeit und deren Kosten sowie die entstehende Unruhe im Unternehmen.

Job-Enlargement: Vorteil: Motivation und Leistungsbereitschaft, besserer Überblick. Nachteile: Mehrarbeit mit steigender Belastung, Überforderung.

(insgesamt 40 Punkte)

© 2020, Zeilenniveau Verlag GmbH

Zeilenniveau
Verlag

6   Lösungen zu Finanzwirtschaft

6.1   Prüfungssimulation 1 (insgesamt 40 Punkte)

1. RSP 6.1.2.3   **(12 Punkte)**

a) Kapitalwert = – 53.955,19 €.

n	Einzahl.	Auszahl.	EZÜ	BW 7 %	BW 5 %
0		– 850.000	– 850.000	– 850.000,00	– 850.000,00
1	200.000	– 40.000	160.000	149.532,71	152.380,95
2	200.000	– 45.000	155.000	135.383,00	140.589,57
3	200.000	– 50.000	150.000	122.444,68	129.575,64
4	200.000	– 55.000	145.000	110.619,81	119.291,86
5	450.000	– 60.000	390.000	278.064,61	305.575,20
Σ	1.250.000	– 1.100.000	150.000	$C_0 = -53.955,19$	$C_0 = -2.586,77$

b) interner Zinsfuß (Dreisatz mit 7 % und 5 %) = 4,90 % (korrekter
ungerundeter Wert eigentlich: 4,9041546 %)

$$-53.955,19 \text{ €} - (-2.586,77 \text{ €}) = -51.368,42 \text{ €}$$

$$-51.368,42 \text{ €} \ \widehat{=}\ -2 \text{ %}$$

$$-53.955,19 \text{ €} \ \widehat{=}\ -x \text{ %}$$

$$-x \text{ %} = -2 \text{ %} \cdot \frac{-53.955,19 \text{ €}}{-51.368,42 \text{ €}} = -2,1 \text{ %}$$

$$\rightarrow \text{ interner Zinsfuß} = 7 \text{ %} - 2,1 \text{ %} = 4,9 \text{ %}$$

Tipp:

Es lässt sich auch dann ein interner Zinsfuß mit Dreisatz oder Regula
falsi berechnen, wenn zwei Zinssätze mit negativem Kapitalwert vorliegen.

c) Die maximal erlaubte Anfangsauszahlung für einen Kapitalwert
von 0 € ist einfach berechnet, indem wir von der gegebenen Anfangsauszahlung von –850.000 € den negativen Kapitalwert in
Höhe von 53.955,19 € abziehen. Folglich darf die Anfangsauszahlung nur maximal 796.044,81 € betragen.

C

2. RSP 6.3.4   **(12 Punkte)**

Zunächst berechnen wir den notwendigen Kredit, dann die Annuität und schließlich wird ein Zins-/Tilgungsplan erforderlich:

a) notwendiger Kredit = 200.000 €

Listenpreis		224.000
- Rabatt	12,50 %	28.000
Kapitalbedarf		(98 % =) 196.000
+ Disagio	2,00 %	4.000
Kreditbetrag		(100 % =) 200.000

b) Zur Berechnung der Annuität benötigen wir den Barwertfaktor (BWF):

(6.49) $\text{Annuität} = \dfrac{\text{Kreditsumme}}{\text{BWF}}$

(6.50) $\text{BWF} = \dfrac{q^n - 1}{q^n \cdot (q - 1)} = \dfrac{1,06^5 - 1}{1,06^5 \cdot (1,06 - 1)} = 4,212363786$

(6.51) $\text{Annuität} = \dfrac{\text{Kreditsumme}}{\text{BWF}} = \dfrac{200.000\,€}{4,212363786} = 47.479,28\,€$

Die Summe der Tilgungsbeträge sollte 200.000 € ergeben:

n	Anfangsschuld	Zins	Tilgung	Rate
1	200.000,00	12.000,00	35.479,28	47.479,28
2	164.520,72	9.871,24	37.608,04	47.479,28
3	126.912,68	7.614,76	39.864,52	47.479,28
4	87.048,16	5.222,89	42.256,39	47.479,28
5	44.791,77	2.687,51	44.791,77	47.479,28
Σ	–	37.396,40	200.000,00	**237.396,40**

c) Die gesamten Kreditkosten ergeben sich aus der Summe der Zinsen plus Disagio: 37.396,40 € + 4.000 € = 41.396,40 €.

Tipp:

Disagio ist der Prozentsatz eines Kredits, den die Bank einbehält. Der Kapitalbedarf entspricht somit nur 98 % des Kreditbetrags.

C

3. RSP 6.4.3 · **(12 Punkte)**

a) variabler PKVS für Hilfsstoffe $= \dfrac{4.800 \text{ €}}{1.200 \text{ Std.}} = 4$ €/Std. (= variabler PKVS)

Sollkosten = variabler PKVS · Istbeschäftigung + gepl. Fixkosten =

= 4 €/Std. · 1.400 Std. + 3.200 € = 8.800 €

VA = Sollkosten - Istkosten = 8.800 € - 8.500 € = + 300 € > 0 → Überdeckung

mögliche Ursachen: geringerer Ausschuss od. sinkende Beschaffungspreise

b) Plankostenverrechnungssatz $= \dfrac{84.000 \text{ €}}{1.200 \text{ Std.}} = 70$ €/Std. (= PKVS)

verrechnete Plankosten = PKVS · Istbeschäftigung =

= 70 €/Std. · 1.400 Std. = 98.000 €

variabler PKVS für K27 $= \dfrac{43.800 \text{ €}}{1.200 \text{ Std.}} = 36,50$ €/Std. (= variabler PKVS)

Sollkosten = variabler PKVS · Istbeschäftigung + gepl. Fixkosten =

= 36,50 €/Std. · 1.400 Std. + 40.200 € = 91.300 €

Beschäftigungsabweichung (BA) = verrechnete Plankosten - Sollkosten =

= 98.000 € - 91.300 € = + 6.700 € > 0 → Überdeckung

Ursache: Fixkostendegression, die Fixkosten verteilen sich auf eine

größere Beschäftigung

c) Gesamtabweichung (GA) = verrechnete Plankosten - Istkosten =

= 98.000 € - 85.000 € = + 13.000 € > 0 → Überdeckung

4. RSP 6.5.4 · **(4 Punkte)**

Zu den Unterscheidungskriterien zählen:

- Zeitraum: strategisch: langfristig, operativ: kurzfristig

- Ebene: strategisch: oberste Hierarchieebene, operativ: darunter

- Zahlenorientierung: strategisch: qualitativ, operativ: quantitativ

- Zielsetzung: strategisch: doing the right things; operativ: doing the things right

C

6.2 Prüfungssimulation 2

5. RSP 6.3.1.4   **(16 Punkte)**

a) Es ergeben sich die folgenden Ergebnisse:

(6.29) $\text{Eigenkapitalquote} = \dfrac{\text{Eigenkapital}}{\text{Gesamtkapital}} \cdot 100\,\% = \dfrac{125}{500} \cdot 100\,\% = 25\,\%$

(6.37) $\text{Liquidiät I} = \dfrac{(50 + 50)}{200} \cdot 100\,\% = 50\,\%$

(6.38) $\text{Liquidiät II} = \dfrac{(50 + 50 + 100)}{200} \cdot 100\,\% = 100\,\%$

(6.39) $\text{Liquidiät III} = \dfrac{(50 + 50 + 100 + 75)}{200} \cdot 100\,\% = 137{,}5\,\%$

(6.40) $\text{Working capital ratio in \%} = \dfrac{300}{200} \cdot 100\,\% = 150\,\%$

b) Die Antitrend AG verkauft einen Teil des Maschinenparks an die Finanzierungsgesellschaft. Da die Maschinen weiterhin genutzt werden sollen, least sie diese von der Finanzierungsgesellschaft zurück. Die Maschinen werden Eigentum des Leasinggebers. Der Leasingnehmer (die Antitrend AG) bleibt Besitzer des Maschinenparks. Der Leasinggeber zahlt den Kaufpreis und erhält in Zukunft die Leasingrate.

c) Zunächst verringert sich die Bilanzposition »Maschinen« um 10 Mio. €, die Position »Grundstücke« nimmt um 5 Mio. € zu. Somit vermindern sich das Anlagevermögen und damit auch die Bilanzsumme um 5 Mio. € auf 495 Mio. €. Die langfristigen Bankverbindlichkeiten bzw. Darlehen werden um 5 Mio. € gesenkt. Der Gewinn reduziert sich durch die jährlichen Leasingraten um 500 T€, im Gegenzug müssen aber 8 % von 5 Mio. = 400 T€ weniger Zinsen gezahlt werden, wodurch sich der Gewinn insgesamt um 100 T€ von +500 T€ auf +400 T€ verringert.

d) Zur kurzfristigen Erhöhung der Liquidität 1. Grades könnten kürzere Zahlungsziele für Kunden oder längere Zahlungsziele mit Lieferanten vereinbart werden. Zudem könnte nicht betriebsnotwendiges Anlagevermögen verkauft oder Anzahlungen von Kunden vereinbart werden.

Zeilenniveau Verlag

6. RSP 6.1.2.2   **(12 Punkte)**

Die Anlage II ist nur hinsichtlich der Kosten günstiger. b) Die kritische Menge hinsichtlich der Kosten liegt bei 1.540 St.

Statische Investitionsrech.	Anlage I	Anlage II
kalk. Abschreibungen (AfA)	40.000,00	25.000,00
kalk. Zinsen	24.000,00	12.000,00
restliche Fixkosten	150.000,00	100.000,00
Summe der Fixkosten	214.000,00	137.000,00
Summe der variablen Kosten	500.000,00	550.000,00
Gesamtkosten a)	714.000,00	687.000,00
Erlöse pro Jahr	750.000,00	700.000,00
Gewinn c)	36.000,00	13.000,00
Rentabilität mit Zinsen d)	20,00 %	16,67 %

7. RSP 6.3.1.4   **(10 Punkte)**

a) Es entsteht bei Anlage B ein Fertigungsengpass.

Zeitbedarf	Modern	Robust	Ruhig	Rüstzeit	Σ min	Σ Std.	Kapazität
Anlage A	25.000	12.000	6.000	500	43.500	725,0	< 750 Std.
Anlage B	20.000	20.000	9.000	600	49.600	826,7	> 500 Std.

b) Es ergibt sich folgendes optimales Fertigungsprogramm:

Produkte	db	Zeit B in min	db/min	relat. Rang	Mengen	Zeitbedarf in min.	DB
Modern	20 €	4 min	5 €	2.	1.350 St.	5.400	27.000 €
Robust	20 €	5 min	4 €	3.	3.000 St.	15.000	60.000 €
Ruhig	18 €	3 min	6 €	1.	3.000 St.	9.000	54.000 €
Summe						29.400	141.000 €

Tipp: Die Kapazität der Anlage B mit 500 Std. = 30.000 min muss um 2 mal 5 Std. bzw. 600 min Umrüstzeit reduziert werden (= 29.400 min).

8. RSP 6.5.1   **(2 Punkte)**

Zielen des Controllings zählen: 1. Grundlage für fundierte Unternehmensentscheidungen, 2. Entlastung und Unterstützung des Managements, 3. Einrichtung eines Frühwarnsystems und 4. Informationssystem für das Management.

C

7   Lösungen zu Logistik

7.1   Prüfungssimulation 1 (insgesamt 40 Punkte)

1. RSP 7.1.3.1   **(10 Punkte)**

a) Ein idealtypischer Ablauf des Beschaffungsprozesse könnte wie folgt aussehen:

- Beschaffungsstrategien unterscheiden und auswählen (bspw. Eigenfertigung vs. Fremdbezug)

- Bedarfsmengen berechnen: Welche Materialien und welche Mengen werden davon jeweils benötigt?

- Liefermengen ermitteln: Welche Liefermengen sind zu wählen?

- Lieferzeitpunkte festlegen: Zu welchen Zeitpunkten, Zeitintervallen sollen die Liefermengen angeliefert werden.

Tipp:

Grundsätzlich gilt, dass auch andere sinnvolle Lösungen gelten. Dies steht sogar häufig explizit in den Lösungshinweisen von IHK-Prüfungen.

b) 3 mögliche Beschaffungsstrategien:

- Einzelbeschaffung: Diese Form ist insbesondere bei der Einzelfertigung Standard. In unserem Fall bei seltenen oder einmaligen Spezialdrucken bei Sondermaterialien oder Sonderformaten. Hier ergibt Vorratshaltung keinen Sinn.

- Vorratsbeschaffung: Die resultierenden relativ großen Lagerbestände sind besonders bei stark schwankender Nachfrage sinnvoll. Dies wäre bspw. bei Papier in häufiger benutzten Spezialformaten denkbar.

- fertigungssynchrone Beschaffung: Ziel ist die Minimierung der Lagerbestände durch eine Angleichung der Liefermengen an die Verbrauchsmengen (Just-in-time-Lieferung). Dies ist insbesondere bei AX-Artikeln denkbar, die durch große Bedeutung (und damit hohen Lagerkosten) sowie guter Planbar-

Zeilenniveau Verlag

keit und geringen Verbrauchsschwankungen gekennzeichnet sind. Dies wäre bspw. bei Standardpapier in Standardformaten (DIN A4) oder Standardfarben denkbar.

Hinweis: Hier wird kein branchenspezifisches Wissen erwartet.

c) Bei beiden Varianten steht das Ziel der fertigungssynchronen Beschaffung im Vordergrund, um Lagerhaltungskosten zu senken. Bei beiden wird dabei das Material bedarfsgerecht angeliefert. Die »Just-in-sequence-Fertigung« ist dabei eine Weiterentwicklung der »Just-in-time-Fertigung«: Die Materialien werden nicht nur zeitgerecht, sondern auch noch zusätzlich in der richtigen Reihenfolge (Sequenz) geliefert.

2. RSP 7.4.3   **(6 Punkte)**

a) Das Kanban (Mehrbehältersystem) ist ein Pull-Prinzip zur verbrauchgesteuerten Materialbeschaffung mit Hilfe von Bestandskarten in den Transportbehältern des Fertigungsmaterials. Sofern eine bestimmte Menge unterschritten wird, erfolgt eine automatische Meldung zur Auffüllung der Bestände beim Lieferanten – ursprünglich mit Karten, heute mit EDV-Systemen.

b) Zu den Vorteilen zählen: (1) kurze Durchlaufzeiten des Materials, (2) nur kleine Puffer und damit geringe Kosten aufgrund von geringen Lagerbeständen, (3) geringe Kapitalbindung, (4) ungehemmter Materialfluss. Nachteile: (1) aufwendige Einführung und Aufrechterhaltung des Systems, (2) Einbindung des Lieferanten in das System erforderlich, (3) Gefahr des Wissensflusses über Lieferanten an Konkurrenten

3. RSP 7.3.5   **(4 Punkte)**

a) Für den Frachtbrief trägt die *FS Druck AG* als Absender die Verantwortung.

b) Die Angaben auf dem Frachtbrief sind für den Fahrzeugführer/ Frachtführer bindend. Somit musste der Fahrzeugführer die Ware, wie auf dem Frachtbrief vermerkt, an der Zweigniederlassung abliefern – sofern dies möglich ist.

C

4. RSP 7.1.1   **(8 Punkte)**

a) Zu den Funktionsbereichen der Logistik zählen:

- Beschaffungslogistik: Hier geht es um den Fluss des Materials und der Waren vom Lieferanten hin zum Lager.
- Lagerlogistik: Sie beschäftigt sich mit dem Material- und Warenfluss innerhalb der Lager und zwischen den Lagern.
- Fertigungslogistik (Produktionslogistik): Das Material und die Waren müssen den einzelnen Produktionsschritten zugewiesen sowie zwischen diesen transportiert werden.
- Distributionslogistik (Absatzlogistik): Die Fertigprodukte müssen zum Kunden gebracht werden.

b) Trends der Logistik:

- jahrzehntelanger Abbau der Grenzschranken, der Zölle und der nicht-tarifären Handelshemmnisse, inzwischen wieder Umkehrung des Trends (bspw. USA vs. VR China & Brexit)
- allgemein Wandel von Verkäufer- zu Käufermärkten
- Sättigungstendenzen bei bestimmten Märkten: Wechsel auch in aufstrebenden Volkswirtschaften zu Käufermärkten

c) Outsourcing steht ganz allgemein für die Auslagerung von Prozessen, Abteilungen oder Bereichen des Unternehmens an externe Unternehmen bzw. Dienstleister – sowohl national als auch international.

5. RSP 7.1.1   **(12 Punkte)**

a) Es besteht ein grundsätzlicher Zielkonflikt zwischen Lagerhaltungskosten einerseits und Bestellkosten andererseits. Die Lagerhaltungskosten steigen mit steigender Bestellmenge, während die Bestellkosten entsprechend sinken. Das Ziel ist diejenige Menge zu ermitteln, bei der die gesamten Kosten minimal sind.

b) Mit Hilfe der Andler-Formel erhält man als optimale Bestellmenge 30 Paletten. Somit müssen (750 St. ÷ 30 St./Bestellung =) 25 Bestellungen ausgelöst werden.

Zeilenniveau Verlag

$$(7.3)\quad x_{opt} = \sqrt{\frac{2 \cdot 750\,\text{St.} \cdot 27\,\text{€}}{0,15 \cdot 300\,\text{€/St.}}} = 30\,\text{St.}$$

C

c) Es ergibt sich ein Kostenvorteil von 1.624,50 €:

1. Fall: Optimale Bestellmenge je 30 St. = 25 Bestellungen

$$(7.5)\quad \text{Lagerkosten} = \frac{30\,\text{St.}}{2} \cdot 0,15 \cdot 300\,\text{€/St.} = 675\,\text{€}$$

(7.6) Bestellkosten = 25 Bestellungen $\cdot$ 27 €/Best. = 675 €

(7.7) Gesamtkosten = Lagerkosten + Bestellkosten = 1.350 €

2. Fall: 2 - monatliche Bestellung je 125 St. = 6 Bestellungen

$$(7.5)\quad \text{Lagerkosten} = \frac{125\,\text{St.}}{2} \cdot 0,15 \cdot 300\,\text{€/St.} = 2.812,50\,\text{€}$$

(7.6) Bestellkosten = 6 Bestellungen $\cdot$ 27 €/Best. = 162 €

(7.7) Gesamtkosten = Lagerkosten + Bestellkosten = 2.974,50 €

7.2 Prüfungssimulation 2 (insgesamt 40 Punkte)

6. RSP 7.5.1   **(10 Punkte)**

a) Ziel der verschiedenen Incoterms ist die Klärung folgender beider Aspekte: 1. Wer trägt die Transportkosten? 2. Wer ist verantwortlich für Schäden bzw. den Untergang der Waren?

b) Zu diesen Incoterms zählen:

- **FAS** (free alongside ship, frei Längsseite des Schiffs): Der Käufer trägt die Kosten und übernimmt das Risiko ab der Übergabe an den Frachtführer im Hafen. Der Name resultiert aus der Tatsache, dass Frachtschiffe längsschiffs gelöscht (= entladen) werden.

- **FOB** (free on board, frei an Bord): Der Käufer trägt die Kosten und übernimmt Risiko nach der Verladung auf das Schiff, d. h. die Verladung der Ware (Kosten und Risiko) zählt noch zu den Aufgaben des Verkäufers.

- **CIF** (cost, insurance, freight, Kosten, Versicherung und Fracht): Der Verkäufer trägt das Risiko und die Kosten bis zur Verschiffung und muss zusätzlich die Frachtkosten sowie die Kosten der Transportversicherung übernehmen.

c) Von Ravensburg nach Hamburg mit LKW und von dort mit Schiff nach Salalah/Oman.

Tipp:

Natürlich erwartet von Ihnen niemand (mit Verstand), dass Sie einen Atlas im Kopf gespeichert haben. Tatsächlich gab es mal eine ähnliche Aufgabe. Hier geht es nur um eine grundsätzliche Idee: zuerst Zug oder LKW, dann Schiff oder Flugzeug und danach evtl. wieder Zug oder LKW. Die genauen Orte sind nicht so entscheidend. Aber im Zweifelsfall sind der Binnenhafen Duisburg, der (Hochsee-) Hafen Hamburg und der Flughafen Frankfurt a. M. ausreichend. Im Ausland genügen im Zweifelsfall auch die Begriffe »Zielhafen« und »Zielort«.

7. RSP 7.1.2.2   **(12 Punkte)**

a) Single Sourcing: Vorteile: enge und partnerschaftliche Zusammenarbeit. Es dürften eher Preisnachlässe und Sonderkonditionen möglich sein. Der Lieferant dürfte flexibler und kurzfristiger auf unsere Wünsche eingehen. Zudem dürfte der Service besser sein. Nachteile: Abhängigkeit, bessere Preiskonditionen anderer Lieferanten können nicht genutzt werden.

b) Zu den Vor- und Nachteilen des Fremdbezugs:

Vorteile	Nachteile
• ggf. mehr Know-how beim externen Buchbinder	• längerfristige Abhängigkeit vom Lieferanten
• keine zusätzlichen und zukünftigen Investitionen erforderlich	• Verlust von Wissen im Unternehmen
• geringere Fertigungstiefe, Fokus auf Kernkompetenzen	• Weitergabe von spezifischem Wissen

c) Mögliche weitere Sourcingstrategien:

- National Sourcing, Global Sourcing: Da sich das Unternehmen bisher auf regionale Lieferanten konzentriert, könnte

C

zukünftig auch eine nationale oder globale Beschaffung in Betracht gezogen werden.

- Collective Sourcing: Die *FS Druck AG* könnte auch Einkaufsgemeinschaften mit anderen Druckereien gründen, um so günstiger an Materialien zu kommen.

8. RSP 7.1.2.1   (10 Punkte)

   a) Die *FS Druck AG* sollte sich für den Lieferanten M entscheiden (vgl. Tabelle).

   b) Nur die 2. Vorgabe wird erfüllt: 1. Der Gewinner ist um 6,85 % besser als der Zweitplatzierte. 2. Der Gewinner erhält 68,6 % der möglichen Punkte (> 65 %).

Nutzwertanalyse		Lieferant N		Lieferant M		Lieferant O	
Kriterium	Gew.	Note	Wert	Note	Wert	Note	Wert
Preis	0,30	9	2,70	5	1,50	7	2,10
Kontrollkosten	0,10	3	0,30	8	0,80	6	0,60
Qualität	0,24	3	0,72	10	2,40	7	1,68
Service	0,24	5	1,20	8	1,92	6	1,44
Flexibilität	0,12	8	0,96	2	0,24	5	0,60
Gesamtnote	1,00	28,00	5,88	33,00	6,86	31,00	6,42

9. RSP 7.1.3.2   (8 Punkte)

   a) und b) siehe Tabelle

Teile	a) Stückliste	b) Bruttobedarf	Lagerbestand	b) Nettobedarf
Nr.	für 1 St. E 1	für 100 St. E1	verfügbar	für 100 St. E1
T 1	12	1.200	350	850
T 2	28	2.800	550	2.250
T 3	42	4.200	925	3.275
T 4	10	1.000	650	350

8 Lösungen zu Marketing & Vertrieb

8.1 Prüfungssimulation 1

(insgesamt 40 Punkte)

Situationsaufgabe 1

1. RSP 8.1.3.1/2   **(12 Punkte)**

   a) Es ergeben sich mit Hilfe der Ansoff-Matrix die folgenden vier grundlegenden Strategien:

Markt / Produkt	alt bzw. vorhanden	neu
alt bzw. vorhanden	**1. Marktdurchdringung:** bspw. durch eine Niedrigpreisstrategie für Skier	**2. Marktentwicklung:** bspw. Erschließung des US-Marktes
neu	**3. Produktentwicklung:** bspw. Sortimentserweiterung (bspw. Snowboards)	**4. Diversifikation:** bspw. Snowboards im US-Markt

   zu 1. Marktdurchdringung: im Fall der *Skifuntech GmbH* eher unrealistisch. Das Unternehmen besetzt eine Nische. Der Massenmarkt für günstige Skier ist längst durch größere Konkurrenten besetzt. Besserer Service etc. bieten auch kaum Chancen, da sich diese Merkmale schon auf hohem Niveau befinden.

   zu 2. Marktentwicklung: Dies hängt ganz klar von der Konkurrenzsituation in den USA ab. Es dürfte durch das Qualitätslabel »Made in Germany« gerade aktuell ein großes Potenzial geben. Jedoch sind in den USA genügend trendige Konkurrenten auf dem Markt. Folglich muss der zukünftige Fokus neben Qualität verstärkt auf Optik und Trend liegen. Durch den größeren Absatzmarkt könnten die Stückkosten gesenkt werden (Fixkostendegression und sinkende Beschaffungskosten). Also eine durchaus chancenreiche, aber auch anspruchsvolle Aufgabe.

   zu 3. Produktentwicklung: Die Erweiterung des Sortiments um Snowboards, Langlaufskier etc. bietet natürlich ein großes Poten-

© 2020, Zeilenniveau Verlag GmbH

Zeilenniveau Verlag

C

zial. Vorteilhaft sind die Synergieeffekte bei der Herstellung von Skiern und Snowboards. Nachteilig sind das teilweise fehlende Know-how in unserem Unternehmen. Es müssten neue Mitarbeiter angeworben werden, was beim aktuellen Facharbeitermangel schwer fallen dürfte. Letztlich eine riskante Strategie.

zu 4. Diversifikation: In neue Märkte gehen und gleichzeitig neue Produkte zu entwickeln, überfordert unser kleines Unternehmen und ist undurchführbar.

b) Siehe folgende Tabelle:

Primärforschung	Sekundärforschung
Feldforschung (**field research**) durch erstmalige Ermittlung von Daten durch Befragungen, Interviews, Tests, Beobachtungen und Panels.	Verarbeitung vorhandener Daten: Statistisches Bundesamt, Verbände, Internet, Fachzeitschriften usw. (**desk research**)

2. RSP 8.2.5   **(8 Punkte)**

a) Es muss die enorme Streuwirkung der Werbung in den USA bedacht werden. Als Werbeträger/-mittel bieten sich die in der Tabelle genannten an. Die jeweilige Wahl sollte erläutert werden. Nicht sinnvoll wären bspw. Fernsehwerbung oder Werbung an Gebäuden aufgrund des zu großen Streukreises.

Werbeträger	Werbemittel
Zeitung, (Fach-) Zeitschriften: Ski-Fachzeitschriften	Inserate, Anzeigen
Internet: gerade in einem neuen Markt sinnvoll, da hier kostengünstig und gezielt mögliche Kunden angesprochen werden können	Weblinks, Anzeigen
Verkaufswerbung am Point of Sale direkt in Sportgeschäften - direkte Kundenansprache	Display, Plakate, Poster, Visitenkarten, Verkaufsgespräche

b) Zu den wesentlichen Elementen eines Werbeplans für die *Skifuntech GmbH* zählen bei der Markteinführung in den USA:

- Werbeziel: Produkteinführung, Gewinnung neuer Kunden in den USA.

C

- Werbeobjekt: die Produktgruppe Skier.
- Zielgruppe bzw. Streukreis: Endverbraucher (junge, zahlungskräftige Kunden).
- Werbebotschaft/-inhalt: qualitativ hochwertiges und trendiges Produkt (Skier) Made in Germany
- Werbegebiet: zunächst nur bestimmte Bundesstaaten mit Skigebieten bzw. via Internet landesweit.

Situationsaufgabe 2

3. RSP 8.3.1   **(12 Punkte)**

a) Zur Auswahl stehen grundsätzlich die folgenden Formen:

- Bisher handelt es sich um eine Regionalorganisation, die räumlich bzw. geografisch gegliedert ist.
- Funktionsbereiche des Vertriebs: Gliederung des Vertriebs nach Verrichtungen, die zusammengefasst werden, bspw. Werbung, Vertriebscontrolling, Produktpräsentation in Verkaufsräumen, Außendienst, Service und Auslieferung.
- Einteilung nach Produkten/Produktgruppen: Skier, Snowboards, Skibindungen etc.
- Es kann auch nach Kundengruppen geordnet werden (bspw. Privat-/Geschäftskunden, Key-Account-Management).
- Fazit: Bei einer geplanten Ausdehnung des Sortiments erscheint eine Produktorientierung sehr sinnvoll zu sein.

b) Es wird zwischen monetären und nicht-monetären Anreizen unterschieden:

- Umsatzprovision; Betriebsrenten
- Abschlussprämien bei der Neukundenakquisition;
- Zielvereinbarungen: Prämien bei bestimmten Umsatzzielen
- Verkaufs- und Produktschulungen
- Incentives (Anreize): Lob/Anerkennung, Karrierechancen eröffnen, gehobener Dienstwagen, Betriebskindergarten usw.

Zeilenniveau Verlag Z

C

4. RSP 8.3.2   **(8 Punkte)**

a) Zu den möglichen Vertriebskennzahlen zählen:

- Absatzmengen, Umsatz, Deckungsbeitrag und Gewinn je Verkaufsgebiet, je Filiale, je Produkt/Produktgruppe oder je Kunde oder Kundengruppe.

- Anzahl Neukunden (ggf. in Relation zum Gesamtbestand an Kunden).

- Auftragseingänge je Zeiteinheit (Jahr, Quartal, Monat).

- Kundenstruktur durch ABC-Kundenanalyse ermitteln, um A-Kunden zu fördern und ggf. C-Kunden herauszufiltern.

b) Die Absatzplanung ist ein Teil des Vertriebscontrollings und kann wie folgt unterteilt werden:

- Die strategische Absatzplanung ist langfristig ausgerichtet. Hier geht es darum, zu planen, welche Produkte/Produktgruppen (SGF) an welche Kunden/Kundengruppen in welchen Regionen verkauft werden sollen.

- Die operative Absatzplanung ist kurzfristig ausgerichtet und konkretisiert die strategische Planung durch bspw. Preispolitik bei den verschiedenen Produkten, Kunden und Regionen.

8.2 Prüfungssimulation 2 (insgesamt 40 Punkte)

Situationsaufgabe 1

5. RSP 8.2.3   **(8 Punkte)**

a) Folgende Formen der Preisdifferenzierung wären für die *Skifuntech GmbH* denkbar:

- mengenbezogene Preisdifferenzierung: Händler, die größere Mengen kaufen, erhalten einen Mengenrabatt.

- zeitliche Preisdifferenzierung: Es können je nach Haupt- oder Nebensaison unterschiedliche Preise angesetzt werden.

- räumliche Preisdifferenzierung: Es könnten bspw. bei Händlern in Norddeutschland höhere Preise angesetzt werden, da hier die Konkurrenz geringer sein dürfte.

- leistungsbezogene Preisdifferenzierung: Die Skier könnten weiter differenziert werden, um hochpreisige und günstigere Varianten anzubieten.

b) Für dieses Produkt ist eindeutig die Skimmingstrategie zu bevorzugen.

- Penetrationstrategie: Einführungsphase durch niedrige Preise. Schrittweise könnten in der Wachstumsphase die Preise erhöht werden. Da jedes Jahr neue Modelle auf den Markt kommen, ist diese Strategie nicht sinnvoll bzw. unrealistisch.

- Skimmingstrategie: Diese »Abschöpfungsstrategie« versucht durch hohe Preise in der Einführungsphase einen möglichst großen Gewinn zu Beginn abzuschöpfen, der Preis kann dann gesenkt werden, insbesondere bei Einführung des Folgemodells.

6. RSP 8.2.4   (12 Punkte)

a) Zu den Unterschieden vgl. folgende Tabelle:

Kriterium	Handelsreisender	Handelsvertreter
Stellung zum Hersteller	intern: angestellter Mitarbeiter	extern: selbstständiger Unternehmer
Spezialisierung	verkauft nur die Produkte des Herstellers	verkauft Produkte verschiedener Hersteller
Weisungsgebundenheit	ist weisungsgebunden	als Selbstständiger nicht weisungsgebunden
Entlohnung	fixes Gehalt (hohe Fixkosten) + Umsatzprovision	lediglich (höhere) Umsatzprovision (hohe variable Kosten)
Kosten: Vor-/Nachteile	Vorteil bei hohen Umsätzen, da geringe Provision. Nachteil bei geringen Umsätzen (wegen Fixums).	Vorteil bei geringen Umsätzen, da kein Fixum zu zahlen ist. Nachteil bei hohen Umsätzen, aufgrund hoher Provision.

Zeilenniveau Verlag

C

b) Handelsreisender = 4.000 \$ + 0,01 · 100.000 \$ = 5.000 €

Handelsvertreter = 0,035 · 100.000 \$ = 3.500 \$

Folglich ist der Handelsvertreter um 1.500 \$ günstiger!

c) 4.000 \$ + 0,01 · U = 0,035 · U

$\longleftrightarrow$ 4.000 \$ = 0,035 · U - 0,01 · U

$\longleftrightarrow$ 0,025 · U = 4.000 \$

$\longleftrightarrow$ U = 160.000 \$/Monat bzw. × 12 = 1.920.000 \$/Jahr

Folglich sind die Kosten bei 1.920.000 \$/Jahr gleich!

d) Bei einem erwarteten Umsatz von > 2 Mio. \$

ist der Handelsreisende langfristig vorzuziehen.

Situationsaufgabe 2

7. RSP 8.5.1/8.5.2   **(10 Punkte)**

a) Laut Angaben zur Fallstudie erhalten unsere Skier in allen Tests Bestnoten. Daher ist die Aussage des österreichischen Konkurrenten unwahr. Nach § 6 UWG darf eine vergleichende Werbung keine Unwahrheiten/Lügen beinhalten. In diesem Fall haben wir das Recht auf Unterlassung und Schadensersatz.

b) Zu den gewerblichen Schutzrechten zählen:

- Eine Marke ist die geschützte Bezeichnung von Produkten, Dienstleistungen und Unternehmen. Nach § 1 MarkenG werden Marken, geschäftliche Bezeichnungen und geografische Herkunftsangaben geschützt.

- Patente: Sofern eine herausragende technische Erfindung getätigt wird, kann diese beim Patentamt in München angemeldet werden (bzw. EU/international). Dadurch erhält der Patentinhaber das exklusive Verwertungsrecht seiner Erfindung für 20 Jahre.

- Gebrauchsmuster: Hierbei handelt es um das sogenannte »kleine Patent« für unbedeutende Neuerungen (Schutzdauer nur 10 Jahre).

- Geschmacksmuster: Sie dienen dem Schutz von Design.

C

8. RSP 8.3.1   **(10 Punkte)**

a) Ziel des Customer-Relationship-Managements (CRM) bzw. Kundenbindungsmanagements ist die langfristige Bindung des Kunden an das Unternehmen durch bspw. Servicemaßnahmen, kundenorientiertem/innovativem und individualisiertem Sortiment.

b) 4 Stufen bzw. Aufgaben eines CRM-Systems:

- Interessenten für unsere Produkte finden
- Interessenten zu Kunden machen
- Kunden zu begeistern
- begeisterte Kunden zu Stammkunden machen

c) Beim Multi-Channel-Sale werden die Produkte über mehrere Absatzwege gleichzeitig verkauft (bspw. Einzel-/Großhandel, Handelsvertreter usw.).

Vorteile	Nachteile
• größere Zielgruppe erreichbar • unterschiedliche Zielgruppen können angesprochen werden • Neuerungen können zunächst auf bestimmten Kanälen getestet werden • unterschiedliche Preise können zum Abschöpfen der Konsumentenrente genutzt werden	• bisweilen schwierige Abstimmung • klarer Fokus fehlt • Kannibalisierungseffekt der verschiedenen Kanäle • möglicherweise Imageverlust

9   Lösungen zu F&Z

9.1 Prüfungssimulation 1

(insgesamt 40 Punkte)

1. RSP 9.1.4.2   **(10 Punkte)**

   a) Autoritärer Führungsstil: Die Führungskraft entscheidet alleine und bezieht die Mitarbeiter nicht in die Entscheidungsprozesse mit ein. Kooperativer Führungsstil: Hier werden die Mitarbeiter aktiv in die Entscheidungsprozesse mit einbezogen. **(2 Pt.)**

   b) In Sicherheitsfragen (bspw. bei Unfallgefahr) oder dringenden Entscheidungssituationen (bspw. Auftragsannahme unter Zeitdruck) ist der autoritäre Führungsstil vorzuziehen, da schnellere Entscheidungen möglich sind. Der kooperative Führungsstil führt zu ausgewogeneren Entscheidungen, denn das Fachwissen mehrerer Personen fließt mit ein (bspw. bei der Entscheidung über die strategische Ausrichtung der Geschäftsfelder oder der Suche nach langfristigen Kapitalgebern). **(4 Pt.)**

   c) Der Generationenkonflikt ist durch Festhalten der »Alten« an bewährten Abläufen und dem Drang der »Jugend« nach Veränderung gekennzeichnet. Er zeigt sich aber auch in unterschiedlichen Werten. Die »Alten« legen Wert auf Traditionen, die »Jugend« auf Vielfalt. Vorteile des Generationenkonflikts: Es findet ein Konflikt zwischen Stabilität und Flexibilität statt. Da beides notwendig ist, sollte keines obsiegen. Nachteilig ist die Unsicherheit, die sich aus solchen Konflikten ergibt. Welche Seite wird sich durchsetzen? Das kann die Belegschaft lähmen. **(4 Pt.)**

2. RSP 9.2.2   **(10 Punkte)**

   a) Zu den Gründen (inkl. Zielen) zählen: (1) Potenzialanalyse: Ziel ist die Ermittlung des Potenzials der Mitarbeiter. (2) Entgeltüberprüfung: Werden die Mitarbeiter angemessen entlohnt? (3) regelmäßige Überprüfung: Diese Form findet sich insbesondere beim Management durch Zielvereinbarungen (MbO). (4) Zeugniserstellung: In diesem Fall ist eine Beurteilung erforderlich, um ein angemessenes Zeugnis erstellen zu können. **(3 Pt.)**

b) Typische Beurteilungsfehler sind bspw.:   **(5 Pt.)**

Fehler der Beurteilung	Beschreibung
1. Primäreffekt (Primacy-Effect)	Der erste Eindruck überwiegt andere Eigenschaften.
2. Halo-Effekt	Bestimmte Eigenschaften einer Person (bspw. Kleidungsstil) überstrahlen alle anderen Eigenschaften.
3. Klebeeffekt/Übernahmefehler	Der Mitarbeiter wird anhand vorheriger Beurteilungen beurteilt und kommt so nicht voran.
4. Sympathieeffekt	Sofern der Beurteilte sympathisch (unsympathisch) wirkt, wird er besser (schlechter) beurteilt.
5. Hierarchieeffekt	Mitarbeiter einer höheren Hierarchiestufe werden meistens besser beurteilt.
6. Tendenz zur Mitte	Der Beurteilende wählt vorwiegend mittlere Noten, um harte Entscheidungen zu umgehen.
7. Tendenz zur Milde/Strenge	Die Mitarbeiter werden zu gut (bzw. zu schlecht) bewertet.

c) Zu den Lösungsansätzen zählen bspw. (diese sollten jeweils kurz beschrieben werden):   **(2 Pt.)**

- Schulung der Beurteilenden

- einheitliche Beurteilungssysteme

- standardisierte Beurteilungsbögen

- Beurteilungsgrundsätze in Workshops erarbeiten

3. RSP 9.3.1/9.3.3   **(10 Punkte)**

a) Zu den Konfliktarten zählen: **(4 Pt.)**

- Zielkonflikte: Es bestehen unterschiedliche Zielsetzungen der Beteiligten. Herr Meyer möchte als Vertriebsleiter eine Überdehnung der finanziellen und personellen Kapazitäten vermeiden und strebt damit eine sichere Entwicklung an. Herr Kemperer strebt eine langfristige, aber auch riskante Expansion an.

Zeilenniveau Verlag

C

- Bewertungskonflikte: Herr Meyer ist nicht allzu optimistisch über die kurz-/mittelfristigen Chancen in Indien. Herr Kemperer stellt die Chancen des riesigen Marktes in Vordergrund.

- Verteilungskonflikte: Herr Meyer würde die Ressourcen gerne auf die aktuellen Absatzgebiete (Europa, Ostasien) konzentrieren. Herr Kemperer möchte eine Ausdehnung auf Südasien (Indien).

- Beziehungskonflikte: Die Unternehmensgründer sehen Herrn Meyer als Bremser und mit zu geringem Durchsetzungsvermögen. Herr Meyer hält diese wiederum für »angeberisch« und »auftrumpfend«. Es herrscht kein gegenseitiges Verständnis und wahrscheinlich auch keine Sympathie.

- Rollenkonflikte: Herr Kemperer zeigt sehr deutlich seine hierarchische Überlegenheit (»*Das erwarten wir auch von Ihnen*«).

b) Für Herrn Meyer stehen folgende Strategien der Konfliktbewältigung zur Auswahl: **(4 Pt.)**

- Anpassung: Sofern wenig Aussicht auf Erfolg besteht, kann er sich der Position der Gründer anpassen.

- Konfrontation: Sofern er sicher ist, die richtigen Argumente zu vertreten, kann er auch auf Konfrontation und damit Durchsetzung der eigenen Position setzen. Allerdings ist das bei seiner niedrigeren hierarchischen Position unrealistisch.

- Konfliktvermeidung: Es kann abwarten und damit vermeiden, den Konflikt offen auszutragen.

- Kompromiss: Es wird der kleinste gemeinsame Nenner für eine oberflächliche Lösung gewählt. Der eigentliche Konflikt ist häufig nicht gelöst.

- Kooperation: Gemeinsame Erarbeitung einer für beide Seiten tragbaren (dauerhaften) Lösung. So könnte er vorschlagen eine Projektgruppe zu bilden, die sich mit der möglichen Expansion auseinandersetzt.

C

c) Der Prozess der Konfliktbewältigung kann folgende Vorteile bieten: **(2 Pt.)**

- Problemlösung: Im Rahmen der Konfliktbewältigung werden ggf. die vorhandenen Probleme gelöst.

- Problembewusstsein: Erst durch Konflikte werden den Beteiligten bestimmte Probleme bewusst.

- Veränderungsbereitschaft: Bei Konflikten erkennen die Beteiligten häufig die Notwendigkeit zur Veränderung und sind dann erst bereit, diese umzusetzen.

4. RSP 9.4.3   **(10 Punkte)**

a) Für den Projektleiter wäre folgendes Anforderungsprofil denkbar: **(7 Pt.)**

Anforderungsprofil	Gewichtung (5 = hoch)				
Kriterium	1	2	3	4	5
Berufserfahrung				x	
technisches Fachwissen		x			
Sprachkenntnisse					x
Auslandserfahrung Asien				x	
interkulturelle Kompetenz					x
Organisationsfähigkeiten				x	
Führungsfähigkeiten			x		

Hinweis für den Korrektor: Auch andere nachvollziehbare Kriterien (bspw. Kommunikationsfähigkeit, Flexibilität) sind zu berücksichtigen.

b) Zu den Vorteilen eines Anforderungsprofils gehören: **(3 Pt.)**

- Es ist ein Abgleich mit dem Stärken-Schwächen-Profil der Bewerber möglich.

- Es sorgt für eine objektivere Beurteilung der Kandidaten.

- Es ist ein transparentes und standardisiertes Verfahren.

C

9.2 Prüfungssimulation 2 (insgesamt 40 Punkte)

5. RSP 9.5.3 / 9.5.4   **(10 Punkte)**

a) Folgende Anforderungen sollte ein Ausbildungsbeauftragter/
   Ausbilder nach § 28 BBiG erfüllen: **(2 Pt.)**

   - Er benötigt nach § 30 BBiG (1) eine entsprechende fach-
     liche Eignung. Demnach muss er die erforderlichen beruf-
     lichen Fertigkeiten, Kenntnisse und Fähigkeiten durch eine
     abgeschlossene Berufsausbildung in diesem Berufsfeld oder
     ein abgeschlossenes Hochschulstudium dieser Fachrichtung
     nachweisen können. Überdies ist eine angemessene Berufs-
     erfahrung in diesem Bereich erforderlich.

   - Zudem muss er auch persönlich geeignet sein (§ 29 BBiG).
     Diese persönliche Eignung liegt dann vor, wenn er sich nichts
     zuschulden kommen ließ, wie bspw. wiederholte oder schwe-
     re Verstöße gegen das BBiG oder das JArbSchG.

   Hinweis für den Korrektor: Eine Nennung der Paragrafen ist
   nicht notwendig.

b) Zu den Möglichkeiten, selbständiges Lernen handlungsorientiert
   zu vermitteln, zählen: **(2 Pt.)**

   - betriebliche Arbeitsaufgaben gestalten und entwickeln

   - Ausbildungsmethoden zielgruppengerecht auswählen

   - Fallbeispiele, Planspiele, Leittextmethode, Projekte

c) Ablaufplan für den Einführungstag der Auszubildenden: **(6 Pt.)**

   - persönlich den Auszubildenden pünktlich empfangen

   - Sicherheitsunterweisung und Räumlichkeiten zeigen

   - Mitarbeiter vorstellen

   - die erste Zeit der Ausbildung besprechen

   - die Erstellung der Ausbildungsnachweise erläutern

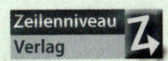

6. RSP 9.5.3 / 9.5.8   **(10 Punkte)**

a) Zu den Methoden der selbstständigen Aneignung von Handlungskompetenz zählen: **(2 Pt.)**

- Fallbeispiel: Die Fallbeispiele sind bereits ausgearbeitet und werden durch den Auszubildenden nur nachvollzogen.

- Planspiel: Methode zur praxisnahen Anwendung betrieblicher Prozesse durch Simulation von Situationen, in denen Entscheidungen getroffen werden müssen.

- Leittextmethode: Anhand von Leitfragen erarbeitet der Auszubildende selbstständig schrittweise den Lerninhalt.

b) Vier-Stufen-Methode: **(8 Pt.)**

Vier-Stufen-Methode	Erklärung
1. Vorbereitung	Der Ausbilder bereitet hier den Arbeitsplatz, die Tätigkeit sowie den Auszubildenden vor. Er erläutert das Ziel der Unterweisung und fragt den Auszubildenden nach Vorkenntnissen.
2. Vormachen und erklären	Der Ausbilder macht die Arbeitsschritte zur Erreichung des Lernziels vor. Er muss dabei die einzelnen Schritte erklären und auch den Grund hierfür. Fragen an den Auszubildenden führen zu einer interaktiven Vorführung mit größerem Lerneffekt.
3. Nachmachen und erklären lassen	Anschließend machen die Auszubildenden die Tätigkeit nach und erklären dabei ihr Vorgehen. Der Ausbilder muss beobachten und ggf. korrigierend eingreifen.
4. Üben	Damit der Lerninhalt gefestigt wird, übt der Auszubildende an weiteren Fällen/ Beispielen.

                    © 2020, Zeilenniveau Verlag GmbH   Zeilenniveau Verlag

C

7. RSP 9.6.2   **(10 Punkte)**

a) Die sechs Phasen sind: **(6 Pt.)**

- Einstieg: Diese Phase dient der Orientierung. Nach der Begrüßung und ggf. einer Vorstellungsrunde werden Ziele definiert und alle notwendigen Schritte unternommen um die Gruppenarbeit fortzuführen.

- Themensammlung: Nun werden durch verschiedene Methoden (bspw. Kartenabfrage) die relevanten Themen gesammelt, für die eine Lösung gesucht werden soll.

- Themenreihenfolge wählen (bzw. Gewichtung der Themen): Mit Hilfe der Mehrpunktabfragen sollte die Themenreihenfolge bestimmt werden.

- Bearbeitung der Themen nach Rangfolge: In Form von Kleingruppen und Miniworkshops werden die Themen bearbeitet.

- Planung und Abschluss: Die Arbeitsgruppen präsentieren ihre Ergebnisse. Die gesamte Arbeits-/Projektgruppe plant nun die weitere Vorgehensweise zur Lösung der Probleme gemeinsam. Zum Abschluss wird ein Fazit gezogen und es erfolgt die Verabschiedung.

- Nachbereitung: Der Moderator visualisiert die Ergebnisse und erstellt eine Dokumentation für die Gruppenmitglieder.

b) Es sind 4 mögliche Arbeitsmethoden zu nennen (teilweise schon im Text der Lösung zu a) genannt):   **(4 Pt.)**

Moderationszyklusphase	Arbeitsmethode
1. Einstieg	Vorstellungsrunde
2. Sammlung	Kartenabfrage
3. Reihung	Mehrpunktabfrage
4. Bearbeitung	Kleingruppenarbeit
5. Planung/Abschluss	Verabschiedungsrunde
6. Nachbereitung	Dokumentation

C

8. RSP 9.7.3   **(10 Punkte)**

a) In Abhängigkeit vom Ziel der Präsentation muss auch auf die Zielgruppe der Präsentation eingegangen werden. Sowohl die Zusammensetzung der Gruppe als auch deren Merkmale sind von Bedeutung. Zu den Merkmalen einer Zielgruppenanalyse zählen: **(5 Pt.)**

- Größe der Gruppe, Gemeinsamkeiten und Interesse

- Alter, Religion und Geschlecht

- Fachwissen und Berufserfahrung, Vorwissen zum Thema

b) Fünf-Phasen-Modell der inhaltlichen Vorbereitung auf eine Präsentation: **(5 Pt.)**

- Stoff sammeln und auflisten aller für das Thema und die Zielgruppe wichtigen Informationen.

- Sortieren der Informationen in Kategorien. Grundsätzlich gibt es meist unzählige Informationen, die es zu filtern gilt (Komprimierung).

- Gliederung der gefilterten Informationen zu einer sinnvollen Struktur.

- Überarbeitung und Visualisierung der gegliederten Informationen zur Übertragung in eine zielführende Präsentation.

- Notizen erstellen um in der Präsentation nicht den roten Faden und die einzelnen Aspekte zu verlieren bzw. zu vergessen. Zudem können kleine Ergänzungen notiert werden.

© 2020, Zeilenniveau Verlag GmbH

Zeilenniveau Verlag

Anhang D: Prüfungsstatistik

D

Die folgenden Seiten geben eine schnelle Übersicht über die abgefragten Themen der vergangenen DIHK-Prüfungen:

- Es sind alle Prüfungen Fj. 2009 bis He. 2019 berücksichtigt.

- Die Zuordnung der Fächer zu den beiden Situationsaufgaben können Sie der letzten Tabelle auf S. 493 entnehmen. Die Aufgaben werden den einzelnen Rahmenstoffplanpunkten zugeordnet und thematisch benannt.

- Zu jeder Aufgabe wird die Prüfungsrelevanz in 3 Stufen gemäß DIHK-Rahmenstoffplan (Taxonomie) mit Markern angegeben:

  - Die erste Stufe bezieht sich auf einfachen Lernstoff. Hier werden nur **Kenntnisse** in Form von Definitionen, Auflistungen usw. erwartet. Als Symbol dient die Diskette.

  - Die zweite Stufe bezieht sich *zusätzlich* auf das **Verständnis** von Zusammenhängen und komplexeren Sachverhalten und deren Erläuterung. Als Symbol dient der kreisende Pfeil.

  - Die dritte Stufe steht für gelerntes u. verstandenes Wissen, das *auch* in Form von Übungen und Rechnungen **Anwendung** findet. Als Symbol dient der Taschenrechner.

- Zur Veranschaulichung ein Fallbeispiel:

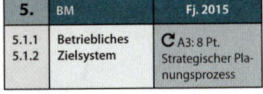

  - **Fach**: Betriebliches Management / **Zeitpunkt**: Frühjahr 2015

  - **Rahmstoffplan**: 5.1.1/2 Betriebliches Zielsystem

  - Situationsaufgabe 1 / **A3**: Aufgabe 3 mit 8 Punkten

  - **Thema**: Strategischer Planungsprozess

  - **DIHK-Taxonomie**: »Verständnis« ↻

Leitfaden zur Orientierung

Prüfungsstatistik für den HSQ-Teil der WFW mit 2 Prüfungen je 240 min. und je 100 Punkten in 5 Fächer: 5. Betriebliches Management (BM), 6. Finanzwirtschaft, 7. Logistik, 8. Marketing & Vertrieb und 9. Führung & Zusammenarbeit (F&Z).

IHK-Logik:

1. Wissen:

2. Verständnis:

3. Anwendung:

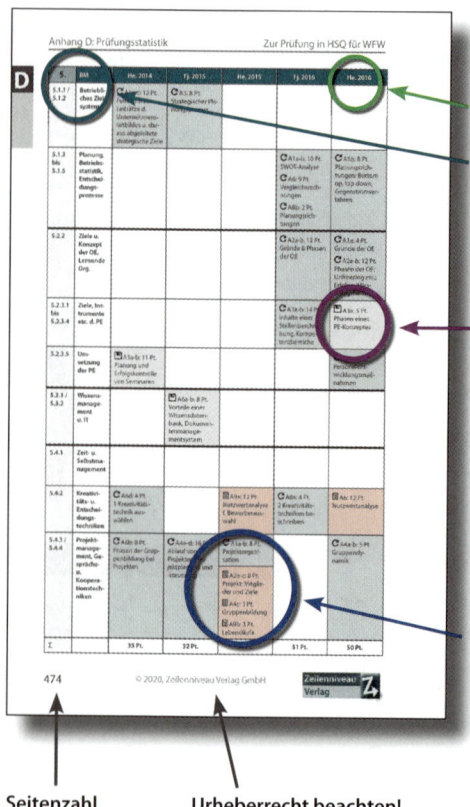

Termin: Herbst 2016

Fach:
5. BM = Betriebliches Management.

BM ist Teil der **Situationsaufgabe 1 (S1).**

Aufgabe: 3a

Punkte: 5

Thema: Phasen eines PE-Konzeptes

Häufung:

Manche Themenbereiche werden in einer Prüfung in mehr als 1 Aufgabe abgefragt.

Seitenzahl   **Urheberrecht beachten!**

IHK-Logik:

1. Wissen:

2. Verständnis:

3. Anwendung:

Fach: 9. F&Z
Rahmenstoffplanpunkte und
zugeordnete Themen

Häufung:

Manche Themenbe-
reiche werden in einer
Prüfung in mehr als 1
Aufgabe abgefragt.

Zusammenfassung:

S1 = BM + F&Z +
Marketing = 100 Pt.

S2 = Finanzwirt-
schaft + Logistik +
Vertrieb = 100 Pt.

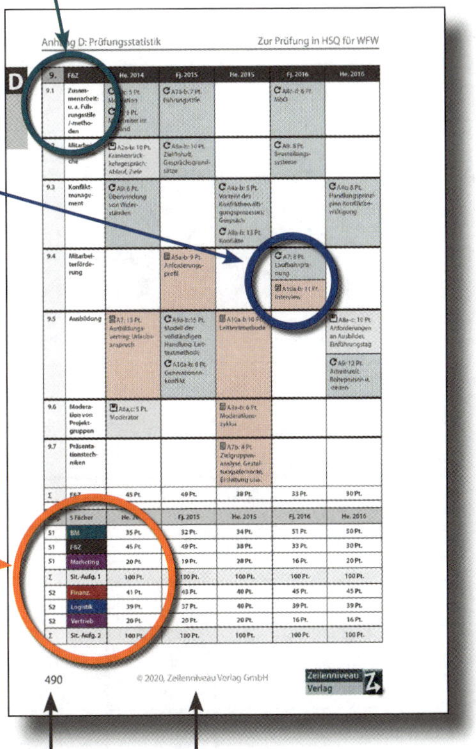

Seitenzahl   **Urheberrecht beachten!**

Zeilenniveau Verlag

5.	BM	Fj. 2009	He. 2009	Fj. 2010	He. 2010	Fj. 2011
5.1.1 / 5.1.2	Betriebliches Zielsystem		A5: 12 Pt. Grundsätze des Unternehmensleitbilds	A1a-b: 9 Pt. konkrete Ziele; mögliche Zielkonflikte u. komplementäre Ziele	A1a-b: 5 Pt. konkrete Ziele; mögliche Zielkonflikte u. komplementäre Ziele	
5.1.3 bis 5.1.5	Planung, Betriebsstatistik, Entscheidungsprozesse				A1c: 4 Pt. Erfahrungskurvenanalyse / A3c: 2 Pt. Planungsrichtungen: Bottom up, top down	A1a-b: 10 Pt. Stärken-/Schwächen-Analyse / A5a-b: 5 Pt. Benchmarking
5.2.2	Ziele u. Konzept der OE, Lernende Org.		A4: 10 Pt. Zertifizierung (steht nicht im RSP!)			
5.2.3.1 bis 5.2.3.4	Ziele, Instrumente etc. d. PE	A5a: 4 Pt. Ziele der PE	A1: 8 Pt. Inhalte einer Stellenbeschreibung		A2a: 4 Pt. Inhalte einer Stellenbeschreibung	A2a: 2 Pt. Ziele der PE
5.2.3.5	Umsetzung der PE	A5b: 6 Pt. Umsetzung durch konkrete PE-Maßnahmen	A2: 8 Pt. Job enrichment, Job rotation, Training-on/off-the-job			A2b-c: 7 Pt. Auswahl externer Seminaranbieter, ext./int. Bildungsmaßnah.
5.3.1 / 5.3.2	Wissensmanagement u. IT	A2a-b: 12 Pt. Informationsvorbehalt durch Vorgesetzte			A3a-b: 7 Pt. Vorteile einer Wissensdatenbank, Inhalte eines Lastenheftes	
5.4.1	Zeit- u. Selbstmanagement				A4: 6 Pt. 2 Zeitmanagementmethoden vorstellen	A9b: 4 Pt. Eisenhower-Prinzip u. Delegation
5.4.2	Kreativitäts- u. Entscheidungstechniken		A3a-c: 12 Pt. morphologischer Kasten; 3 Kreativitätstechniken vorstellen			A3a-b: 5 Pt. 3 Kreativitätstechniken / A4a-b: 10 Pt. Nutzwertanalyse vs. Entscheidungsmatrix
5.4.3 / 5.4.4	Projektmanagement, Gesprächs- u. Kooperationstechniken	A3a-b: 10 Pt. Vorteile u. Probleme der Projektarbeit	A9: 8 Pt. Phasen der Gruppenbildung bei Projekten	A4a-b: 8 Pt. Projektorganisation, -planung / A4c: 6 Pt. Widerstände / A5a-b: 8 Pt. Kommunikationsmodell nach Schulz von Thun	A2b: 8 Pt. Chancen/Risiken von Stabsstellen	
Σ		32 Pt.	58 Pt.	31 Pt.	36 Pt.	43 Pt.

© 2020, Zeilenniveau Verlag GmbH

Zeilenniveau Verlag

5.	He. 2011	Fj. 2012	He. 2012	Fj. 2013	He. 2013	Fj. 2014
5.1.1 / 5.1.2		A1a: 4 Pt. Ziele und deren Konkretisierung			A2: 8 Pt. Zielbildungsprozess	A3a-c: 12 Pt. Shareholder- vs. Stakeholder-Value-Ansatz
5.1.3 bis 5.1.5		A1b: 6 Pt. strategische u. operative Planung	A3a: 6 Pt. Benchmarking		A4a-b: 9 Pt. Kennzahlen und Prozess des Benchmarkings; A1: 9 Pt. Früherkennungssysteme	A4a-b: 7 Pt. Kennzahlen und Prozess des Benchmarkings
5.2.2	A2: 9 Pt. Phasen der OE: Unfreezing etc.	A3a-c: 15 Pt. Dezentralisation; Phasen d. OE, Widerstände, Ziele der LO				
5.2.3.1 bis 5.2.3.4			A1a: 6 Pt. Ziele der PE; A2: 9 Pt. Potenzialanalyse	A7a-b: 10 Pt. Stellenbeschr.; A8a-b: 9 Pt. PE-Maßnahmen		
5.2.3.5		A4a-b: 13 Pt. Personalentwicklungsmaßnahmen; Trainee-Programm	A1b-c: 11 Pt. Kriterien der Auswahl externer Anbiete; PE-Maßnahmen			
5.3.1 / 5.3.2				A2a-b: 7 Pt. Vorteile einer Wissensdatenbank, Inhalte eines Lastenheftes		A2a-c: 8 Pt. Wissensmanagement u. OE, Wissensdatenbank, Dokumentenmanagementsyst.
5.4.1				A3: 4 Pt. Zeitmanagementmethoden: Pareto-Prinzip, ALPEN-Methode		
5.4.2	A3c: 14 Pt. Nutzwertanalyse f. Bewerberauswahl	A2b: 3 Pt. Brainstorming – Ablauf	A4b: 5 Pt. morphologischer Kasten	A1c: 2 Pt. 2 Kreativitätstechniken beschreiben		A1a: 4 Pt. Vorteile von Kreativitätstechniken; A1b: 4 Pt. 6-3-5-Methode
5.4.3 / 5.4.4	A1a-b: 6 Pt. Verkaufsgespräch: Gesprächsleitfaden; A3a-b: 6 Pt. interne Stellenbesetzung; Bewerbungsunterlagen	A2a: 6 Pt. Aufgaben und Kompetenzen eines Moderators; A7b: 7 Pt. Definition und Phasen der Mediation	A3b-c: 10 Pt. Matrixorganisation	A2c-d: 8 Pt. Vorteile u. Probleme der Projektarbeit; Phasen der Gruppenbildung bei Projekten	A3a-c: 7 Pt. Vorteile der internen Stellenbesetzung; Verfahren zur Beurteilung interner Bewerber; Assessment-Center	
Σ	35 Pt.	54 Pt.	47 Pt.	40 Pt.	33 Pt.	35 Pt.

5.	BM	He. 2014	Fj. 2015	He. 2015	Fj. 2016	He. 2016
5.1.1 / 5.1.2	Betriebliches Zielsystem	A1a-c: 12 Pt. Funktionen, Leitsätze d. Unternehmensleitbildes u. daraus abgeleitete strategische Ziele	A3: 8 Pt. Strategischer Planungsprozess			
5.1.3 bis 5.1.5	Planung, Betriebsstatistik, Entscheidungsprozesse				A1a-b: 10 Pt. SWOT-Analyse; A6: 9 Pt. Vergleichsrechnungen; A8b: 2 Pt. Planungsrichtungen	A1b: 8 Pt. Planungsrichtungen: Bottom up, top down, Gegenstromverfahren
5.2.2	Ziele u. Konzept der OE, Lernende Org.				A2a-b: 12 Pt. Gründe & Phasen der OE	A1a: 4 Pt. Gründe der OE; A2a-b: 12 Pt. Phasen der OE: Unfreezing etc.; Erfolgs-/Misserfolgsfaktoren
5.2.3.1 bis 5.2.3.4	Ziele, Instrumente etc. d. PE				A3a-b: 14 Pt. Inhalte einer Stellenbeschreibung, Kompetenzbereiche	A3a: 5 Pt. Phasen eines PE-Konzeptes
5.2.3.5	Umsetzung der PE	A3a-b: 11 Pt. Planung und Erfolgskontrolle von Seminaren				A3b: 4 Pt. Personalentwicklungsmaßnahmen
5.3.1 / 5.3.2	Wissensmanagement u. IT		A6a-b: 8 Pt. Vorteile einer Wissensdatenbank, Dokumentenmanagementsystem			
5.4.1	Zeit- u. Selbstmanagement					
5.4.2	Kreativitäts- u. Entscheidungstechniken	A6d: 4 Pt. 1 Kreativitätstechnik auswählen		A9a: 12 Pt. Nutzwertanalyse f. Bewerberauswahl	A8a: 4 Pt. 2 Kreativitätstechniken beschreiben	A6: 12 Pt. Nutzwertanalyse
5.4.3 / 5.4.4	Projektmanagement, Gesprächs- u. Kooperationstechniken	A6b: 8 Pt. Phasen der Gruppenbildung bei Projekten	A4a-d: 16 Pt. Ablauf von Projekten, Projektplanung und -steuerung	A1a-b: 8 Pt. Projektorganisation; A2a-c: 8 Pt. Projekt: Mitglieder und Ziele; A4c: 3 Pt. Gruppenbildung; A9b: 3 Pt. Lebensläufe		A4a-b: 5 Pt. Gruppendynamik
Σ		35 Pt.	32 Pt.	34 Pt.	51 Pt.	50 Pt.

© 2020, Zeilenniveau Verlag GmbH

Zeilenniveau Verlag

5.	Fj. 2017	He. 2017	Fj. 2018	He. 2018	Fj. 2019	He. 2019
5.1.1 / 5.1.2					A1a-c: 9 Pt. strategische u. operative Ziele, Zielkonkurrenz	
5.1.3 bis 5.1.5	A1: 8 Pt. SWOT-Analyse A2a-b: 8 Pt. Weitere Instrumente der strategischen Analyse			A2a-c: 16 Pt. Kennzahlen und Prozess des Benchmarkings		
5.2.2			A6: 6 Pt. Synergieeffekte			
5.2.3.1 bis 5.2.3.4	A7: 6 Pt. Planungsphasen eines PE-Konzeptes	A2a-b: 18 Pt. Inhalte einer Stellenbeschreibung; Kompetenzbereiche				A1a-d:17 Pt. Ziele, Instrumente der PE
5.2.3.5		A3a-b: 10 Pt. Personalentwicklungsmaßnahmen	A5b: 6 Pt. PE-Trainingsmaßnahmen			A1e: 6 Pt. Maßnahmen der PE
5.3.1 / 5.3.2						
5.4.1			A9a-b: 11 Pt. Prinzipien/Fehler der Tagesplanung			
5.4.2	A3a-b: 7 Pt. Nutzwertanalyse			A3: 12 Pt. Nutzwertanalyse A6a-c: 8 Pt. FMEA	A2: 12 Pt. Kreativitätstechniken auswählen A3: 20 Pt. Nutzwertanalyse	
5.4.3 / 5.4.4	A6a: 8 Pt. Kommunikationsmodell nach Friedemann Schulz von Thun	A1a-b: 13 Pt. Def. Projekt und Projektorganisation	A1a: 6 Pt. Kommunikationskanäle der Bewerberauswahl A1b: 8 Pt. Bewerbungen analysieren A2a-b: 8 Pt. Vorstellungsgespräch			A7a-b: 12 Pt. Netzplantechnik
Σ	37 Pt.	41 Pt.	45 Pt.	36 Pt.	41 Pt.	35 Pt.

6.	Finanz.	Fj. 2009	He. 2009	Fj. 2010	He. 2010	Fj. 2011
6.1.1	Investition & Finanzierung					
6.1.2.1 6.1.2.2	Statische Investitionsrechnung	A1a-c: 14 Pt. statische Verfahren inkl. Kritik	A5a-c: 12 Pt. statische Verfahren		A2a-c: 10 Pt. statische Verfahren	
6.1.2.3 6.1.2.4	Dyn. Investitionsrechnung u. ND			A4a-b: 14 Pt. Kapitalwertmethode, interner Zinsfuß		A1a-b: 12 Pt. Kapitalwertmethode
6.2.1 6.2.2	Kapitalbedarfs- u. Finanzierungsplanung	A2a-c: 12 Pt. Rentabilitäten, Leverage-Effekt				A3a-c: 8 Pt. Rentabilitäten, Leverage-Effekt
6.2.3	Liquiditätsplanung		A6a+d: 4 Pt. div. Kennzahlen		A1a: 4 Pt. Liquidität vs. Finanzierung A1b: 6 Pt. Liquiditätsplan	A2a-b: 4 Pt. Liquiditätsgrade, Maßnahmen
6.3.3	Innenfinanzierung					
6.3.4	Außenfinanzierung		A6b-c: 4 Pt. Sale-and-lease-back-Verfahren	A1: 8 Pt. Vergleich Leasing vs. Kauf mit Kredit	A3: 4 Pt. Beteiligungsfinanzierung	A2c: 4 Pt. Lieferantenkredit
6.4.1	Deckungsbeitragsrechnung	A3a-d: 16 Pt. mehrstufige DBR		A2a-c: 10 Pt. Auslastung, opt. Fertigungsprogr.		
6.4.2	Normalkostenrechnung					A4a-b: 12 Pt. Kostenkontrolle im BAB
6.4.3	Plankostenrechnung		A4a-d: 12 Pt. Plankostenrechn.		A4a-c: 10 Pt. Plankostenrechn.	
6.4.4	Neuere Kostenrechnungssysteme					
6.5.1 bis 6.5.3	Ziele, Aufgaben etc. Controlling		A7a: 2 Pt. Aufgaben des Controllings	A3a-b: 10 Pt. Aufgaben/Berichte des Controllings		
6.5.4	Controllinginstrumente		A7b-c: 10 Pt. strategisches Controlling, Balanced Scorecard		A5a-b: 8 Pt. Portfolio-Analyse	
Σ		42 Pt.	44 Pt.	42 Pt.	42 Pt.	40 Pt.

© 2020, Zeilenniveau Verlag GmbH

Zeilenniveau Verlag

6.	He. 2011	Fj. 2012	He. 2012	Fj. 2013	He. 2013	Fj. 2014
6.1.1						
6.1.2.1 6.1.2.2				A2a-c: 10 Pt. statische Verfahren		
6.1.2.3 6.1.2.4	A2a-b: 10 Pt. Kapitalwert-, Annuitätenmethode	A4a-c: 12 Pt. Kapitalwert-, Annuitätenmethode	A2: 6 Pt. Annuitätenmethode		A4: 10 Pt. Ermittlung opt. ND	A3: 13 Pt. Kapitalwertmethode
6.2.1 6.2.2			A4a: 4 Pt. Ziele Finanzier. A1a-b: 6 Pt. Rentabilitäten, Leverage-Effekt	A4c: 3 Pt. Mezz. Kapital	A3a: 3 Pt. Ziele Finanzierung	
6.2.3					A3b-d: 9 Pt. vertikale u. horiz. Kennzahlen	
6.3.3		A1: 6 Pt. Kapazitätserweiterungseffekt				A4: 9 Pt. Formen der Innenfinanzierung
6.3.4	A3a-b: 10 Pt. Factoring		A4b: 6 Pt. Finanzierungsalternativen	A4a-b: 9 Pt. Annuitätendarlehen		
6.4.1		A3a-c: 12 Pt. Auslastung, opt. Fertigungsprogr.		A3a-c: 13 Pt. Fertigungsengpass, -programm	A2a-c: 9 Pt. mehrstufige DBR	
6.4.2		A2a-b: 12 Pt. Kostenträgerblatt	A3a-b: 15 Pt. Kostenträgerblatt			
6.4.3	A4a-c: 10 Pt. Plankostenrechn.				A1a-b: 10 Pt. Plankostenrechn.	A1a-d: 11 Pt. Plankostenrechn.
6.4.4						
6.5.1 bis 6.5.3	A1a: 6 Pt. Aufgaben des Controllings			A1a: 3 Pt. Aufgaben des Controllings		
6.5.4	A1b-c: 4 Pt. strat. vs. operatives Controlling; Balanced Scorecard		A5: 8 Pt. SWOT-Analyse	A1b: 3 Pt. strat. vs. operatives Controlling		A2a-b: 6 Pt. strat. vs. operatives Controlling; Balanced Scorecard
Σ	40 Pt.	42 Pt.	45 Pt.	41 Pt.	41 Pt.	39 Pt.

6.	Finanz.	He. 2014	Fj. 2015	He. 2015	Fj. 2016	He. 2016
6.1.1	Investition & Finanzierung					
6.1.2.1 6.1.2.2	Statische Investitionsrechnung					
6.1.2.3 6.1.2.4	Dyn. Investitionsrechnung u. ND	A4a-b: 10 Pt. Annuitätenmethode, Vergleich	A1a-b: 12 Pt. Kapitalwertmethode, interner Zinsfuß	A1a-b: 10 Pt. Kapitalwert-, Annuitätenmethode	A2a-c: 12 Pt. Kapitalwertmethode, interner Zinsfuß	A2a-b: 8 Pt. Kapitalwertmethode bei Darlehensvergleich
6.2.1 6.2.2	Kapitalbedarfs- u. Finanzierungsplanung		A2a-b: 13 Pt. Kreditsicherung		A1b: 4 Pt. Ziele Finanzierung	
6.2.3	Liquiditätsplanung				A1c: 6 Pt. Liquiditätsgrade	A3a-b: 13 Pt. Liquiditätsplan
6.3.3	Innenfinanzierung			A2b: 6 Pt. Formen der Innenfinanzierung		
6.3.4	Außenfinanzierung	A1: 10 Pt. Vergleich Leasing vs. Kauf mit Kredit		A2a: 4 Pt. Leasing		
6.4.1	Deckungsbeitragsrechnung	A2a-c: 10 Pt. BEP; Eigenfertigung vs. Fremdbezug		A3a-b: 10 Pt. mehrstufige DBR A4: 10 Pt. Kostensätze je km	A3a-b: 11 Pt. optimales Fertigungsprogramm	A1: 14 Pt. mehrstufige DBR A4a-c: 10 Pt. Eigenfertigung vs. Fremdbezug
6.4.2	Normalkostenrechnung				A4a-b: 9 Pt. Kostenträgerblatt	
6.4.3	Plankostenrechnung		A3a-b: 12 Pt. Plankostenrechn.			
6.4.4	Neuere Kostenrechnungssysteme					
6.5.1 bis 6.5.3	Ziele, Aufgaben etc. Controlling	A3a-b: 11 Pt. Ziele u. Aufgaben des Controllings			A1a: 3 Pt. Definition des Controllings	
6.5.4	Controllinginstrumente		A4a-b: 6 Pt. Bedeutung, SWOT-Analyse			
Σ		41 Pt.	43 Pt.	40 Pt.	45 Pt.	45 Pt.

© 2020, Zeilenniveau Verlag GmbH

Zeilenniveau Verlag

6.	Fj. 2017	He. 2017	Fj. 2018	He. 2018	Fj. 2019	He. 2019
6.1.1						
6.1.2.1 6.1.2.2	A1a: 6 Pt. Amortisations-rechnung C A1b: 4 Pt. Unterschiede der Verfahren	A4a-c: 14 Pt. statische Verfahren				A2a-c: 15 Pt. statische Verfahren
6.1.2.3 6.1.2.4			A1: 12 Pt. Kapitalwert-methode	A1a-c: 14 Pt. Kapitalwert-, Annuitätenme-thode	A1a-c: 14 Pt. optimale ND, Kritik	
6.2.1 6.2.2		A1a-d: 11 Pt. Rentabilitäten, Leverage-Effekt			A3a: 7 Pt. EK-Rentabilität, Leverage-Effekt	
6.2.3				A3a-c: 22 Pt. Liquiditätsgrade, Liquiditätsplan	A3b-c: 5 Pt. Kapitalstruktur; Risiken d. Dar-lehens	
6.3.3						
6.3.4	A2a-b: 8 Pt. Annuitätendar-lehen		A2a,c: 10 Pt. Darlehensvarian-ten, Leasing C A2b: 3 Pt. Rechte von Ge-sellschaftern			A1: 8 Pt. Annuitätendar-lehen
6.4.1		A2a: 6 Pt. Fremdbezug? A3a-c: 12 Pt. optimales Ferti-gungsprogramm				A4a-b: 8 Pt. einstufige DBR
6.4.2	A3a-b: 12 Pt. Kostenträger-blatt				A2a-b: 19 Pt. Kostenkontrolle im BAB	
6.4.3			A3a-b: 8 Pt. Plankostenrechn.			
6.4.4	C A4b: 6 Pt. Vorteile Prozess-kostenrechnung					
6.5.1 bis 6.5.3	C A4a: 8 Pt. Aufgaben des Controllings		C A4a-b: 12 Pt. Aufgaben des Controllings			A3a: 4 Pt. Aufgaben des Controllings
6.5.4				C A2: 8 Pt. Balanced Sco-recard		C A3b: 8 Pt. Instrumente des Controllings
Σ	44 Pt.	43 Pt.	45 Pt.	44 Pt.	45 Pt.	43 Pt.

7.	Logistik	Fj. 2009	He. 2009	Fj. 2010	He. 2010	Fj. 2011
7.1.1	Grundlagen der Logistik					
7.1.2	Einkaufsprozess, Sourcing Konzepte etc.	A4a-d: 20 Pt. Sourcing-Konzepte	A1a-b: 8 Pt. Lieferanten-/Angebotsauswahl	A6a-b: 7 Pt. Schema und Kritik Nutzwertanalyse	6a-c: 10 Pt. Sourcing-Konzepte A7a-b: 8 Pt. Nutzwertanalyse	
7.1.3	Beschaffungsprozess – Beschaffungsstrategien, Bedarfsrechnung etc.	A5a-b: 10 Pt. Ziele u. Abweichungen von der opt. Bestellmenge		A7a-b: 8 Pt. optimale Bestellmengen u. Kosteneinsparung A8a-b: 10 Pt. Beschaffungsstrategien		A8a-c: 12 Pt. Ziele u. Abweichungen/ Einflüsse von der/auf die opt. Bestellmenge
7.2.1	Materialwirtschaft		A8a-b,d:14 Pt. Eingangsprüfung A10a-c: 8 Pt. Mängel, Rügefristen u. Frachtbriefprüfung		A9a-b: 6 Pt. Mängel, Rügefristen	A7a-d: 12 Pt. Rechnungsprüfung
7.2.2	Lagerhaltung			A7c: 2 Pt. Lagerkennzahlen		
7.3.1 bis 7.3.4	Fertigung, Transport u. Verpackung		A9a-c: 8 Pt. Kostenvergleich: Eigen-/Fremdleistung		A8: 8 Pt. externe Transportwege	A6: 4 Pt. Europaletten
7.3.5	Verladung & Versand				A10a-b: 6 Pt. Ladungssicherung, Transportverpackung	A5: 7 Pt. div. Begriffe
7.3.6	Entsorgung	A6a-b: 10 Pt. Zielhierarchie und Gründe für Umweltschutz		A5a-c: 11 Pt. Ziele, Objekte der Entsorgungslogistik		
7.4	Rationalisierung		A8c: 3 Pt. Kanban-System			
7.5	Spezielle Rechtsaspekte					
Σ		40 Pt.	41 Pt.	38 Pt.	38 Pt.	35 Pt.

© 2020, Zeilenniveau Verlag GmbH

Zeilenniveau Verlag

7.	He. 2011	Fj. 2012	He. 2012	Fj. 2013	He. 2013	Fj. 2014
7.1.1			A7a-b: 6 Pt. Funktionsbereiche der Logistik		A6a-d: 12 Pt. Funktionsbereiche u. Outsourcing d. Logistik	
7.1.2	A8a-c: 12 Pt. Lieferantenauswahl u. Lieferantenmanagement	A6a-c: 9 Pt. Lieferantenauswahl u. Lieferantenmanagement	A9a-c: 9 Pt. Eigenfertigung vs. Fremdbezug			A6b: 6 Pt. Anzahl der Lieferanten; A7a-b: 8 Pt. Nutzwertanalyse
7.1.3		A7a-b: 8 Pt. optimale Bestellmengen u. Kosteneinsparung; A8a-b: 6 Pt. exponentielle Glättung	A6b: 2 Pt. Abweichungen von der opt. Bestellmenge; A8: 6 Pt. Beschaffungsstrategien	A5a-c: 8 Pt. Sicherheits-, Meldebestand, Bestellhäufigkeit; A7a-c: 10 Pt. optimale Bestellmengen u. Kosteneinsparung, Abweichungen		A5: 10 Pt. Bedarfs-,/Verbrauchssteuerung; A6a: 5 Pt. Ziel der Beschaffungsstrategien; A8a-b: 8 Pt. exponentielle Glättung
7.2.1			A10a-c: 10 Pt. Mängel, Frachtbrief		A7d: 2 Pt. Frist der Reklamation von Frachtschäden	
7.2.2	A5a-b: 7 Pt. Hochregallager		A6a: 4 Pt. Lagerkennzahlen	A8a-b: 12 Pt. Lagerkosten	A5: 6 Pt. Verbrauchsfolgeverfahren; A8a-b: 13 Pt. Lagerkennzahlen	
7.3.1 bis 7.3.4						
7.3.5	A7a-d: 11 Pt. Frachtbrief, Ladungssicherung	A9a-c: 8 Pt. Ladungssicherung			A7a-c: 7 Pt. Verantwortung Beladung, Ladungssicherung	
7.3.6				A9a-b: 7 Pt. Redistributionslogistik, Zielhierarchie, KrWG		
7.4						
7.5	A6a-c: 10 Pt. Incoterms	A5a-c: 10 Pt. Incoterms »EXW« und »CIF«		A6: 6 Pt. Incoterms		
Σ	40 Pt.	41 Pt.	37 Pt.	43 Pt.	40 Pt.	37 Pt.

D

7.	Logistik	He. 2014	Fj. 2015	He. 2015	Fj. 2016	He. 2016
7.1.1	Grundlagen der Logistik		📖 A5a-c: 12 Pt. Trends, Ziele d. Logistik, Funktionen der Distributionslogistik			
7.1.2	Einkaufsprozess, Sourcing Konzepte etc.	📊 A7a-c: 12 Pt. ABC-Analyse, XYZ-Analyse		↻ A5a-b: 8 Pt. Lieferantenauswahl ↻ A8a-b: 9 Pt. Lieferantenmanagement	📊 A7a-b: 12 Pt. Lieferantenauswahl, Nutzwertanalyse	📊 A7a-b: 8 Pt. Nutzwertanalyse
7.1.3	Beschaffungsprozess – Beschaffungsstrategien, Bedarfsrechnung etc.	📊 A8: 12 Pt. Gozintograph: Bedarfsermittlung	📊 A6a-d: 10 Pt. Gozintograph: Mengenstücklisten, Baukastenstücklisten, Nettobedarf 📊 A8a-b: 5 Pt. Sicherheits-, Meldebestand, Bestellhäufigkeit	↻ A6a-c: 12 Pt. Ziele u. Abweichungen/Einflüsse von der/auf die opt. Bestellmenge		📊 A8a-b: 8 Pt. exponentielle Glättung
7.2.1	Materialwirtschaft					📊 A5b: 4 Pt. Schaden, Rügefrist
7.2.2	Lagerhaltung					📊 A6a-b: 13 Pt. Lagerkennzahlen
7.3.1 bis 7.3.4	Fertigung, Transport u. Verpackung		📖 A7a-b: 10 Pt. Werkstatt- vs. Fließfertigung, Stetig-, Unstetigförderer			
7.3.5	Verladung & Versand	↻ A5a-b: 6 Pt. Ladungssicherung		↻ A7a-d: 11 Pt. Frachtbrief, Ladungssicherung	↻ A6b: 4 Pt. Ladungssicherung	📊 A5a: 6 Pt. Ablieferungshindernisse, Standgeld
7.3.6	Entsorgung					
7.4	Rationalisierung	📖 A6a-b: 9 Pt. Kanban-System			📊 A8a-b: 16 Pt. Versorgungssicherheit: Portfolioanalyse	
7.5	Spezielle Rechtsaspekte				↻ A6a,c: 7 Pt. Incoterms »EXW«	
Σ		39 Pt.	37 Pt.	40 Pt.	39 Pt.	39 Pt.

© 2020, Zeilenniveau Verlag GmbH

Zeilenniveau Verlag

7.	Fj. 2017	He. 2017	Fj. 2018	He. 2018	Fj. 2019	He. 2019
7.1.1					↻ A4a: 12 Pt. Outsourcing etc. der Logistik 📖 A4b: 4 Pt. Distributionslogistik	
7.1.2		↻ A5a-b: 10 Pt. Phasen des Einkaufsprozesses; Vor-/Nachteile des zentralen Einkaufs	📊 A5a-c: 12 Pt. Nutzwertwertanalyse			↻ A6a-c: 13 Pt. Sourcing: Lieferantenanzahl; Instrumente zur Lieferantenbeurteilung
7.1.3	📊 A6: 9 Pt. Ermittlung des Nettobedarfs ausgehend vom Bruttobedarf 📊 A7a-c: 14 Pt. optimale Bestellmenge u. Vorteilhaftigkeit, Praxisprobleme	📊 A6: 14 Pt. Gozintograph: Mengenstücklisten, Baukastenstücklisten, Nettobedarf		📊 A4a-b: 8 Pt. Nettobedarf, Sekundärbedarf	📊 A5b: 2 Pt. stochastische Bedarfsermittlung ↻ A6c: 2 Pt. Abweichung von der opt. Bestellmenge	
7.2.1			📊 A6a: 4 Pt. Rügefrist			📊 A7b: 4 Pt. Rügefrist
7.2.2	📊 A5a: 8 Pt. Lagerkennzahlen ↻ A5b-c: 4 Pt. Konsignationslager (Def./Vorteile) 📊 A8: 6 Pt. offene vs. versteckte Mängel			📊 A6a-b: 8 Pt. Lagerkennzahlen Verbesserungsmaßnahmen	📖 A4c: 3 Pt. Funktionen der Lagerhaltung 📊 A6a-b: 7 Pt. Lagerkennzahlen	📊 A8a: 4 Pt. Lagerkennzahlen ↻ A8b-c: 4 Pt. Lagerumschlagshäufigkeit erhöhen
7.3.1 bis 7.3.4			📊 A7a-e: 17 Pt. externer Transport: Eigentransport vs. Fremdfrachtführer	📖 A5a-c: 8 Pt. Fabriklayout, Werkstatt- vs. Reihenfertigung	📊 A5a: 6 Pt. Maschinenbelegungsplan	
7.3.5		↻ A8a-e: 10 Pt. Frachtbrief, Ladungssicherung	📊 A6b-c: 6 Pt. CMR (SZR), Ladungssicherung	↻ A7a-e: 11 Pt. Frachtbrief, Ladungssicherung		📊 A7a: 8 Pt. Anlieferungsprobleme
7.3.6						
7.4		↻ A2b: 7 Pt. Lean-Production			↻ A5c: 4 Pt. Wertstromanalyse	↻ A9a-b: 12 Pt. Zollrecht
7.5						
Σ	41 Pt.	41 Pt.	39 Pt.	35 Pt.	40 Pt.	45 Pt.

8.	M & V	Fj. 2009	He. 2009	Fj. 2010	He. 2010	Fj. 2011
8.1	Marketing-planung: Marketing-prozess, Ziele, Strategien	A8a-b: 14 Pt. Portfolio-Analyse				A6a-c: 10 Pt. Ansoff-Matrix mit Vor-/Nachteilen
8.2.1 8.2.2	Instrum. Produkt-politik		A6a-b: 8 Pt. Servicepolitik: Vorteile und Serviceangebote	A3b: 3 Pt. Serviceangebote im Investitionsgütermarketing	A6a-b: 7 Pt. Servicepolitik: Serviceangebote	
8.2.3	Preispolitik	A7a-b: 12 Pt. Preis-, Konditionenpolitik		A2a-b: 8 Pt. kosten-/konkurrenzorientierte Preisgestaltung	A5a-d: 12 Pt. Preisgestaltung und Preisnachlässe	
8.2.4	Distributionspolitik			A12a-b: 7 Pt. Handelsvertreter vs. -reisender	S2/A11a-b: 8 Pt. Distributionspolitik und direkte/indirekte Absatzwege	
8.2.5	Kommunikationspolitik		A7a-b: 12 Pt. Elemente des Werbeplan, Sponsoring	A3a: 4 Pt. Werbung etc. im Investitionsgütermarketing	A6c-d: 5 Pt. Public Relations	A7a-c: 10 Pt. Def. Kommunikationspolitik; Werbung: Werbeträger/-mittel
8.2.6	Marketing-Mix					
8.3.1	Vertriebs-organisation	A8a-b: 12 Pt. Voraussetzungen; Internetvertrieb	A2a-b: 6 Pt. Regionalorganisation; Handelsvertreter	A9: 6 Pt. Formen der Vertriebsschulungen	A12: 6 Pt. Formen der Vertriebsorganisation	A9a-b: 12 Pt. Vertriebsorganisation; A11a-b: 6 Pt. Verkaufsorgane
8.3.2	Vertriebs-controlling			A10: 6 Pt. Kennzahlen		
8.4	Außenhandel etc.					A10a-b: 7 Pt. Franchising
8.5.1	Wettbewerbsrecht		A3: 4 Pt. UWG		A13: 6 Pt. GWB	
8.5.2 8.5.3	Markenrecht etc.	A7: 6 Pt. Markenschutz	A2c: 5 Pt. Markenschutz	A11a-b: 8 Pt. Markenschutz		
Σ	Marketing I	26 Pt.	20 Pt.	22 Pt.	24 Pt.	20 Pt.
Σ	Vertrieb II	18 Pt.	15 Pt.	20 Pt.	20 Pt.	25 Pt.
Σ	Mark/Vertr	44 Pt.	35 Pt.	42 Pt.	44 Pt.	45 Pt.

Hinweise:

1. Die RSP-Punkte 8.1 und 8.2 sind für gewöhnlich der Situationsaufgabe 1 und die RSP-Punkte 8.3 bis 8.5 der Situationsaufgabe 2 zuzurechnen.

8.	He. 2011	Fj. 2012	He. 2012	Fj. 2013	He. 2013	Fj. 2014
8.1	C A4b: 5 Pt. Lebenszyklusphasen und Marketingmaßnahme	A5a: 5 Pt. Marketingziele / A6a: 4 Pt. Marktforschung: Primär-/Sekundärforschung	A4a: 5 Pt. Marktsegmentierung	A6: 8 Pt. Ansoff-Matrix	C A5a: 4 Pt. Push- und Pull-Strategie / A5b: 6 Pt. Ansoff-Matrix	A6a-b: 11 Pt. Produktlebenszyklus / A7a-b: 8 Pt. Portfolio-Analyse
8.2.1 8.2.2	C A4a: 9 Pt. Analysebereiche / A5b: 7 Pt. Markenstrategie		C A4d: 6 Pt. Produkteliminierung	C A4a-b: 8 Pt. Produktdifferenzierung u. -diversifikation		
8.2.3					C A6a-c: 11 Pt. Preisgestaltung; Preisdifferenzierung	
8.2.4	S2/A10a: 4 Pt. Absatzwege			A5a-c: 6 Pt. Handelsvertreter vs. -reisender / S2/A10a-b: 6 direkte Absatzwege		
8.2.5	A5a: 4 Pt. Grundsätze der Werbung	A6b: 5 Pt. verkaufsfördernde Maßnahmen	C A4c: 6 Pt. Elemente des Werbeplan			C A5a-b: 6 Pt. Kundenbefragung, Kundenbeziehungen verbessern
8.2.6		C A5b: 6 Pt. Marketingmix B2C vs. B2B				
8.3.1	A10b: 4 Pt. Formen der Vertriebsorganisation	C A10: 8 Pt. Maßnahmen zur Umsatzsteigerung	A11a-b: 12 Pt. Formen der Vertriebsorganisation; Motivation im Außendienst		A9a-b: 4 Pt. Verkaufsschul. / A10: 5 Pt. Regionalorgan.	A9a-b: 8 Pt. CRM
8.3.2		C A11a-c: 9 Pt. strat./operat. Vertriebscontr.				A11a: 5 Pt. Aufgaben des Vertriebscontrollings / C A11b: 4 Pt. Kennzahlen
8.4	A9a-b: 12 Pt. Franchising					A10a-b: 7 Pt. Exportgeschäfte
8.5.1				A11: 4 Pt. UWG vs. GWB	A11: 4 Pt. UWG	
8.5.2 8.5.3			A12a-b: 6 Pt. Markenschutz	A12: 6 Pt. gewerbliche Schutzrechte	A12: 6 Pt. Markenschutz	
Σ	25 Pt.	20 Pt.	17 Pt.	22 Pt.	21 Pt.	25 Pt.
Σ	20 Pt.	17 Pt.	18 Pt.	16 Pt.	19 Pt.	24 Pt.
Σ	45 Pt.	37 Pt.	35 Pt.	38 Pt.	40 Pt.	49 Pt.

2. Nur dann, wenn die Zuordnung in der Prüfung »falsch« war, wird dies durch S1 (bzw. S2) für Situationsaufgabe 1 (bzw. 2) ergänzt. Zudem werden diese Bereiche durch eine dunklere Farbe hinterlegt.

D

8.	M & V	He. 2014	Fj. 2015	He. 2015	Fj. 2016	He. 2016
8.1	Marketing-planung: Marketing-prozess, Ziele, Strategien	A4a-c: 10 Pt. Marktunter-suchungen, Ver-braucherpanels A5a-b: 10 Pt. Konkurrenz-analyse	A1: 8 Pt. Ansoff-Matrix A2a: 5 Pt. 5 Wettbewerbs-kräfte nach Porter	A6c: 4 Pt. E-Mail-Befragung	A4a-b: 8 Pt. Wettbewerbs-strategien	A5a-b: 10 Pt. Ansoff-Matrix
8.2.1 8.2.2	Instrum. Produkt-politik		A2b: 3 Pt. Servicepolitik: Serviceangebote	A6a: 4 Pt. Servicepolitik: Serviceangebote	A5: 8 Pt. Marketinginstru-mente der 4Ps	
8.2.3	Preispolitik		A2c: 3 Pt. konkurrenz-orientierte Preis-gestaltung	A5a-c: 8 Pt. Strategien der Preisgestaltung; Konditionen-politik		
8.2.4	Distributi-onspolitik			A6b: 4 Pt. Handelsvertreter vs. -reisender	S2/A5a-d: 14 Pt. Handelsvertreter vs. -reisender	
8.2.5	Kommu-nikations-politik			A7a: 8 Pt. Sponsoring		A7a-b: 10 Pt. kommunika-tionspolitische Instrumente im Vergleich; Werbeplan
8.2.6	Marke-ting-Mix					
8.3.1	Vertriebs-organisa-tion	A9a-b: 10 Pt. Multi-Chan-nel-Sale A10a-b: 10 Pt. Formen der Ver-triebsorganisa-tion; Stabstellen	A10a-b: 10 Pt. monetäre/ nicht-monetäre Motivationsan-reize im Außen-dienst	A9c: 3 Pt. Internetvertrieb		A9a-c: 16 Pt. Customer-Re-lationship-Ma-nagement
8.3.2	Vertriebs-controlling		A9a-b: 10 Pt. Kontrollvorschlä-ge; Kennzahlen	A9a-b: 9 Pt. Aufgabe u. Kenn-zahlen	A5e: 2 Pt. Kennzahlen	
8.4	Außenhan-del etc.			A10a-b: 8 Pt. Exportgeschäfte		
8.5.1	Wett-bewerbs-recht					
8.5.2 8.5.3	Marken-recht etc.					
Σ	Marketing I	20 Pt.	19 Pt.	28 Pt.	16 Pt.	20 Pt.
Σ	Vertrieb II	20 Pt.	20 Pt.	20 Pt.	16 Pt.	16 Pt.
Σ	Mark/Vertr	40 Pt.	39 Pt.	48 Pt.	32 Pt.	36 Pt.

486　　　　© 2020, Zeilenniveau Verlag GmbH　　　　Zeilenniveau Verlag

8.	Fj. 2017	He. 2017	Fj. 2018	He. 2018	Fj. 2019	He. 2019
8.1	A5a-b: 7 Pt. Marktuntersuchungen	A5a-b: 14 Pt. Portfolio-Analyse	A7b: 9 Pt. Ansoff-Matrix S2/A8b: 6 Pt. Ziele	A1: 12 Pt. Marketingkonzept	A5a-b: 13 Pt. Ansoff-Matrix A6: 10 Pt. Marketingplan	A6: 20 Pt. Marketingplan
8.2.1 8.2.2				A5a-b: 11 Pt. Servicepolitik: Kundendienst		
8.2.3		A6: 8 Pt. Preisgestaltung				
8.2.4	S2/A10a-b: 9 akquisitorische und physische Distributionspolitik					
8.2.5	A4a: 9 Pt. Werbung A10a-b: 13 Pt. Ziele/Maßnahm. des Ausbildungsmarketings		A7a: 6 Pt. Trends der Mediennutzung (Werbeträger) A8: 9 Pt. Instrumente			
8.2.6						
8.3.1	A9: 6 Pt. Maßnahmen zur Umsatzsteigerung	A7a: 8 Pt. Verkaufsorgane	A8a: 4 Pt. Bausteine Vertriebsorg. A8c: 6 Pt. Maßnahmen zur Umsatzsteigerung	A8a-d: 15 Pt. Formen der Vertriebsorganisation	A7a-b: 15 Pt. Key-Account-Management (KAM)	A5a-b: 12 Pt. Formen der Vertriebsorganisation
8.3.2	S1/A4b: 5 Pt. Messung der Kundenzufriedenheit	A7b: 8 Pt. Kennzahlen				
8.4						
8.5.1						
8.5.2 8.5.3				A9a-b: 6 Pt. Markenschutz		
Σ	34 Pt.	22 Pt.	24 Pt.	23 Pt.	23 Pt.	20 Pt.
Σ	15 Pt.	16 Pt.	16 Pt.	21 Pt.	15 Pt.	12 Pt.
Σ	49 Pt.	38 Pt.	40 Pt.	44 Pt.	38 Pt.	32 Pt.

D

9.	F&Z	Fj. 2009	He. 2009	Fj. 2010	He. 2010	Fj. 2011
9.1	Zusammenarbeit: u. a. Führungsstile /-methoden	A1a-c: 14 Pt. Anforderungen an Ziele (SMART), MbO, autoritärer vs. kooperativer Führungsstil		A6: 6 Pt. Inhalt MbO		A8a-b: 10 Pt. Motivation — A9a+c: 7 Pt. Management by Delegation
9.2	Mitarbeitergespräche	A6a-c: 17 Pt. Gründe u. Grundsätze v. Beurteilungen; Beurteilungsfehler		A8a-b: 13 Pt. Organisation, Ablauf des Kritikgesprächs	A7a-d: 16 Pt. Gesprächsgrundsätze; Ablauf, Beurteilungsfehler, Lösungsansätze — A9a: 3 Pt. Vorbereitung von Gesprächen	A11a-b: 9 Pt. Ablauf des Kritikgesprächs u. Fehler
9.3	Konfliktmanagement					
9.4	Mitarbeiterförderung			A7a-b: 8 Pt. Anforderungsprofil		
9.5	Ausbildung	A4a-b: 11 Pt. Einführungstag, Leittextmethode, Vier-Stufen-Methode	A10a-b: 10 Pt. Anforderungen an Ausbilder, Vermittlung	A9: 4 Pt. Anforderungen an Ausbilder — A10: 7 Pt. Vier-Stufen-Methode	A8a-c: 13 Pt. Anforderungen an Ausbilder, Ausbildungsordnung, Modell der vollständigen Handlung	A10a: 2 Pt. Verbundausbildung — A10b: 9 Pt. Leittextmethode, 4-Stufen-Meth.
9.6	Moderation von Projektgruppen			A11a-b: 9 Pt. Verhaltensgrundsätze d. Moderator; Moderationszyklus	A9b-c: 8 Pt. Verhalten von Gruppenmitgliedern, Visualisierung	
9.7	Präsentationstechniken		A8: 12 Pt. Zielgruppenanalyse, Gestaltungselemente, Einleitung, Hauptteil			
Σ	F&Z	42 Pt.	22 Pt.	47 Pt.	40 Pt.	37 Pt.

Zsfg.	5 Fächer	Fj. 2009	He. 2009	Fj. 2010	He. 2010	Fj. 2011
S1	BM	32 Pt.	58 Pt.	31 Pt.	36 Pt.	43 Pt.
S1	F&Z	42 Pt.	22 Pt.	47 Pt.	40 Pt.	37 Pt.
S1	Marketing	26 Pt.	20 Pt.	22 Pt.	24 Pt.	20 Pt.
Σ	Sit.-Aufg. 1	100 Pt.	100 Pt.	100 Pt.	100 Pt.	100 Pt.
S2	Finanz.	42 Pt.	44 Pt.	42 Pt.	42 Pt.	40 Pt.
S2	Logistik	40 Pt.	41 Pt.	38 Pt.	38 Pt.	35 Pt.
S2	Vertrieb	18 Pt.	15 Pt.	20 Pt.	20 Pt.	25 Pt.
Σ	Sit.-Aufg. 2	100 Pt.	100 Pt.	100 Pt.	100 Pt.	100 Pt.

© 2020, Zeilenniveau Verlag GmbH

Zeilenniveau Verlag

D

9.	He. 2011	Fj. 2012	He. 2012	Fj. 2013	He. 2013	Fj. 2014
9.1	A8a-b: 11 Pt. autoritärer Führungsstil, Management by Exception		A5: 6 Pt. Motivation / A6a-b,d: 8 Pt. Führungsstile u. Führungsmethoden	A10a-c: 14 Pt. Führungsdefizite (Johari-Fenster...)	A7a-b: 8 Pt. Führungsstile / A8a-b: 9 Pt. MbO inkl. Vorteilen	A10a-b: 7 Pt. Führungsstile
9.2		A9: 7 Pt. Beurteilungsformen	A7a-c: 10 Pt. Gründe; Beurteilungsfehler, Lösungsansätze		A9a-b: 13 Pt. Beurteilungsverfahren; Beurteilungsfehler	A9a-b: 8 Pt. Organisation u. Ablauf des MA-Gesprächs
9.3	A6a-b: 6 Pt. Gespräch, Vorteile des Konfliktbewältigungsprozesses	A7a: 6 Pt. Konfliktbewältigung	A6c: 4 Pt. Generationenkonflikt	A9a-b: 14 Pt. Konfliktarten, Konfliktvermeidung		A11a-b: 11 Pt. Konfliktursachen Konfliktbewältigung
9.4	A8c: 2 Pt. PE-Maßnahmen				A3d: 6 Pt. Potenzialanalyse	
9.5	A7a-b: 12 Pt. Verkürzung und Beendigung der Ausbildung	A8a-b: 9 Pt. Fragenkatalog Ausbildungsberufe, Verbundausbildung	A8a-c: 8 Pt. BBiG-/JArbSchG-Regelungen anwenden	A1a,d: 6 Pt. Anforderungen an Ausbilder, Einführungstag / A1b: 4 Pt. Lernmethoden	A10a: 2 Pt. Verkürzung der Ausbildung / A10b-c: 8 Pt. Anforderungen an Ausbilder	A8a-b: 14 Pt. Ausbildungsmethoden: u. a. Vier-Stufen-Methode
9.6		A2c: 4 Pt. Zusammensetzung von Arbeitsgruppen				
9.7	A9a-c: 9 Pt. Zielgruppenanalyse; inhaltliche u. org. Vorbereitung					
Σ	40 Pt.	26 Pt.	36 Pt.	38 Pt.	46 Pt.	40 Pt.

Zsfg.	He. 2011	Fj. 2012	He. 2012	Fj. 2013	He. 2013	Fj. 2014
S1	35 Pt.	54 Pt.	47 Pt.	40 Pt.	33 Pt.	35 Pt.
S1	40 Pt.	26 Pt.	36 Pt.	38 Pt.	46 Pt.	40 Pt.
S1	25 Pt.	20 Pt.	17 Pt.	22 Pt.	21 Pt.	25 Pt.
Σ	100 Pt.	100 Pt.	100 Pt.	100 Pt.	100 Pt.	100 Pt.
S2	40 Pt.	42 Pt.	45 Pt.	41 Pt.	41 Pt.	39 Pt.
S2	40 Pt.	41 Pt.	37 Pt.	43 Pt.	40 Pt.	37 Pt.
S2	20 Pt.	17 Pt.	18 Pt.	16 Pt.	19 Pt.	24 Pt.
Σ	100 Pt.	100 Pt.	100 Pt.	100 Pt.	100 Pt.	100 Pt.

D

9.	F&Z	He. 2014	Fj. 2015	He. 2015	Fj. 2016	He. 2016
9.1	Zusammenarbeit: u. a. Führungsstile /-methoden	℃ A2c: 5 Pt. Motivation ℃ A8: 6 Pt. Mitarbeiter im Ausland	℃ A7a-b: 7 Pt. Führungsstile		℃ A8c-d: 6 Pt. MbO	
9.2	Mitarbeitergespräche	🖫 A2a-b: 10 Pt. Krankenrückkehrgespräch: Ablauf, Ziele	℃ A8a-b: 10 Pt. Ziel/Inhalt, Gesprächsgrundsätze		℃ A9: 8 Pt. Beurteilungssysteme	
9.3	Konfliktmanagement	℃ A9: 6 Pt. Überwindung von Widerständen		℃ A4a-b: 5 Pt. Vorteile des Konfliktbewältigungsprozesses; Gespräch ℃ A8a-b: 13 Pt. Konflikte		℃ A4c: 8 Pt. Handlungsprinzipien Konfliktbewältigung
9.4	Mitarbeiterförderung		📊 A5a-b: 9 Pt. Anforderungsprofil		℃ A7: 8 Pt. Laufbahnplanung 📊 A10a-b: 11 Pt. Interview	
9.5	Ausbildung	📊 A7: 13 Pt. Ausbildungsvertrag; Urlaubsanspruch	℃ A9a-b:15 Pt. Modell der vollständigen Handlung. Leittextmethode ℃ A10a-b: 8 Pt. Generationenkonflikt	📊 A10a-b:10 Pt. Leittextmethode		🖫 A8a-c: 10 Pt. Anforderungen an Ausbilder, Einführungstag ℃ A9: 12 Pt. Arbeitszeit, Ruhepausen u. -zeiten
9.6	Moderation von Projektgruppen	🖫 A6a,c: 5 Pt. Moderator		📊 A3a-b: 6 Pt. Moderationszyklus		
9.7	Präsentationstechniken			📊 A7b: 4 Pt. Zielgruppenanalyse, Gestaltungselemente, Einleitung usw.		
Σ	F&Z	45 Pt.	49 Pt.	38 Pt.	33 Pt.	30 Pt.

Zsfg.	5 Fächer	He. 2014	Fj. 2015	He. 2015	Fj. 2016	He. 2016
S1	BM	35 Pt.	32 Pt.	34 Pt.	51 Pt.	50 Pt.
S1	F&Z	45 Pt.	49 Pt.	38 Pt.	33 Pt.	30 Pt.
S1	Marketing	20 Pt.	19 Pt.	28 Pt.	16 Pt.	20 Pt.
Σ	Sit.-Aufg. 1	100 Pt.	100 Pt.	100 Pt.	100 Pt.	100 Pt.
S2	Finanz.	41 Pt.	43 Pt.	40 Pt.	45 Pt.	45 Pt.
S2	Logistik	39 Pt.	37 Pt.	40 Pt.	39 Pt.	39 Pt.
S2	Vertrieb	20 Pt.	20 Pt.	20 Pt.	16 Pt.	16 Pt.
Σ	Sit.-Aufg. 2	100 Pt.	100 Pt.	100 Pt.	100 Pt.	100 Pt.

Zeilenniveau Verlag

9.	Fj. 2017	He. 2017	Fj. 2018	He. 2018	Fj. 2019	He. 2019
9.1						
9.2		↻ A4a-b: 19 Pt. Fragenkatalog; Ablauf				📖 A3a-b: 10 Pt. Beobachtungsfehler
9.3	↻ A6b-c: 6 Pt. Konfliktarten; Konfliktstrategien			↻ A4b: 6 Pt. Überwindung von Widerständen	↻ A4: 16 Pt. Konfliktvermeidung	
9.4			↻ A3a-b: 14 Pt. Methoden einer Potenzialanalyse			↻ A2: 12 Pt. Methoden einer Potenzialanalyse
9.5	↻ A9a-b: 8 Pt. Vorteile/Probleme d. Einsatzes älterer MA	🖵 A7a-b:10 Pt. Rollenspiel; 📖 A8a-b: 8 Pt. Zeugnis für Auszubildende	📖 A4a-c: 15 Pt. Anforderungen an Ausbilder, BBiG und Ausbildungsplan; 📖 A5a: 2 Pt. Weiterbeschäftigung der Auszubildenden	📖 A7a-c: 6 Pt. Anforderungen an Ausbildungsbetrieb, Verbundausbildung; ↻ A8a-c: 19 Pt. Ausbildungsort, Anlässe, Anforderungen an Ausbilder	↻ A7a-d: 20 Pt. Ausbildung: Externenprüfung, Vorbereitung, Ausbildungseignung, Rolle des Ausbilders	📖 A4a-e: 12 Pt. AEVO, AdA, Anforderungen an Ausbildungsbetrieb; ↻ A5a-b: 11 Pt. Ablaufplan 1. Ausbildungstag; Elemente der Probezeit
9.6	🖵 A8a-b: 15 Pt. Moderationszyklus, Verhalten Gruppenmitgl.			↻ A4a: 10 Pt. Zusammensetzung von Projektteams		
9.7						
Σ	29 Pt.	37 Pt.	31 Pt.	41 Pt.	36 Pt.	45 Pt.

Zsfg.	Fj. 2017	He. 2017	Fj. 2018	He. 2018	Fj. 2019	He. 2019
S1	37 Pt.	41 Pt.	45 Pt.	36 Pt.	41 Pt.	35 Pt.
S1	29 Pt.	37 Pt.	31 Pt.	41 Pt.	36 Pt.	45 Pt.
S1	34 Pt.	22 Pt.	24 Pt.	23 Pt.	23 Pt.	20 Pt.
Σ	100 Pt.	100 Pt.	100 Pt.	100 Pt.	100 Pt.	100 Pt.
S2	44 Pt.	43 Pt.	45 Pt.	44 Pt.	45 Pt.	43 Pt.
S2	41 Pt.	41 Pt.	39 Pt.	35 Pt.	40 Pt.	45 Pt.
S2	15 Pt.	16 Pt.	16 Pt.	21 Pt.	15 Pt.	12 Pt.
Σ	100 Pt.	100 Pt.	100 Pt.	100 Pt.	100 Pt.	100 Pt.

5.	BM	Σ	%
5.1.1 / 5.1.2	Betriebliches Zielsystem	79 Pt.	1,8 %
5.1.3 bis 5.1.5	Planung, Betriebsstatistik, Entscheidungsprozesse	119 Pt.	2,7 %
5.2.2	Ziele u. Konzept der OE, Lernende Org.	68 Pt.	1,5 %
5.2.3.1 bis 5.2.3.4	Ziele, Instrumente etc. d. PE	112 Pt.	2,5 %
5.2.3.5	Umsetzung der PE	82 Pt.	1,9 %
5.3.1 / 5.3.2	Wissensmanagement u. IT	42 Pt.	1,0 %
5.4.1	Zeit- u. Selbstmanagement	25 Pt.	0,6 %
5.4.2	Kreativitäts- u. Entscheidungstechniken	150 Pt.	3,4 %
5.4.3 / 5.4.4	Projektmanagement, Gesprächs- u. Kooperationstechniken	204 Pt.	4,6 %
Σ		881 Pt.	20,0 %

6.	Finanz.	Σ	%
6.1.1	Investition & Finanzierung	0 Pt.	0,0 %
6.1.2.1 6.1.2.2	Statische Investitionsrechnung	85 Pt.	1,9 %
6.1.2.3 6.1.2.4	Dyn. Investitionsrechnung u. ND	169 Pt.	3,8 %
6.2.1 6.2.2	Kapitalbedarfs- u. Finanzierungsplanung	71 Pt.	1,6 %
6.2.3	Liquiditätsplanung	73 Pt.	1,7 %
6.3.3	Innenfinanzierung	21 Pt.	0,5 %
6.3.4	Außenfinanzierung	88 Pt.	2,0 %
6.4.1	Deckungsbeitragsrechnung	151 Pt.	3,4 %
6.4.2	Normalkostenrechnung	79 Pt.	1,8 %
6.4.3	Plankostenrechnung	73 Pt.	1,7 %
6.4.4	Neuere Kostenrechnungssysteme	6 Pt.	0,1 %
6.5.1 bis 6.5.3	Ziele, Aufgaben etc. Controlling	59 Pt.	1,3 %
6.5.4	Controllinginstrumente	61 Pt.	1,4 %
Σ		936 Pt.	21,3 %

7.	Logistik	Σ	%
7.1.1	Grundlagen der Logistik	46 Pt.	1,0 %
7.1.2	Einkaufsprozess, Sourcing Konzepte etc.	181 Pt.	4,1 %
7.1.3	Beschaffungsprozess – Beschaffungsstrategien, Bedarfsrechnung etc.	199 Pt.	4,5 %
7.2.1	Materialwirtschaft	64 Pt.	1,5 %
7.2.2	Lagerhaltung	101 Pt.	2,3 %
7.3.1 bis 7.3.4	Fertigung, Transport u. Verpackung	61 Pt.	1,4 %
7.3.5	Verladung & Versand	101 Pt.	2,3 %
7.3.6	Entsorgung	28 Pt.	0,6 %
7.4	Rationalisierung	39 Pt.	0,9 %
7.5	Spezielle Rechtsaspekte	45 Pt.	1,0 %
Σ		865 Pt.	19,7 %

© 2020, Zeilenniveau Verlag GmbH

Zeilenniveau Verlag

8.	M & V	Σ	%
8.1	Marketingplanung: Marketingprozess, Ziele, Strategien	226 Pt.	5,1 %
8.2.1 8.2.2	Instrum. Produktpolitik	74 Pt.	1,7 %
8.2.3	Preispolitik	62 Pt.	1,4 %
8.2.4	Distributionspolitik	58 Pt.	1,3 %
8.2.5	Kommunikations- politik	107 Pt.	2,4 %
8.2.6	Marketing-Mix	6 Pt.	0,1 %
8.3.1	Vertriebsorgani- sation	204 Pt.	4,6 %
8.3.2	Vertriebscont- rolling	58 Pt.	1,3 %
8.4	Außenhandel etc.	34 Pt.	0,8 %
8.5.1	Wettbewerbsrecht	18 Pt.	0,4 %
8.5.2 8.5.3	Markenrecht etc.	43 Pt.	1,0 %
Σ	Marketing I	491 Pt.	11,2 %
Σ	Vertrieb II	399 Pt.	9,1 %
Σ	Mark/Vertr	890 Pt.	20,2 %

9.	F&Z	Σ	%
9.1	Zusammenarbeit: u. a. Führungsstile /-methoden	124 Pt.	2,8 %
9.2	Mitarbeiterge- spräche	153 Pt.	3,5 %
9.3	Konfliktmanage- ment	101 Pt.	2,3 %
9.4	Mitarbeiterför- derung	70 Pt.	1,6 %
9.5	Ausbildung	298 Pt.	6,8 %
9.6	Moderation von Projektgruppen	57 Pt.	1,3 %
9.7	Präsentations- techniken	25 Pt.	0,6 %
Σ	F&Z	828 Pt.	18,8 %

Zsfg.	5 Fächer	Σ	%
S1	BM	881 Pt.	20,0 %
S1	F&Z	828 Pt.	18,8 %
S1	Marketing	491 Pt.	11,2 %
Σ	Sit.-Aufg. 1	2.200 Pt.	50,0 %
S2	Finanz.	936 Pt.	21,3 %
S2	Logistik	865 Pt.	19,7 %
S2	Vertrieb	399 Pt.	9,1 %
Σ	Sit.-Aufg. 2	2.200 Pt.	50,0 %

Zsfg.	5 Fächer	Ziel: DIHK	∅
S1	BM	40 Pt.	40,1 Pt.
S1	F&Z	40 Pt.	37,6 Pt.
S1	Marketing	20 Pt.	22,3 Pt.
Σ	Sit.-Aufg. 1	100 Pt.	100,0 Pt.
S2	Finanz.	40 Pt.	42,6 Pt.
S2	Logistik	40 Pt.	39,3 Pt.
S2	Vertrieb	20 Pt.	18,1 Pt.
Σ	Sit.-Aufg. 2	100 Pt.	100,0 Pt.

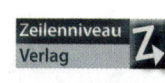

Wichtige Anmerkungen:

- Die Zuordnung der Aufgaben zu den Themen/RSP-Punkten ist nicht immer ganz klar – innerhalb, aber auch zwischen den Fächern. Das gilt insbesondere für die Fächer »Betriebliches Management« und »Führung & Zusammenarbeit«.

- Die zugrunde liegende Taxonomie des DIHK mit Kenntnis, Verständnis und Anwendung passt auch nicht immer.

- Diese Statistik ist hilfreich und zeigt Ihnen, welche Themen in der Vergangenheit häufiger gefragt wurden. Bedenken Sie:

  - Es handelt sich um eine reine Betrachtung der Vergangenheit.

  - Auch Themen, die bisher selten/nie gefragt wurden, könnten zukünftig bedeutsam werden.

  - Anderseits sollten Sie bei den wichtigen Themen der Vergangenheit nicht auf Lücke gehen – sie können und werden sich wahrscheinlich wiederholen.

- Auf der Webseite des DIHK (*www.dihk-bildungs-gmbh.de*) finden Sie die PDF-Datei »**Strukturierung der schriftlichen Prüfungen**« für die verschiedenen Weiterbildungslehrgänge:

  - Für Ihre Prüfungsfächer sehen Sie die Vorgaben des DIHK in der 3. Spalte der letzten Tabellen (»Ziel: DIHK«).

  - In der Realität waren die Abweichungen im Durchschnitt (4. Spalte: ∅) nicht so gravierend.

© 2020, Zeilenniveau Verlag GmbH

Zeilenniveau Verlag

Stichwortverzeichnis

© 2020, Zeilenniveau Verlag GmbH

Zeilenniveau
Verlag

Zeilenniveau Verlag

Zeilenniveau Verlag

G

© 2020, Zeilenniveau Verlag GmbH

Zeilenniveau Verlag Z

© 2020, Zeilenniveau Verlag GmbH   Zeilenniveau Verlag

Zeilenniveau Verlag

 © 2020, Zeilenniveau Verlag GmbH

© 2020, Zeilenniveau Verlag GmbH

Zeilenniveau Verlag

R

S

T

U

© 2020, Zeilenniveau Verlag GmbH

Zeilenniveau
Verlag

 © 2020, Zeilenniveau Verlag GmbH

© 2020, Zeilenniveau Verlag GmbH

Zeilenniveau
Verlag

Zeilenniveau Verlag – Verlagsprogramm

- Ziel dieser Fachbücher zur Prüfungsvorbereitung ist, Ihnen den letzten Schliff zur Prüfungsvorbereitung zu geben. Natürlich können auf so knappem Raum nicht alle Themen ausführlich behandelt werden. Dann hätte diese Bücher einen Umfang von 1.500 Seiten oder mehr. Stattdessen werden hier Zusammenfassungen geboten, die Ihnen ein schnelles Lernen und eine Einschätzung der Prüfungsrelevanz der Themen gewähren.

- Zwar sollte die Vorbereitung nicht nur primär in Hinsicht auf die Prüfung erfolgen. Schließlich wollen Sie eine berufliche Reife für eine Führungsposition erlangen. Trotzdem bin ich Realist genug, um nach Hunderten von Lehrgängen, in denen ich als Dozent unterrichtete, zu wissen, dass die meisten Lehrgangsteilnehmer hauptsächlich die Prüfung bestehen wollen. Aber auch den anderen, weiter denkenden Prüfungsteilnehmer dürfte dieses Fachbuch helfen.

- Weitere Fachbücher werden schrittweise veröffentlicht.

Nähere Informationen unter: **www.zeilenniveau.de**

© 2020, Zeilenniveau Verlag GmbH

Zeilenniveau Verlag